Kritisch hinterfragt

T0349850

Die „Kritisch hinterfragt"-Reihe greift kontroverse und für die Gesellschaft relevante Themen aus psychologischer Sicht auf und entlarvt gängige Mythen und Vorurteile. Die Bandbreite der Themen kommt aus allen Teilgebieten der Psychologie. Jeder einzelne Band konzentriert sich auf ein spezielles psychologisches Themengebiet.

Um den Leser abzuholen und das Interesse aufrecht zu erhalten, sind an entscheidenden Stellen Fragen eingearbeitet. Die Inhalte sind wissenschaftlich fundiert, jedoch nicht nur informativ, sondern unterhaltsam und humorvoll in leicht verständlicher Sprache verfasst.

Bände in der Reihe „Kritisch hinterfragt":

Niklas, Mit Würfelspiel und Vorlesebuch – Welchen Einfluss hat die familiäre Lernumwelt auf die kindliche Entwicklung? ISBN 978-3-642-54758-4

Sprenger, Joraschky, Mehr Schein als Sein? – Die vielen Spielarten des Narzissmus, ISBN 978-3-642-55306-6

Gündel, Glaser & Angerer, Arbeiten und gesund bleiben – K. O. durch den Job oder fit im Beruf, ISBN 978-3-642-55302-8

Krause, Mit dem Glauben Berge versetzen? – Psychologische Erkenntnisse zur Spiritualität, ISBN 978-3-662-48456-2

Schneider, Lesen und Schreiben lernen – Wie erobern Kinder die Schriftsprache? ISBN 978-3-662-50318-8

Reindl, Gniewosz, Prima Klima: Schule ist mehr als Unterricht, ISBN 978-3-662-50352-2

Tomoff, Positive Psychologie – Erfolgsgarant oder Schönmalerei? ISBN 978-3-662-50386-7

Schäfer, Lebenslanges Lernen – Erkenntnisse und Mythen über das Lernen im Erwachsenenalter, ISBN 978-3-662-50421-5

Weitere Bände sind in Planung.

Erich Schäfer

Lebenslanges Lernen

Erkenntnisse und Mythen über das Lernen
im Erwachsenenalter

 Springer

Erich Schäfer
Fachbereich Sozialwesen
Ernst-Abbe-Hochschule Jena
Jena, Deutschland

Kritisch hinterfragt
ISBN 978-3-662-50421-5   ISBN 978-3-662-50422-2 (eBook)
DOI 10.1007/978-3-662-50422-2

Die Deutsche Nationalbibliothek verzeichnet diese Publikation in der Deutschen Nationalbibliografie;
detaillierte bibliografische Daten sind im Internet über http://dnb.d-nb.de abrufbar.

Planung: Marion Krämer
Einbandabbildung: © hidesy / iStock

Gedruckt auf säurefreiem und chlorfrei gebleichtem Papier

Springer ist Teil von Springer Nature
Die eingetragene Gesellschaft ist Springer-Verlag GmbH Deutschland
Die Anschrift der Gesellschaft ist: Heidelberger Platz 3, 14197 Berlin, Germany

Vorwort

Leben bedeutet zu lernen, und zwar ein Leben lang. Der Mensch ist ein *homo discens*, ein lernendes Wesen, das existenziell auf Lernen angewiesen ist. Von Henry Ford, dem Geschäftsmann und Erfinder, stammt der Ausspruch: „Jeder, der aufhört zu lernen, ist alt, egal ob das mit zwanzig oder mit achtzig ist. Wer lernt, bleibt jung. Die größte Sache im Leben ist es, den eigenen Geist jung zu halten." Die Fähigkeit, ständig Neues zu lernen, umzulernen und auch zu verlernen, ist eine Überlebensnotwendigkeit für den Menschen. Er gestaltet sich selbst, seine Sozialbeziehungen und die Welt durch permanente Lernprozesse. Die Natur hat den Menschen mit allem ausgestattet, was er zum Lernen benötigt. Für unser Gehirn ist es ganz selbstverständlich zu lernen; es kann gar nicht anders, als zu lernen. Es ist geradezu begierig darauf, über körperliche Erfahrungen etwas zu lernen. Wir wollen uns und die Welt verstehen; dieses Verstehen ist auf Erfahrungen angewiesen, die wir über Lernprozesse machen. Unser Gehirn ist dabei das Protokoll seiner Nutzung und zeichnet sich durch seine enorme Plastizität aus.

Ein Leben lang zu lernen, erscheint uns historisch als ein relativ neues Phänomen der reflexiven Moderne. Bei genauer Betrachtung finden wir entsprechende Hinweise aber schon in früheren historischen Epochen. Johann Wolfgang von Goethe lässt in seinem 1809 erschienen Roman *Wahlverwandtschaften* Eduard die Erkenntnis aussprechen, „dass man jetzt nichts mehr für sein ganzes Leben lernen kann".

Bereits im 17. Jahrhundert hatte der Philosoph, Theologe und Pädagoge Johann Amos Comenius in seiner *Großen Didaktik* festgestellt: „Denn wir Heutigen haben mehr zu lernen als unsere Väter, wenn wir ihnen an Vollkommenheit gleichkommen wollen. (...) Sie erfreuten sich fast ruhiger Zeiten; unser Zeitalter dagegen ist voll vom Lärm der Ereignisse. Wer so viel in seinem Leben kennen lernen, durchforschen und tun soll, der muss beizeiten seine Sinne gründlich öffnen."

Die individuellen und gesellschaftlichen Herausforderungen, vor denen wir zu Beginn des 21. Jahrhunderts stehen, sind sehr groß und dürften in den nächsten Jahren eher noch zunehmen. Damit wachsen auch die Aufgaben für die Weiterbildung. Zunächst wird dabei häufig auf die Arbeitswelt 4.0 verwiesen. Im Weißbuch *Arbeiten 4.0*, das Ende 2016 das Bundesministerium für Arbeit und Soziales vorgelegt hat, wird die herausragende Bedeutung von Bildung, Weiterbildung und Qualifizierung für eine erfolgreiche digitale Transformation betont. Hier finden sich auch die Vorschläge, eine frei zugängliche Weiterbildungsberatung einzuführen, die Qualitätssicherung und Professionalisierung in der Weiterbildung stärker öffentlich zu fördern und eine nationale Weiterbildungskonferenz einzuberufen. Neben den Anforderungen der Arbeitswelt 4.0, der Bewältigung des demographischen Wandels, den Herausforderungen an eine inklusive Bildungsarbeit, der Grundbildung und Alphabetisierung von funktionalen Analphabeten sowie den Herausforderungen der Migration, kommen gerade auch auf die politische Bildung im Zeitalter des Postfaktischen ganz neue Anforderungen zu.

Die Anlässe für eine Weiterbildung können sehr vielfältig sein. Vielleicht möchten Sie eine Weiterbildung zum Meister machen, ihre beruflichen Chancen durch eine Fortbildung verbessern, den Umstieg in einen ganz anderen Beruf vollziehen, sich auf ein bürgerschaftliches Engagement vorbereiten, eine Fremdsprache lernen, einem Hobby nachgehen, ein weiterbildendes Studium aufnehmen oder im dritten bzw. vierten Lebensalter nochmals neu durchstarten. In all diesen Fällen stellt sich die Frage nach den Bedingungen der Möglichkeit des Lernens im Erwachsenenalter.

Nachdem der Mensch in den letzten Jahrhunderten große Fortschritt in der Erkundung der äußeren Welt gemacht hat, kommt es nun darauf an, sich verstärkt der Innenwelterkundung zuzuwenden, um mit den vielfältigen Handlungsoptionen sinnvoll und verantwortungsbewusst umgehen zu können. Dass es hier einen Nachholbedarf gibt, darauf verweist die Forderung nach salutogenen Lehr- und Lernkulturen der Achtsamkeit.

Auch wenn es keine offizielle Weiterbildungspflicht für Erwachsene gibt, so wird das Lernen im Erwachsenenalter von einigen Menschen als Last oder Zwang verstanden. Das Wagnis, sich auf das eigene Lernen einzulassen, wird dann eher als Bedrohung wahrgenommen. Dabei könnte es auch als Lust und Freude empfunden werden, so wie es Kinder am Anfang ihrer Bildungsbiografie erleben. Dass dies auch als Erwachsener möglich ist, will dieses Buch aufzeigen. Es möchte Sie ermutigen, auf dreifache Art zu sich selbst, dem sozialen Kontext des Lernens und den Lerninhalten in Beziehung zu gehen und das Lernen nicht lediglich als Aneignungs-, sondern als Anverwandlungsprozess zu verstehen. Was dies konkret bedeutet und wie es gelingen kann, vom Teilnehmer an einer Weiterbildung zum Teilhaber zu werden, wird in diesem Buch erläutert.

Beim Lernen im Erwachsenenalter geht es um die Auslotung des Verhältnisses von Wissenserwerb, Kompetenzförderung und Entwicklung einer auf Wertorientierungen basierenden Haltung. Bevor wir uns mit lernpsychologischen, methodisch-didaktischen und institutionellen Kontexten sowie weiteren Aspekten des lebenslangen Lernens beschäftigen, werden wir zentralen Mythen des Lernens im Erwachsenenalter auf den Grund gehen, da uns diese bewusst oder unbewusst hindern können, ein freudvolles und erfahrungsbezogenes Lernen zu praktizieren. Der Mensch kann nicht nicht lernen, deshalb gilt es, die Gelingensbedingungen eines lebenslangen, lebendigen und nachhaltigen Lernens zu erkunden. Mit der Beschreibung pragmatischer Axiome des Lernens werden den Lernenden und Lehrenden – ohne Anspruch auf Vollständigkeit und Endgültigkeit – praktische Handlungsmaximen angeboten.

Bei der Erkundung der unterschiedlichen Dimensionen des lebenslangen Lernens begleitet uns Peri Petax in den Zeichnungen von Holger Löbe. Über die Biografie von Peri Petax erfahren Sie zu Beginn von Kap. 12 mehr. Auf Namen zu den Zeichnungen wurde bewusst verzichtet, da die Interpretation der Bilder durch Sie, liebe Leser, nicht zu schnell in eine bestimmte Richtung gelenkt werden soll. Auf diese Weise möchte ich Sie zu einem Dialog in Ihrem Geiste mit dem Text und den in ihn eingebetteten Bildern von Peri Petax einladen. Neben den Textinformationen und den ikonografischen Szenen mit Peri Petax gibt es in den letzten drei Kapiteln noch ein drittes Element, um sich inspirieren zu lassen und die Inhalte des Buches zu erschließen; dies sind die Geschichten von, mit und über Peri Petax, in denen wichtige Einsichten zum Lernen auf den Punkt gebracht werden.

Dieses Buch versteht sich als ein Angebot, sich mit dem eigenen Lernen als Erwachsener zu beschäftigen; dabei ist es nicht zwingend erforderlich, dass Sie sich beim Lesen strikt an die vorgegebene Abfolge der Kapitel halten. Kap. 1 und 2 machen Sie mit dem Gegenstand des lebenslangen Lernens vertraut. Kap. 3 bis 11 greifen unterschiedliche Aspekte der Thematik auf. Für das hier entwickelte Verständnis vom lebenslangen Lernen ist Kap. 3 besonders wichtig. In Kap. 12 bis 14 werden die gewonnenen Einsichten verdichtet.

Das Buch ist das Resultat meiner praktischen Erfahrungen und ihrer theoretischen Reflexion als Erwachsenenbildner, Hochschullehrer, Coach, Organisationsberater und Mitglied in Aufsichts- und Beratungsgremien der Weiterbildung. Durch die Begleitung von Einzelpersonen, Teams und Organisationen in Lernprozessen ist in mir die Überzeugung von der fortschreitenden Erweiterung der Lernfähigkeit von Systemen gereift. Das Stichwort hierfür ist die Potenzialentfaltung; für diese ist jedes System selbst verantwortlich. Durch entsprechende Lehr-Lern-Arrangements können die Rahmenbedingungen dafür geschaffen werden – dies ist die Aufgabe des Weiterbildners im Sinne der Ermöglichungsdidaktik.

Mein Dank gilt allen Menschen mit denen und von denen ich lernen durfte. Insbesondere bedanke ich mich bei Antje Ebersbach, Michael Opielka und den Kollegen der FormenFinder, Mathias Buss, Jens Rissmann und Thomas Ritschel für hilfreiche Impulse, Anregungen sowie Hinweise zum Manuskript, für das sorgfältige Lektorat durch Regine Zimmerschied, für die unterstützende Begleitung bei der Erstellung des Manuskriptes durch Marion Krämer und Stella

Schmoll vom Springer Verlag und für die inspirierenden Peri-Zeichnungen von Holger Löbe.

Mit diesem Buch möchte ich es allen Weiterbildungsinteressierten sowohl vor als auch während und nach einer Fort- und Weiterbildung ermöglichen, den eigenen Lernprozess konstruktiv zu gestalten, wertschätzend zu begleiten und kritisch zu reflektieren. Mein Anliegen ist es, Ihnen Wege aufzeigen, wie Sie als Erwachsener gut, erfolgreich und mit Freude lebenslang, lebendig und nachhaltig lernen können. Möge es Ihnen gelingen, Ihre Begeisterungsfähigkeit für das Lernen zu entwickeln, zu stärken und aufrechtzuerhalten.

Ganz im Sinne von Waldemar Bonsels, der in seinen Buch *Menschenwege. Aus den Notizen eines Vagabunden* vor knapp 100 Jahren geschrieben hat: „Der höchste Genuss an Büchern ist die eigene Leistung des Lesers", wünsche ich Ihnen viel Spaß und Freude bei Lesen.

Aus Gründen der besseren Lesbarkeit habe ich mich für die Verwendung des generischen Maskulinums entschieden. Die Formulierungen gelten jedoch immer für beide Genera bzw. auch für jene Personen, die sich durch eine Nennung von ausschließlich männlicher und weiblicher Form nicht angesprochen oder repräsentiert fühlen.

Erich Schäfer

Inhaltsverzeichnis

1

Welche Mythen existieren über das Lernen im Erwachsenenalter?

Inhaltsverzeichnis

Das Postulat vom lebenslangen Lernen begegnet uns heute ständig, und dennoch bestimmen unseren Lernprozess häufig noch Annahmen über das Lernen, die veralteten wissenschaftlichen Erkenntnissen entsprechen. Diese haben wir zum Teil als kollektive Muster übernommen, und sie können deshalb unsere individuellen Lernprozesse behindern. Diesen Mythen werden wir in diesem Kapitel auf den Grund gehen. Die kognitive Auseinandersetzung mit überkommenen Vorstellungen ist der erste Schritt, sie auch emotional und handlungspraktisch zu überwinden.

© Springer-Verlag GmbH Deutschland 2017
E. Schäfer, *Lebenslanges Lernen*, Kritisch hinterfragt DOI 10.1007/978-3-662-50422-2_1

Von Paul Watzlawick stammt die Erkenntnis, dass man nicht nicht kommunizieren kann (vgl. Watzlawick et al. 2011). Ganz ähnlich ist es mit dem Lernen auch. Ständig werden wir mit Informationen konfrontiert, aus denen für uns Wissen wird, weil sie für uns relevant sind und eine Bedeutung haben; wir erwerben Kenntnisse und Fähigkeiten, machen Erfahrungen und reflektieren diese. Ob wir es wollen oder nicht, ob bewusst oder unbewusst, wir lernen etwas, dass wir zuvor nicht wussten, konnten oder das wir nun anders sehen, einschätzen oder bewerten. All das sind Lernprozesse, die täglich geschehen, ohne dass wir sie immer als solche bezeichnen. Leben bedeutet Lernen, und zwar ein Leben lang; deshalb kann man auch nicht nicht lernen. Wir lernen, solange wir leben; wenn wir aufhören zu lernen, hören wir auch auf zu leben. Insofern ist es also richtig, dass wir ein Leben lang lernen. Manchmal ist auch die Rede vom lebenslänglichen Lernen, doch dies erinnert zu stark an einen Zwang, eine Verurteilung zum Lernen. Natürlich gibt es auch solche Situationen, in denen Einzelpersonen oder Vertreter von Institutionen glauben, jemanden zum Lernen hinführen zu können – mit einem stärkeren oder auch nur sanften Zwang. Dass sich dann Lernwiderstände zeigen und auch schlechter oder vermeintlich überhaupt nicht gelernt wird, ist kein Wunder. Selbst das Auftreten eines solchen Widerstandes kann zu einer Lernerfahrung werden, die nicht ohne Folgen für späteres Lernen bleibt.

Die Tatsache, dass wir nicht nicht lernen können, hindert uns jedoch nicht daran, Vorstellungen und Meinungen über unser Lernen zu entwickeln, die in einem diametralen Gegensatz zu dem stehen, was wir täglich selbst erleben und wie wir lernen. Statt „Dieses oder jenes kann ich nicht lernen" zu sagen, sollten wir präziser sagen, „Dieses oder jenes kann oder will ich jetzt, unter diesen Umständen nicht lernen". Die alltägliche Paradoxie in Bezug auf unser eigenes Lernen besteht darin, dass wir trotz der Tatsache, dass wir uns in einem ständigen Lernprozess befinden, geleitet werden von Vorstellungen über das Lernen, die wir entweder selbst über die Unmöglichkeit des Lernens entwickelt haben oder die wir von uns nahestehenden Bezugspersonen übernommen haben. Häufig handelt es sich dabei um tradierte gesellschaftliche Vorstellungen und überholte wissenschaftliche Erkenntnisse, die unreflektiert fortbestehen. Diesen Mythen wollen wir uns nun zuwenden und sie näher untersuchen. Die dabei aufgeworfenen Fragen werden zum Teil erst in den späteren Kapiteln beantwortet.

Holger Löbe

1.1   Was Hänschen nicht lernt, lernt Hans nimmermehr?

Es gibt wohl keine Aussage über das Lernen, die sich so nachhaltig in die Köpfe ganzer Generationen eingegraben hat wie diese. Damit verbindet sich die Auffassung, dass die Fähigkeit zum Lernen mit zunehmendem Alter deutlich nachlässt. In der Wissenschaft ist hier die Rede von der Adoleszenz-Maximum-Hypothese bzw. der Maturitäts-Degenerations-Hypothese. Gemeint ist damit, dass mit der Maturität, der Reife, die ein Mensch in der Adoleszenzphase im Zeitraum zwischen 16 und 24 Jahren erwirbt, ein sukzessiver Degenerationsprozess einsetzt, der sich auf alle körperlichen und geistigen Prozesse, insbesondere auch die Fähigkeit des Erwerbs von neuen Kenntnissen und Fähigkeiten, auswirkt. Demzufolge würde spätestens mit Beginn des dritten Lebensjahrzehnts ein nicht zu stoppender Zerfallsprozess einsetzen, was sogar in empirischen Studien nachzuweisen versucht wurde. Allerdings hatten diese Untersuchungen unterschiedliche Alterskohorten miteinander verglichen, die über unterschiedliche Bildungsvoraussetzungen verfügten.

Später haben Längsschnittuntersuchungen gezeigt, dass sich die konstatierten Befunde nicht aufrechterhalten lassen (Thomae und Lehr 1973). Es gibt zwar Unterschiede hinsichtlich der Lernstrategien und Lernfähigkeiten in Abhängigkeit vom Alter, doch die generelle Lernfähigkeit bleibt bis ins Alter erhalten. Auch die Annahme, dass sich keine neuen Gehirnzellen bilden können und keine neuen Verschaltungen stattfinden, ist inzwischen widerlegt. Der Ausspruch „Was Hänschen nicht lernt …", sofern er heute noch verwendet wird, kann deshalb nur als unzulässige Ausrede für unterlassene eigene Lernaktivitäten oder als der Versuch verstanden werden, Druck auf Schüler auszuüben, um diese zu einem Lernen anzuhalten, zu dem sie freiwillig nicht bereit sind. Heute gilt: „Was Hänschen nicht lernt, lernt Hans hinterher."

1.2   Erfolgt Lernen nach dem Prinzip des Nürnberger Trichters?

Menschen sind weder Maschinen, die mit irgendwelchen materiellen Stoffen bzw. Substanzen zu befüllen sind, noch sind sie Lebewesen, die gemästet werden dürfen. Das Prinzip des Nürnberger Trichters zeugt von einer Auffassung von Lernen im Sinne eines Transmissionsprozesses, der die Menschen von Subjekten zu Objekten eines fremdgesteuerten Prozesses macht, der den Begriff „Lernen" nicht mehr verdient. Nach dem Prinzip des Abfüllens zu verfahren, bedeutet, dem sog. Bulimielernen Vorschub zu leisten, d. h. Wissensstoff in sich hineinzuschaufeln, um ihn bestenfalls für eine Prüfung parat zu haben, ihn sodann aber möglichst schnell wieder zu vergessen. So kann keine Nachhaltigkeit entstehen und auch kein Aufbau von Kompetenzen, bestenfalls entsteht totes Wissen ohne Bezug zu den lebenspraktischen Vollzügen.

Obwohl wir heute wissen, dass die Metapher des Nürnberger Trichters eine Fehlannahme ist, werden Curricula – nicht nur in der Schule, sondern auch in der Weiterbildung – noch immer mit Inhalten überfrachtet, ohne sie auf die praktische Relevanz hin einer kritischen Prüfung zu unterziehen. Sozialpsychologisch lässt sich dies nur damit erklären, dass diejenigen, die für die Erstellung der Lehrpläne verantwortlich sind, ihre eigene Bedeutung und die ihres Faches an den Umfang der anzueignenden Informationen koppeln. Bei solchen Impulsen können nicht nachhaltig Wissen und Kompetenzen entstehen. Erwachsene Lerner können und sollten deshalb die Relevanz der Inhalte für sich kritischer prüfen, als dies Schüler können. Bereits Aristophanes wird der folgende Ausspruch zugeschrieben (Berner 2010, S. 43): „Menschen bilden, bedeutet nicht, ein Gefäß zu füllen, sondern ein Feuer zu entfachen." Ein guter Lehrer und Erwachsenenbildner versteht es, entweder dieses Feuer zu entfachen oder zumindest deutlich zu machen, warum die Inhalte für die Lerner von Bedeutung sind.

1.3 Warum sind Menschen zwar lernfähig, aber unbelehrbar?

Der Mythos, dass Lernen eine Funktion von Lehren sei, ist eng verbunden mit dem zuvor erläuterten Mythos. Wenn es nicht darum geht, „Gefäße zu füllen", kann es auch nicht die Aufgabe des Lehrers sein, Informationen respektive Wissen zu vermitteln; seine Funktion ist also neu zu bestimmen. Eine erste Antwort hierauf gibt von Glasersfeld (1997, S. 309), der die folgende Auffassung vertritt: „Die Kunst des Lehrens hat wenig mit der Übertragung von Wissen zu tun, ihr grundlegendes Ziel muss darin bestehen, die Kunst des Lernens auszubilden." Von Horst Siebert (2015), einem der ersten Lehrstuhlinhaber für Erwachsenenbildung, stammt der Ausspruch „Menschen sind lernfähig, aber unbelehrbar". Mit dieser Aussage, die den Beruf des Erwachsenenbildners keineswegs infrage stellt, knüpft er an einen Gedanken an, den bereits vor über 400 Jahren Galileo Galilei formulierte, als er sagte: „Man kann den Menschen nichts beibringen. Man kann ihnen nur helfen, es in sich selbst zu entdecken."

Ganz ähnlich hat Diesterweg (1844, S. 177) vor über 170 Jahren die Sache gesehen, als er formulierte: „Was der Mensch sich nicht selbstthätig (sic) angeeignet hat, hat er gar nicht, wozu er sich selbst nicht gebildet hat, ist gar nicht in, sondern ganz außer ihm." Einerseits sind Menschen, wie uns die Erkenntnisse der systemtheoretischen Überlegungen und auch der Ergebnisse der Lernforschung zeigen, autopoietische, d. h. in sich geschlossene Systeme, die sich selbst organisieren und dabei ihren eigenen Regeln folgen. Andererseits sind sie als soziale Wesen auf die Beziehung zu anderen Menschen angewiesen, um ihre Potenziale zu entfalten. Menschen benötigen keine Belehrung, wohl aber Unterstützung und Begleitung, Anregungen und Möglichkeiten, sich selbst zu reflektieren. Deshalb hat auch Carl Rogers (1974, S. 338) recht, wenn er sagt: „Wir können einer anderen Person nicht direkt etwas lehren, wir können nur ihr Lernen fördern."

1.4   Warum ist Lernen nicht nur ein kognitiver, sondern auch ein emotionaler Prozess?

Das Drama unseres Bildungssystems besteht heute zum großen Teil darin, dass wir – einer analytischen Wissenschaft folgend – den Menschen nicht mehr in seiner Ganzheit betrachten, sondern ihn aufgeteilt haben in einzelne funktionale Bereiche. Demzufolge ist das Lernen lange Zeit auf einen kognitiven Prozess verkürzt worden. Heute erkennen wir allerdings zunehmend wieder, dass für das Verständnis von Lernprozessen das Zusammenspiel von Kopf, Herz und Hand, wie es bereits Pestalozzi formulierte, von entscheidender Bedeutung ist. Auch die Neurobiologie (Hüther 2015) und die Erwachsenenbildung (Giesecke 2009) sagen uns, dass Lernen ohne Emotionen nicht stattfindet. Gewusst haben wir intuitiv schon immer, dass nur das, was uns wirklich unter die Haut geht, was uns auch emotional berührt, eine Chance hat, sich dauerhaft im Gedächtnis zu verankern.

1.5   Lernen alle Menschen gleich?

Das Interesse der Lernforschung ist darauf gerichtet, Einzelbefunde zum Lernen zu einem konsistenten Gesamtbild zusammenzufügen. Auf diese Weise wurden zum Teil in Laborversuchen Lern- und Vergessenskurven gewonnen. Allerdings hat man schon bald eingesehen, dass diese stark von Kontexten, Inhalten und den subjektiven Dispositionen der untersuchten Personen sowie der jeweiligen Lernaktivität abhängen; so macht es z. B. einen Unterschied, ob man einen Sachverhalt auswendig lernen oder einen Gegenstand für sich strukturieren möchte. Eine Erkenntnis dieser Befunde ist, dass Lernprozesse einem hohen Maß an Individualisierung unterliegen und keinesfalls linear, sondern eher diskontinuierlich verlaufen. So ist das Lernplateau bekannt, eine durch Leistungskonstanz gekennzeichnete Phase des Lernverlaufs. Der Lerner scheint in seinem Stand an Erkenntnissen und Fähigkeiten trotz kontinuierlicher Lernanstrengungen zu stagnieren, bevor dann plötzlich eine Leistungssteigerung eintritt. Zeitliche oder sachliche Gesetzmäßigkeiten hierfür aufzustellen, ist aber nicht möglich; lediglich das Phänomen als solches lässt sich wiederholt beobachten. Lernprozesse entziehen sich beharrlich einer Standardisierung. Lediglich auf einer sehr allgemeinen Ebene lässt sich feststellen, dass Lernprozesse als Veränderungsprozesse Phasen von Stabilität, Leugnung, Chaos und Erneuerung unterliegen.

1.6 Lässt sich die Diversität menschlichen Lernens in Lerntypologien erfassen?

Wie sowohl die Hirnforschung als auch die Erfahrung zeigen, haben Menschen durchaus unterschiedlich ausgeprägte Wahrnehmungs- und Verarbeitungsmuster, die relativ stabil sein können und zu den Merkmalen von Persönlichkeiten gehören. Daneben lassen sich Lernstile als die Summe jener Präferenzen verstehen, die das Denken und Handeln von Lernenden in ihrer Interaktion mit den Kontexten der Lernumgebung bestimmen. Diese verschiedenen Aspekte und wechselseitigen Prozesse von äußeren und inneren Lernbedingungen finden sich in den Konstrukten von Lerntypologien. Die für den deutschen Sprachraum bekannteste dürfte die von Vester (1998) sein, die nach der Art des Wahrnehmungskanals einer Information den auditiven, visuellen, haptischen und intellektuellen Lerntyp unterscheidet. Der Mythos vom typengerechten Lernen ist inzwischen sehr weit verbreitet, erfreut sich einer großen Popularität und wird im Interesse einer Effektivierung von Lernprozessen propagiert. Looß (2001) hat darauf hingewiesen, dass man das Konstrukt des Lerntyps im Sinne von Vester in der kognitionswissenschaftlichen Literatur vergeblich sucht.

Neben dem Ansatz von Vester existiert eine Vielzahl von Modellen zu Lerntypologien und dazugehörigen Tests und Trainingsprogrammen. Pashler et al. (2008), identifizierten 71 verschiedene Modelle von Lerntypen und analysierten sämtliche ihnen zugänglichen Studien; die Forscher kommen zu dem Ergebnis, dass fast alle Studien die fundamentalen Kriterien wissenschaftlicher Forschung verfehlten. Derzeit gibt es keine empirische Evidenz für das Konzept der Lerntypologie. Menschen nach Typologien zu klassifizieren, bringt die große Gefahr des Schubladendenkens mit sich, das darauf verzichtet, Menschen in Lernkontexten differenziert zu betrachten. Lernende, die eine Zuschreibung eines bestimmten Lerntypus für sich vornehmen oder diese akzeptieren, verkennen erstens, dass komplexe geistige Prozesse, wie sie für das Lernen charakteristisch sind, große neuronale Unterschiede von Person zu Person mit sich bringen, vernachlässigen zweitens die Kontextbedingungen des Lernens und sind drittens in der Gefahr, sich selbst zu einem Objekt ihres eigenen Lernens zu machen.

Wie wichtig die Begegnung von Subjekt zu Subjekt in der Erwachsenenbildung ist, wird uns noch beschäftigen (Kap. 3). Auch wenn das Konzept der Lerntypen als wenig hilfreich einzuschätzen ist, so ist es durchaus sinnvoll, personenunabhängig Lernstile zu unterscheiden, die unterschiedliche Präferenzen zu verschiedenen Phasen im Lernprozess beschreiben (Kap. 4). Die Unterscheidung von Lernstilen bietet die Chance, eigenes Lernverhalten selbstkritisch zu reflektieren.

1.7 Darf Lernen Spaß machen?

Dass Lernen sehr wohl Spaß machen kann, haben wir alle bereits als kleine Kinder erfahren. Wir haben jeden Tag neue Dinge kennengelernt, haben wie kleine Forscher Hypothesen über Wirkungszusammenhänge aufgestellt und diese in Experimenten überprüft. Damals hat uns allen Lernen noch Spaß gemacht. Erst als wir in die Schule gekommen sind und uns die Erwachsenen vielleicht erzählt haben, dass wir nun für das Leben lernen sollten, was wir ja bereits sehr erfolgreich taten, hat sich leider für einige etwas verändert. Lernen wurde von einer spielerischen Angelegenheit, die Spaß gemacht hat, zu einer „ernsten", die keinen Spaß machen durfte. Diese Überzeugung haben dann viele Erwachsene beibehalten und unhinterfragt auf die Erwachsenenbildung übertragen. Sie haben mit dem Lernen die Mühsal erwartet und diese in einer selbsterfüllenden Prophezeiung (*self-fulfilling-prophecy*) erhalten. Diese bezeichnet das Phänomen, das von einer anderen Person erwartete Verhalten, also die Prophezeiung dieses Verhaltens, durch eigenes Verhalten herbeizuführen. Wenn Erwachsene bspw. einen Weiterbildungskurs besuchen und dazu wieder eine Schule betreten, werden all die alten Bilder, Gerüche und sonstigen Erinnerungen wieder wach, was dazu führen kann, in alte Verhaltensmuster als Schüler zurückzufallen. Dies ist nicht unbedingt lernförderlich ist und selten mit Spaß und Freunde verbunden. Damit Lernen Spaß macht, gilt es didaktische Vorkehrungen zu treffen. Arnold (2013, S. 78 ff.) fasst dies mit dem Akronym „SPASS" zusammen und meint damit, dass ein nachhaltiges und lebendiges Lernen selbstgesteuert, produktiv, aktivierend, situativ und sozial ist.

Dies muss aber nicht zwangsläufig so sein. Lernen – selbst in alten Schulgebäuden – kann auch so gestaltet sein, dass der Lernende leuchtende Augen bekommt, die Zeit über seiner Lerntätigkeit vergisst und ein tiefes Gefühl von Erfüllung erlebt, wenn er z. B. einer künstlerischen Tätigkeit nachgeht, die ihm seit Jahren oder gar Jahrzehnten ein Herzensanliegen war, sich dafür aber bisher nicht den Raum und die Zeit genommen hat. Dann macht Lernen auch wieder Spaß, fühlt sich leicht an und kann in einer entspannten Atmosphäre stattfinden. Dies schließt keinesfalls aus, dass Lernen manchmal auch eine Zumutung sein darf, da Lernen uns gelegentlich an den Rand unserer Komfortzone führt. Durch eine Herausforderung, die uns begeistert, kann Flow entstehen, was dann wieder Spaß macht. Als Flow (englisch „fließen, strömen") wird nach Mihály Csíkszentmihályi (2015) das als beglückend erlebte Gefühl eines mentalen Zustandes völliger Vertiefung und Aufgehens in einer Tätigkeit bezeichnet. Zu einem Flow-Gefühl kommt es dann, wenn eine volle Konzentration auf das Tun mit einer klaren Zielstellung erfolgt. Dabei ist es wichtig, dass Anforderungen und Fähigkeiten im Einklang stehen. Flow entsteht im Bereich zwischen Über- und Unterforderung jenseits von Angst oder Langeweile in scheinbarer Mühelosigkeit. Flow-Zustände können in verschiedensten Lebensbereichen auftreten und unter bestimmten Bedingungen in hypnotische oder ekstatische Trance übergehen.

1.8 Bedeutet lernen, still zu sitzen?

Sicherlich kennt das jeder: Man sitzt am Schreibtisch und hat beim Lernen oder Arbeiten das Gefühl, nicht weiterzukommen, im wahrsten Sinne des Wortes festzusitzen. Man steht auf, bewegt sich im Raum, und auf einmal kommen die Gedanken wieder in Fluss. Vielleicht kommen die besten Ideen beim Radfahren, Laufen oder Joggen. Inwiefern kreatives Denken mit dem Laufen zu tun hat, kann man bereits bei den griechischen Philosophen nachlesen; auch ihnen scheint die Bewegung beim Denken gutgetan zu haben. Sie waren schon in der Antike in ihren Wandelhallen unterwegs und hatten die Sache bereits auf den Punkt gebracht: *Peripatetik.* Die Peripatetische Methode greift auf den Peripatos (*peripatein* = „umherwandeln"), die philosophische Schule des Aristoteles, zurück und bietet ein Konzept für das bewegte Lehren und Lernen. Dabei steht das Gehen als methodisches Element (und nicht als Lernpause) im Mittelpunkt (Kap. 12).

Untersuchungen an Schulen, Hochschulen sowie in der Weiterbildung dokumentieren, dass die Peripatetische Unterrichtsmethode in der Lage ist, die Denk- und Konzentrationsfähigkeit von Lernenden zu fördern (Seele 2012). Die Erklärung hierfür ist eine hirnphysiologische; wenn wir uns längere Zeit nicht oder wenig bewegen, indem wir beispielsweise still sitzen, sinkt die Produktion von Neurotransmittern, jenen chemischen Substanzen, die als Botenstoffe des Nervensystems dienen.

1.9 Wie verändert E-Learning die Weiterbildung?

Die Anbieter von Fernunterricht und Fernstudien verzeichnen in den letzten Jahren zunehmende Teilnehmerzahlen, das mobile Lernen via Tablet und Smartphone ist auf dem Vormarsch, und in den Verbänden und Einrichtungen der Erwachsenen-/Weiterbildung werden die Chancen auf digitale Teilhabe intensiv diskutiert. In der Auseinandersetzung mit den digitalen Medien in der Erwachsenenbildung sind weder Kulturpessimismus noch Medieneuphorie, weder Hoffnung auf ein multimedial-interaktives Lernparadies noch der Rückzug in ein Refugium technikfreier Zonen, weder die Ablehnung der technischen Optionen noch die Utopie einer Mensch-Maschine-Einheit, dem Cyborg, angebracht. Die Frage, inwieweit neue Technologien das Lernen verändern, greift zu kurz; es geht vielmehr um die Bedingungen, unter denen neue Medien eingesetzt werden.

Techniken lassen sich nur dann sinnvoll in Lern- und Bildungsprozesse integrieren, wenn sie pädagogischen Konzeptionen folgen. Erst vor diesem Hintergrund kann die Frage nach Stellung und Aufgabe der jeweils neuen Medien beantwortet werden. Natürlich verbinden sich mit dem Einsatz neuer Medien häufig enorme Erwartungen. Die Hoffnung auf interessantes, motivierendes und leichtes Lernen ist zwar subjektiv verständlich; sie macht es aber umso dringlicher, die am Lehr-Lern-Prozess Beteiligten über die Parameter des Lernens aufzuklären. Ansonsten werden lediglich mehr Abbrecher produziert. Entscheidend ist deshalb, welche Beratung und Begleitung die Lerninteressenten erfahren, egal ob in reinen Online-Angeboten, in Blended-Learning-Angeboten oder Präsenz-Plus-Angeboten. Gemeint sind damit Formen integrierten Lernens, bei denen die Vorteile von Präsenzveranstaltungen mit E-Learning-Angeboten kombiniert werden. Die Variationsbreite der Angebote wird sich angesichts der digitalen Infrastrukturen weiter differenzieren. Die neuen Technologien vermögen zweifelsohne das Spektrum der Formen des Lehrens und Lernens zu erweitern. Sie werden aber nicht die traditionelle interpersonelle Begegnung ersetzen können. Nur in dem Zusammenspiel mit dieser können sie ihr Potenzial entfalten. Denn erst im Dialog verwandelt sich – wie Martin Buber (2008) es ausdrückt – das Ich-Es-Verhältnis in eine Ich-Du-Beziehung.

Für die Nachhaltigkeit individueller Bildung ist die personale Begegnung mit anderen Menschen unverzichtbar. Prognosen, die an der Jahrtausendwende die Umstellung ganzer Bildungsbereiche auf E-Learning prognostiziert haben, sind bisher nicht eingetroffen. Die traditionellen Anbieter von Erwachsenenbildung werden allerdings nicht umhinkommen, ihre digitalen Infrastrukturen zu erweitern, um den Bedürfnissen der Interessenten an Weiterbildung gerecht zu werden. Digitale Lernplattformen laden die bisherigen Teilnehmer von Weiterbildung ein, von „Teil-nehmern" zu „Teil-gebern" und Mitgestaltern ihrer eigenen Lernprozesse zu werden. Die sozialen Netzwerke verändern nachhaltig die Art, wie Menschen kommunizieren und lernen. Aufgrund der voranschreitenden Mediatisierung bzw. Datafizierung der Diskussion um Big Data und Data Analytics ist es erforderlich, die Chancen und Risiken der digitalen Welt angesichts des eigenen Selbstverständnisses von Bildung und den spezifischen Aufgaben der Weiterbildungseinrichtungen vorbehaltlos zu erörtern (Kap. 7).

1.10   An welchen Orten und in welchen Kontexten findet Lernen statt?

Bildungsinstitutionen waren und sind Garanten für die Realisierung von gesellschaftlichen Bildungsansprüchen; dies gilt traditionell insbesondere für den Primar-, Sekundar- und Tertiärbereich des Bildungssystems, also jene Bereiche, die formale Bildungsabschlüsse vergeben. Die Weiterbildung hat diesen Status niemals erreicht. Sie trifft jene Entwicklung, die wir gegenwärtig beobachten können und die unter dem Stichwort der Entgrenzung von Bildung, d. h. des Bedeutungsverlusts von Grenzen, diskutiert wird, besonders stark. Damit sind u. a. die Grenzen zwischen Arbeit und Freizeit, Lernen und Arbeit sowie Hochschulbildung und Berufsbildung gemeint (Myllymaki 2006). Speziell für die Weiterbildung zeigt sich die Entgrenzung hinsichtlich der Orte und Kontexte, an und in denen gelernt wird. Deshalb trifft der Mythos, um den es hier geht, für die Weiterbildung, verglichen mit den anderen Bildungssektoren, am geringsten zu. Wenn Sie ein Buch oder eine Zeitschrift lesen, eine Ausstellung besuchen, im Internet zu einem Thema recherchieren, eine Bildungsreise unternehmen, einem Streitgespräch beiwohnen oder auf andere Weise Ihre Kenntnisse, Fähigkeiten und Fertigkeiten trainieren bzw. erweitern, so benötigen Sie dazu weder ein Curriculum noch eine Bildungsinstitution und auch keinen Dozenten.

Die Erkenntnis, dass Lernen nicht nur in dafür geschaffenen Institutionen geschieht, hat dazu geführt, neben dem formalen Lernen (mit formalem Abschluss) und dem nichtformalen Lernen (ohne formalen Abschluss) den Begriff des informellen Lernens einzuführen (vgl. hierzu Abschn. 2.2) und auch diese Form des Lernens in den Trendbericht über das Weiterbildungsverhalten in Deutschland aufzunehmen. Gegenwärtig wird unter Bildungspolitikern und Weiterbildnern diskutiert, wie die Früchte des informellen Lernens im Rahmen von formalen Bildungsprozessen anerkannt werden können.

1.11 Ist Weiterbildung die vierte Säule oder das fünfte Rad unseres Bildungssystems?

Unter einigen Experten wird die als Mythos bezeichnete Aussage „Die Weiterbildung ist die vierte Säule des Bildungssystems" sicherlich Widerspruch auslösen. Vom Anspruch sollte die Weiterbildung, neben Schule, Berufsausbildung und Hochschule natürlich die vierte Säule sein; die gegenwärtige Realität, so meine These, spricht jedoch dagegen, weshalb es m. E. auch gerechtfertigt ist, hier von einem Mythos zu sprechen. Ich hoffe, dies ändert sich in absehbarer Zeit. Ein Blick auf die gegenwärtige Erwachsenenbildung offenbart einen eklatanten Widerspruch zwischen der öffentlich bekundeten Wertschätzung und der realen Hintanstellung. Die Erwachsenenbildung ist heute immer noch – trotz der Lippenbekenntnisse zum lebenslangen bzw. lebensbegleitenden Lernen – eher das fünfte Rad im Bildungssystem und nicht die vierte Säule, die sie sein sollte.

Die öffentlichen Ausgaben für Weiterbildung sind in den letzten 20 Jahren bundesweit um 41 % zurückgegangen. Demgegenüber sind die Ausgaben im allgemeinbildenden schulischen Bereich zwischen 1995 und 2012 um mehr als ein

Drittel gestiegen. Im frühkindlichen Bereich und im Hochschulbereich wuchsen die Ausgaben sogar um 66 % bzw. 60 % und die Ausgaben in der beruflichen Bildung um 74 %. Während im Jahr 1995 noch 12,4 % aller öffentlichen Bildungsausgaben in die Weiterbildung flossen, waren es 2012 nur noch 5,3 % (Noak 2016, S. 46). Wenn der Umfang der finanziellen Förderung und die Reichweite der juristischen Regelungen zurückgenommen werden, verliert die Weiterbildung an Gewicht. „Damit wächst der Anteil kommerzieller Regulation: Weiterbildung wird auf den Markt gedrängt" (Faulstich und Vespermann 2002, S. 64). Die hieraus erwachsenden Tendenzen lassen sich mit den Stichworten „Entstaatlichung", „Kommerzialisierung", „Diversifikation" und „Ökonomisierung" beschreiben. Bereits im Jahr 2004 hat die unabhängige Expertenkommission „Finanzierung Lebenslangen Lernens" in ihrem Schlussbericht die Bundesländer aufgefordert, ihre Haushaltsansätze für das allgemeine, politische und kulturelle Lernen nennenswert zu steigern (BMBF 2004). Wie die Studie von Jaich (2015) zeigt, investiert kein Bundesland auch nur 1 % seiner Bildungsausgaben in die Erwachsenenbildung; im Durchschnitt liegen diese bei 0,34 %. In jüngster Zeit kommen aus einigen Bundesländern gegenläufige Signale; exemplarisch sei hier der Weiterbildungspakt für Hessen (Hessisches Kultusministerium 2016) genannt, der den öffentlichen und freien Träger ab 2017 zusätzliche finanzielle Fördermittel zur Verfügung stellt. Damit soll ein Beitrag zur Verstetigung und Weiterentwicklung des Systems lebensbegleitenden Lernens geleistet werden. Im Unterschied zu den öffentlichen sind die betrieblichen Weiterbildungsausgaben moderat angestiegen; sie lagen nach den Ergebnissen einer Studie der Bertelsmann Stiftung (Walter 2015, S. 16) im Jahr 2012 bei 9 Mrd. €. Die privaten Weiterbildungsausgaben der Haushalte betrugen im Jahr 2012 11,2 Mrd. €. Insgesamt deutet die Datenlage darauf hin, „dass die privaten Haushalte in den letzten Jahren mehr Verantwortung in der Weiterbildungsfinanzierung übernommen haben" (Walter 2015, S. 18). Die Zahlen sprechen für eine „zunehmende Verlagerung", sowohl der öffentlichen als auch der betrieblichen Weiterbildung, in den Verantwortungsbereich der Individuen (Walter 2015, S. 17).

1.12 Kann Weiterbildung strukturelle gesellschaftliche Probleme lösen?

Der sozialstrukturelle Wandel wird als eine zentrale Ursache für die Notwendigkeit des lebenslangen Lernens angesehen. Gleichzeitig wird sie auch als „Allheilmittel gegen die Unwägbarkeiten der allgemeinen und beruflichen Lebensgestaltung" betrachtet (Münk und Walter 2017, S. 4). In Sonntagsreden werden Politiker nicht müde, die Bedeutung der Weiterbildung für den Strukturwandel, die Bewältigung der demografischen Herausforderungen und die technologischen Erfordernisse zu betonen. Verbunden ist dies zumeist mit dem Hinweis auf die Bedeutung der Humanressourcen in einem rohstoffarmen Land wie Deutschland. Ein kritischer Blick zeigt, dass Weiterbildung hier lediglich instrumentalisiert wird für andere Zwecke. Dies ist ein nur allzu bekanntes Muster, das wir bereits aus den 1990er Jahren kennen. Damals sollte mittels der Weiterbildung die Arbeitslosigkeit reduziert und der Transformationsprozess in den neuen Bundesländern beschleunigt werden. Die Ergebnisse waren bescheiden (Staudt und Kriegesmann 2001), und die Berichte über sinn- und wirkungslose Weiterbildungsmaßnahmen, die zu berechtigten Lernwiderständen führten, beschädigten nachhaltig die Weiterbildung. Mit Weiterbildung wurde die Hoffnung auf die Lösung von personellen, organisatorischen und regionalen Entwicklungsproblemen verbunden; dies war und ist unredlich und schadet dem Image der Weiterbildung langfristig.

1.13 Woran messen wir den Erfolg von Weiterbildung?

Die achte Weiterbildungserfolgsumfrage des Deutschen Industrie- und Handelskammertages (Mammen 2014, S. 22), kommt u. a. zu dem Ergebnis, dass knapp zwei Drittel der Absolventen von IHK-Weiterbildungsprüfungen positive Auswirkungen in ihrer beruflichen Entwicklung erkennen. Fest gemacht wird der Erfolg an den folgenden Faktoren, die gleichzeitig eine Rangfolge darstellen:

- beruflicher Aufstieg bzw. Übernahme eines größeren Verantwortungsbereichs,
- finanzielle Verbesserung,
- größere Sicherheit des Arbeitsplatzes,
- bessere Bewältigung der Arbeitsaufgaben und
- Erfolg bei der Suche nach einem neuen Arbeitsplatz.

Unter Weiterbildungsexperten gibt es unterschiedliche Auffassungen darüber, woran der Erfolg von Weiterbildung gemessen werden kann oder soll. Das Vier-Ebenen-Evaluationsmodell von Kirkpatrick und Kirkpatrick (2006), das 1975 veröffentlicht wurde, fokussiert Output-Dimensionen von Weiterbildungs- bzw. Trainingsmaßnahmen(vgl. hierzu Kap. 11). Es blieb in seiner Grundstruktur bis heute unverändert und gilt in der betrieblichen Weiterbildung als das einflussreichste Evaluationsmodell. Die vier Evaluationsebenen sind Zufriedenheit, Lernerfolg, Transfererfolg und Geschäftserfolg. Angenommen wird, dass diese Ebenen über Wirkungsketten miteinander verbunden sind, wofür die empirischen Belege allerdings fehlen.

Gessler und Sebe-Opfermann (2011) kommen in ihrer Studie zu dem Ergebnis, dass der Grad der Kundenzufriedenheit in vielen Branchen einen validen

Indikator für die Erfüllung von Anforderungen darstellen kann; dagegen sei allerdings die Erfassung der Zufriedenheit der Teilnehmenden an Weiterbildung nur eine notwendige, jedoch keine hinreichende Bedingung für die Sicherung und Entwicklung der Qualität von Weiterbildung. Es steht außer Frage, dass Weiterbildung – sei es die betriebliche, die berufliche oder die allgemeine Weiterbildung – wirkt, doch wie die Wirkungszusammenhänge in diesem multifaktoriellen Geschehen im Einzelnen aussehen, bleibt bis heute unklar. Dass es hierbei nicht immer nur um intendierte Wirkungen zu gehen braucht, zeigen exemplarisch die Ergebnisse der Untersuchung von Olk et al. (1996) zum Zusammenhang von bürgerschaftlichem Engagement und Bildung. Die Resultate der Studie „Benefits of Lifelong Learning" (BeLL) (Manninen et al. 2014), die von der Europäischen Kommission gefördert und vom Deutschen Institut für Erwachsenenbildung koordiniert wurde, richtete den Blick auf die Wirkungen der allgemeine Erwachsenenbildung. Die Ergebnisse zeigen sehr deutlich, dass der Nutzen der Weiterbildung über den Erwerb spezifischer Kenntnisse und Fähigkeiten hinausgeht. Identifiziert werden drei Benefit-Bereiche:

1. Die persönliche Entwicklung, die sich u. a. in Form einer erhöhten Selbstwirksamkeit zeigt.
2. Veränderungen im (sozialen) Lernverhalten spiegeln sich bspw. im Anstieg des eigenen sozialen Engagements und einer generellen Lern- und Veränderungsbereitschaft.
3. Veränderungen im Hinblick auf Familie, Beruf, mentales Wohlbefinden und Gesundheit führen dazu, dass sich die Befragten den Anforderungen und Herausforderungen des Lebens besser gewachsenen fühlen.

Erwachsenenbildung, so lassen sich die Befunde zusammenfassen, macht gesunder, glücklicher und selbstbewusster.

1.14 Tschakka: Reicht positives Denken aus, um Lernziele zu erreichen?

Der Begriff „Tschakka" dient als unterstützender Imperativ, um Lern- und Veränderungsaufforderungen des Lebens anzunehmen, indem er die suggestive Kraft des Zurufs „Du schaffst es" vermitteln soll. Er ist zum geflügelten Oberbegriff einer in ihren Darstellung fragwürdigen Art und Weise von Trainern und Entertainern geworden, die es verstehen, ein großes Publikum zu Euphorisieren, die momentan Menschen zwar dazu veranlassen, über Glasscherben oder glühende Kohlen zu laufen, deren Veranstaltungen in ihrer Wirkung bei den Menschen aber häufig schnell verpuffen. Der Begriff selbst stammt von dem niederländischen Mentaltrainer Emile Ratelband, der lange eine TV-Sendung mit dem Titel *Tsjakkaa!* moderierte. Aus psychologischen Untersuchungen wissen wir, dass positive Fantasien, Wünsche und Träume immer dann, wenn sie wenige Verbindungen zu früheren eigenen Erfahrungen haben, eher betäubend und demotivierend wirken. Deshalb wird empfohlen, positive Vorstellungen über ein zu erreichendes Ziel bzw. eigene Eigenschaften nach dem Als-ob-Prinzip (als ob man es schon erreicht hätte) in der Vorstellung Realität werden zu lassen und dies mit mentalem Kontrastieren in Bezug auf mögliche Hindernisse und Durchführungsinterventionen in Form von Wenn-dann-Beziehungen zu kombinieren (Kap. 13).

> **Fazit**
> Anstatt an dieser Stelle die lernbehindernden Mythen zusammenfassend zu wiederholen, werden die Gegenentwürfe, die in den Mythen stecken, formuliert. Leben bedeutet zu lernen – wir können nicht nicht lernen. Lernprozesse sind prinzipiell unabgeschlossen, deshalb können wir Bildung und Lernen auch nicht in einer bestimmten Phase des Lebens beenden. Bildung und Lernen sind nicht das Resultat der Aneignung eines mehr oder weniger geschlossenen Bildungskanons, sondern Ausdruck eines permanenten Entwicklungs- und Veränderungsprozesses, der nicht an institutionelle Formen gebunden ist. Es findet eine Entgrenzung von Bildung und Lernen statt. Lernen zeichnet sich durch eine hohe Diversität aus und entzieht sich Versuchen einer Normierung. Der Mensch ist lernfähig, aber unbelehrbar. Am Lernen ist der ganze Mensch beteiligt. Lernen basiert auf einer dialogischen Ich-Du-Beziehung. Die Weiterbildung darf sich nicht politisch instrumentalisieren lassen. Den Weiterbildungssektor gilt es, gesellschaftlich vom fünften Rad zum vierten Bereich unseres Bildungssystems zu machen.

Literatur

Arnold, R. (2013). *Wie man lehrt, ohne zu belehren* (2. Aufl.). Heidelberg: Carl-Auer-Systeme Verlag.
Berner, R. (2010). *Auf ein WORT – eine Reise zum Gipfel der Philosophie. Komplett überarbeitete Auflage*. Marktleuthen: Verlag art of arts.
Buber, M. (2008). *Ich und Du*. Stuttgart: Reclam.
Bundesministerium für Bildung und Forschung (Hrsg.). (2004). *Schlussbericht der unabhängigen Expertenkommission Finanzierung Lebenslangen Lernens*. Berlin: BMBF.
Csikszentmihalyi, M. (2015). *Flow. Das Geheimnis des Glücks* (18. Aufl.). Stuttgart: Klett-Cotta.
Diesterweg, F. A. W. (1844). *Wegweiser zur Bildung für deutsche Lehrer* (3. Aufl.). Bd. 1. Essen: G. D. Bädeker.
Faulstich, P., & Vespermann, P. (2002). *Weiterbildung in den Bundesländern*. München: Juventa Verlag.

Gessler, M., & Sebe-Opfermann, A. (2011). Der Mythos „Wirkungskette" in der Weiterbildung – Empirische Prüfung der Wirkungsannahmen im „Four Levels Evaluation Model" von Donald Kirkpatrick. *Zeitschrift für Berufs- und Wirtschaftspädagogik, 107*(2), 270–279.

Giesecke, W. (2009). *Lebenslanges Lernen und Emotionen: Wirkungen von Emotionen auf Bildungsprozesse aus beziehungstheoretischer Perspektive.* Bielefeld: W. Bertelsmann.

von Glasersfeld, E. (1997). *Radikaler Konstruktivismus: Ideen, Ergebnisse, Probleme.* Frankfurt: Suhrkamp.

Hessisches Kultusministerium (2016). *Weiterbildungspakt für die Jahre 2017 bis 2020.* Wiesbaden: Hessisches Kultusministerium.

Hüther, G. (2015). *Etwas mehr Hirn, bitte.* Göttingen: Vandenhoeck & Ruprecht.

Jaich, R. (2015). *Finanzierung der gesetzlich geregelten Erwachsenenbildung durch die Bundesländer.* Berlin: DIE aktuell. http://www.die-bonn.de/doks/2015-finanzierung-01.pdf. Zugegriffen: 05. April 2017.

Kirkpatrick, D. L., & Kirkpatrick, J. D. (2006). *Evaluating Training Programs: The Four Levels.* San Francisco: Berrett-Koehler Publishers.

Looß, M. (2001). Lerntypen? Ein pädagogisches Konstrukt auf dem Prüfstand. *Die Deutsche Schule, 2*(93), 186–198.

Mammen, T. (2014). *Aufstieg mit Weiterbildung. Umfrage-Ergebnisse 2014. 8. Umfrage unter Absolventen der IHK-Weiterbildungsprüfungen. Hg. vom Deutschen Industrie- und Handelskammertag.* Berlin: DIHK-Verlag.

Manninen, J. et al. (2014). *Benefits of Lifelong Learning in Europe: Main Results of the BeLL-Project. Research Report.* Bonn. http://www.bell-project.eu/cms/indexcdf1.html?page_id=10. Zugegriffen: 05. April 2017.

Münk, D., & Walter, M. (2017). Der Scheinriese Herr Tur. Tur und die „absolute Metapher vom Lebenslangen Lernen": Präliminarien und Überlegungen zu Ambivalenzen des Lebenslangen Lernens – statt eines Vorwortes. In: D. Münk & M. Walter (Hrsg.), *Lebenslanges Lernen im sozialstrukturellen Wandel* (S. 1–9). Wiesbaden: Springer VS.

Myllymaki, H.-R. (2006). University Continuing Education in a Globalizing World – The Challenges from Finnish Perspectives. Paper, presented at the 2006 UCEA Annual Conference, Helsinki. https://de.scribd.com/document/24622936/Leitura-Aula-3. Zugegriffen: 09. September 2016.

Noak, M. (2016). Stiefkind Weiterbildung. *DIE Magazin, 23*(3), 46–49.

Olk, T., Opielka, M., Jakob, G., & Hiss, F. (1996). *Engagement durch Bildung – Bildung durch Engagement.* Würzburg: Erbter.

Pashler, H., McDaniel, M., Rohrer, D., & Bjork, R. (2008). Learning Styles: Concepts and Evidence. *Psychological Science in the Public Interest, 9*(3), 105–119.

Rogers, C. R. (1974). *Lernen in Freiheit.* München: Kösel.

Seele, K. (2012). *Beim Denken gehen, beim Gehen denken. Die Peripatetische Unterrichtsmethode.* Berlin – Münster – Wien – Zürich – London: LIT Verlag.

Siebert, H. (2015). *Erwachsene – lernfähig aber unbelehrbar?* Schwalbach/Ts: Wochenschau Verlag..

Staudt, E., & Kriegesmann, B. (2001). Ende des Mythos Weiterbildung: neue Aufgaben für die Umsetzung von Innovationen. In: E. Staudt (Hrsg.), *Strategisches Personalmanagement in globalen Unternehmen* (S. 541–555).

Thomae, H., & Lehr, U. (1973). *Berufliche Leistungsfähigkeit im mittleren und höheren Erwachsenenalter. Eine Analyse des Forschungsstandes.* Göttingen: O. Schwartz.

Vester, F. (1998). *Denken, Lernen, Vergessen* (25. Aufl.). München: dtv.

Walter, M. (2015). *Weiterbildungsfinanzierung in Deutschland. Aktueller Stand, Entwicklung, Problemlagen und Perspektiven.* Gütersloh: Bertelsmann Stiftung.

Watzlawick, P., Beavin, J. H., & Jackson, D. D. (2011). *Menschliche Kommunikation* (12. Aufl.). Bern: Huber.

2

Was ist unter lebenslangem Lernen im Weiterbildungssektor zu verstehen?

Inhaltsverzeichnis

Die Idee des lebenslangen Lernens ist viel älter, als es uns die gegenwärtigen bildungspolitischen Diskurse suggerieren. Bereits im 17. Jahrhundert hat Johann Amos Comenius (1592–1670) in seinem Werk *Pampaedia* den Entwurf einer universalen Bildung in Form eines alle Lebensstufen des Menschen begleitenden Lernens vorgelegt. Comenius (1991, S. 85) entwirft eine sehr modern anmutende Vorstellung vom lebenslangen Lernen: „Wie für das ganze Menschengeschlecht die Welt eine Schule ist, vom Anbeginn der Zeit bis zu ihrem Ende, so ist auch für jeden einzelnen Menschen sein ganzes Leben eine Schule, von der Wiege bis zur Bahre. Es ist nicht genug, mit Seneca zu sprechen: In keinem Alter ist es zum Lernen zu spät; wir müssen vielmehr sagen: Jedes Lebensalter ist zum Lernen bestimmt und keinen anderen Sinn hat alles Menschenleben und alles Streben."

Wie der Rekurs auf Comenius deutlich macht, ist es ein fast unmögliches Ansinnen, die Entwicklungslinien lebenslangen Lernens im Weiterbildungssektor in diesem Kapitel auch nur annähernd nachzuzeichnen. Ich werde mich deshalb darauf beschränken, zunächst in aller Kürze die wesentlichen bildungspolitischen Hintergründe – beginnend in den 1970er Jahren – kursorisch zu skizzieren und

© Springer-Verlag GmbH Deutschland 2017
E. Schäfer, *Lebenslanges Lernen*, Kritisch hinterfragt DOI 10.1007/978-3-662-50422-2_2

die Dimensionen und Bedeutungskontexte des schillernden Begriffs des lebenslangen Lernens darzulegen. Im Anschluss geht es um bildungstheoretische und ideengeschichtliche Aspekte der Weiterbildung im Kontext des lebenslangen Lernens. Die Offerte, lebenslang zu lernen, stößt auf eine breite Resonanz in der Bevölkerung. Wie die Weiterbildungsbeteiligung der Menschen in Deutschland heute aussieht, werde ich deshalb unter Rückgriff auf die entsprechenden empirischen Befunde erläutern. Nachdem die individuelle Seite der Weiterbildung dargestellt wurde, bilden die Ausführungen zu den personellen Strukturen, den Lernorten, den Wirkungen der Weiterbildung sowie den sich abzeichnenden Trends den Abschluss dieses Kapitels.

An dieser Stelle ist auf jene Diskussionen zu verweisen, die seit den frühen 1970er Jahren von supra- und internationalen Organisationen wie der UNESCO, der OECD, dem Europarat und der EU geführt wurden. Exemplarisch erwähnt seien der Bericht der von der UNESCO eingesetzten Faure-Kommission (Faure et al. 1973), das Konzept der „Recurrent Education" vom Centre for Educational Research and Innovation (1973) sowie der UNESCO-Bericht zur Bildung für das 21. Jahrhundert (UNESCO 1997). Damals wie heute geht es um die Schaffung eines effizienten und flexiblen Bildungssystems. In den 1970er Jahren war dies verbunden mit dem Bestreben, mehr Chancengleichheit zu realisieren. Seinen Niederschlag findet der erneute Diskurs um das lebenslange Lernen im Weißbuch zur allgemeinen und beruflichen Bildung (Europäische Kommission 1995), im Jahr des lebenslangen Lernens (1996) sowie dem *Memorandum über Lebenslanges Lernen* der Kommission der Europäischen Gemeinschaften (2000). In dem zuletzt genannten Dokument werden zwei gleichermaßen wichtige Ziele lebenslangen Lernens genannt: die Förderung der aktiven Staatsbürgerschaft und die Förderung der Beschäftigungsfähigkeit. Diese Auffassung vertritt auch der Europäische Rat (2000, Ziffer 33): „Die lebenslange Weiterbildung ist ein ganz wesentliches Mittel, um gesellschaftliche Teilhabe, sozialen Zusammenhalt und die Beschäftigung weiterzuentwickeln."

> ?
>
> Welche Dimensionen und Bedeutungskontexte hat der Begriff des lebenslangen Lernens?

Die Idee des lebenslangen bzw. lebensbegleitenden Lernens ist ein bildungspolitisches Konzept, das alle Altersstufen, Bildungsinstitutionen und Lernformen umfasst und einen bildungsbereichsübergreifenden Anspruch formuliert. In Deutschland haben sich die Vertreter der Erwachsenen- und Weiterbildung intensiv um seine Ausgestaltung und praktische Umsetzung verdient gemacht. Wir unterscheiden heute drei Dimensionen des lebenslangen Lernens:

1. Die *vertikale Dimension* (*life-long*) bezieht sich auf die unterschiedlichen Lebensphasen des Menschen, von der frühen Kindheit bis ins hohe Alter.
2. Die *horizontale Dimension* (*life-wide*) spannt den Bogen über die verschiedenen (außer-)institutionellen Settings, die alle Aspekte des Lebens erfassen.
3. Die *Tiefendimension* (*life-deep*) rekurriert auf die Verankerung in der Erfahrungswelt der Subjekte.

Während die ersten beiden Dimensionen bereits fest etablierte Unterscheidungen darstellen, ist die von Paul Bélanger (2016), dem ehemaligen Direktor des UNESCO Institute for Education in Hamburg, eingeführte Charakterisierung des Lernens als „intimate" noch relativ neu; sie verweist darauf, dass der Mensch „immer und überall nach Entwicklungsräumen für sich selbst (sucht), um seine persönliche Identität auszuformen". Lernen bleibt, auch wenn es durch extrinsische Gründe ausgelöst ist, „eine innere, private, intime Erfahrung", die dadurch gespeist wird, dass wir bestrebt sind, „unserem Leben Bedeutung zu verleihen und es in Einklang mit unseren Fähigkeiten zu gestalten. (...) Das Wissen um die ‚Intimität' des Lernens verweist auf die in allen Lernanforderungen inhärente Spannung zwischen der funktionalen Anforderung von Organisationen und der Hoffnung des Einzelnen auf Lernerfahrungen, die der Selbstkonstruktion dienlich sind" (Bélanger 2009, S. 22 f.).

?

Was lässt das lebenslange Lernen zu einer Metapher werden?

Das lebenslange Lernen ist mit seiner Bedeutungsvielfalt zu einer Metapher geworden, die mit ganz unterschiedlichen Bedeutungsinhalten aufgeladen werden kann. Metaphern haben in der Pädagogik eine lange Tradition und sind Bestandteil pädagogischen Denkens. Verwendet werden u. a. organische, technische, mäeutische, architektonische Metaphern sowie Licht-, Boden- und Fließmetaphern. Es gibt „Schnellstraßen, Saumpfade und Sackgassen des Lernens", so der Titel einer Publikation von Schödlbauer et al. (1999).

Von Blumenberg (1997) stammt das Konzept der absoluten Metapher, das eine besondere Form der Metaphern bezeichnet, nämlich „Phänomene, die nicht begrifflich, sondern nur metaphorisch zu erfassen sind" (Dellori 2016, S. 155). Absolute Metaphern haben eine pragmatische Funktion: Sie geben Auskunft darüber, wie etwas gesehen oder gebraucht werden soll; sie verfügen über eine Geschichte, die sie transportieren; sie können als „Symbole" oder „Bilder" bezeichnet werden, die allerdings keine Abbilder darstellen.

De Haan hatte bereits 1991 den Begriff des lebenslangen Lernens als absolute Metapher klassifiziert (Haan 1991). Dellori (2016, S. 158) greift diese Gedanken auf und argumentiert mit de Haan, dass aufgrund der Unbestimmbarkeit von

Leben und Zeit „das Lernen im Kontext der absoluten Metapher ‚lebenslanges Lernen' von einem Mittel zur Lebensbewältigung zu einem Bestandteil der Lebensbewältigung wird". Die absolute Metapher „lebenslanges Lernen", so ein Ergebnis der empirischen Auswertung der Experteninterviews, die Dellori durchgeführt hat, zeichnet sich durch eine theoretische Unbestimmbarkeit aus; diese dokumentiert sich in unterschiedlichen Typisierungen, der Austauschbarkeit der metaphorischen Anteile, geschichtlichen Veränderungen der Bedeutung sowie unterschiedlichen Bedeutungskontexten des lebenslangen Lernens.

Trotzdem hat die Metapher eine Orientierungsfunktion in pädagogischen Handlungsfeldern. Dellori (2016, S. 165) hat die (Be-)Deutungshorizonte und -kontexte der absoluten Metapher „lebenslanges Lernen" entfaltet und im Einzelnen die folgenden sechs Bedeutungskontexte identifiziert:

1. Lernen als anthropologischer Bestandteil,
2. pädagogische Förderung der Habitualisierung lebenslangen Lernens,
3. Lernkontexte des lebenslangen Lernens,
4. lebenslanges Lernen als persönliche berufliche und allgemeine Weiterbildung,
5. lebenslanges Lernen als Bewältigungsstrategie potenzieller beruflicher Diskontinuitäten und
6. lebenslanges Lernen als Reformstrategie des Erziehungs- und Bildungssystems.

Die Verwendung von pädagogischen Metaphern ist nicht ohne einen Deutungsrahmen (Frame) möglich. Dass dieser durchaus mit didaktisch-methodischen Implikationen verbunden ist, darauf werde ich in Abschn. 5.3 noch eingehen.

2.1 Warum gewinnt das lebenslange Lernen an Bedeutung?

Das lebenslange Lernen ist integraler Bestandteil von Bildungs- und Lernwelten mit ihren jeweils spezifischen Begriffsverständnissen, die wiederum auf geistes- und sozialgeschichtliche Entwicklungen zurückzuführen sind. Bildung vollzieht sich, dem Bildungsverständnis von Wilhelm von Humboldt folgend, im Zusammenspiel von Welt- und Selbsterkenntnis. Bildung ist die aktive Auseinandersetzung des Menschen mit der Welt und sich selbst. Ihr Ziel ist es, Welt in ihrer Komplexität sowie die eigene Person darin zu verstehen, zu reflektieren und handlungsfähig zu sein. Bildung vollzieht sich in dem Zusammenspiel von Welt- und Selbsterkenntnis. Der Deutsche Ausschuss für das Erziehungs- und Bildungswesen drückt dies in seinem 1960 veröffentlichten Gutachten *Zur Situation und Aufgabe der deutschen Erwachsenenbildung* wie folgt aus: „Gebildet im Sinne der Erwachsenenbildung wird jeder, der in der ständigen Bemühung lebt, sich selbst, die Gesellschaft und die Welt zu verstehen und diesem Verständnis gemäß zu handeln" (Deutscher Ausschuss für das Erziehungs- und Bildungswesen 1960, S. 870).

Horst Siebert (2002, S. 19) formuliert es wie folgt: „Konstitutiv für Bildung sind die Frage nach dem Sinn, die Fähigkeit zur Selbstreflexion und kompetentes Handeln. Vereinfacht gesagt: kluges Wissen, Können und Wollen. In dieser Koppelung unterscheidet sich Bildung von Intelligenz, Qualifikation und Kompetenz. Bildung schließt diese Fähigkeiten ein, geht aber darüber hinaus".

Bildung ist nicht das Ergebnis der Aneignung eines Bildungskanons, sondern das sich stetig wandelnde Resultat von Entwicklungsprozessen in der Auseinandersetzung mit sich, den anderen Menschen und der Welt. Konstitutiv für Bildungs- und Lernprozesse ist deren prinzipielle Unabgeschlossenheit. Dies gilt zum einen bezüglich der nicht abschließbaren Phase von Bildung im gesamten Lebenslauf und zum anderen hinsichtlich der Entgrenzung des Lernens über traditionelle Vorstellungen der in institutionellen Kontexten erworbenen Kenntnisse und Fähigkeiten hinaus (Schlögl 2014). Bildung ist ein offenes Projekt, das, wie es im UNESCO-Bericht zur Bildung für das 21. Jahrhundert formuliert ist (vgl. Delors 1996, S. 85 ff.), aus vier Säulen besteht:

1. dem „Learning to know",
2. dem „Learning to do",
3. dem „Learning to live together" und
4. dem „Learning to be".

> **?**
>
> Was sind die Unterschiede zwischen lebenslangem Lernen, Erwachsenenbildung und Weiterbildung?

Mit der realistischen Wende in der Erwachsenenbildung der 1960er-Jahre wurde ein Paradigmenwechsel vollzogen, der mit einer Orientierung an den beruflichen Bildungsbedürfnissen der Menschen, abschluss- und berufsbezogenen Inhalten und deren Zertifizierung verbunden war. Hiermit einher ging die Forderung nach Professionalisierung und öffentlicher Anerkennung der Erwachsenenbildung. Sie wurde – zumindest vom Anspruch her – als vierter gleichberechtigter Bildungssektor neben Schule, Berufsausbildung und Hochschule etabliert. Es klafft jedoch bis heute eine Lücke zwischen den entsprechenden politischen Absichtserklärungen und der realen Wertschätzung dieses Bereichs in Form von infrastrukturellen und finanziellen Aufwendungen für den quartären Sektor, was zu der in Kap. 1 erwähnten Charakterisierung und damit verbundenen Frage führte: Ist die Weiterbildung der vierte Bildungssektor oder vielleicht nicht doch das fünfte Rad in unserem Bildungssystem?

Angesichts der hochgradigen Segmentierung der Weiterbildung wird zum Teil infrage gestellt, ob es überhaupt gerechtfertigt ist, von einem einheitlichen

Weiterbildungssystem zu sprechen (Faulstich 2001, S. 334). Ihren Ausdruck fand die realistische Wende in dem Begriffswechsel zur Weiterbildung. Im Folgenden werde ich die beiden Begriffe synonym verwenden. In seinem Strukturplan für das Bildungswesen definiert der Deutsche Bildungsrat (1970, S. 197) Weiterbildung als „die Fortsetzung oder Wiederaufnahme organisierten Lernens nach Abschluss einer unterschiedlich ausgedehnten ersten Bildungsphase".

Galt bis zur Mitte des 20. Jahrhunderts in weiten Teilen unserer Gesellschaft noch die Vorstellung, dass man nach einer (Berufs-)Ausbildung „ausgelernt" habe und mit allem ausgestattet sei, was man für seinen Beruf benötige, und ein „Weiterlernen" höchstens freiwillig geschehe, so hat sich dies heute grundlegend geändert. Während es bis vor wenigen Jahrzehnten als Kennzeichen des Erwachsenenseins galt, nicht mehr systematisch lernen zu müssen, so ist es heute umgekehrt: Die Überzeugung, dass eine Bewältigung der Herausforderungen unserer modernen Lebenswelt nur dann möglich ist, wenn wir bereit sind, stets dazuzulernen, ist fast überall selbstverständlich geworden. Deshalb gilt es auch, über die Verteilung von Bildungs- und Lernphasen innerhalb des Lebenslaufes grundsätzlich neu nachzudenken.

Die Kultusministerkonferenz hat sich die Definition von Weiterbildung des Strukturplanes für das Bildungswesen in ihrer vierten Erklärung zur Weiterbildung aus dem Jahr 2001 zu eigen gemacht und das Kriterium des Abschlusses einer ersten Bildungsphase um den Zusatz „und in der Regel nach Aufnahme einer Erwerbs- oder Familientätigkeit" (Sekretariat der Ständigen Konferenz der Kultusminister der Länder in der Bundesrepublik Deutschland 2001, S. 4) ergänzt. Damit wird eine deutliche Grenze zwischen dem tertiären Bildungsbereich, der Hochschulbildung, die sich ja auch an erwachsene Menschen richtet, und dem quartären Bildungssektor, der Weiterbildung, gezogen. Außerdem werden die im Strukturplan genannten Teilbereiche der Weiterbildung weiter ausdifferenziert; nun wird unterschieden in die allgemeine, berufliche, politische, kulturelle und wissenschaftliche Weiterbildung.

Im Unterschied zum Bereich der Weiterbildung wird das *lebenslange Lernen* sehr viel umfassender verstanden.

Lebenslanges Lernen

Die Europäische Kommission (2001, S. 9) bezeichnet als lebenslanges Lernen „alles Lernen während des gesamten Lebens, das der Verbesserung von Wissen, Qualifikationen und Kompetenzen dient und im Rahmen einer persönlichen, bürgergesellschaftlichen, sozialen bzw. beschäftigungsbezogenen Perspektive erfolgt".

Bereits Mitte der 1990er Jahre hatte die EU das Jahr 1996 zum „Europäischen Jahr des lebensbegleitenden Lernens" erklärt. Eine besondere Bedeutung wurde dem lebenslangen Lernen zugeschrieben, als sich der Europäische Rat im Jahr 2000 für die Zeit bis 2010 das Ziel setzte, „die Union zum wettbewerbsfähigsten und dynamischsten wissensbasierten Wirtschaftsraum in der Welt zu machen – einem Wirtschaftsraum, der fähig ist, ein dauerhaftes Wirtschaftswachstum mit mehr und besseren Arbeitsplätzen und einem größeren sozialen Zusammenhalt zu erzielen" (Europäischer Rat 2000, Punkt 5).

Wenngleich das lebenslange Lernen sich von seinem Anspruch her auf alle Bildungssektoren einer Gesellschaft und darüber hinaus erstreckt, so ist es doch der Weiterbildungssektor, in dem sich die institutionalisierten Angebote zum lebenslangen Lernen konzentrieren. Er bietet einen Kontext, in dem organisierte Lernprozesse stattfinden, den Individuen zu ihrer Bildung im Sinne eines Veränderungsprozesses nutzen können. Lernen erfolgt als ein prozesshaftes und dynamisches Geschehen in der Auseinandersetzung des Menschen mit sich selbst, mit der Gruppe – in der er lernt – und den natürlichen, institutionellen und gesellschaftlichen Rahmenbedingungen. Unter Lernen verstehen wir einen individuellen und aktiven Konstruktionsprozess. Die Voraussetzung und Grundlage von Bildung als „Verknüpfung unseres Ichs mit der Welt" (Humboldt) ist die Fähigkeit zu lernen. Dieses Lernen findet auch außerhalb organisierter Lernprozesse statt.

> **?**
>
> Welche gesellschaftlichen Veränderungen sind die Ursache für den enormen Bedeutungszuwachs des lebenslangen Lernens?

Die Epoche seit Mitte des 20. Jahrhunderts bezeichnet der Soziologe Ulrich Beck (1996) als die Zweite Moderne. Sie ist dadurch gekennzeichnet, dass sich bislang stabile Lebens- und Berufsbiografien auflösen, die Menschen sich aus historisch vorgegebenen Sozialformen und -bindungen herauslösen und die Pluralisierung der Möglichkeiten zur Gestaltung des eigenen Lebens zur Notwendigkeit wird. Das Mehr an Freiheit und Autonomie ist allerdings auch mit mehr Unsicherheit hinsichtlich der Lebensentwürfe in der Risikogesellschaft verbunden. Die Erwachsenenbildung, die ihre Ursprünge in der Aufklärung und Industrialisierung hat, kann ideengeschichtlich als ein Kind der Ersten Moderne bezeichnet werden. Während die Erste Moderne über die Erwachsenenbildung den Menschen einen Weg aus der inneren und äußeren Gebundenheit an überkommene Strukturen und Lebensmuster in die Freiheit aufzeigte, weisen die Optionen zum lebenslangen Lernen den Weg aus der Unübersichtlichkeit, der Zersplitterung und damit zum Teil verbundenen Sinnlosigkeit in eine neue selbst gefundene Kohärenz; diese zu stiften und biografisch zu integrieren, ist die zentrale Aufgabe von Bildung.

Zeiten des gesellschaftlichen Umbruchs sind für die Erwachsen- und Weiterbildung gleichzeitig Herausforderung und Chance gewesen. Weiterbildung ist insofern ein Seismograf für gesellschaftliche Veränderungen. Bezogen auf den jetzt zu bewältigenden Übergang in die Wissensgesellschaft fällt ins Auge, dass das schon seit Jahrzehnten postulierte Prinzip des lebenslangen Lernens respektive der lebensbegleitenden Bildung endlich für breite Schichten der Bevölkerung zur gesellschaftlichen Realität wird. Dies ist nicht zuletzt deshalb so, weil Wissen in der Wissensgesellschaft zum Produktionsfaktor wird und das lebenslange Lernen damit eine wirtschaftliche Notwendigkeit erlangt.

> **?**
>
> Wodurch ist das lebenslange Lernen in der Zweiten Moderne gekennzeichnet?

In der Zweiten Moderne sieht sich die Erwachsenen- und Weiterbildung mit einem Paradigmenwechsel von der Erzeugungs- zur Ermöglichungsdidaktik konfrontiert (vgl. Arnold und Schüßler 1998). In diesem Sinne fordern Mandl und Reinmann-Rothmeier (1998, S. 197 f.) die Entwicklung und Etablierung einer Lernkultur, „die sich von den gängigen Metaphern des Wissenstransportes und der Informationsübertragung lösen muss. Eine konstruktivistisch geprägte Lernkultur stellt das Lernen über das Lehren, die Konstruktion über die Instruktion; sie trägt zum lebenslangen Lernen ebenso bei wie zum Erwerb anwendungsbezogenen Wissens und zur Entwicklung von Kompetenzen zur Selbststeuerung, Kooperation, zum Wissensmanagement und demokratischen Denken und Handeln." Eine Lernkultur, die diesen Prinzipien folgt, bietet dem Lernenden Freiraum für konstruktive und explorative Aktivitäten; daneben bedarf es ggf. auch expliziter Instruktionen durch den Lehrenden in Form von Hilfestellungen für den Umgang mit Informationen, die Bearbeitung von Problemstellungen und die Zusammenarbeit in Gruppen.

> **?**
>
> Welche Anforderungen stellen sich an Lern- und Bildungsprozesse in Zeiten des Postfaktischen?

Dass wir alle in einer gemeinsamen Welt leben, unsere Wirklichkeitsvorstellungen sich allerdings stark unterscheiden können, wissen wir seit den Tagen von Platons Höhlengleichnis. Paul Watzlawick (1976) hat uns diesen Gedanken in seinem Buch „Wie wirklich ist die Wirklichkeit" ebenfalls nahegebracht. Aus der theoretischen Erkenntnis ist zwischenzeitlich eine sehr praktische Erfahrung geworden, die nun auch sprachlich auf den Begriff gebracht wurde. Mitte November 2016 hat die britische Wörterbuchreihe Oxford Dictionaries ihr internationales Wort des Jahres 2016 bekannt gegeben. Es handelt sich um den Begriff „post-truth", der mit „postfaktisch" übersetzt wird. Auch die Gesellschaft für deutsche Sprache hat „postfaktisch" zum Wort des Jahres gekürt. Der Begriff wird als Beschreibung von Umständen definiert, in denen objektive Fakten weniger Einfluss auf die Bildung der öffentlichen Meinung haben als Gefühle und persönliche Überzeugungen. Spätestens mit dem Brexit-Votum der Briten und der Wahl von Donald Trump zum 45. amerikanischen Präsidenten dürfte deutlich geworden sein, dass wir gerade eine Zeitenwende erleben, den Eintritt in das Zeitalter des Postfaktischen. Die Menschen interessieren sich nicht mehr so sehr für die Fakten, sondern folgen stärker ihren Gefühlen. Dies ist nicht nur eine Herausforderung für die politische Bildungsarbeit (Klemm 2016), sondern hat radikale Konsequenzen für eine aufgeklärte Wissensgesellschaft, die auf die Kraft rationaler Argumente vertraut und die bei der Organisation von Bildungsprozessen stärker auf Kognitionen statt Emotionen setzt. Damit stellt sich die Frage nach der Bedeutung für die Gestaltung zukünftiger Lernprozesse. Pörksen (2016, S. 70) gibt hierauf eine erste Antwort. Wissenschaftler, Lehrer, Journalisten und Bildungsverantwortliche sollten – seiner Meinung nach – eine „Aufklärung zweiter Ordnung" anstreben, „die neben der Vermittlung von Inhalten systematisch auch über die Prozesse ihres Zustandekommens informiert und offensiv für die eigenen Rationalitätskriterien wirbt." Dies heißt, „die eigenen Auswahlkriterien und Quellen offenzulegen und sich um die selbstreflexive, transparente, dialogisch orientierte Begründung von Relevanz, Stichhaltigkeit und Objektivitätsanspruch zu bemühen." Sofern Wissenschaft und Bildung diesem Anspruch nicht schon immer verpflichtet waren, in Zeiten des Postfaktischen wird es unabkömmlich.

> **?**
>
> Wie ist es um die Durchlässigkeit innerhalb des Bildungssystems bei der Verwirklichung der Ideen des lebenslangen Lernens bestellt?

Die konsequente Umsetzung der Idee des lebenslangen Lernens wird unser bisheriges Bildungssystem grundlegend verändern. Gegenwärtig stoßen Lern- und Bildungsabsichten von Individuen noch zu häufig an die Grenzen eines Bildungssystems mit einer geringen Durchlässigkeit. Die Initiativen zur Anerkennung außerhalb formaler Bildungsprozesse erworbener Kompetenzen sowie zur Anerkennung von berufspraktischen Erfahrungen, die Pluralisierung der Lernorte, die Erprobung neuer Lehr- und Lernformen und die Flexibilisierung von Lern- und Bildungszeiten über die gesamte Lebensspanne können die Implementierung des Gedankens des lebenslangen Lernens in die Strukturen verschiedener Bildungsbereiche befördern. Zukünftig wird es verstärkt darauf ankommen, einerseits bestehende Schranken zwischen den Bildungssektoren untereinander sowie andererseits die Übergänge zwischen Phasen des Lernens und der familiären, ehrenamtlichen und beruflichen Tätigkeit zu flexibilisieren. Die Menschen wünschen sich heute unterbrochene, „perforierte Lebensläufe", die es ermöglichen, Weiterbildung in den Lebenslauf zu integrieren. Zu dieser Erkenntnis kommt

Jutta Allmendinger (2016, S. 5), die Präsidentin des Wissenschaftszentrums Berlin für Sozialforschung und Autorin der Vermächtnisstudie (2017).

> **?**
>
> Welche Rolle spielen die Hochschulen in der Weiterbildung?

Mit Blick auf die Notwendigkeit, zwischen den unterschiedlichen Ebenen und Bereichen des Bildungs-, Ausbildungs- und Beschäftigungssystems Übergänge zu schaffen, steht im *Memorandum über Lebenslanges Lernen* (Kommission der Europäischen Gemeinschaften 2000) die Vision einer graduellen „Osmose" zwischen Angebotsstrukturen, die heute noch relativ isoliert nebeneinander bestehen. Hinsichtlich der Hochschule heißt es dann: „Das Hochschulstudium für neue, breitere Kreise zu öffnen, kann nur dann erreicht werden, wenn sich die Hochschuleinrichtungen selbst ändern – und zwar nicht nur intern, sondern auch in ihren Beziehungen zu den anderen Lernsystemen." Die Herausforderung besteht darin, formales, nichtformales und informelles Lernen in einem Netz gegenseitiger Anerkennung miteinander zu verbinden. Hochschulen könnten langfristig nach dem Modell der Open University für die Weiterbildungsinteressen der Gesellschaft geöffnet werden und damit an die Tradition der Universitätsausdehnungsbewegung am Ende des 19. Jahrhunderts (Schäfer 1988) und die Bemühungen um eine öffentliche Wissenschaft (Faulstich 2006) sowie eine Aufklärung durch Wissenschaft (Faulstich 2011) anknüpfen. Vor dem Hintergrund des Bologna-Prozesses, einer Hochschulreform, die auf eine europaweite Harmonisierung von Studiengängen und -abschlüssen sowie auf internationale Mobilität der Studierenden abzielt, gilt es, das Verhältnisses von grundständigem Studium und wissenschaftlicher Weiterbildung im Rahmen des Bologna-Prozesses neu zu bestimmen (vgl. Bredl et al. 2006).

Die Deutsche Gesellschaft für wissenschaftliche Weiterbildung und Fernstudium (DGWF) hat es sich zur Aufgabe gemacht, die von den Hochschulen getragene Weiterbildung zu fördern, zu koordinieren und zu repräsentieren. Im Jahr 2008 haben Bund und Länder die Qualifizierungsinitiative „Aufstieg durch Bildung" gestartet. Hierzu gehörte der Wettbewerb „Offene Hochschulen". Ziel war es, Konzepte für berufsbegleitendes Studieren und lebenslanges, wissenschaftliches Lernen besonders für Berufstätige, Personen mit Familienpflichten und Berufsrückkehrerinnen zu fördern. Außerdem sollte eine engere Verzahnung von beruflicher und akademischer Bildung erreicht werden. Die Ergebnisse sind in drei Bänden zusammengefasst und veröffentlicht (Wolter et al. 2016; Hanft et al. 2016; Cendon et al. 2016).

> **?**
>
> Welche Benachteiligungen sollen durch Weiterbildung beseitigt werden?

Mit dem Anspruch, die Bildungs- und Lernchancen für möglichst viele Menschen zu erweitern, vertritt die Weiterbildung traditionell einen emanzipatorischen Anspruch, der darauf ausgerichtet ist, die Teilhabechancen von Menschen am gesellschaftlichen Leben zu verbessern. Mitte des letzten Jahrhunderts richteten sich diese Bemühungen auf die idealtypische Gestalt des „katholischen Arbeitermädchens vom Lande", als Inbegriff von Benachteiligung; heute gilt die Aufmerksamkeit den Anstrengungen zur Überwindung von Weiterbildungsbarrieren bei Personen mit Migrationshintergrund (Autorengruppe Bildungsberichterstattung 2014, S. 145). Welche Bevölkerungsteile das Weiterbildungsangebot heute wahrnehmen und welche Strukturen ihnen dafür zur Verfügung stehen, dies soll uns nun beschäftigen.

2.2   Wie ist die Weiterbildungsbeteiligung in Deutschland?

Der Weiterbildungssektor erreicht in Deutschland mehr Menschen als jeder andere Bildungsbereich. Im Jahr 2015 nahmen 51 % der 18- bis 64-Jährigen und damit rund 26,3 Mio. Personen an mindestens einer Weiterbildungsaktivität teil, für die sie durchschnittlich 36 h aufgewendet haben, so die Resultate des Adult Education Survey (AES) (BMBF 2015, S. 4, 13, 42); das sind die höchsten Werte, die seit Beginn der Weiterbildungsberichterstattung in Deutschland im Jahr 1979 erreicht wurden. Die Weiterbildungsbeteiligung wird auf der Grundlage der von den befragten Personen wahrgenommenen Lernaktivitäten ermittelt. Hierzu zählen (Bilger und Kuper 2013, S. 33):

- Kurse oder Lehrgänge,
- kurzzeitige Bildungs- oder Weiterbildungsveranstaltungen in Form von Vorträgen, Schulungen, Seminaren oder Workshops,
- Schulungen am Arbeitsplatz und
- Privatunterricht in der Freizeit.

Aufgrund einer anderen methodischen Vorgehensweise, leicht abweichenden Untersuchungsgegenständen durch nicht deckungsgleiche Begriffsdefinitionen und Unterschieden bezüglich der befragten Population kommen andere Erhebungen wie beispielsweise der *Deutsche Weiterbildungsatlas* (Martin und Schrader 2016) zu anderen Beteiligungsquoten, die zum Teil deutlich niedriger liegen.

Hinsichtlich der regionalen Dichte der Weiterbildungsangebote lassen sich große Unterschiede feststellen. Die Weiterbildungsquote, d. h. der Prozentsatz der Bevölkerung, die im letzten Jahr an mindestens einer Weiterbildung teilge-

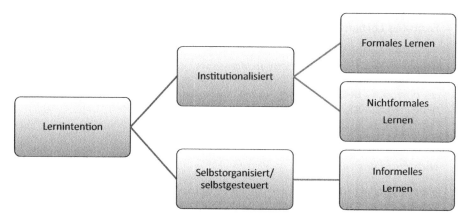

Abb. 2.1 Unterscheidung der Lernformen

nommen hat, differiert – wie die Ergebnisse des Weiterbildungsatlasses zeigen – regional sehr stark. Insgesamt schneidet der Norden schlechter ab als der Süden. Unterdurchschnittliche Werte finden sich mit Ausnahme von Brandenburg in allen östlichen Bundesländern. Durch höhere Teilnahmequoten zeichnen sich dagegen Bayern und Baden-Württemberg aus. In den Stadtstaaten liegen die Quoten im mittleren Bereich. Allerdings sind auf Ebene der 96 Raumordnungsregionen die Unterschiede deutlich größer als zwischen den einzelnen Bundesländern (Martin et al. 2015). Wie ungleich die Weiterbildungsangebote und die Weiterbildungsteilnahme in Deutschland verteilt sind, zeigt die Analyse auf der Ebene der 402 Kreise und kreisfreien Städte. In den weiterbildungsstärksten Kommunen ist die Teilnahme an Weiterbildung rund achtmal so hoch wie in den schwächsten. Die Unterschiede lassen sich nur zum Teil durch die jeweiligen sozidemografischen, wirtschaftlichen und infrastrukturellen Rahmenbedingungen erklären (Martin und Schrader 2016).

Um die folgenden Statistiken besser verstehen zu können, ist es notwendig, die zugrunde liegenden Begriffsdefinitionen zu kennen. Es hat sich ein internationales Begriffsverständnis durchgesetzt, das von den EU-Institutionen (Kommission der Europäischen Gemeinschaften 2000) und der OECD geprägt wird; dem zufolge unterscheiden wir heute zwischen dem *formalen*, *nichtformalen* und *informellen Lernen*. Als Kriterien für die Abgrenzung dieser drei Arten von Lernen sind insbesondere das Ausmaß der Organisation und Struktur, die Intentionalität sowie die Zertifizierung zu nennen. Der Rat der Europäischen Union hat in der Anlage zu seiner Empfehlung vom 20. Dezember 2012 zur Validierung nichtformalen und informellen Lernens die folgenden Begriffsbestimmungen vorgenommen (Rat der Europäischen Union 2012; Abb. 2.1):

Formales Lernen

„Formales Lernen bezeichnet einen Lernprozess, der in einem organisierten und strukturierten, speziell dem Lernen dienenden Kontext stattfindet, und typischerweise zum Erwerb einer Qualifikation, in der Regel in Form eines Zeugnisses oder eines Befähigungsnachweises, führt; hierzu gehören Systeme der allgemeinen Bildung, der beruflichen Erstausbildung und der Hochschulbildung."

Nichtformales Lernen

„Nichtformales Lernen bezeichnet einen Lernprozess, der im Rahmen planvoller Tätigkeiten (…) stattfindet und bei dem das Lernen in einer bestimmten Form unterstützt wird (…); ausgesprochen typische Beispiele für nichtformales Lernen sind die innerbetriebliche Weiterbildung, (…), strukturiertes Online-Lernen (…) und Kurse, die Organisationen der Zivilgesellschaft für ihre Mitglieder, ihre Zielgruppe oder die Allgemeinheit organisieren."

Informelles Lernen

„Informelles Lernen bezeichnet einen Lernprozess, der im Alltag stattfindet und in Bezug auf Lernziele, Lernzeit oder Lernförderung nicht organisiert oder strukturiert ist; es ist aus Sicht des Lernenden möglicherweise nicht beabsichtigt; Beispiele für durch informelles Lernen erzielte Lernergebnisse sind Fähigkeiten, die man sich durch Lebens- und Berufserfahrung aneignet, wie die am Arbeitsplatz erworbene Fähigkeit, (…), während eines Auslandsaufenthalts erworbene Sprachkenntnisse oder interkulturelle Fähigkeiten, außerhalb des Arbeitsplatzes erlangte IKT-Fertigkeiten [IKT = Informations- und Kommunikationstechnologie; Anm. des Autors] sowie Fähigkeiten, die durch freiwillige, kulturelle oder sportliche Aktivitäten, Jugendarbeit oder Tätigkeiten zu Hause (…) erworben wurden."

Wenn von der Erwachsenenbildung bzw. der Weiterbildung die Rede ist, so ist damit meist der Bereich des nichtformalen Lernens gemeint, der in einem organisierten Kontext stattfindet, den Erwachsene nach dem Abschluss ihrer formalen Bildung freiwillig aufsuchen.

> **?**
>
> Welche Phasen der Weiterbildungsbeteiligung kann man unterscheiden?

Im Folgenden konzentrieren wir uns zunächst auf den Bereich der nichtformalen Bildung, die Weiterbildung; der Bereich der regulären Bildungsgänge wird ausgeklammert, da dies nicht den Bereich dieser Publikation betrifft, und mit dem Bereich des informellen Lernens beschäftigen wir uns am Ende dieses Abschnitts.

Über einen längeren Zeitraum betrachtet, lassen sich drei Phasen der Weiterbildungsbeteiligung in Deutschland unterscheiden (BMBF 2015, S. 14 f.). Zu berücksichtigen ist dabei, dass die Erhebungen im Abstand von jeweils drei Jahren durchgeführt und durch sog. Trendbeobachtungen der Bildungsbeteiligung ergänzt werden:

1. *Phase des Aufschwungs:* In den Jahren zwischen 1979 und 1997 stieg die Weiterbildungsbeteiligung in Westdeutschland von 23 auf 48 % und verdoppelte sich somit. Für Deutschland insgesamt stieg die Weiterbildungsquote im Zeitraum von 1991 bis 1997 von 27 % auf ebenfalls 48 %. Da es hier lediglich um eine Trendaussage geht, bleiben Veränderungen in den Erhebungsmethoden, die Begrenztheit der Daten in den Jahren vor 1990 auf die alten Bundesländer und die transformationsbedingten besonderen Effekte der Wiedervereinigung Anfang der 1990er-Jahre unberücksichtigt.
2. *Phase der Konsolidierung:* In den Jahren von 2000 bis 2007 sank die Weiterbildungsbeteiligung zunächst und schwankte dann während der ersten Dekade des neuen Jahrhunderts zwischen 41 und 44 % auf einem relativ stabilen Niveau.
3. *Phase des Anstiegs:* Gegenüber dem Jahr 2010 stieg die Weiterbildungsbeteiligung in den Jahren 2012 auf 49 % und im Jahr 2014 auf 51 %.

Während in den ersten beiden Phasen die Entwicklungen in ostdeutschen und westdeutschen Ländern noch leicht differieren, weisen die Teilnahmequoten in der dritten Phase vergleichbare Strukturen auf.

> ?
>
> Welche Erkenntnisse gibt es zur Beteiligung an nichtformaler Weiterbildung in Abhängigkeit von soziodemografischen Merkmalen?

Im AES (BMBF 2015, S. 21, 43) wird die Weiterbildungsbeteiligung nach drei Segmenten differenziert: 70 % aller Weiterbildungsaktivitäten entfallen auf die betriebliche Weiterbildung, 13 % auf die individuelle berufsbezogene und 17 % auf die nichtberufsbezogene Weiterbildung. Betrachtet man die für die Weiterbildungsaktivitäten aufgewendete Zeit in Stunden, so ergibt sich das Weiterbildungsvolumen, das, bezogen auf die Segmente, ein etwas anderes Bild zeigt; demnach macht die betriebliche Weiterbildung 49 %, die individuelle berufsbezogene Weiterbildung 27 % und die nichtberufsbezogene Weiterbildung 24 % des Volumens aus.

Da Arbeitslosen und Nichterwerbstätigen der Zugang zum größten Bereich der Weiterbildung, der beruflichen, verwehrt bleibt, verwundert es nicht, dass Erwerbstätige mit 58 % am häufigsten an Weiterbildung teilnehmen (BMBF 2015, S. 26). Die Statistiken weisen einen deutlichen Zusammenhang zwischen soziodemografischen Merkmalen der Erwachsenen und ihrer (Nicht-)Teilnahme am lebenslangen Lernen auf: In Abhängigkeit vom Bildungsabschluss schwankt die Teilnahmequote zwischen 67 % bei Personen mit einem (Fach-)Hochschulabschluss und 39 % bei denen ohne einen Berufsabschluss (BMBF 2015, S. 34).

Hiermit einher geht die berufliche Position: Führungskräfte weisen mit 75 % eine um 29 % höhere Weiterbildungsquote gegenüber Un- und Angelernten auf (44 %) (BMBF 2015, S. 30). Noch größer ist der Unterschied, wenn das Bruttoeinkommen betrachtet wird: Liegt es unter 450 € so sinkt die Teilnahmequote auf 24 %, das macht einen Unterschied von 38 % gegenüber den Erwerbstätigen mit einem Einkommen von 3000 € und mehr aus (62 %) (BMBF 2015, S. 32). Hinsichtlich der Altersstruktur liegt die Teilnahmequote der Altersgruppe der 25- bis 34-Jährigen mit 58 % ganz vorn, gefolgt von den bis 44- und bis 54-Jährigen (BMBF 2015, S. 37). Männer und Frauen weisen eine etwa gleich hohe Weiterbildungsbeteiligung auf (Männer 52 % und Frauen 50 %). Die Teilnahmequote der Frauen ist „durch außerberufliche Kontexte beeinflusst, die auf Umfang und Intensität der Erwerbstätigkeit von Frauen Einfluss haben. Dabei ist davon auszugehen, dass sowohl die Erwerbsquote als auch die Erwerbsintensität zu einem gewissen Ein- und Ausschluss von betrieblicher Weiterbildung führt" (BMBF 2015, S. 36).

Bezogen auf die Teilnahme an betrieblicher Weiterbildung lassen sich die folgenden Kontextbedingungen identifizieren:

- „Arbeiter haben geringere Chancen als Angestellte und Beamte.
- Die Chancen steigen mit wachsenden Qualifikationsanforderungen.
- Ohne arbeitsvertragliche Regelung verringern sich die Chancen.
- Die Übernahme abwechslungsreicher Tätigkeiten geht mit einer höheren Teilnahmechance einher.
- Bei einem Berufswechsel verringern sich die Chancen.
- Die Wochenarbeitszeit hat keinen Einfluss auf die Teilnahmechancen" (Kuper et al. 2013, S. 106).

Die Angebote der betrieblichen Weiterbildung sind im Durchschnitt deutlich kürzer als die der individuell berufsbezogenen und der nichtberufsbezogenen.

Bei individueller berufsbezogener Weiterbildung sind für „Frauen, Personen mit hoher Bildung und Selbstständige höhere Teilnahmechancen feststellbar", und einer nichtberufsbezogenen Weiterbildung „gehen eher Frauen, Jüngere und Ältere, Westdeutsche, nicht Vollzeiterwerbstätige (...) sowie kulturell und zivil Engagierte nach" (Kuper et al. 2013, S. 107).

> **?**
>
> Wie hoch ist die Weiterbildungsbeteiligung im Bereich des informellen Lernens?

	Nichtformal	Informell
Wirtschaft, Arbeit, Recht	34 %	21 %
Natur, Technik, Computer	23 %	29 %
Gesundheit, Sport	21 %	12 %
Sprachen, Kultur, Politik	10 %	23 %
Pädagogik, Sozialkompetenz	9 %	5 %
Nicht klassifizierbar	4 %	9 %

Abb. 2.2 Lernfelder der Weiterbildungsaktivitäten nach Lernformen im Jahr 2014. (Quelle: BMBF 2015, S. 45, 63) Die Abweichung der Summe der hier auf ganze Zahlen gerundeten Prozentwerte vom Gesamtergebnis ist auf Rundungseffekte zurückzuführen.

Wenden wir uns nun dem informellen Lernen zu, zu dem im AES ebenfalls Daten erhoben werden. Einleitend wird festgestellt: „Einmal abgesehen von der Teilnahme an Weiterbildungsangeboten kann man Kenntnisse und Fähigkeiten auch dadurch erwerben oder verbessern, dass man sich bewusst selbst etwas beibringt, sei es in der Arbeitszeit oder in der Freizeit, allein oder zusammen mit anderen." Es folgt eine Liste mit verschiedenen Aktivitäten (BMBF 2015, S. 59), die unterschiedliche Lernwege thematisieren. Der sowohl am häufigsten genutzte als auch priorisierte Lernweg ist das Lesen von Büchern oder Fachzeitschriften mit mehr als einem Drittel der Nennungen (35 %); es folgen mit jeweils rund einem Fünftel die Nutzung von Computer und Internet (23 %), die Nutzung von Wissenssendungen im Fernsehen, Radio oder von Video, CD, DVD (20 %) sowie das Lernen durch Familienangehörige, Freunde und Kollegen (19 %) (Kuwan und Seidel 2013; S. 282 ff.).

Die Teilnahme am informellen Lernen liegt mit 54 % im Jahr 2014 noch um drei Prozentpunkte über der für die Teilnahmequote im nichtformalen Bereich; für diese Form des lebenslangen Lernens entscheiden sich Menschen häufiger aus privaten als beruflichen Gründen (BMBF 2015, S. 13, S. 60). Die Analyse nach soziodemografischen Merkmalen ergibt ein ganz ähnliches Bild, wie es für den Bereich der nichtformalen Weiterbildung bereits skizziert wurde (BMBF 2015, S. 61). Mit dem sozioökonomischen und dem Erwerbsstatus sowie dem Bildungsniveau steigen auch hier die Beteiligungsquoten: Am höchsten sind sie bei Selbstständigen und Beamten; besonders aktiv bei Selbstlernaktivitäten sind die mittleren Jahrgänge; geschlechtsspezifische Unterschiede sind nicht festzustellen.

Die inhaltlichen Schwerpunkte der Weiterbildungsaktivitäten unterscheiden sich durchaus zwischen der nichtformalen Weiterbildung und dem informellen Lernen (Abb. 2.2).

Die größten Unterschiede in den Anteilswerten zugunsten des nichtformalen Lernens finden sich mit 13 % im Bereich „Wirtschaft, Arbeit, Recht" und mit 9 %

im Bereich „Gesundheit und Sport". Demgegenüber ist festzustellen, dass informelles Lernen mit 13 % bzw. 6% deutlich häufiger in den Lernfeldern „Sprachen, Kultur, Politik" sowie „Natur, Technik, Computer" stattfinden.

Informelles Lernen kann die Ungleichheit der Teilnahme an formalisierter Weiterbildung nicht verringern; es zeigt sich „eine hohe Komplementarität zwischen formalisierten Abschlüssen und informellen Lernaktivitäten" (Autorengruppe Bildungsberichterstattung 2016, S. 159).

2.3   Wer arbeitet in der Weiterbildung?

Die Weiterbildung ist ein untypischer Bildungsbereich mit einer großen Heterogenität; dies zeigt sich auch in der Personalstruktur, die durch eine Vielfalt der Beschäftigungsverhältnisse, Arbeitsformen, Zugänge zum Tätigkeitsfeld und professionelle Profile geprägt ist. Von anderen Sektoren des Bildungssystems unterscheidet sich die Weiterbildung insbesondere dadurch, dass sie nur in Ansätzen über fest angestelltes Lehrpersonal verfügt, der Markt im Vergleich zu anderen Bereichen des Bildungswesens eine erheblich größere Rolle spielt, nur in Ausnahmen verbindliche Curricula und eindeutig geregelte Abschlüsse existieren und die Freiwilligkeit speziell bei innerbetrieblicher Weiterbildung nicht immer gegeben ist.

> ?
>
> Unter welchen Bedingungen arbeitet das haupt- und freiberufliche Personal in der Weiterbildung?

Von den ca. 700.000 Beschäftigten im Weiterbildungssektor sind lediglich 41 % haupterwerbstätig, diese sind zu 57 % Frauen. Die Tätigkeiten des hauptberuflichen Personals konzentrieren sich auf die Leitung, Programmplanung, Beratung, Verwaltung sowie das Management und nur zu einem geringen Teil auf die Lehre, die zum überwiegenden Teil von den nebenerwerbstätigen, freiberuflichen und zum Teil ehrenamtlichen Dozenten abgedeckt wird. Aufgrund von Hochrechnungen (Dobischat und Elias 2016, S. 27) kann davon ausgegangen werden, „dass rund 13 Prozent der in der Weiterbildung tätigen Personen als hauptberufliche Honorarkräfte ihren Lebensunterhalt bestreiten." Von diesen gut 88.000 Personen „erwirtschaften rund 63 Prozent ein Einkommen, das unterhalb der Einkommens-Prekaritätsschwelle" liegt. „Der Medianlohn der hauptberuflichen Honorarkräfte liegt mit 1500 € deutlich unter den mittleren Einkommen der Angestellten mit 2900 €." Aufgrund des relativ niedriges Einkommensniveau im Weiterbildungssektor kommt die Autorengruppe Bildungsberichterstattung (2016, S. 153) zu der Einschätzung, dass dies „kaum als Ausdruck hoher gesellschaftlicher Wertschätzung dieses Bereichs" interpretiert werden kann.

In der öffentlich geförderten allgemeinen Weiterbildung erzielen die Honorarkräfte und Freiberufler die geringsten Honorare und Einkommen (Alfänger et al. 2016). Die durchschnittlich geringen Honorarsätze und die unsicheren Beschäftigungsformen bei den freiberuflichen, neben- und ehrenamtlichen Honorarkräften führen zu politischen Diskussionen über das sog. „Weiterbildungsprekariat" (Stanik und Sawicki 2007). Für die Beschäftigtengruppe in der öffentlich geförderten beruflichen Weiterbildung konstatieren Dobischat und Elias (2016, S. 26) einen „Trend zur Prekarisierung (...), der nicht allein als temporär, sondern als kontinuierlicher Prozess einer Destabilisierung der Erwerbsarbeit zu werten ist."

In Abhängigkeit von den Weiterbildungsinstitutionen differiert die Einkommensstruktur erheblich. Das obere Ende bilden die privaten kommerziellen und gemeinnützigen Anbieter, das untere die Volkshochschulen. Nicht zuletzt aufgrund der unbefriedigenden Beschäftigungsstrukturen, Erwerbsformen und Einkommensverhältnisse ist es möglich, ein breites, flexibles, innovatives und kostengünstiges Weiterbildungsangebot in Deutschland vorzuhalten.

> ?
> Gibt es professionelle Standards für das Personal in der Weiterbildung?

Bisher ist es nicht gelungen, eine akademische Laufbahndefinition für Weiterbildende zu etablieren. Zwar gab es den Versuch, durch die Etablierung des Diplomstudiengangs in Erziehungswissenschaft mit dem Schwerpunkt Erwachsenenbildung einen professionellen Standard für das hauptberufliche Personal zu etablieren, doch dieser konnte sich nicht durchsetzen. Heute existieren ganz unterschiedliche Zugänge zum Tätigkeitsfeld der Weiterbildung (Justen und Mölders 2015). Zwei Drittel des Personals haben ein Studium absolviert; über eine spezielle (erwachsenen-)pädagogische Ausbildung in Form eines Hauptfach- oder Nebenfachstudiums verfügt nur ein Drittel. In den betrieblichen, wirtschaftsnahen und privaten kommerziellen Einrichtungen ist der Anteil der Beschäftigten mit einem pädagogischen Studium etwa halb so groß wie in den öffentlichen und halböffentlichen Einrichtungen (Autorengruppe Bildungsberichterstattung 2016, S. 154 f.).

Damit der Weiterbildungssektor seinen gesellschaftlichen Auftrag erfüllen kann, wird es zukünftig darauf ankommen, die Professionalität in diesem Bereich voranzutreiben. Noch ist es nicht selbstverständlich, dass Lehrende, die Erwachsene aus- oder weiterbilden, über andere Kompetenzen verfügen müssen als Lehrer im Schulsystem. Die entsprechende Qualifizierung des Personals ist zum einen die primäre Aufgabe der Weiterbildungsanbieter, die im Zuge der Qualitätssicherung ihres Bildungsangebots aufgefordert sind, eine kontinuierliche Optimierung ihrer inhaltlichen wie erwachsenenbildnerischen Didaktik und Methodik anzustreben, um den Bedürfnissen der Teilnehmer nachkommen. Andererseits ist der Gesetzgeber, der Weiterbildungsangebote fördert oder finanziert, gefordert, bestimmte Rahmenbedingungen zu setzen, die qualitative Standards absichern. So findet sich in Erwachsenenbildungsgesetzen der Länder zum Teil der Hinweis, dass für Leiter der Einrichtungen und hauptamtliches pädagogisches Personal eine Hochschulausbildung mit erwachsenenpädagogischer Qualifikation oder entsprechender Berufserfahrung erforderlich ist. Um auch die Professionalität des freiberuflichen, neben- und ehrenamtlichen Personals zu befördern, haben einige Verbände, Träger und Einrichtungen der Weiterbildung erwachsenenbildnerische Qualifizierungsangebote entwickelt, z. B. die erwachsenenpädagogische Grundqualifikation im Volkshochschulbereich. Ein anderes Beispiel ist das Angebot der evangelischen Arbeitsstelle Fernstudium, die mit dem „Grundkurs Erwachsenenbildung" einen Fernlehrgang für Trainer und Dozenten anbietet, der dazu befähigt, eigene Kursreihen zu entwickeln, Präsenzseminare methodisch ansprechend zu gestalten und Erwachsene bei ihren Lernprozessen angemessen zu begleiten. Über eine gesteigerte Professionalität sollte es langfristig möglich sein, sowohl die Einkommens- und Beschäftigungsverhältnisse als auch die gesellschaftliche Wertschätzung der Weiterbildung zu verbessern.

2.4   An welchen Orten kann man lernen?

Die Weiterbildung zeichnet sich durch ihre Multilokalität aus; lernen kann man an ganz unterschiedlichen Orten; die Vielfalt dieser Orte ist nahezu unbegrenzt, insbesondere dann, wenn wir den großen Bereich des informellen Lernens betrachten.

> **?**
>
> An welchen Orten lernen Sie am liebsten? Sind das auch die Orte, an denen Sie am häufigsten lernen? Was macht für Sie einen guten Lernort aus?

Um sich auf einen Lern- und Veränderungsprozess einlassen zu können, bedarf es häufig einer lernförderlichen Distanz zu den Belastungen des beruflichen und privaten Alltags. Durch einen Perspektivenwechsel wird es möglich, zu sich, dem Lerngegenstand und dem Kontext neu in Beziehung zu gehen (Abschn. 3.2). Durch die Schaffung von räumlicher und zeitlicher Distanz an einem inspirierenden Ort in angenehmer Atmosphäre lassen sich gute Voraussetzungen für das Lernen schaffen.

In einer empirischen Studie zur Lokalität des Lernens hat Kraus (2016) anhand von Dokumentationsbögen und leitfadengestützten Interviews 82 verschiedene Orte identifiziert, an denen Lernerlebnisse erinnert wurden. Diese wurden zu den folgenden acht Clustern gebündelt:

1. Zuhause,
2. Bildungsorganisationen,
3. Betriebe,
4. Transportmittel,
5. Gaststätten,
6. kulturelle Einrichtungen,
7. Outdoor sowie
8. Sportstätten.

Hinsichtlich der Temporalität des Lernens (Schmidt-Lauff 2008) ist eine Tendenz zur Verkürzung des durchschnittlichen Unterrichtsstundenvolumens von Weiterbildungsangeboten zu konstatieren (Abschn. 2.6). Speziell die formale und nichtformale Weiterbildung der Bildungsorganisationen findet in zeitlich zumeist auf wenige Stunden komprimierten Einheiten statt. Die Idee eines Lernprozesses, der in den Lebenszusammenhang integriert ist, kommt zunehmend seltener vor. Gerade aus diesem Grund gilt es, an dieser Stelle an einen Ursprungsort moderner Weiterbildung zu erinnern: die Heimvolkshochschule, wie sie ursprünglich vom Pfarrer und Pädagogen Nikolai Frederik Severin Grundtvig Mitte des 19. Jahrhunderts in Dänemark entwickelt wurde und sich von dort auch nach Deutschland ausgebreitet hat. Ihr fühlen sich Heimvolkshochschulen, Familienbildungsstätten und andere Bildungshäuser mit Internatscharakter verpflichtet. Im Folgenden sind diese verschiedenen Varianten von Weiterbildungseinrichtungen immer mitgemeint, wenn von Heimvolkshochschulen die Rede ist. Ich verwende den Begriff der Heimvolkshochschule hier als ein Synonym für diese spezielle Idee der Weiterbildung.

> ?
>
> Was ist das Besondere an Heimvolkshochschulen?

Leben heißt zu lernen und Lernen zu leben und das ein ganzes Leben lang, und zwar mit Freude. „Die Freude am Lernen ist Ausdruck der Freude am Leben", wie es Hüther (2016, S. 67) beschreibt. Lernen findet im Vollzug des Lebens statt. Die Heimvolkshochschule überträgt dieses informelle Setting des Lernens in einen nichtformalen Kontext, ein Haus, das für die Zeit des Aufenthalts zum Lern- und Lebensraum wird. Gelernt wird dort nicht nur in den abrechenbaren Unterrichtseinheiten, aus denen ein Seminartag besteht, sondern weit darüber hinaus. Oftmals werden die entscheidenden Lernerfahrungen jenseits der eigentlichen Seminarstunden gemacht. Das Bildungsangebot der Heimvolkshochschulen mit ihren Kursen, Seminaren, Fortbildungen, Tagungen und Bildungsfreizeiten bietet überwiegend in den Bereichen der kreativen, gesellschaftspolitischen, kulturellen, religiösen und gesundheitlichen Bildung einen Rahmen für die Entfaltung und Begegnung im Dialog mit anderen und sich selbst.

Heimvolkshochschulen verstehen sich immer schon als Begegnungsort von Menschen aus ganz unterschiedlichen Schichten und Milieus. Solche Orte sind rar geworden, und die Heimvolkshochschulen können, indem sie hier eine Integrationsfunktion erfüllen, auf diese Weise zur Stärkung der zentripetalen gesellschaftlichen Kräfte beitragen. Wir leben heute in einer Gesellschaft, die durch zunehmende individuelle und soziale Desintegrationstendenzen gekennzeichnet ist. Die zentrifugalen Kräfte der Gesellschaft nehmen in einem besorgniserregenden Maße zu. Heimvolkshochschulen sind mit ihrer Gemeinwohlorientierung eine wichtige gesellschaftlich integrative Kraft. Sie sind für alle da, sie stehen für alle offen und tragen mit dazu bei, der gesellschaftlichen Spaltung entgegenzuwirken. In der Zivilgesellschaft kommt diesen Orten eine besondere Bedeutung zu. Sie befinden sich an der Schnittstelle zwischen Staat und den Initiativen bürgerschaftlichen Engagements: Über ihre finanzielle Förderung durch die Bundesländer sind sie mit dem Bereich des Staates verbunden und über ihre Teilnehmer und Dozenten mit den Initiativen bürgerschaftlichen Engagements. Die Heimvolkshochschulen stehen in dieser Tradition als Ort der Erholung, Entschleunigung und Begegnung im direkten Gespräch.

Leben und Lernen unter einem Dach in Verbindung mit Übernachtung und Verpflegung bedeutet, die Gelegenheit, soziale Kompetenzen in der realen Begegnung mit anderen Menschen – und nicht nur medial vermittelt – zu erwerben; dies ist gerade in Zeiten zunehmender Mediatisierung (Kap. 7), in denen die psychosozialen Folgen dieser Entwicklung für die Menschen in Form von zunehmendem Stresserleben geprägt sind, eine alte und wieder neue Herausforderung.

2.5   Welche Wirkungen hat die Weiterbildung?

Verlässliche Daten über die Wirkungen sowie die monetären und nichtmonetären Erträge von Weiterbildung zu gewinnen, ist sehr schwierig; hierzu gibt es so gut wie keine Erkenntnisse. Im Folgenden sollen drei mögliche Ansätze skizziert werden:

1. die Messung des Kompetenzniveaus der erwachsenen Bevölkerung,
2. die subjektive Einschätzung des Nutzens von Weiterbildung sowie
3. die Erfassung der Wiedereingliederungsquoten von Teilnehmern an Maßnahmen zur Förderung der beruflichen Bildung.

> ?
>
> Sind weiterbildungsaktive Menschen kompetenter?

Bisher ist über den Zusammenhang von Weiterbildung und Kompetenzen wenig bekannt. Dies hat sich mit den Ergebnissen der PIAAC-Studie geändert (PIAAC = Programme for the International Assessment of Adult Competencies). Vereinfacht formuliert lässt sich PIAAC als PISA für Erwachsene beschreiben und wurde 2012 unter Beteiligung von 24 Staaten von der OECD durchgeführt. PIAAC liefert repräsentative Daten zu den Untersuchungsdomänen Lesekompetenz, alltagsmathematische Kompetenz und Alltagsfertigkeiten zur Problemlösung in informationstechnischen Umgebungen; befragt wurden Erwachsene im Alter zwischen 16 und 65 Jahren. Die Ergebnisse zeigen, dass sich die Kompetenzen von Erwachsenen in Deutschland in etwa im OECD-Durchschnitt bewegen. Interessant ist, dass weiterbildungsaktive Erwachsene deutlich höhere Kompetenzwerte erreichen; dies gilt gleichermaßen auch für jene Personen, die häufig an informellem Lernen in der Arbeit partizipieren (Rammstedt 2013, S. 13 ff.).

> ?
>
> Welchen Nutzen erhoffen sich die Teilnehmer von einer Weiterbildung?

Im AES wird explizit nach dem erwarteten und realisierten Nutzen von Weiterbildungsveranstaltungen gefragt. An oberster Stelle steht bei den Erwartungen die Aussage „Persönlich zufriedener sein durch mehr Wissen und Können". Die Zustimmungswerte zu diesem Statement liegen im Jahr 2014 bei 49 %. An zweiter Stelle rangiert die Erwartung „In der Arbeit mehr leisten (zu) können", gefolgt von „Neue berufliche Aufgaben (zu) übernehmen"; die jeweiligen Zustimmungswerte liegen bei 42 % bzw. 31 %. Je konkreter die Nutzungserwartungen formuliert werden, desto geringere Hoffnungen werden damit verbunden. Die Items „Ein höheres Gehalt bekommen", „Eine höhere Position im Beruf erhalten" und „Einen Arbeitsplatz oder einen neuen Job finden" erhalten lediglich Zustimmungsraten zwischen 9 und 22 %. Die Einschätzung des realisierten Nutzens erfolgt nahezu analog zu der Rangfolge der Erwartungen. An der Spitze steht die persönliche Zufriedenheit mit 84 %, dicht gefolgt von der Einschätzung, mehr leisten zu können (78 %) und neue berufliche Aufgaben zu übernehmen (65 %). Demgegenüber wird der realisierte Nutzen in Form eines höheren Gehalts (38 %), einer höheren beruflichen Position (42 %) und eines neuen Arbeitsplatzes oder Jobs (24 %) deutlich geringer bewertet. Geschlechtsspezifische Unterschiede zeigen sich bei den beiden zuletzt genannten Aspekten; hier erfüllen sich die Erwartungen für die Frauen weniger als für die Männer (Autorengruppe Bildungsberichterstattung 2016, S. 156 f.).

> ?
>
> Lassen sich die Beschäftigungschancen von Arbeitslosen durch eine Weiterbildung verbessern?

Zu den Eingliederungseffekten für die öffentlich geförderte berufliche Weiterbildung liegen verlässliche Daten lediglich für die von der Bundesagentur für Arbeit und den Jobcentern geförderten Weiterbildungen vor. Das Ziel dieser nach SGB III und SGB II geförderten Maßnahmen ist es, Arbeitnehmer bei Arbeitslosigkeit beruflich wieder einzugliedern bzw. eine drohende Arbeitslosigkeit zu vermeiden. Die Wiedereingliederung in Beschäftigung nach einer geförderten beruflichen Weiterbildung steigt von etwa 30 % nach einem Monat auf ca. 50 % nach sechs Monaten. Allerdings gibt es starke regionale Differenzen und noch stärkere nach Arbeitsmarktkonstellationen und konjunkturellen Entwicklungen, sodass auf eine kausale Beziehung mit der Teilnahme an der Weiterbildung nicht ohne Weiteres geschlossen werden kann.

Geringere Eingliederungseffekte gibt es nachweislich bei Ausländern und Geringqualifizierten. Für diesen Personenkreis können auch mehrere hintereinander geförderte berufliche Weiterbildungen die Chancen auf dem Arbeitsmarkt nicht verbessern (Autorengruppe Bildungsberichterstattung 2016, S. 157 f.). Die Schwierigkeit, Wirkungen von Weiterbildung empirisch exakt erfassen zu können, liegt erstens darin begründet, dass zu Beginn von Weiterbildungen häufig gar nicht die Ziele klar bestimmt werden, an denen ein Erfolg gemessen werden soll oder kann; zweitens tritt der Erfolg möglicherweise erst mit einer zeitlichen Verzögerung ein, der bei Abschluss einer Maßnahme noch gar nicht erfasst werden kann, und drittens gibt es neben den intendierten Zielen auch nichtintendierte, die sich dem empirischen Zugriffe entziehen.

2.6 Welche Trends lassen sich im quartären Bildungssektor erkennen?

Die gesellschaftlichen institutionellen und individuellen Parameter, unter denen das lebenslange Lernen stattfindet, sind externen und internen Einflüssen unterworfen, die sich auf die Strukturen, Prozesse und Ergebnisse der Weiterbildung auswirken.

> **?**
>
> Welches sind die zukünftigen Themen in der Weiterbildung? Wie verändern sich die Ansprüche von Teilnehmern und die Rollen von Dozenten? Welche neuen Formen von Weiterbildung kristallisieren sich heraus?

Aus den gegenwärtigen Entwicklungslinien sowie den sich abzeichnenden Anforderungen und Herausforderungen lassen sich zukünftige Trends erkennen. Diese speisen sich im Wesentlichen aus drei Quellen:

1. den Daten der Bildungsberichterstattung,
2. den Erkenntnissen der Bildungsforschung und

3. eigenen Erfahrungen, die in der Testierung von Weiterbildungseinrichtungen, der Mitgliedschaft in Beiräten und Fachausschüssen des quartären Sektors sowie als Dozent und Organisationsberater gemacht werden.

Ohne Anspruch auf Vollständigkeit will ich jene Trends skizzieren, die ich zu erkennen glaube und denen ich eine handlungsrelevante Bedeutung beimesse:

- In dem Maße, wie sich das Prinzip des lebenslangen Lernens als gesellschaftliche Realität durchsetzt, verflüchtigen sich gleichzeitig die Grenzen der konkreten Bildungsprozesse. Wenn sich die Poren des alltäglichen Lebensvollzugs zunehmend mit Bildung füllen, wird es schwierig, separate Bildungsphasen gegenüber anderen lebensweltlichen Vollzügen abzugrenzen.
- Gleichzeitig durchdringen sich bislang getrennte Formen der Bildung: formale, nichtformale und informelle Bildung, mediale und personale, Online- und Offline-Lernen sowie institutionelle und nichtinstitutionelle Lernarrangements.
- War früher in der Weiterbildung das Bild eines klar strukturierten Bildungsprozesses leitend, der primär vom zu vermittelnden Gegenstand didaktisch und methodisch vorgedacht war, herrscht heute das Bild eines autonomen Subjekts vor, das seine Lern- und Bildungsprozesse individuell plant und selbst steuert, indem es aus dem Angebot möglicher Bildungsgüter das auswählt, was es gerade benötigt.
- Der Lernende ist zum Wissenskonstrukteur avanciert; in diesem Kontext wird der Lehrende zunehmend zum Moderator, Berater und Coach.
- Der Themenbereich Gesundheit ist gegenwärtig der mit den höchsten Zuwachsraten; diese Entwicklung zeichnet sich bereits über einen längeren Zeitraum mit kontinuierlichen Steigerungen bei unterschiedlichen Anbietern ab. Gesundheit wird als der sechste *Kondratjew-Zyklus* bezeichnet und hat an der Wende zum 21. Jahrhundert begonnen.

Kondratjew-Zyklen

Die Zyklen beschreiben den Kern einer von dem sowjetischen Wirtschaftswissenschaftler Nikolai Kondratjew entwickelten Theorie zur zyklischen Wirtschaftsentwicklung, die Theorie der langen Wellen. Der aktuelle Zyklus steht ganz im Zeichen der Gesundheit und hat die Kultur und die Wirtschaft bereits maßgeblich geprägt (Deutsches Institut für Erwachsenenbildung 2014, S. 100; Nefiodow 1996).

- Bei nahezu allen Weiterbildungsanbietern ist eine Tendenz zur Verkürzung des durchschnittlichen Unterrichtsstundenvolumens von Weiterbildungsangeboten zu konstatieren (Deutsches Institut für Erwachsenenbildung 2014, S. 101).
- Insbesondere im ländlichen Raum ist ein Rückzug der anerkannten Träger der Erwachsenenbildung aus der Fläche zu beobachten; er zeigt sich u. a. in

der Schließung von Außenstellen. Im Interesse einer flächendeckenden Versorgung mit Weiterbildungsangeboten ist dieser Trend problematisch zu beurteilen (Deutsches Institut für Erwachsenenbildung 2010, S. 41).

- Das Feld der Beratungsleistungen in Bezug auf verschiedene Aspekte von Weiterbildung ist ein Wachstumsbereich (Deutsches Institut für Erwachsenenbildung 2014, S. 101).
- In den letzten Jahren sind die Fördermöglichkeiten für Weiterbildungsangebote ausgebaut worden (Deutsches Institut für Erwachsenenbildung 2014, S. 150).
- Der Einfluss sozialer Netzwerke auf das Lernen nimmt zu. Damit in Zusammenhang steht die Bedeutungszunahme des mobilen Lernens (Deutscher Volkshochschul-Verband 2015; mmb Institut 2015).
- Angesichts veränderter Ansprüche potenzieller Adressaten von Bildungsangeboten an Zeitpunkte, Zeitrhythmen, Orte und vor allem an flexible und mediengestützte Lernarrangements fällt es den Erwachsenenbildungseinrichtungen vor dem Hintergrund der demografischen Entwicklung zunehmend schwerer, die Mindestteilnehmerzahlen nach den Vorgaben der Erwachsenenbildungsgesetze der Länder zu erreichen.
- Die Idee der Open Educational Resources (OER), wie von der UNESCO im Jahr 2002 eingeführt, bietet gerade für die Weiterbildung große Chancen. Lehr- und Lernmaterialien unter einer freien Lizenz versprechen einen „flexibleren Einsatz von Lehr-Lern-Materialien durch Offenheit in Sachen Urheberrecht, Technologie und Barrierefreiheit" (Blees et al. 2015, S. 12).

Ein wesentliches Kennzeichen der gegenwärtig zu beobachtenden Wandlungsprozesse besteht darin, dass die Lernenden zu „zentralen Regulativen eines Bildungssystems (werden), da letztendlich nur sie darüber entscheiden, ob sie erfolgreich lernen. Das Bildungssystem kann nur die Rahmenbedingungen schaffen, indem es Lernwelten zur Verfügung stellt, die erfolgreiches Lernen aus der Lernendenperspektive ermöglicht" (Stang 2016, S. 178). Die Perspektive verschiebt sich damit vom Lehren zum Lernen, das zunehmend nicht mehr in Form von Wissensaneignung, sondern Wissensgenerierung stattfindet. Vor dem Hintergrund dieser Analyse fordert Stang (2016, S. 190) ein atmendes Bildungssystem, „das sich an der Gestaltung der individuellen Bildungsbiographie der Lernenden orientiert." Mit dem Begriff des atmenden Bildungssystems bezieht sich Stang auf den Kontext des Diskurses über Organisationsentwicklung: „Eine frei atmende Organisation konzentriert sich auf die Nutzung von Potenzialen – und nicht auf die Einhaltung von Standards" (Wüthrich et al. 2007, S. 316).

Der Prozess des lebenslangen Lernens beschreibt einen Transformationsprozess auf individueller, organisatorischer und gesellschaftlicher Ebene, der darauf angewiesen ist, dass der Weiterbildungsbereich weiter professionalisiert wird, damit er seinen Beitrag zur Entwicklung der Zivilgesellschaft leisten kann. Allerdings beschränkt sich der Staat im Bereich der Weiterbildung auf die Festlegung von Grundsätzen sowie auf Regelungen zur Ordnung und Förderung. Die Kultusministerkonferenz (Sekretariat der Ständigen Konferenz der Kultusminister der Länder in der Bundesrepublik Deutschland 2015, S. 177) formuliert das Ziel, dass bei der Fortentwicklung des Bereichs der Weiterbildung im Rahmen des lebenslangen Lernens „die Grundlagen dafür geschaffen werden, dass der Einzelne

- die Bereitschaft zu lebenslangem Lernen entwickelt,
- die für lebensbegleitendes Lernen erforderlichen Kompetenzen erwirbt,
- institutionalisierte sowie neue Lernmöglichkeiten in seinem Lebens- und Arbeitszusammenhang nutzt.

Leitgedanken dabei sind:

- die Stärkung der Eigenverantwortung sowie Selbststeuerung der Lernenden,
- der Abbau der Chancenungleichheiten,
- die Kooperation der Bildungsanbieter und Nutzer,
- die Stärkung der Bezüge zwischen allen Bildungsbereichen."

Gerade der zuletzt angesprochene Punkt macht deutlich, dass Weiterbildungseinrichtungen nicht nur eingeladen sind, sich an der Gestaltung kommunaler Bildungslandschaften zu beteiligen; als Vertreter der Idee des lebenslangen Lernens haben die Weiterbildungseinrichtungen einen gesellschaftlichen Auftrag, diese Prozesse maßgeblich zu moderieren und aktiv mitzugestalten. Auf diese Weise können sie einen Beitrag zur immer bedeutsamer werdenden Aufgabe einer sektorenübergreifende Kommunikation zwischen Politik, Gesellschaft und Zivilgesellschaft leisten. Der Weiterbildung wird einerseits die Rolle eines Motors für den gesellschaftlichen Wandel zugedacht, andererseits ist sie gleichzeitig auch stärker als andere gesellschaftliche Bereiche durch den gesellschaftlichen Wandel betroffen.

Fazit

Die Idee des lebenslangen Lernens wird, angestoßen durch die bildungspolitischen Diskurse in den 1970er-Jahren, erst zu einer Forderung und heute zu einer gesellschaftlichen Realität. Das Lernen lässt sich als *life-long*, *life-wide* und *life-deep* beschreiben. Es erstreckt sich prinzipiell auf alle Bildungsbereiche und wird als formal, nichtformal bzw. informell beschrieben. Der Weiterbildungssektor erhebt den Anspruch, neben Schule, Berufsausbildung und Hochschule der quartäre Sektor zu sein. Unter Weiterbildung wird mit Bezug auf den Deutschen Bildungsrat die Fortsetzung oder Wiederaufnahme organisierten Lernens nach Abschluss einer unterschiedlich ausgedehnten ersten Bildungsphase und in der Regel nach Aufnahme einer Erwerbs- oder Familientätigkeit verstanden. Die Weiterbildungsbeteiligung beträgt in Deutschland aktuell ca. 50 % und differiert erheblich in Abhängigkeit von soziodemografischen Merkmalen sowie lokalen und regionalen Strukturen. Die von den Weiterbildungseinrichtungen angebotenen Kurse werden in der Regel von frei- oder nebenberuflichen Dozenten durchgeführt. Die hinsichtlich des fachlichen Hintergrunds ausgeprägte Heterogenität des Personals in der Weiterbildung ist einerseits die Voraussetzung für ein breites Themenangebot und stellt andererseits eine besondere Herausforderung für die Entwicklung professioneller Strukturen dar. Verlässliche Daten über die Wirkung von Weiterbildung zu gewinnen, bleibt ein Desiderat der Forschung. Die Veränderungen in Bezug auf Inhalte, Formen und Dienstleistungen in der Weiterbildung unterliegen einem dynamischen Entwicklungsprozess.

Literatur

Alfänger, J., Cywinski, R., Elias, A., & Dobischat, R. (2016). Beschäftigungslagen auf dem segregierten Arbeitsmarkt der Weiterbildung. In: D. Münk & M. Walter (Hrsg.), *Lebenslanges Lernen im sozialstrukturellen Wandel. Ambivalenzen der Gestaltung von Berufsbiografien in der Moderne* (S. 251–272). Wiesbaden: Springer.

Allmendinger, J. (2016). *Wie könnte das Lernen der Zukunft aussehen?* Aufbruch. Lernen. Ein Magazin zur digitalen Bildung. (S. 4–5). Mountain View: Google.

Allmendinger, J. (2017). *Das Land, in dem wir leben wollen: Wie die Deutschen sich ihre Zukunft vorstellen.* München: Pantheon.

Arnold, R., & Schüßler, I. (Hrsg.). (1998). *Wandel der Lernkulturen. Ideen und Bausteine für ein lebendiges Lernen.* Darmstadt: Wissenschaftliche Buchgesellschaft.

Autorengruppe Bildungsberichterstattung (Hrsg.). (2014). *Bildung in Deutschland 2014.* Bielefeld: Bertelsmann.

Autorengruppe Bildungsberichterstattung (Hrsg.). (2016). *Bildung in Deutschland 2016.* Bielefeld: Bertelsmann.

Beck, U. (1996). Das Zeitalter der Nebenfolgen und die Politisierung der Moderne. In: U. Beck, A. Giddens & S. Lash (Hrsg.), *Reflexive Modernisierung. Eine Kontroverse* (S. 19–112). Frankfurt am Main: Suhrkamp.

Bilger, F., & Kuper, H. (2013). Trendvergleich: Teilnahme und Aktivitäten. In: F. Bilger, D. Gnahs, J. Hartmann & H. Kuper (Hrsg.), *Weiterbildungsverhalten in Deutschland. Resultate des Adult Education Survey 2012* (S. 26–35). Bielefeld: W. Bertelsmann Verlag.

Blees, I., Deimann, M., Seipel, H., Hirschmann, D., & Muuß-Merholz, J. (2015). *Whitepaper Open Educational Resources (OER) in Weiterbildung/Erwachsenenbildung. Bestandsaufnahme und Potenziale 2015.* Gütersloh: Bertelsmann Stiftung.

Blumenberg, H. (1997). *Paradigmen zu einer Metaphorologie.* Frankfurt am Main: Suhrkamp.

Bredl, K., Holzer, D., Jütte, W., Schäfer, E., & Schilling, A. (2006). *Wissenschaftliche Weiterbildung im Kontext des Bologna-Prozesses. Ergebnisse einer trinationalen Studie zur Neubestimmung des Verhältnisses von grundständigem Studium und wissenschaftlicher Weiterbildung im Rahmen des Bologna-Prozesses.* Jena: Verlag IKS Garamond.

Bundesministerium für Bildung und Forschung (Hrsg.). (2015). *Weiterbildungsverhalten in Deutschland 2014: Ergebnisse des Adult Education Survey – AES Trendbericht*. Bonn: Bundesministerium für Bildung und Forschung.

Bélanger, P. (2009). Stichwort: „Intimacy of learning" – eine gesellschaftliche Herausforderung. *DIE Zeitschrift für Erwachsenenbildung, 2*, 22–23.

Bélanger, P. (2016). *Self-Construction and Social Transformation. Lifelong, Lifewide and Life-Deep Learning*. Hamburg: UNESCO Institute for Lifelong Learning.

Cendon, E., Mörth, A., & Pellert, A. (Hrsg.). (2016). *Theorie und Praxis verzahnen. Lebenslanges Lernen an Hochschulen*. Bd. 3. Münster: Waxmann.

Centre for Educational Research and Innovation (CERI) (1973). *Recurrent Education: A strategy for lifelong learning*. Paris: OECD.

Comenius, J. A. (1991). *Pampaedia – Allerziehung. In deutscher Übersetzung hg. von Klaus Schaller*. Sankt Augustin: Academia-Verlag.

Dellori, C. (2016). *Die absolute Metapher „lebenslanges Lernen". Eine Argumentationsanalyse*. Wiesbaden: Springer VS.

Delors, J. (1996). *Learning: The Treasure Within*. Paris: UNESCO publishing.

Deutscher Ausschuss für das Erziehungs- und Bildungswesen (1960). Zur Situation und Aufgabe der deutschen Erwachsenenbildung. In: *Empfehlungen und Gutachten des Deutschen Ausschusses für das Erziehungs- und Bildungswesen 1953–1965, Gesamtausgabe* (Bd. 1966, S. 857–928). Stuttgart: Ernst Klett Verlag.

Deutscher Bildungsrat (Hrsg.). (1970). *Empfehlungen der Bildungskommission. Strukturplan für das Bildungswesen*. Stuttgart: Ernst Klett Verlag.

Deutscher Volkshochschul-Verband (2015). Strategiepapier „Erweiterte Lernwelten". Saarbrücken. https://www.dvv-vhs.de/themenfelder/erweiterte-lernwelten.html. Zugegriffen: 21. Dezember 2016.

Deutsches Institut für Erwachsenenbildung (Hrsg.). (2010). *Trends der Weiterbildung. DIE-Trendanalyse 2010*. Bielefeld: Bertelsmann Verlag.

Deutsches Institut für Erwachsenenbildung (Hrsg.). (2014). *Trends der Weiterbildung. DIE-Trendanalyse 2014*. Bielefeld: Bertelsmann Verlag.

Dobischat, R. E. A. (2016). Gegenrede: Professionalisierung und Prekarisierung. Gleichzeitigkeit des Ungleichzeitigen? *Weiterbildung, 27*(6), 25–27.

Europäische Kommission (1995). *Weißbuch zur allgemeinen und beruflichen Bildung. Lehren und Lernen. Auf dem Weg zur kognitiven Gesellschaft*. Luxemburg: Amt für amtliche Veröffentlichungen der Europäischen Gemeinschaften.

Europäische Kommission (2001). *Mitteilung der Kommission. Einen europäischen Raum des Lebenslangen Lernens schaffen*. Brüssel: Kommission der Europäischen Gemeinschaften.

Europäischer Rat (2000): Schlussfolgerungen des Vorsitzes, Ziffer 33. Santa Maria da Feira.

Faulstich, P. (2001). Weiterbildungssystem. In: R. Arnold, S. Nolda & E. Nuissl (Hrsg.), *Wörterbuch Erwachsenenpädagogik* (S. 334). Bad Heilbrunn: Klinkhardt.

Faulstich, P. (Hrsg.). (2006). *Öffentliche Wissenschaft. Neue Perspektiven der Vermittlung in der wissenschaftlichen Wissenschaft*. Bielefeld: transcript.

Faulstich, P. (2011). *Aufklärung, Wissenschaft und lebensentfaltende Bildung. Geschichte und Gegenwart einer großen Hoffnung der Moderne*. Bielefeld: transcript.

Faure, E., Herrera, F., Kaddoura, A.-R., Lopes, H., Petrovsky, A. V., Rahnema, M., & Ward, F. Ch. (1973). *Wie wir leben lernen. Der UNESCO-Bericht über Ziele und Zukunft unserer Erziehungsprogramme*. Reinbek bei Hamburg: Rowohlt.

de Haan, G. (1991). Über Metaphern im pädagogischen Denken. In: J. Oelkers & H.-E. Tenorth (Hrsg.), *Pädagogisches Wissen* (S. 361–375). Weinheim; Basel: Beltz.

Hanft, A., Brinkmann, K., Kretschmer, S., Maschwitz, A., & Stöter, J. (2016). *Organisation und Management von Weiterbildung und Lebenslangem Lernen an Hochschulen*. Bd. 2. Münster: Waxmann.

Hüther, G. (2016). *Mit Freude lernen – ein Leben lang: Weshalb wir ein neues Verständnis vom Lernen brauchen*. Göttingen: Vandenhoeck & Ruprecht.

Justen, N., & Mölders, B. (2015). *Professionalisierung und Erwachsenenbildung*. Opladen/Berlin/Toronto: Barbara Budrich.

Klemm, U. (2016). Donald Trump und die Volkshochschulen. Politische Bildung im Zeitalter postfaktischer Politik. *dis.kurs. Das Magazin des Deutschen Volkshochschul-Verbandes e.V., 4*, 12.

Kommission der Europäischen Gemeinschaften (2000). *Memorandum über Lebenslanges Lernen*. Brüssel: Kommission der Europäischen Gemeinschaften.

Kraus, K. (2016). Lokalität des Lernens. Zur Vielfalt der Lernorte und ihrer Strukturierung. *Hessische Blätter für Volksbildung, 66*(1), 53–60.

Kuper, H., Unger, K., & Hartmann, J. (2013). Multivariate Analyse zur Weiterbildungsbeteiligung. In: F. Bilger, D. Gnahs, J. Hartmann & H. Kuper (Hrsg.), *Weiterbildungsverhalten in Deutschland. Resultate des Adult Education Survey 2012* (S. 95–107). Bielefeld: W. Bertelsmann Verlag.

Kuwan, H., & Seidel, S. (2013). Informelles Lernen Erwachsener. In: F. Bilger, D. Gnahs, J. Hartmann & H. Kuper (Hrsg.), *Weiterbildungsverhalten in Deutschland. Resultate des Adult Education Survey 2012* (S. 264–288). Bielefeld: W. Bertelsmann Verlag.

Mandl, H., & Reinmann-Rothmeier, G. (1998). Auf dem Weg zu einer neuen Kultur des Lehrens und Lernens. In: G. Dörr & K. L. Jüngst (Hrsg.), *Lernen mit Medien. Weinheim* (S. 193–206). München: Juventa.

Martin, A., & Schrader, J. (2016). Deutscher Weiterbildungsatlas – Kreise und kreisfreie Städte. Bonn. http://creativecommons.org/licenses/by-nc-nd/3.0/de/.

Martin, A., Schömann, K., Schrader, J., & Kuper, H. (2015). *Deutscher Weiterbildungsatlas*. Bielefeld: Bertelsmann.

mmb Institut (Gesellschaft für Medien- und Kompetenzforschung) (2015). *Trendmonitor I/2016*. Essen: mmb Institut.

Nefiodow, L. A. (1996). *Der sechste Kondratieff: Wege zur Produktivität und Vollbeschäftigung im Zeitalter der Information. Die langen Wellen der Konjunktur und ihre Basisinnovation*. Sankt Augustin: Rhein-Sieg-Verlag.

Pörksen, B. (2016). Die postfaktische Universität. *Die Zeit, 70*(52).

Rammstedt, B. (Hrsg.). (2013). *Grundlegende Kompetenzen Erwachsener im internationalen Vergleich. Ergebnisse von PIAAC*. Münster: Waxmann.

Rat der Europäischen Union (2012). *Empfehlung des Rates vom 20. Dezember 2012 zur Validierung nichtformalen und informellen Lernens*. Brüssel.

Schäfer, E. (1988). *Historische Vorläufer der wissenschaftlichen Weiterbildung.* Opladen: Leske u. Budrich.

Schlögl, P. (2014). *Ästhetik der Unabgeschlossenheit. Das Subjekt des lebenslangen Lernens.* Bielefeld: Transcript Verlag.

Schmidt-Lauff, S. (2008). *Zeit für Bildung im Erwachsenenalter – Interdisziplinäre und empirische Zugänge.* Münster: Waxmann.

Schödlbauer, C., Paffrath, F. H., & Michl, W. (Hrsg.). (1999). *Metaphern: Schnellstraßen, Saumpfade und Sackgassen des Lernens.* Augsburg: Ziel Verlag.

Seidel, S., Bilger, F., & Gensicke, T. (2013). Themen der Weiterbildung. In: F. Bilger, D. Gnahs, J. Hartmann & H. Kuper (Hrsg.), *Weiterbildungsverhalten in Deutschland. Resultate des Adult Education Survey 2012* (S. 125–138). Bielefeld: W. Bertelsmann Verlag.

Sekretariat der Ständigen Konferenz der Kultusminister der Länder in der Bundesrepublik Deutschland (Hrsg.). (2001). *Vierte Empfehlung der Kultusministerkonferenz zur Weiterbildung vom 01. 02. 2001.* Bonn: KMK.

Sekretariat der Ständigen Konferenz der Kultusminister der Länder in der Bundesrepublik Deutschland (2015). *Das Bildungswesen in der Bundesrepublik Deutschland 2013/2014.* Bonn: KMK.

Siebert, H. (2002). *Bildungsoffensive: Bildung ist mehr als Qualifizierung.* Frankfurt am Main: VAS.

Stang, R. (2016). *Lernwelten im Wandel. Entwicklungen und Anforderungen bei der Gestaltung zukünftiger Lernumgebungen.* Berlin/Boston: Walter de Gruyter.

Stanik, T., & Sawicki, M. (2007). *„Warum nicht?" Hauptberufliche Honorarkräfte in der Erwachsenen-/Weiterbildung. Eine qualitative Untersuchung.* Bonn: Deutsches Institut für Erwachsenenbildung.

UNESCO (Hg.) (1997). *Lernfähigkeit: Unser verborgener Reichtum. UNESCO-Bericht zur Bildung für das 21. Jahrhundert. Hg. von der Deutschen UNESCO-Kommission.* Neuwied; Kriftel; Berlin: Luchterhand.

Watzlawick, P. (1976). *Wie wirklich ist die Wirklichkeit? – Wahn, Täuschung, Verstehen.* München: Piper.

Wolter, A., Banscherus, U., & Kamm, C. (Hrsg.). (2016). *Zielgruppen Lebenslangen Lernens an Hochschulen.* Bd. 1. Münster: Waxmann.

Wüthrich, H. A., Osmetz, D., & Kaduk, S. (2007). Leadership schafft Wettbewerbsvorteile 2. Ordnung. *Zeitschrift für Führung + Organisation, 76*(6), 312–319.

3

Am Anfang des Lernens: Wie kann man in Beziehung gehen zu sich, dem Kontext und dem Lerngegenstand?

Inhaltsverzeichnis

Lernen unterliegt – trotz großer individueller Unterschiede – gewissen Gesetzmäßigkeiten, mit denen wir uns in diesem Kapitel beschäftigen. Von ganz zentraler Bedeutung ist, dass jeder, der sich in einen Lernprozess begibt, die Frage stellt, wie er in Beziehung zum Lernen gehen kann. Dabei werden folgende drei Formen unterschieden:

1. das In-Beziehung-gehen zu sich selbst und dem eigenen Lernen,
2. das In-Beziehung-gehen zum sozialen Kontext, in dem gelernt wird, und
3. das In-Beziehung-gehen zum eigentlichen Lerngegenstand.

Daran anschließend werden Muster der Kontakt- und Beziehungsgestaltung beschrieben. Bevor wir die zentrale Frage behandeln, wie wir als Lernende auf den genannten Ebenen in Beziehung treten können, wollen wir uns mit den Anlässen beschäftigen, die dazu führen können, dass es zum Lernen kommt, welchem Ablaufschema Lernprozesse folgen, welche Formen von Lernen unterschieden werden können und auf welchen Ebenen sich Lernen beschreiben lässt.

© Springer-Verlag GmbH Deutschland 2017
E. Schäfer, *Lebenslanges Lernen*, Kritisch hinterfragt DOI 10.1007/978-3-662-50422-2_3

3.1 Welche Anlässe, Verläufe, Formen und Ebenen von Lernprozessen gibt es?

Am Anfang von Lernprozessen steht eine Diskrepanzerfahrung zwischen den spezifischen Anforderungen einer Situation und den Fähigkeiten und Fertigkeiten, die jemand aus der eigenen oder einer fremden Perspektive nicht ausreichend besitzt, um die Herausforderung zu meistern. Wir haben als Menschen Erwartungen an unsere Umwelt und an uns als Individuen. Werden diese nicht erfüllt, so kommt es bereits bei Kleinkindern zu einer Situation der Überraschung, einem Stutzen, das der Ausgangspunkt und Anlass für einen Lernprozess sein kann. „Staunen wäre also ein kognitiver Stupser zum Lernen – das ‚Hä?' ein Wegbereiter des ‚Aha!'" (Klöckner 2015, S. 36).

> **?**
>
> Welche Diskrepanzerfahrung haben Sie zuletzt gemacht? Welche Konsequenzen haben Sie daraus gezogen? Bei welcher Gelegenheit hatten Sie zuletzt ein Aha-Erlebnis?

Kommt die soziale Umwelt einer Person zu der Einschätzung, dass der Erwerb von bestimmten Kompetenzen erforderlich wäre, so muss dies nicht zwangsläufig auch von dem Subjekt geteilt werden, das die Herausforderungen meistern soll. In einem solchen Fall könnte man von einem „Lernenmüssen" sprechen; dies ist immer dann der Fall, wenn Dritte die Macht besitzen, Individuen in Lernprozesse drängen zu können, weil damit vielleicht Sanktionen verbunden sind. Hier sollte man lieber von Dressur statt von Lernen sprechen, da Lernen, soll es nachhaltig sein, immer die autonome Entscheidung von Menschen zu respektieren hat, sich freiwillig und eigenverantwortlich auf neue Erfahrungen einzulassen. Ist dies nicht gegeben, fehlt die intrinsische, die aus einem inneren Antrieb entstehende Motivation und die Wahrscheinlichkeit, dass es zu Lernwiderständen kommt, ist sehr groß.

Anders liegt der Fall, wenn der erste Impuls zu einem Lernprozess von der Außenwelt kommt, das Individuum diesen in einem Reflexionsprozess für sich akzeptiert und anschließend den schon begonnenen Lernprozess fortsetzt. Der optimale Fall liegt dann vor, wenn der Impuls zu den auf Veränderung abzielenden Lernprozessen vom Individuum selbst kommt, denn dann kann es in autonomer Entscheidung für den eigenen Lernprozess Verantwortung übernehmen. Unabhängig davon, ob der Anstoß zu einem Lernprozess fremd- oder selbstbestimmt erfolgt, kann der nachfolgende Lernprozess fremd- oder selbstgesteuert erfolgen.

> **?**
>
> Wie reagieren Sie, wenn Sie feststellen, dass Ihre bisherigen Muster, die Sie bislang zur Lösung von Aufgaben, Herausforderungen bzw. Problemlösungen angewandt haben, nicht mehr greifen?

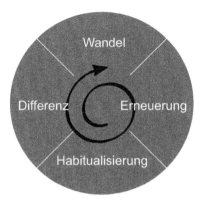

Abb. 3.1 Das Transformationsmodell des Lernens

Wenn die gemachte Differenz- bzw. Diskrepanzerfahrung zu einem Wandel der bisherigen Wahrnehmungs-, Deutungs- und Handlungsstrukturen führt, findet eine Umstrukturierung von Erfahrungen statt, die wir als einen Lernprozess verstehen können; die veränderten Denk- und Handlungsprozesse unterliegen sodann einer Habitualisierung, bis sie wieder irritiert werden und eine neue Chance für Lernen entsteht. Lernen beschreibt insofern einen sich spiralförmig immer wieder auf neuen Ebenen vollziehenden Transformationsprozess. In Anlehnung an das Medizinrad lässt sich für den Transformationsprozess des Lehr-Lern-Prozesses das in Abb. 3.1 gezeigte zyklische Modell entwerfen.

Mit Bezug auf den amerikanischen Philosophen und Pädagogen Jon Dewey vollzieht sich Lernen für Reich (2000; S. 203) „in evolutionären Schritten, indem zwischen Erfahrungen und Erlebnissen und Reflexionen im ‚experience' nach und nach ein höheres Niveau erreicht wird." Lernen unterliegt einem zirkulären Veränderungsprozess und folgt damit einer traditionellen Weltsicht zahlreicher alter Kulturen, die hierfür das Symbol des Kreises und die in der Entwicklung daraus entstehende Spirale geprägt hat. Da unser Gehirn nicht anders kann als zu lernen und das ganze Leben als ein großartiger Lernprozess verstanden werden kann, gilt es in Zeiten der Postmoderne, die vom Linearen dominiert wird, an die zyklische Bewegung zu erinnern (Bögle und Heiten 2014). Dieser Sichtweise folgt auch Jarvis (2009), der den Prozess der lernenden Auseinandersetzung des Menschen mit der Welt als spiralförmige Bewegung beschreibt.

Die Idee einer zyklischen Lernbewegung findet nicht nur in dem bisher formulierten Verständnis von Neulernen, Dazulernen um Umlernen eines Menschen im Lebenslauf Anwendung, sondern es begegnet uns auch in dem Konzept der Anamnesis, dem Erinnerungslernen. Seit der Antike gibt es zwei Modelle zur Erklärung von Lernvorgängen.

1. Die *Tabula-rasa-Theorie* (vom lat. *tabula rasa* = unbeschriebene Tafel, unbeschriebenes Blatt) besagt, dass die Seele bzw. das Bewusstsein, bevor der

Mensch sinnliche Erfahrungen macht, völlig leer sei; es gelte, sie im Laufe des Lebens zu beschreiben, so beispielsweise die Annahme des englische Philosophen John Locke.

2. Im Gegensatz hierzu steht die *Anamnesis*, die auf Platons Ideenlehre und Reinkarnationslehre zurückgeht. „Demnach besteht alles Lernen und Erkennen darin, dass sich die Seele, die im Zustand der Präexistenz (d. h. bevor sie in einen Leib einging) die Urbilder oder Ideen der Dinge geschaut hat, sich angesichts eines sinnlich gegebenen Einzeldings an diese Ideenschau erinnert. Die Erkenntnis eines Gegenstands ist deshalb nur ein Wiedererinnern an die einmal geschaute Idee dieses Gegenstands" (Rehfus 2003, S. 249). Das Konzept der Anamnesis erschien zuerst in Platons Dialogen Menon, Phaidon und Phaidros. Im Dialog Phaidon lässt Platon (2016, S. 751) Sokrates die Unsterblichkeit der Seele erörtern. Kebes, einer der Gesprächspartner, greift eine Überlegung Sokrates auf und folgert: „dass unser Lernen nichts anders ist als Wiedererinnerung".

Im Mittelalter hat Eckhart von Hochheim, bekannt als Meister Eckhart, die platonische Lehre wieder aufgegriffen. Meister Eckhart ordnet einen Teil der menschlichen Seele der Ebene der Gottheit zu; es geht ihm darum, das, was im menschlichen Wesenskern eingebildet ist, wieder auszubilden und zu entfalten. In der frühen Neuzeit beschäftigten sich die Philosophen René Descartes und Gottfried Wilhelm Leibniz mit der Frage, inwieweit der Mensch inhärentes Wissen besitzt. Am Beginn der Moderne behauptete Immanuel Kant, dass die Struktur des Geistes bereits vor jeder Erfahrung festgelegt sei. In seiner generativen Grammatik greift Noam Chomsky im 20. Jahrhundert den Gedanken einer angeborenen Form oder Struktur des Geistes wieder auf. Die Harvard-Psychologinnen Elizabeth S. Spelke und Katherine D. Kinzler (2007), die seit Jahrzehnten die Fähigkeiten von Säuglingen erforschen, gehen davon aus, dass Babys von Geburt an mit Wissen über Naturgesetze, dem „core knowledge", ausgestattet sind.

Die Aussage „Lernen ist Erinnern" lässt sich auch metaphorisch verstehen; in einem modernen Verständnis können verschiedene Lesarten an die Aussage herangetragen werden (Kähler 2012):

- Es heißt zu wissen, wie der Mensch seine einzigartigen Potenziale zum Leuchten bringen kann.
- Es bedeutet, in die Liebe zu sich und zu dem, was man tut, zurückzukehren.
- Es meint, dass die Potenziale und Ressourcen eines Menschen oftmals verschüttet sind.
- Es bedeutet, sich seiner Kompetenzen und Potenziale bewusst zu werden und sie zu leben.

Lernen als Erinnerung zu verstehen, fördert vor allem eine Grundhaltung, die auf der Annahme basiert, „dass jedem alles zur Verfügung steht, was zur Lösung von aktuellen Herausforderungen benötigt wird" (Pullen 2016, S. 286).

Den bisher besprochenen Konzeptualisierungen des Lernens ist gemeinsam, dass sie sich auf etwas Vergangenes beziehen; wir greifen auf das zurück, das wir durch Erinnern hervorholen bzw. das wir uns durch den Prozess des Eingravierens angeeignet haben. Der Aktionsforscher C. Otto Scharmer (2009, S. 78) vom Massachusetts Institute of Technology (MIT) ergänzt diese Perspektive um eine zukunftsbezogene. Er fasst sein Erkenntnisse mit Veränderungsprozessen so zusammen: „Es gibt zwei Ausgangspunkte für Lernprozesse: die Vergangenheit und die im entstehen (sic!) begriffene Zukunft". Von den Erfahrungen der Vergangenheit zu lernen bedeutet, den PDCA-Zyklus (PDCA = Plan-Do-Check-Act) zu durchlaufen, d. h., wir machen Handlungspläne, die wir realisieren, um sie anschließend zu beobachten und zu reflektieren, bevor wir daraus wiederum neue Handlungspläne entwerfen. Auf die Frage „Wie aber lässt sich von einer im Entstehen begriffenen Zukunft her lernen?" (Scharmer 2009, S. 78) gibt die Theorie U von Scharmer eine Antwort, auf die wir in Kap. 13 noch ausführlich eingehen werden. Im September 2016 wurde Claus Otto Scharmer für die Entwicklung der Theorie U der „Leonardo – European Corporate Learning Award" verliehen.

> ?
>
> Welche Ebenen des Lernens gibt es?

Die im Folgenden zu beschreibenden Ebenen des Lernens stammen aus dem Buch *Ökologie des Geistes* von Gregory Bateson (1985). Die Hierarchie der Lernebenen basiert auf einem grundlegenden Verständnis von Lernen als Veränderungsprozess.

- *Lernen 0* bezeichnet die einfache Informationsaufnahme von einem äußeren Geschehen; aus dem Vorhandensein eines Signals wird eine Schlussfolgerung gezogen. Der ertönende Gong in der Theaterpause sagt mir, dass ich meinen Platz wieder einzunehmen habe. Es handelt sich hier um ein stereotypisches Verhalten. In der Alltagssprache bezeichnen wir dies in der Regel nicht als Lernen.
- *Lernen 1* kennzeichnet eine Form des Lernens, in der eine bestimmte Reaktion auf einen bestimmten Reiz erlernt wird, indem das Verhalten in Abhängigkeit vom Resultat der Handlung variiert wird, um ein besseres Ergebnis zu erhalten. Lernen auf dieser Ebene beinhaltet Lernen über die Bedingungen von elementaren Reiz-Reaktions-Verknüpfungen, wie es in den klassischen Lerntheorien beschrieben wird. Wenn wir uns einen Lernstoff aneignen möchten,

so können wir dies auf unterschiedliche Weise tun. Wir stellen z. B. fest, dass es uns hilft, eigene schriftliche Zusammenfassungen anzufertigen. Durch das Ausprobieren weiterer Techniken und Methoden kommen wir zu einem späteren Zeitpunkt vielleicht zu der Erkenntnis, dass es uns noch mehr hilft, eine bildliche Darstellung des Lernstoffes in Form einer Mind-Map anzufertigen.

- *Lernen 2* bezeichnet die Veränderung im Prozess des Lernens 1; während beim Lernen 1 noch die Veränderung im Prozess des Lernens im Mittelpunkt steht, geht es nun um die Veränderung des Systems des Lernens, „zum Beispiel eine korrigierende Veränderung in der Menge von Alternativen, unter denen die Auswahl getroffen wird, oder es ist eine Veränderung der Art und Weise des Lernens" (Ferrari 2014, S. 55). Wir übertragen beispielsweise ein zurückhaltendes Verhalten aus der Schulzeit, resultierend aus der Erfahrung, dass wenig aufzufallen Vorteile bietet, auf unser Verhalten in der Erwachsenenbildung oder grenzen uns davon ab, indem wir uns diesen Zusammenhang bewusst machen und eine neue Praxis einüben.

- *Lernen 3* ist „die Fähigkeit der Ersetzung von Prämissen auf der Lernebene 2 oder, anders formuliert, eine grundsätzliche Änderung der Art und Weise der Kriterien, nach denen Alternativsysteme auf der Ebene 2 verändert werden" (Ferrari 2014, S. 61). Diese Form des Lernens ist selten und mit einer Neudefinition des Selbst gleichzusetzen; „beglückende, umwälzende positive wie auch tragische negative Ereignisse" (Ferrari 2014, S. 62) können ein solches Lernen auf Ebene 3, das mit einer völligen Änderung von Lebenshaltungen und Lebensformen verbunden ist, auslösen. Mit der hiermit einhergehenden Irritation des bisher Gültigen sind sowohl Chancen als auch Risiken verbunden.

- *Lernen 4* entspricht einem transgenerativen Lernen, das man ganzen Völkern oder der Menschheit als Ganzes zuschreiben kann, und kommt wahrscheinlich nur in einer phylogenetisch-ontogenetischen Wechselwirkung vor.

> ?
> Auf welchen der beschriebenen Ebenen findet Ihr Lernen statt?

3.2   Was bedeutet „In-Beziehung-gehen"?

Unabhängig davon, mit welchen Anlässen, Verläufen, Arten und Ebenen von Lernen wir es zu tun haben, bedeutet Lernen, Erfahrungen zu machen, diese in Beziehung zu setzen mit kognitiven und emotionalen Mustern, um hieraus Schlussfolgerungen für künftiges Handeln zu ziehen.

Aus der Lernforschung ist die lernunterstützende Wirkung der Selbstbezogenheit gut belegt (Metzig und Schuster 2016, S. 120 f.). Bei einem Lerngegenstand der für uns eine subjektive Bedeutsamkeit hat, ist nachweislich die Behaltensleistung größer. Wenn wir von etwas berührt werden, sind wir nicht nur kognitiv, sondern auch gefühlsmäßig beteiligt, und es fällt uns leichter, Informationen abzuspeichern und zu erinnern. Alles, was unser Interesse weckt, wirkt sich förderlich auf das Lernen aus. Je stärker wir aktiv mit verschiedenen Sinnesmodalitäten an Lernprozessen beteiligt sind, indem wir handelnd agieren und eigene Erfahrungen machen, desto differenziertere Wissensstrukturen bauen wir auf.

Auch bei der Auseinandersetzung mit Texten lässt sich die Verbindung mit dem Lernmaterial unterschiedlich gestalten, was unmittelbare Auswirkungen auf das Verständnis haben kann. Bereits in den 1970er-Jahren haben Marton und Säljö (1976a, 1976b) individuelle Unterschiede beim Lernen aus Texten erforscht. Sie identifizierten zwei unterschiedliche Herangehensweisen an das Lesen von Texten.

1. *Oberflächenlernen:* Die eine Gruppe der Probanden verfolgte die Strategie, sich den Text möglichst vollständig einzuprägen, und tendierte zum Auswendiglernen.
2. *Tiefenlernen:* Die andere Gruppe konzentrierte sich darauf, die Intention der Autoren aufzunehmen.

Bei der abschließenden Überprüfung des Textverständnisses zeigte sich, dass die Gruppe, die Tiefenlernen praktizierte, den Text nachhaltiger verstanden hat und besser wiedergeben konnte.

Die hier exemplarisch angeführten Ergebnisse aus der Lernforschung verweisen auf einen höchst bedeutsamen Sachverhalt, der den unterschiedlichen Befunden zugrunde liegt. Lernen ist immer dann besonders nachhaltig, erfolgreich und bereitet zudem mehr Freude, wenn es uns gelingt, in Kontakt mit dem Lerngegenstand, sich selbst und den anderen Lernenden zu gehen. „Basiert die Lernbereitschaft hauptsächlich auf Lernen aus Freude, geht damit ein höheres Durchhaltevermögen einher" (Graf et al. 2016, S. 25). Sich auf Sachen und Menschen einzulassen, in eine Begegnung zu treten und eine dauerhafte Beziehung aufzubauen, fördert das nachhaltige Lernen. Auf diesen Zusammenhang weisen sowohl die Beziehungsdidaktik (Miller 2011), die interaktionistisch konstruktivistische Didaktik (Reich 2012), die Gestaltpädagogik (Petzold und Brown 1977) als auch die Resonanzpädagogik (Rosa und Enders 2016) hin. Diese Ansätze wurden zwar primär für den Schulbereich entwickelt, können aber durchaus auf die Weiterbildung übertragen werden.

Reich (2000, S. 51) betrachtet die Pädagogik der Gegenwart als ein Entwicklungsland, „weil sie die Beziehungsebene bis heute unterbewertet." Für ihn „gehört es zu den großen Irrtümern in vielen Theorieansätzen der Didaktik, dass man sich um die Beziehungsseite, wenn überhaupt, nur dann kümmern muss, wenn es Störungen in den Beziehungen gibt" (Reich 2012, S. 104). Die von ihm entwickelte interaktionistisch-konstruktivistische Didaktik versteht er als eine Beziehungsdidaktik. Miller (2011, S. 37) beschreibt die Bedeutung einer konstruktivistischen Sichtweise für die Beziehungsdidaktik wie folgt: „Konstruktivistische und systemische Sichtweisen sind für eine Beziehungsdidaktik von großer Bedeutung, weil diese sich mit Wahrnehmung, Beobachtung, Wirklichkeitskonstruktionen, Beziehungskonstellationen, Erkenntnismöglichkeiten und mit psychischen (Individuen) und sozialen Systemen (Gruppen) befasst." Die konstruktivistische Didaktik sieht die Lernenden als Subjekte, die den Lernprozess aktiv mitgestalten. Dies erfordert eine intensive Abstimmung von Lehrenden und Lernenden. Um diese zu ermöglichen, sind eine gelingende Kommunikation und verlässlich gestaltete Beziehungen erforderlich. Eine professionelle Beziehungsgestaltung, die zu mehr Aktivität der Lernenden führt, deren Motivation erhöht und die Zahl der Störungen reduziert, zeichnet sich durch Freundlichkeit, Respekt und Authentizität, Hilfsbereitschaft, Verbindlichkeit sowie Fairness und Konsequenz aus (Ulrich 2016, S. 89 ff.). Wie wir aus den Metaanalysen von Hattie (2009) wissen, steht die lehrende Person und deren Beziehungsgestaltung im Mittelpunkt der Wirksamkeit von Unterricht in der Schule. Es besteht die begründete Vermutung, dass dies in der Erwachsenenbildung ebenso ist. Einer der wichtigsten Aspekte einer lernförderlichen Lernumgebung „ist die Interaktion der Lerner zwischen sich und dem Lerngegenstand, der Lerner untereinander und zu den Lehrenden" (Reich 2012, S. 24). Genau dies ist gemeint, wenn die Rede von dem dreifachen In-Beziehung-gehen ist.

Die Resonanzpädagogik unterscheidet zwischen der *Aneignung* und der *Anverwandlung.*

Aneignung

Der Prozess der Aneignung zielt auf die Erweiterung von Fähigkeiten und Fertigkeiten ab, die wir dann instrumentell einsetzen können.

Anverwandlung

Anverwandeln bedeutet, „ich mache mir eine Sache so zu eigen, dass sie mich verwandelt. Ich bin danach ein anderer" (Rosa und Enders 2016, S. 17).

Während die Aneignung mir äußerlich bleibt, verändert die Anverwandlung mein Inneres. Die Anverwandlung ist mehr, als sich eine Sache auf eine solche Art zu eigen zu machen, dass sie einem gehört. Anverwandlung bedeutet, dass mich eine Sache „existentiell berührt oder tendenziell sogar verändert" (Rosa und Enders 2016, S. 16).

Diese Betrachtung führt zu der Unterscheidung von *Kompetenz* und *Resonanz.*

Kompetenz

Unter Kompetenz verstehen wir „das sichere Beherrschen einer Technik, das jederzeit Verfügen-Können über etwas, das ich mir als Besitz angeeignet habe" (Rosa und Enders 2016, S. 78).

Resonanz

Resonanz meint „das prozesshafte In-Beziehung-treten mit einer Sache" (Rosa und Enders 2016, S. 78).

Wie bereits angedeutet, geht es um ein dreifaches In-Beziehung-gehen: mit einer Sache, mit sich selbst und mit den anderen Lehrenden und Lernenden, sofern es sich um einen gruppenbezogenen Lernprozess handelt. In der Resonanzpädagogik wird mit dem Resonanzdreieck (Lehrer – Schüler – Stoff) ebenfalls eine Trias etabliert, die das Gegenteil zum Entfremdungsdreieck ist, in dem Schule als Entfremdungszone erlebt wird. Mit den Spiegelneuronen verfügen wir über ein Resonanzsystem im Gehirn, das uns ein In-Beziehung-gehen möglich macht, indem es Gefühle und Stimmungen anderer Menschen bei uns zum Erklingen bringt.

Leben vollzieht sich im Modus des permanenten Lernens: Lernen findet lebenslang statt; solange wir leben, lernen wir. Lernen erfolgt als ein prozesshaftes und dynamisches Geschehen in der Auseinandersetzung des Menschen mit sich, der Gruppe, in der er lernt, den institutionellen und gesellschaftlichen Rahmenbedingungen sowie dem Lerngegenstand. Aus Sicht der Neurobiologie stellt Hüther (2015a, S. 79) fest: „Die einzige Strategie, die eine fortwährende, ungehinderte und ungestörte Entfaltung der in einem lebenden System angelegten Potentiale ermöglicht, ist die ständige Abstimmung und Rejustierung der innerhalb eines lebenden Systems etablierten Beziehungsmuster an die Erfordernisse, die sich aus einer möglichst engen und vielfältigen Beziehung der betreffenden Lebensform mit möglichst vielen möglichst verschiedenartigen Lebensformen ergeben."

> ?
> Wie kann das In-Beziehung-gehen auf den drei unterschiedlichen Ebenen stattfinden?

Bei der Suche nach Antworten nehmen wir die Perspektive des autonomen Lernenden ein, der die Beziehung zu eigenen inneren Anteilen, anderen Menschen, einer Sache und der ihn umgebenden Umwelt gestalten kann.

In Beziehung gehen zu sich selbst

Jeder Mensch hat verschiedene Persönlichkeitsanteile, die sich in einem ständigen inneren Dialog miteinander befinden. Schulz von Thun (1998) hat hierfür den Begriff des inneren Teams geprägt, und Johann Wolfgang von Goethe (1808, S. 73; Faust I, Vers 1112–1117) spricht von „Zwey (sic!) Seelen wohnen, ach! in meiner Brust". Die intrapersonale Kommunikation unserer verschiedenen Seelenanteile unterliegt ähnlichen Regeln wie die interpersonelle, die zwischen zwei oder mehreren Personen.

?

Welche Persönlichkeitsanteile haben Sie bei sich selbst schon identifiziert? Welche davon sind für das Lernen besonders relevant? Welche unterstützen bzw. hindern Sie bei Ihrem Lernen?

Interne Auseinandersetzungen mehrerer konfligierender Interessen können uns z. B. Energie rauben; Selbstbemitleidungen, Grübeln und Resignation sind die Begriffe, die wir hierfür verwenden und von denen wir wissen, dass sie nicht lernförderlich sind. Umgekehrt bauen uns Selbstvertrauen, Zuversicht und Zutrauen in die eigenen Fähigkeiten auf. Birkenbihl (2010) hat für diese Phänomene ein Energiehaushaltsmodell als Metapher entworfen. Das Modell geht davon aus, dass die einem Menschen zur Verfügung stehende Energie eine konstante Größe ist, die jeweiligen Anteile jedoch variieren können, sodass sich die Verhältnisse zwischen den Bereichen verschieben. Es gibt ständige gegenseitige Wechselwirkungen zwischen den Energiebereichen:

- *A-Energien:* A steht für automatisch-ablaufende Vorgänge (Atmung, Verdauung, Temperaturregulierung) etc. Wenn wir krank sind, holt sich der Körper so viel A-Energie, wie nötig ist, um zu gesunden. Über diesen Bereich können wir in der Regel nicht frei verfügen.
- *B-Energien:* B-Energien haben mit unserem Selbstwertgefühl zu tun. Das B steht für „Bin ich ok?". Wenn wir uns okay fühlen, brauchen wir nur wenige B-Energien; „leidet hingegen unser Selbst-Bild, dann verbraten wir Unmengen von Energien mit Verteidigungs-Manövern wie Rechtfertigungen, Schuldzuweisungen u. ä. Wir erleben diese Energien dann negativ in Form von unangenehmen Gefühlen (Frust, Ärger, Wut, Zorn)" (Birkenbihl 2010, S. 15 f.). Diese sind das Resultat eines intrapersonalen Dialogs und können sehr viel Energie kosten, die für andere Bereiche dann fehlt.
- *C-Energien:* Der Buchstabe C steht für zwei Zeitbegriffe: Chronos (linear) und Kairos (das Hier und Jetzt). „Wenn wir in Routine versinken, dann sind wir Opfer von Chronos. Je mehr Kairos wir in unser Leben lassen können, desto weniger werden wir von Chronos bedrängt und desto weniger Energieverlust erleiden wir im Bereich der C-Energien. Denn wer sich gejagt und gehetzt fühlt, wer nie genug Zeit zu haben scheint, der bezahlt dieses Gefühl, unter Zeitdruck zu leiden, mit C-Energien. Das aber kostet weit mehr Kraft, als uns die Routine-Tätigkeiten selbst je gekostet hätten!" (Birkenbihl 2010, S. 17).
- *D-Energien:* Das D steht für die bewusste Durchführung von Tätigkeiten im Gegensatz zu Routinehandlungen im C-Bereich.
- *E-Energien:* Der Bereich der E-Energien hat zu tun mit Erweiterung, Entwicklung und Entdeckungen, also Lernen im weitesten Sinne. Leider verbrauchen viele Menschen so viele Energien in den anderen Bereichen, sodass ihnen

hier nicht viel übrig bleibt. So haben sie beispielsweise panische Angst vor allem, was neu ist, weil es ihnen an der Flexibilität der E-Energien fehlt.

Natürlich sind dies alles Metaphern für innerpsychische Vorgänge.

?

Wie sieht das Energiehaushaltsmodell bei Ihnen aus? Für welche Bereiche setzen Sie die meisten Energien ein?

Bleiben wir noch etwas bei den B-Energien als Hintergrundprogramm unseres intrapersonalen Dialogs und der Frage, wie die Beziehung zu mir selbst bzw. den anderen ist. Hierauf gibt die Skriptanalyse innerhalb der Transaktionsanalyse eine Antwort. Die Skriptanalyse beschäftigt sich mit den Lebensanschauungen von Menschen.

Es werden vier Skripte, wie ein Mensch sich selbst und andere sieht, unterschieden:

1. Ich bin nicht okay – Du bist okay.
2. Ich bin nicht okay – Du bist nicht okay.
3. Ich bin okay – Du bist nicht okay.
4. Ich bin okay – Du bist okay.

Harris (1973, S. 60 f.) stellt fest, „dass bis zum Ende des zweiten Lebensjahres oder irgendwann während des dritten das Kind sich für eine der ersten drei Grundanschauungen entschieden hat. Ich bin nicht O.K. – Du bist O.K. ist die erste zaghafte Entscheidung, die auf den Erfahrungen des ersten Lebensjahres beruht. Bis zum Ende des zweiten Jahres ist sie entweder bestätigt, oder sie macht der zweiten oder der dritten Grundanschauung Platz: Ich bin nicht O.K. – DU bist nicht O.K. (2) oder Ich bin O.K. – Du bist nicht O.K. (3). Sobald das geschehen ist, bleibt das Kind bei dieser seiner gewählten Grundanschauung, die alle seine Handlungen bestimmt. Auf dieser Anschauung verharrt das Individuum für den Rest seines Lebens, wenn es sie nicht später bewusst in die vierte Grundanschauung verändert."

Das „Ich bin O.K." bzw. „Ich bin nicht O.K." bedeutet in Bezug auf das Lernen, sich klar zu werden über unsere mehr oder weniger stillschweigenden Annahmen über unsere Fähigkeiten und Fertigkeiten in Bezug auf das Lernen. Hierbei kann es sehr hilfreich sein, sich selbst deutlich zu machen, welche erfolgreichen Lernprozesse, gerade auch im Bereich des informellen Lernens, man selbst schon bewältigt hat.

Ein nützliches Instrument der Selbsterkundung kann der ProfilPASS sein. Mittels einer Selbstexploration kann man ausgehend von den biografischen Stationen seines Lebens Tätigkeitsfelder mit den dabei erworbenen Fähigkeiten und Kompetenzen identifizieren und bewerten. „Da viele Menschen offenbar gar nicht wissen, über welches Spektrum an Fähigkeiten und Kompetenzen sie verfügen", führt der Prozess des Ausfüllens des ProfilPASSES zu einer „verbesserten Dialogfähigkeit gegenüber sich selbst und damit gegenüber Dritten" (Bretschneider und Seidel 2007, S. 348). In der Evaluation des ProfilPASSES konnte gezeigt werden, „dass mit dem Konzept im Hinblick auf die Stärkung von Selbstvertrauen und die Aktivierung für lebenslanges Lernen ein Beitrag zur Stärkung des Einzelnen geleistet wird" (Bretschneider und Seidel 2007, S. 348). Der ausgefüllte ProfilPASS-Ordner kann in Beratungsprozesse (Kap. 9) mitgebracht werden und zugleich auch als Bewerbungsmappe dienen. Ein Prozess der Selbstklärung bezüglich vorhandener Kompetenzen und Entwicklungsperspektiven, egal ob er alleine oder in einem Beratungssetting geschieht, kann eine wichtige Motivation für weitere Lernprozesse sein, macht er doch deutlich, was eine Person bereits geleistet hat und was sie kann.

Das ProfilPASS-System zeigt uns u. a., von welch fundamentaler Bedeutung das Zutrauen in die eigenen Fähigkeiten und Fertigkeiten für Lernprozesse ist. Je stärker unser Selbstwert ist, desto eher können wir uns den Diskrepanzen, Irritationen und Verunsicherungen aussetzen, die mit den Veränderungen, die Lernprozesse mit sich bringen, verbunden sind. Auch wenn es keinen eindeutigen empirischen Nachweis für den Zusammenhang zwischen Selbstwertgefühl und Erfolg im Leben gibt (Baumeister und Tierney 2012), so ist doch unser Selbstwertgefühl entscheidend für unser Wohlbefinden.

?

Aus welchen Elementen speist sich der Selbstwert?

Der Selbstwert wird in der psychologischen Forschung als ein Konstrukt aus drei Komponenten des Selbst angenommen:

1. *Kognitiv:* Wie sieht mein Selbstkonzept aus? Was glaube ich, über mich selbst zu wissen? Welche Bilder habe ich über mich bzw. von mir?
2. *Affektiv:* Wie sieht meine Selbsteinschätzung aus? Wie bewerte ich die Bilder, die ich von mir bzw. über mich habe?
3. *Handelnd:* Wie sieht meine Selbstdarstellung aus? Wie präsentiere ich mich gegenüber anderen?

Das Selbstwertgefühl ist kein Gefühl im eigentlichen Sinne, sondern die Summe der Bewertungen über mich selbst auf den drei genannten Ebenen. Die Quelle der Bewertungen sind Selbstbeobachtungen, der Vergleich mit anderen sowie die Spiegelung durch andere. Aufgrund der geschilderten Zusammenhänge wird deutlich, wie schwierig es ist, Bildungsbenachteiligungen im Erwachsenenalter abzubauen, sog. bildungsfernen Personen die Idee des lebenslangen Lernens schmackhaft zu machen und Menschen zu motivieren, den ersten Schritt in eine für sie noch fremde Welt zu machen. Deshalb empfiehlt es sich in diesen Fällen, nicht unmittelbar mit einen Bildungsangebot zu beginnen, sondern den Selbstwert dieser Menschen zu stärken, damit sie sich auf das Wagnis eines Lernprozesse einlassen können.

Die Auseinandersetzung mit dem Konzept des Selbstwertes zeigt uns nicht nur die Bedeutung einer guten Beziehung zu uns selbst für Lernprozesse auf, sondern verweist auch auf die auf zentrale Rolle des sozialen Kontextes von Lernen.

In Beziehung gehen zum (sozialen) Kontext

Wenn hier vom Kontext des Lernens die Rede ist, so ist damit primär der soziale Kontext gemeint; dieser besteht aus dem familiären und beruflichen Umfeld des Lernenden, dem kulturellen und gesellschaftlichen Kontext und vornehmlich den unmittelbaren Kontakten zu anderen Menschen, die als Mitlernende oder Lehrende den Mikrokosmos insbesondere des formalen und nichtformalen Lehr-Lern-Arrangements bilden. Zum Kontext gehört über die soziale Dimension hinaus des Weiteren der räumliche und zeitliche Kontext, in dem Lernen stattfindet, also z. B. die Räume und Orte, an denen Lernen stattfindet.

Wenden wir uns zunächst dem sozialen Kontext zu. Hier kommen wir auf den Selbstwert zurück, der sich zum großen Teil durch die Befriedigung elementarer Bedürfnisse in der frühen Kindheit entwickelt hat. Diese Beziehungsbedürfnisse, die es nur im zwischenmenschlichen Kontakt gibt, sind auch für heutige Lernprozesse von Bedeutung. Nach Erskine (2002) sind die Beziehungsbedürfnisse entscheidend für die Lebensqualität. Er unterscheidet acht essenzielle Beziehungsbedürfnisse, die von der Kindheit bis ins hohe Alter existieren:

1. Beziehungsbedürfnis nach Sicherheit,
2. Bedürfnis, in der Beziehung wertgeschätzt, bestätigt und bedeutsam zu sein,
3. Bedürfnis, angenommen zu sein von einer starken, verlässlich zugewandten, schützenden Person,
4. Bedürfnis nach Bestätigung der eigenen Erfahrungen,
5. Bedürfnis, in seinem Einmaligsein und dessen Ausdruck wahrgenommen und respektiert, kurz: in seiner Einmaligkeit, akzeptiert zu werden,
6. Bedürfnis, auf den anderen Einfluss zu haben,
7. Bedürfnis, dass auch der andere die Initiative ergreift, und
8. Bedürfnis, Liebe auszudrücken.

Diese Beziehungsbedürfnisse sind nicht immer gleichermaßen präsent; wichtig ist, dass sie authentisch und situationsangemessen ausgedrückt werden können.

> **?**
> Welche der genannten Bedürfnisse sind für Sie in Lernprozessen besonders wichtig? Welche räumlichen und zeitlichen Rahmenbedingungen brauchen Sie, um gut lernen zu können? Welche Rolle spielt für Sie eine Lerngruppe?

Wird die Entscheidung, an einer bestimmten Weiterbildung teilzunehmen, von dem sozialen Umfeld des Teilnehmenden mitgetragen, so erhöht dies die Wahrscheinlichkeit eines erfolgreichen Abschlusses. Das soziale Umfeld können sowohl die Familie als auch der Arbeitgeber oder die Kollegen sein. Je höher das Wir-Gefühl, das Ausmaß der sozialen Verbundenheit in einer Gruppe ist, desto geringer fällt das Stresslevel bei den Gruppenmitgliedern aus (Ketturat et al. 2016). Sich zugehörig zu fühlen, eine gemeinsame soziale Identität zu besitzen, hilft nicht nur, besser mit Belastungen fertig zu werden, sondern unterstützt auch Lernprozesse. Natürlich kann ohne eine soziale Unterstützung oder sogar gegen den Widerstand aus dem sozialen Umfeld die Entscheidung für eine Weiterbildung fallen; dies erhöht allerdings den Einsatz von Energien, die von demjenigen, der sich weiterbilden will, mobilisiert werden müssen.

Von ganz zentraler Bedeutung ist das soziale Umfeld der Weiterbildung selbst. Für den Umgang miteinander in der Lerngruppe bieten sich „Spielregeln" an. Stabenau et al. (2010, S. 190) verstehen darunter, im Unterschied zu Verfahrensregeln in Form von Geboten und Verboten, „solche Regelformulierungen, die persönliches Wachstum und Entwicklung ermöglichen". Sie schlagen drei ermöglichungsdidaktischer Spielregeln vor:

1. *Störungs-Prioritäts-Regel:* „Meine Störungen haben immer dann Vorrang, wenn sie mich daran hindern zu lernen."
2. *Veto-Regel:* „Ich erlaube dem Seminarbegleiter, mich zu trainieren, solange es mir ausreichend transparent ist und mich vermutlich fördert, sonst sage ich ‚Stopp!'."
3. *Chairperson-Regel im Seminar:* „Ich bin allein verantwortlich für mein Lernen".

Natürlich kann man sich in der Lerngruppe auch andere Spielregeln geben; sprechen Sie in Ihrer nächsten Weiterbildung darüber mit allen Beteiligten, ob und welche Spielregeln Sie aufstellen möchten.

Auch kulturelle und milieuspezifische Prägungen sind dem sozialen Kontext zuzuordnen. Die Entscheidung für spezifische Bildungswege oder auch nur bestimmte Kurse, die dem sozialen Milieu, aus dem der Teilnehmende stammt, fremd sind, geht mit der Gefahr einher, dass sich die entsprechende Person von seinem Herkunftsmilieu entfremdet oder die Menschen aus seinem Milieu auf Distanz zu ihm gehen. All diese Prozesse berühren die Beziehungsbedürfnisse und erklären, warum es häufig so schwierig ist, Bildungsbarrieren zu überwinden.

Zum Kontext gehören auch die räumlichen Rahmenbedingungen des Lernens. Es gibt Orte, an denen wir uns wohlfühlen und an denen wir gerne lernen, und solche, die uns möglicherweise an negative Schulerfahrungen erinnern und uns deshalb eher blockieren. Diese Aspekte zu beeinflussen, ist bei formalen und nichtformalen Bildungsangeboten nicht immer gegeben; allerdings lässt sich

z. B. durch das räumliche Arrangement von Tischen und Stühlen hierauf relativ leicht Einfluss nehmen. Dies ist eine triviale Erkenntnis, die jedoch in der Weiterbildungspraxis leider häufig vergessen wird. Um miteinander in Beziehung gehen zu können, ist es erforderlich, dass man sich wechselseitig sieht, um eine Kommunikation aufnehmen zu können; dies ist bei hintereinander stehenden Stühlen und Tischen schlecht möglich. Deshalb eignen sich für gemeinsame Lehr-Lern-Prozesse eher Kreis-, Rechteck- oder U-Formen.

Aus empirischen Untersuchen wissen wir, dass wir nicht nur den Inhalt lernen, sondern auch die Kontexte, in denen wir etwas gelernt haben. In diesem Zusammenhang wird gern auf ein bereits 1975 in einer Tauchschule durchgeführtes Experiment hingewiesen. Die Aufgabe für die Studienteilnehmer bestand darin, Wörter auswendig zu lernen, die zu einem späteren Zeitpunkt wieder abgerufen wurden. Für das Lernen, die Phase des Einprägens der Wörter und die Überprüfung der behaltenen Wörter gab es vier unterschiedliche Versuche:

1. Das Lernen und der Abruf fanden auf dem Land statt.
2. Das Lernen fand auf dem Land und der Abruf unter Wasser statt.
3. Das Lernen fand unter Wasser und der Abruf auf dem Land statt.
4. Das Lernen und der Abruf fanden unter Wasser statt.

Die Ergebnisse waren eindeutig: Die Leistung, gemessen an der Zahl der richtig erinnerten Wörter, war immer dann besonders gut, wenn das Lernen der Wörter und ihr Abruf in dem gleichen Kontext stattfanden. Die Kontexte mitzulernen, hat zur Folge, dass die Erinnerungs- und Reproduktionsfähigkeit von Themen dort am größten ist, wo wir sie uns angeeignet haben (Godden und Baddeley 1975). Für Prüfungen, in denen Stoffinhalte abgeprüft werden, hat dies zur Konsequenz, dass wir uns körperlich oder mental Kontexte schaffen, die mit diesen Aneignungssituationen identisch oder zumindest ihnen ähnlich sind. Dies kann bis hin zu Äußerlichkeiten und Manierismen von Prüfungspersonen reichen.

Abschließend wollen wir uns den zeitlichen Kontexten des Lernens zuwenden. Als biologische Wesen unterliegen wir bestimmten chronobiologischen Rhythmen. Körperliche Prozesse folgen circadianen Abläufen. So ist bekannt, dass wir in der Regel am späten Vormittag und frühen Abend Leistungshochs haben, während in der Nacht gegen zwei Uhr ein absolutes Leistungstief charakteristisch ist, das die Wahrscheinlichkeit des Auftretens von Unfällen erhöht. Natürlich variieren die Leistungshochs und -tiefs von Person zu Person und in Abhängigkeit davon, ob wir Lerchen oder Eulen sind. Auch in Abhängigkeit vom Alter variieren diese Zeiten. So ist beispielsweise bekannt, dass Jugendliche morgens um acht Uhr biologisch noch nicht für schulische Lernprozesse bereit sind – aber das ist ein ganz anderes Thema. Zeitliche Rhythmen spielen darüber hinaus sowohl bei der Aneignung von Lernstoff als auch bei den Gedächtnisprozessen eine wichtige Rolle.

In Beziehung gehen zum Lerngegenstand

Wir treten nicht nur zu uns selbst und zu anderen Menschen in Beziehung, sondern setzen uns auch in Beziehung zu einer Sache oder einem Gegenstand, der sich im Fokus unserer Aufmerksamkeit befindet. Wir haben deshalb häufig ein gutes oder weniger positives bzw. neutrales Gefühl der Sache gegenüber, mit der wir uns beschäftigen. Auch dies ist ein nicht zu vernachlässigender Aspekt des Lerngeschehens.

Sie werden vielleicht einwenden, dass eine Beziehung sich immer auf das Verhältnis von Subjekten zueinander bezieht, nicht aber auf Objekte wie Lerninhalte. Dies führt uns gleich zu einem äußerst wichtigen Punkt, den es vorab zu klären gilt. Wenn es gelingt, aus dem Lernobjekt ein Lernsubjekt zu machen, ist die Voraussetzung dafür geschaffen, in eine Beziehung von Subjekt zu Subjekt zu treten. Wie dies geschehen kann, lässt sich in der Auseinandersetzung mit Methoden kreativer Ideenfindung verdeutlichen. In persönlichen Analogien wird ein Objekt zu einem Lebewesen, zu einer Persönlichkeit mit eigenem, unverwechselbarem Charakter. „Bei der persönlichen Analogie identifizieren Sie sich mit dem Gegenstand der Fragestellung, einem Gerät, einem bestimmten Bauteil, einer Funktion oder einem Vorgang" (Oberlin 1986, S. 141). Sie fragen sich dann z. B.: Wenn ich ein 3-D-Drucker wäre, was würde ich denken und fühlen? Was würde ich als Kupplung eines Autos empfinden? Welche Wahrnehmungen habe ich als Fußball beim Elfmeter? Welche Gedanken, Empfindungen und Gefühle bestimmen mein Seelenleben als Seminarstunde? Wie verhalte ich mich als Pinnwand? Versuchen Sie, aus Ihrem Lernobjekt auf diese Weise ein Lernsubjekt zu machen, zu dem Sie eine Beziehung aufbauen können. Auf diese Weise stellen Sie Selbstreferenzialität her und praktizieren ein Tiefenlernen, das es Ihnen möglich macht, sich anzuverwandeln.

Wie dies nicht nur in Lernprozessen, sondern auch in Forschungsprozessen gelingen kann, dafür ist die Nobelpreisträgerin für Medizin und Physiologie Barbara McClintock ein gutes Beispiel. Sie entdeckte die Existenz „springender Gene", indem sie sich – wie sie es beschreibt – als Teil der Zelle erlebte und bis in einzelne Chromosomen hineinspüren konnte. Je intensiver sie sich dem Gegenstand ihrer Untersuchung, den Pflanzen, widmete, desto mehr öffnete sich ihr deren Wesen. „Die Zeugnisse der Genetikerin Barbara McClintock und vieler großer Forscher belegen, dem scharfen Verstand weist ein tiefes Gefühl den Weg. Im Zentrum forschender Kreativität steht eine große Faszination und Freundschaft für das Lebendige selbst: ‚Ein gewöhnlicher Mensch kommt dem Wesen des wissenschaftlichen Prozesses am nächsten, wenn er sich verliebt'" (Schüre 2002). Fischer (1995) hat anhand der Beschäftigung mit Biografien von namhaften Forschern eindrücklich aufgezeigt, dass wissenschaftliche Neuerungen nicht nur logisch zustande kommen und es einen Unterschied zwischen Entdeckungs- und Begründungszusammenhang gibt. Das, was für den Forschungsprozess gilt, lässt sich ohne Weiteres auf das Lernen übertragen: Verlieben Sie sich in Ihren Lerngegenstand!

> **?**
>
> Wie gelingt Ihnen ein In-Beziehung-gehen zu Ihrem Lerngegenstand? Wie ist Ihre Beziehung zu den Lerngegenständen, mit denen Sie sich beschäftigen? War sie schon immer so? Wie hat sich die Beziehung in der Vergangenheit verändert? Wodurch ist die Veränderung bewirkt worden? Was können Sie dafür tun, dass sich die Beziehung verbessert? Was möchten Sie verändern in dieser Beziehung?

Mit Dingen, die uns interessieren, die wichtig für uns sind und uns Freude machen, beschäftigen wir uns sehr gern; dies können wir insbesondere an Hobbys sehen. Trotz zeitlicher, materieller oder sonstiger Investitionen empfinden wir es als Gewinn, uns hiermit zu beschäftigen. Dies kann bei Lernprozessen durchaus auch so sein, wenn wir begierig sind, einer Sache auf den Grund zu gehen, eine Sprache zu lernen oder ein Experiment zu machen. Entscheidend ist, welche Beziehung wir zu dem Lerngegenstand selbst kreieren. Wie dies aktiv geschehen kann, wenn nicht schon vorab diese intensive positive interessengeleitete Beziehung zum Lerngegenstand besteht, erläutert Steiner (2013a, S. 147): „Erhöhen Sie die Interessantheit des Inhalts durch die Lektüre von Biographien, Kritikern und Kommentaren. Finden Sie heraus, was Könner des Fachs daran fasziniert. Diskutieren Sie öfter mit anderen darüber, sinnieren Sie selbst darüber nach und versuchen Sie, auch auf der emotionalen Ebene einen Link zu schaffen."

Wenn wir uns mit einem neuen Thema beschäftigen, so besitzen wir in der Regel schon gewisse, wenn auch fragmentarische Kenntnisse oder haben doch zumindest mehr oder weniger begründete Standpunkte dazu entwickelt; man könnte von vorwissenschaftlichen Annahmen sprechen. Diese sollten wir uns ins Gedächtnis rufen, bevor wir uns näher mit dem Lerngegenstand beschäftigen. Hilfreich ist es dabei, Fragen an die Sache zu stellen. Auf diese Weise aktivieren wir Vorwissen und identifizieren jene Stellen in unserem kognitiven Netzwerk, an die neue zu lernende Inhalte andocken können. Eine sehr effektive Methode, Bewusstes und weniger Bewusstes zu einem Thema, das unsere Aufmerksamkeit erfordert, ans Tageslicht zu holen, besteht in der Arbeit mit Assoziationstechniken.

Die Beziehung zum Lerngegenstand wird auch über Lernziele hergestellt und kann anschließend über diese immer wieder neu justiert werden. Entscheidend ist dabei, dass man die Lernziele für sich selbst formuliert. Überlassen Sie es nicht anderen, Lernziele für Sie zu formulieren, geben Sie nicht die Verantwortung für Ihren Lernprozess aus den eigenen Händen. Auf diese Weise kann es Ihnen gelingen, die Beziehung zum Thema lebendig zu halten.

In einer positiven Beziehungsgestaltung auf allen drei genannten Ebenen liegt der Schlüssel für eine intrinsische Motivation. Lernprozesse der Erwachsenenbildung geschehen in der Regel aus eigenem Antrieb in eigener Verantwortung und sollen nachhaltig sein. Deshalb steht am Anfang des Lernens die Beziehungsklärung. Lernprozesse, die darauf abzielen, die Handlungsoptionen der lernenden Akteure zu vergrößern, sind nur bedingt planbar, dafür aber in diskursiven Abstimmungsprozessen zwischen den verschiedenen grundlegenden Beziehungsbedürfnissen gestaltbar.

3.3   Welche Muster der Kontakt- und Beziehungsgestaltung gibt es?

Die im Folgenden vorzustellenden Beziehungsmuster beanspruchen Gültigkeit auf allen drei genannten Ebenen (Selbst, andere und Sache). Ein Beziehungsgeschehen hat immer zwei Aspekte: die Du-Botschaft, mit der ich ausdrücke, was ich von dem anderen halte („So einer bist du"), und die Wir-Botschaft („So stehen wir zueinander") (Schulz von Thun 1993, S. 158 f.). Allerdings sind beide Aspekte nicht immer deutlich voneinander zu trennen. In der weiteren Betrachtung steht die Wir-Botschaft im Vordergrund. Auch wenn das Ziel des In-Beziehung-gehens der Aufbau einer dauerhaften stabilen Verbundenheit ist, so kann es durchaus sein, dass sich der Lernende für dysfunktionale Beziehungsmuster entscheidet. Am Anfang einer Begegnung und einer daraus möglicherweise resultierenden Beziehung steht der Kontakt.

> ?
>
> Welche Phasen der Kontaktgestaltung lassen sich unterschieden?

Das gestaltpädagogische Kontaktmodell beschreibt den optimalen Verlauf von persönlich bedeutsamen Lernprozessen, indem Lernende in Kontakt mit sich, mit ihren inneren und äußeren Wahrnehmungen sind, die ihnen wichtige Rückmeldung über die Lernsituation geben. Idealtypisch werden vier Phasen unterschieden (vgl. Burow 1999):

1. *Vorkontakt:* Um seine volle Energie für einen Lernprozess mobilisieren zu können, ist es erforderlich, dass das lernende Individuum unerledigte Situationen abschließt und im Hier und Jetzt ankommt. Es gilt, einen Freiraum zu schaffen, in dem Lernen stattfinden kann.
2. *Kontaktaufnahme:* In dieser Phase geht es darum, den persönlichen Bezug zum Thema herzustellen und abzuklären, in welcher Art und Weise die Beschäftigung mit dem jeweiligen Thema stattfinden soll. Es gilt, Kontakte herzustellen, aus denen Begegnungen bzw. Beziehungen werden können.
3. *Kontaktvollzug:* Zu einem persönlich bedeutsamen Lernprozess kommt es, wenn sich die Grenze zwischen dem Lerner und dem Lerngegenstand, seine Kontaktgrenze, öffnet; durch den Kontakt findet eine Veränderung des lernenden Individuums statt.
4. *Nachkontakt:* Was ein Lernprozess in dem lernenden Subjekt ausgelöst, welche Veränderungen im Denken und Handeln angestoßen wurden, welche Potenziale sich entwickelt haben, all dies ist häufig dem Bewusstsein entzogen und zeigt sich erst zu einem späteren Zeitpunkt.

Dass die hier skizzierten Phasen auch alle nacheinander durchlaufen werden, ist keinesfalls selbstverständlich. Lernende, deren physische, psychische oder soziale Energie durch andere Themen absorbiert ist, werden – trotz körperlicher Anwesenheit – die Phase des Vorkontakts nicht erfolgreich gestalten. Es kann dann zu keiner Begegnung in den folgenden Phasen kommen. Unter einer Begegnung versteht die Gestaltpädagogik ein Gewahrwerden des anderen Subjekts im vollen Kontakt im Hier und Jetzt, das ein Begreifen des anderen in seiner geschichtlichen Gewordenheit und existenziellen Situation mit einschließt. Die Begegnung erfährt ihre besondere Qualität dadurch, dass wir in dem Zusammentreffen mit dem anderen in unserem eigenen Wesenskern angesprochen werden.

Der Modus, in dem die Menschen sich im Rahmen der Erwachsenenbildung begegnen, ist der des Dialogs. Die Form der Begegnung, der Kontaktgestaltung, des Lehrens und Lernens ist deshalb von so zentraler Bedeutung, weil sie den zentralen anthropologischen Grundbedürfnissen des Menschen gerecht wird. Nach der Selbstbestimmungstheorie der Motivation sind dies

- das Bedürfnis nach Kompetenz und Wirksamkeit,
- das Bedürfnis nach sozialer Eingebundenheit sowie
- das Bedürfnis nach Autonomie und Selbstbestimmung (vgl. Deci und Ryan 1993).

Diese Bedürfnisse sind gekoppelt an die frühesten Erfahrungen des Menschen. Im Mutterleib erfährt das kleine Wesen bereits die Angewiesenheit auf den nährenden und Schutz bietenden Körper der Mutter, mit der es noch in einer symbiotischen Beziehung lebt, und gleichzeitig entsteht der Wunsch nach Wachstum und Autonomie. „Den Aufstieg zur Erkenntnis muss zwar jeder individuell vollziehen, aber es ist gleichzeitig ein kollektives Bemühen in einem dialogischen Prozess" (Hartkemeyer et al. 2015, S. 33).

?

Warum ist eine Dialogkultur für eine Lernkultur so wichtig?

Bezugnehmend auf Martin Buber und David Bohm, die entscheidenden Wegbereiter für unser heutiges Verständnis von dem, was wir unter einem Dialog verstehen, hat Isaacs (2002) den Dialog als die „Kunst, gemeinsam zu denken" bezeichnet. Intelligenz erweist sich demzufolge, wie es Hüther (2015b, S. 10) ausdrückt, „gar nicht als individuelle Fähigkeit, sondern ist immer das Ergebnis des Austausches von Wissen und Erfahrungen mit anderen Menschen". Unser Gehirn sei ein soziales Konstrukt, das sich „durch Beziehungserfahrungen mit anderen strukturiert"; genau dies geschieht im Dialog. Dem ursprünglichen Wortsinn folgend heißt *dia* „durch", und *logos* meint „das sinnvolle Wort". Der

Begriff „Dia-log" meint also das Fließen von Sinn und das Erschließen von Bedeutung durch die Interaktion der Menschen.

Der Sinn erschließt sich durch gemeinsame Verstehensprozesse in einem „Erkenntnis fördernden Dialog" (Gadamer 2015, S. 42). Jeder Beteiligte sucht dabei in einem gemeinsamen Dialog natürlich seine ganz individuellen Antworten und beschreitet seinen subjektiven Weg des Verstehens, was nichts anderes heißt, als ständig zu lernen. Auf diese Weise begründet eine Dialogkultur eine Lernkultur (Morin 2015, S. 52). Durch und über den Dialog werden die Voraussetzungen und Bedingungen geschaffen, innere oder äußere Erfahrungen zu machen, die im Idealfall zu (Er-)Kenntnissen führen. Auf diese Weise kann ein „lebendiges Lernen", wie Ruth Cohn es ausdrückt, entstehen, das sowohl thematisches Lernen als auch Persönlichkeitsentwicklung miteinander verbindet (Hartkemeyer et al. 2015, S. 68).

> **?**
>
> Welche Anforderungen sind an einen Dialog zu stellen?

Hartkemeyer et al. (2015, S. 119 ff.) unterscheiden folgende Anforderungen:

- lernende Haltung,
- radikaler Respekt,
- von Herzen sprechen,
- generatives Zuhören,
- Annahmen und Bewertungen suspendieren,
- erkunden,
- produktiv plädieren,
- Offenheit,
- Verlangsamung und
- die Beobachterin beobachten.

Bisher haben wir uns mit der dialogischen Beziehungsklärung primär mit Blick auf die in einem Lernprozess interagierenden Personen beschäftigt. Gelten die Ausführungen auch für die Beziehungsgestaltung zu mir selbst und zum Lerngegenstand? Die Antwort ist ein klares Ja. Als Menschen vereinen wir – wie bereits erwähnt – in uns ganz unterschiedliche Anteile, die ebenso wie ein äußeres Team in einem inneren Team miteinander kooperieren oder konkurrieren. Deshalb sind die Kernfähigkeiten und Abläufe eines Dialogs gleichermaßen gültig für unsere inneren Dialoge.

> **?**
>
> Wie können wir mit den Lerngegenständen in einen Dialog treten?

Wenn es uns gelingt, den vermeintlich unbelebten Themen, Fragestellungen und Sachen, die Gegenstand unserer lernenden Auseinandersetzung sind, mit einer neugierigen, explorativen Haltung (Steiner 2013b) entgegenzukommen, dann erwecken wir sie in uns zum Leben und können mit ihnen in einen aktiven Dialog eintreten. Insofern lässt sich konstatieren, dass Lernen sich prinzipiell immer im Modus der dialogischen Beziehungsklärung vollziehen kann; die Frage ist lediglich, ob uns dies stets gelingt.

> ?
>
> Welche Muster der Beziehungsgestaltung lassen sich im Lernprozess unterscheiden?

Aus einer Begegnung wird eine Beziehung, wenn sich zwischen den Subjekten über die Zeit kontinuierliche Prozesse entwickeln. Beziehungen können als Kontakte betrachtet werden, innerhalb derer sich wiederum neue Kontakte und Beziehungen ergeben. Da die Abgrenzungen nicht immer trennscharf sind, will ich im Folgenden mit dem Begriff der Beziehung als Oberbegriff weiterarbeiten und lehne mich dabei an die Überlegungen von Haley (1978) und Schulz von Thun (1993) sowie die Begrifflichkeiten der Resonanzpädagogik (Rosa und Enders 2016) zur Klassifikation von Beziehungen an.

Für Lernprozesse unterscheide ich die im Folgenden angeführten Beziehungsmuster, die ein lernendes Subjekt zu sich, anderen und den Lerngegenständen einnehmen kann, nachdem ein erster Vorkontakt und eine Kontaktaufnahme, die in der Regel dem eigentlichen Lernprozess vorgeschaltet ist, stattgefunden hat. Die folgenden Ausführungen differenzieren die Phase des Kontaktvollzugs weiter aus:

- *Unbeteiligtsein:* Da man nicht nicht kommunizieren kann, wie wir von Paul Watzlawick wissen (Kap. 1), kann es ein Unbeteiligtsein von anwesenden Personen gar nicht geben. Mit einem Unbeteiligtsein bezeichnen wir hier den Versuch, innerhalb eines Lernprozesses die Beziehung gegenüber anderen Menschen, Themen oder Umweltkontexten zu verweigern; dies lässt sich als Lernwiderstand bezeichnen, den es ernst zu nehmen gilt. Er gibt wichtige Hinweise auf eine Beziehungsstörung, an der es zu arbeiten gilt. In diesem Beziehungsmuster weiß ein Mensch noch nicht genau, was sein Anliegen ist und ob er überhaupt etwas lernen möchte.
- *Teilnehmerschaft im Widerstand:* Anders als beim Unbeteiligtsein weicht der Lernende im Modus des Zurückweisens einer konfrontativen Auseinandersetzung nicht aus, sondern bezieht eindeutig Stellung. Er bringt beispielsweise verbal oder nonverbal zum Ausdruck, dass er sich die Ausgestaltung der sozialen Kontakte zu Lehrenden bzw. anderen Lernenden anders wünscht, dass er andere Themen oder Methoden präferiert oder Bedürfnisse an den Lernprozess hat, die bisher nicht befriedigt werden. Dieses Beziehungsmuster zeich-

net sich dadurch aus, dass der Lernprozess weniger als Chance denn als Last empfunden wird und sich der Lernende in der Opferrolle sieht, aus der heraus er nicht adäquat handeln kann.

- *Teilnehmerschaft:* Teilnehmer an einer Weiterbildung zu sein, bedeutet wörtlich, etwas zu nehmen, das angeboten wird, das man sich nicht unbedingt bewusst ausgesucht hat. Die gelebten Beziehungen werden tolerierend in Kauf genommen; die Überzeugung, dass es die richtigen sind, muss aber nicht zwingend vorhanden sein. Deshalb werden bestimmte Situationen stillschweigend oder auch nur zähneknirschend akzeptiert. Ein gewisser Widerspruch zwischen den nach außen zu beobachtenden Verhaltensweisen und der nicht zum Ausdruck gebrachten inneren Einstellung kann auftreten. Kennzeichnend für dieses Beziehungsmuster ist, dass die Verhaltensweisen des Lernenden eher passiv sind, da die Verantwortung für die Organisation bzw. Steuerung des Lernprozesses in fremden Händen belassen wird.
- *Beteiligtsein*: Werden aus den Teilnehmern auch Teilgeber, so erreicht die Beziehung eine neue Qualität. Eine nicht nur formelle, sondern eine selbst nachdrücklich formulierte echte Einwilligung in die praktizierten Beziehungsmuster auf inhaltlicher und personeller Ebene drückt sich durch eine aktive Mitwirkung am gemeinsamen Lernprozess aus. Dabei spielt es dann keine Rolle, ob die Notwendigkeit zum Lernen ursprünglich aus extern gesetzten Zielen oder einer inneren Überzeugung resultiert. Charakteristisch für dieses Beziehungsmuster ist, dass der Lernende sein Ziel kennt und Vorstellungen und Ideen hat, was er tun könnte, um es zu erreichen.
- *Teilhaberschaft:* Lerner, die sich aktiv in den gemeinsamen Lernprozess einbringen, denen die Sache etwas sagt, denen die beteiligten Personen etwas bedeuten und die davon überzeugt sind, dass sie durch das, was sie tun, etwas erreichen können, sind mehr als Beteiligte. Sie haben die volle Verantwortung für ihren Lernprozess übernommen und erleben im und durch den Lernprozess Selbstwirksamkeit. Lernende in diesem Beziehungsmuster gelingt es, neue Begegnungen zu machen, neue Erfahrungen zu sammeln und ihre Potenziale zu entfalten.

Die ersten beiden Beziehungsmuster, Unbeteiligtsein und Teilnehmerschaft im Widerstand, lassen sich mit den Bergriffen der Resonanzpädagogik unter dem Topos des Repulsionsmodus zusammenfassen. Damit wird ein Weltverhältnis bezeichnet, das auf „wechselseitiger Zurückweisung, auf Widerstand und auf Feindschaft beruht" (Rosa und Enders 2016, S. 125). Die Teilnehmerschaft beschreibt eine eher gleichgültige Haltung zu einer Sache oder einem Menschen. Die Resonanzpädagogik spricht deshalb vom Indifferenzmodus. Demgegenüber sind die Beziehungsmuster des Beteiligtseins und der Teilhaberschaft dem Resonanzmodus zugehörig; hier ist der Kunde von Weiterbildung zum Koproduzenten im Lernprozess geworden. Da sich sowohl in der wissenschaftlichen als auch in der umgangssprachlichen Verwendung der Begriff des Weiterbildungsteilnehmers etabliert hat, werde ich mich im Folgenden dieser Sprachregelung anschließen, ohne dass die hier gemachten Differenzierungen zugrunde gelegt werden. Wenn deshalb der Begriff des Teilnehmers verwendet wird, so ist er als Sammelbegriff für die unterschiedlichen Formen der Kontaktgestaltung gemeint und nicht im Sinne des hier speziell entwickelten Verständnisses.

> ?
>
> Durch welche Handlungsprinzipien können die Beziehungsmuster Beteiligtsein und Teilhaberschaft befördert werden?

Wenn es das Ziel von Lernen ist, im Beziehungsmuster von Teilhabe in Resonanz mit Menschen und Themen zu gehen, dann stellt sich die Frage, ob es Handlungsprinzipien gibt, die dieses Muster unterstützen. Antworten hierauf gibt uns die Neurobiologie; Hüther (2015a, S. 16) hat in verschiedenen Publikationen wiederholt darauf hingewiesen, welch zentrale Bedeutung den Prinzipien von Einladen, Inspirieren und Ermutigen in Lernprozessen zukommt. Diese Handlungsmaximen gelten gleichermaßen für Lehrende wie für Lernende:

1. Laden Sie sich selbst und andere zum Lernen ein. Wenn Sie Freunde oder Bekannte zu sich einladen, dann machen Sie sich Gedanken darüber, was Sie tun können, damit sich Ihre Gäste wohlfühlen, was Sie ihnen zum Essen und Trinken offerieren, welche Unterhaltung Sie ihnen bieten wollen etc. Bei der Gestaltung von Lehr-Lern-Arrangements können wir ähnlich vorgehen und tun es leider zu selten. Wie dies praktisch aussehen kann, hat Rißmann (2016) in einem Ansatz verständnisintensiven Lernens unter den Analyseperspektiven Emotion, Funktion und Interaktion beschrieben. In Abhängigkeit von den Phasen Anreise, Ankunft, inhaltliche Gestaltung und Verabschiedung können Sie selbst durchdeklinieren, welche Lern-Raum-Qualitäten Sie für sich selbst und andere wünschen. Die Raumdimension beinhaltet neben der äußerlichen natürlich immer auch die des inneren Raumes.

2. Sich selbst und andere zu ermutigen, heißt, an eigene und fremde Fähigkeiten zu glauben, die vielleicht momentan noch nicht vorhanden, die jedoch als Potenzial angelegt sind und sich noch entwickeln können. Wir sind nicht nur jene Menschen, die wir gerade im Hier und Jetzt erleben, sondern immer auch jene, die erst in der Zukunft sein werden. Zu ermutigen heißt auch, sich und anderen etwas zuzutrauen, Vertrauen zu schenken und jene Teile im äußeren und inneren Team zu stärken, die Zuspruch brauchen, damit sie ihr Potenzial entfalten können. Potenziale lassen sich nicht durch Dritte entfalten, jeder kann sie nur selbst entwickeln. Ermutigung meint deshalb die Fähigkeit, die

Anlage eines Potenzials zu sehen und sich selbst bzw. den anderen darin zu bestärken, dass es sich lohnt, es zur Entfaltung zu bringen. Menschen, die davon überzeugt waren, dass sie eine bestimmte Fähigkeit haben, die von ihrer Umwelt aber zum Teil noch nicht gesehen wurde, berichten häufig davon, wie wichtig es für sie war, dass sie eine enge Bezugsperson hatten, die an sie und ihre Fähigkeiten geglaubt hat und deren Zuversicht die eigene befördert hat. Ermutigen bedeutet in Lernprozessen nicht zuletzt, sich im fragenden Modus Wissen und Welt anzuverwandeln.

3. Sich selbst oder andere zu inspirieren, bedeutet, ein Feuer zu entfachen. Damit es gelingt, die Entdeckerfreude und die Gestaltungslust anzufachen, kann es hilfreich sein, Dinge und Menschen auf eine Weise zu betrachten, wie wir es noch nie getan haben, sich verzaubern zu lassen, zu staunen, Dinge zu tun, die wir schon immer tun wollten und uns nicht getraut haben, sie zu tun. Neu erworbenes Wissen gleich dem Praxistest zu unterwerfen, andere für eigene Projekte zu gewinnen, sich gemeinsam auf eine gedankliche oder reale Expedition zu begeben, Lernen vor Ort zu organisieren, neue Erfahrungen mit sich und anderen zu machen, all dies kann Doping fürs Gehirn sein und die kreativen Geister wecken.

Die drei erläuterten Handlungsprinzipien des Einladens, Inspirierens und Ermutigens werden dann voll zu Geltung kommen, wenn sie um die des Ermöglichens erweitert werden. Potenziale können sich nur dann entfalten, wenn ein Möglichkeitsraum zur Verfügung gestellt wird. Ermöglichen heißt deshalb, unterschiedliche Offerten für das Denken, Fühlen und Handeln zu schaffen, die neue Erfahrungen zulassen. Diesen Möglichkeitsraum im inneren wie im äußeren entstehen zu lassen, ist die Aufgabe aller am Lernprozess beteiligten (Kap. 5). Der Möglichkeitsraum bietet dem Lernen die Option, etwas in sich selbst zu entdecken; die dialogische Begegnung wirkt als Katalysator für diesen Prozess.

Für Ruth Cohn (2009), die Begründerin der Themenzentrierten Interaktion (TZI), ist der Mensch auch Teil des Universums. Er ist darum autonom und interdependent. Autonomie (Eigenständigkeit) wächst mit dem Bewusstsein der Interdependenz (Allverbundenheit). Cohn spricht hier vom „Globe" und meint damit das organisatorische, physikalische, strukturelle, soziale, politische, ökologische, kulturell engere und weitere Umfeld, das die Zusammenarbeit einer Gruppe bedingt und beeinflusst und das umgekehrt von der Arbeit der Gruppe beeinflusst wird; es geht um die Beziehungen zur Umwelt, zur Kultur und Gesellschaft. Bezogen auf Lernprozesse gilt es, einerseits die äußeren lebensweltbezogenen und gesellschaftlichen Kontexte und andererseits die innerweltlichen spirituellen Kontexte, in denen sich Bildung und Lernen vollziehen, im Auge zu behalten.

Fazit

Lernen folgt einem zyklischen Transformationsprozess; es beginnt mit der Begegnung, vollzieht sich im Modus der Beziehungsklärung und vollendet sich in der selbstverantworteten Gestaltung durch Vernetzung; diese Bewegung geschieht in spiralförmiger Form auf je unterschiedlichen Ebenen. Am Anfang steht eine Diskrepanzerfahrung, die zu veränderten Wahrnehmungs-, Deutungs- und Handlungsmustern führt.

Lernen bedeutet mehrfaches In-Beziehung-gehen. Die Beziehungsklärung richtet sich auf das Ich, die Sache, die mich in meinem Lernprozess begleitenden Menschen sowie den gesellschaftlichen Kontext, in dem ich lebe. Beziehungsklärung findet in der Auseinandersetzung mit den genannten Dimensionen durch Kommunikation und Interaktion statt. Ich setze mich in Beziehung zu mir selbst, den anderen und der Welt. Dabei erwerbe ich neue Handlungskompetenzen bzw. stelle alte Muster infrage und modifiziere oder verändere diese. Das In-Beziehung-gehen zu sich selbst lässt den Menschen wachsen und ist die Voraussetzung für das In-Beziehung-gehen zu anderen. Durch das In-Beziehung-gehen der Lernenden zu ihren Lernthemen verleihen sie diesen subjektive Bedeutung.

Es lassen sich unterschiedliche Muster der Kontakt- und Beziehungsgestaltung unterscheiden. Über erste Kontakte kommt es zu Begegnungen, aus denen Beziehungen resultieren können. Lernen vollzieht sich dabei im Modus der dialogischen Begegnung. Aus dem Teilnehmer von Bildungsveranstaltungen soll ein Beteiligter und sodann Teilhaber werden, dem es gelingt, sich nicht nur Wissen anzueignen, sondern der in einem Prozess der Anverwandlung sich eine Sache so zu eigen macht, dass er sich dabei selbst verändert. Damit dies geschehen kann, ist es erforderlich, dass es zu einer Resonanz mit Menschen und Themen kommt. Die Handlungsprinzipien des Einladens, Inspirierens, Ermutigens und Ermöglichens befördern dies.

Literatur

Bateson, & Gregory (1985). *Ökologie des Geistes*. Frankfurt: Suhrkamp.

Baumeister, R., & Tierney, J. (2012). *Die Macht der Disziplin. Wie wir unseren Willen trainieren können*. Frankfurt am Main: Campus.

Birkenbihl, V. F. (2010). *Coaching Kompakt Kurs*. München: Olzog.

Bögle, R., & Heiten, G. (2014). *Räder des Lebens*. Klein Jasedow: Drachen Verlag.

Bretschneider, M., & Seidel, S. (2007). Bilanzierung und Anerkennung von Kompetenzen mit dem ProfilPASS-System. *Hessische Blätter für Volksbildung, 57*(4), 345–351.

Burow, O.-A. (1999). Gestaltpädagogik und Erwachsenenbildung. In: R. Fuhr, M. Sreckovic & M. Gremmler-Fuhr (Hrsg.), *Handbuch der Gestalttherapie* (S. 1051–1068). Göttingen: Hogrefe.

Cohn, R. (2009). *Von der Psychoanalyse zur Themenzentrierten Interaktion* (16. Aufl.). Stuttgart: Klett-Cotta.

Deci, E. L. (1993). Die Selbstbestimmungstheorie der Motivation und ihre Bedeutung für die Pädagogik. *Zeitschrift für Pädagogik, 39*(2), 224–238.

Erskine, R. G. (2002). Beziehungsbedürfnisse. *ZTA, 2008*(4), 287–297. Relational Needs, EATA Newsletter Nr. 73.

Ferrari, E. (2014). Lernen im Wandel der Organisationen. *Systemischer, 5*, 52–64.

Fischer, E. P. (1995). *Die aufschimmernde Nachtseite. Kreativität und Offenbarung in den Naturwissenschaften.* Lengwil (CH): Libelle Verlag.

Gadamer, H.-G. (2015). Ein Gespräch mit Hans-Georg Gadamer (2015). In: Hartkemeyer, M., Hartkemeyer, J. F., & Hartkemeyer, T. (Hrsg.), *Dialogische Intelligenz. Aus dem Käfig des Gedachten in den Kosmos gemeinsamen Denkens* (S. 41–47). Frankfurt am Main: Info3-Verlagsgesellschaft.

Godden, D. R., & Baddeley, A. D. (1975). Context-dependent memory in two natural environments: on land and under water. *British Journal of Psychology, 66*(3), 325–331.

Goethe Johann von, W. (1808). *Faust. Eine Tragödie.* Tübingen: Cotta.

Graf, N., Gramß, D., & Heister, M. (2016). *Gebrauchsanweisung für lebenslanges Lernen.* Düsseldorf: Vodafone Stiftung Deutschland.

Haley, J. (1978). *Gemeinsamer Nenner Interaktion. Strategien der Psychotherapie.* München: Pfeiffer.

Harris, T. A. (1973). *Ich bin o.k. – Du bist o.k.* Reinbek bei Hamburg: Rowohlt.

Hartkemeyer, M., Hartkemeyer, J. F., & Hartkemeyer, T. (2015)*Dialogische Intelligenz. Aus dem Käfig des Gedachten in den Kosmos gemeinsamen Denkens.* Frankfurt am Main: Info3-Verlagsgesellschaft.

Hattie, J. A. C. (2009). *Visible Learning. A synthesis of over 800 meta-analyses relating to achievement.* London & New York: Routledge.

Hüther, G. (2015a). *Etwas mehr Hirn, bitte.* Göttingen: Vandenhoeck & Ruprecht.

Hüther, G. (2015b). Vorwort. In: Hartkemeyer, M., Hartkemeyer, J. F., & Hartkemeyer, T. (Hrsg.), *Dialogische Intelligenz. Aus dem Käfig des Gedachten in den Kosmos gemeinsamen Denkens* (S. 9–11). Frankfurt am Main: Info3-Verlagsgesellschaft.

Isaacs, W. (2002). *Dialog als Kunst gemeinsam zu denken. Die neue Kommunikationskultur für Organisationen.* Bergisch Gladbach: EHP.

Jarvis, P. (2009). Learning to be a person in society: learning to be me. In: K. Illeris (Hrsg.), *Contemporary Theories of Learning* (S. 21–34). New York: Routhledge.

Kähler, T. M. (2012). *Lernen ist Erinnern. E-Book*

Ketturat, C., Frisch, J. U., Ullrich, J., Häusser, J. A., van Dick, R., & Mojzisch, A. (2016). Disaggregating within- and between-person effects of social identification on subjective and endocrinological stress reactions in a real-life stress situation. *Personality and Social Psychology Bulletin, 42*(2), 147–160.

Klöckner, Lydia (2015): Das erste Hä? In: Die Zeit 69(15), 36.

Marton, F., & Säljö, R. (1976a). On qualitative differences in learning: I – Outcome and process. *British Journal of Educational Psychology, 46*, 4–11.

Marton, F., & Säljö, R. (1976b). On qualitative differences in learning: II – Outcome as a function of the learner's conception of the task. *British Journal of Educational Psychology, 46*, 115–127.

Metzig, W., & Schuster, M. (2016). *Lernen zu lernen. Lernstrategien wirkungsvoll einsetzen* (9. Aufl.). Berlin, Heidelberg: Springer Verlag.

Miller, R. (2011). *Beziehungsdidaktik* (5. Aufl.). Weinheim und Basel: Beltz.

Morin, E. (2015). Ein Gespräch mit Edgar Morin (2015). In: Hartkemeyer, M., Hartkemeyer, J. F., & Hartkemeyer, T. (Hrsg.), *Dialogische Intelligenz. Aus dem Käfig des Gedachten in den Kosmos gemeinsamen Denkens* (S. 48–53). Frankfurt am Main: Info3-Verlagsgesellschaft.

Oberlin, U.-P. (1986). *Erfolg durch Kreativität*. Genf: Ariston-Verlag.

Petzold, H. G., & Brown, G. I. (Hrsg.). (1977). *Gestaltpädagogik*. München: Pfeiffer.

Platon (2016). *Phaidon. Ein Gespräch über die Unsterblichkeit der Seele. Übersetzt von Friedrich Daniel Ernst Schleiermacher. Hofenberg Digital*. Berlin: Contumax GmbH & Co. KG.

Pullen, J. C. (2016). Der Körper als Ressource in individuellen Veränderungsprozessen. *Organisationsberatung Supervision Coaching, 3*(23), 285–296.

Rehfus, W. D. (2003). *Handwörterbuch Philosophie*. Göttingen: Vandenhoeck & Ruprecht.

Reich, K. (2000). *Systemisch-konstruktivistische Pädagogik* (3. Aufl.). Neuwied; Kriftel: Luchterhand.

Reich, K. (2012). *Konstruktivistische Didaktik* (5. Aufl.). Weinheim und Basel: Beltz.

Rißmann, J. (2016). Lern-Raum verstehen und gestalten – Ein Ansatz für verständnisintensives Lernen. *Zeitschrift für Sozialmanagement, 14*(1), 49–60.

Rosa, H., & Enders, W. (2016). *Resonanzpädagogik. Wenn es im Klassenzimmer knistert*. Weinheim und Basel: Beltz.

Scharmer, C. O. (2009). *Theorie U. Von der Zukunft her führen*. Heidelberg: Carl-Auer Verlag.

Schulz von Thun (1993). *Miteinander Reden 1. Störungen und Klärungen*. Reinbek bei Hamburg: Rowohlt.

Schulz von Thun, F. (1998). *Miteinander reden 3. Das „Innere Team" und situationsgerechte Kommunikation*. Reinbek bei Hamburg: Rowohlt.

Schüre, F. (2002). *Das lebendige Lieben. Über Gefühl und Erkenntnis. Radiosendung*. Köln: WDR.

Spelke, E. S., & Kinzler, K. D. (2007). Core knowledge. *Developmental Science, 10*, 89–96. doi:10.1111/j.1467-7687.2007.00569.x.

Stabenau, H.-J., Gergs, H., & Kammerer, H. (2010). Ermöglichungsdidaktik und wertbezogene Kompetenzentwicklung. In: R. Arnold & I. Schüßler (Hrsg.), *Ermöglichungsdidaktik* (2. Aufl. S. 187–220). Baltmannsweiler: Schneider Verlag Hohengehren.

Steiner, V. (2013a). *Lernpower* (3. Aufl.). München: Pendo Verlag.

Steiner, V. (2013b). *Exploratives Lernen. Aktualisierte und erweiterte Neuausgabe*. München: Pendo Verlag.

Ulrich, I. (2016). *Gute Lehre in der Hochschule*. Wiesbaden: Springer.

4

Lernt jeder anders, oder gibt es Gemeinsamkeiten?

Inhaltsverzeichnis

Lernen ist ein höchst komplexer Vorgang, der in Abhängigkeit von unserer Individualität ganz unterschiedlich gestaltet werden kann. Wie wir Lernen, hängt von unzähligen physiologischen, psychologischen und sozialen Faktoren ab; den zentralen Faktoren werden wir in diesem Kapitel nachgehen und dabei nach grundlegenden Prinzipien Ausschau halten, die in der Lage sind, persönliche Unterschiede beim Lernen zu verstehen und zu erklären. Wir beschäftigen uns mit unserem Denken, den kognitiven Stilen und der Funktionsweise unseres Gehirns sowie unter dem Stichwort „Priming" mit der Frage nach der unbewussten Verarbeitung von Sinneseindrücken. Dabei haben wir stets die daraus resultierenden Folgerungen für das Lernen im Blick. Dass unser Körper eine

© Springer-Verlag GmbH Deutschland 2017
E. Schäfer, *Lebenslanges Lernen*, Kritisch hinterfragt DOI 10.1007/978-3-662-50422-2_4

zentrale Bedeutung für das Lernen hat, wird uns unter dem Stichwort „Embodiment" beschäftigen. Es gibt eine enge Wechselwirkung von Körpererfahrung, Emotion und Kognition, die wir beleuchten werden. Unsere Stimmungen haben einen großen Einfluss auf das Lernen. Hinter dem Denken und Fühlen gibt es etwas, das uns bewegt, unsere Motivation, die uns antreibt; auch dieser werden wir uns zuwenden. Ein äußerlich sichtbar werdender Veränderungsprozess ist das Älterwerden. Wie sich die Art des Lernens im Lebenslauf ändert, versuchen die Begriffe der fluiden Mechanik oder kristallinen Pragmatik auszudrücken. Da Veränderungsprozesse nicht nur ein biologischer Vorgang sind, sondern individuelle wie soziale Faktoren eine ebenso große Rolle spielen, fragen wir nach den Wirkungen des sozialen Kontexts und der Milieuzugehörigkeit auf das Lernen. All die genannten, das Lernen determinierenden Faktoren verdichten sich in Lernstilen, denen wir uns abschließend zuwenden.

> ?
>
> Welchen Variablen unterliegen Lern- und Veränderungsprozesse?

Wie wir bereits erwähnt haben, befinden wir uns während unserer gesamten Lebensspanne in einem Veränderungs- und Lernprozess mit unterschiedlichen Intensitätsgraden. Genauso wie sich unser biologischer Körper in einem permanenten Neu- und Umstrukturierungsprozess befindet, ist es auch mit dem, was wir als unser Selbst bezeichnen. Es ist kein statisches Etwas, sondern ein stets aufs Neue durch das Gehirn Entworfenes (Metzinger 2012). Neben unserem aktuellen Selbst existiert unser virtuelles Selbst, auf das wir uns in Lern- und Veränderungsprozessen hin entwerfen. Wie dieser Prozess genau verläuft, unterliegt zahlreichen Variablen, die vom Alter über die biografischen Erfahrungen, unsere Zugehörigkeit zu bestimmten Milieus, unsere Motive und Lernstile bis hin zur (Epi-)Genetik reichen. All diese Variablen verdichten und manifestieren sich in bewussten und unbewussten Mustern, die unserem Denken, Fühlen und Handeln zugrunde liegen. Mithilfe dieser Muster erzeugen wir geistige Landkarten, die uns helfen, dass wir uns in unserer Wirklichkeit gut zurechtzufinden und angemessen Handeln können.

Unsere geistigen Landkarten unterscheiden sich aber voneinander, sodass jeder in seiner eigenen Wirklichkeit lebt, auch wenn uns nur eine Realität zu umgeben scheint. Ohne uns dessen immer bewusst zu sein, vergleichen wir ständig unsere Wirklichkeitswahrnehmung mit der unserer sozialen Umwelt, passen uns anderen Wirklichkeitswahrnehmungen an oder versuchen, andere Menschen von unserer zu überzeugen, bzw. schaffen gemeinsam neue Wirklichkeiten. Wir geben Dingen eine Bedeutung und handeln, wie es der symbolische Interaktionismus ausdrückt, auf der Basis dieser Zuschreibungen. So erzeugen wir soziale Wirklichkeiten und uns selbst. Dies ist das Verbindende – trotz der Unterschiede im Einzelnen. Im Folgenden wollen wir uns einige der grundlegenden Regelmäßigkeiten anschauen, die uns in Lernprozessen begegnen, aber auch die erkennbaren Unterschiede. Beginnen wir mit den strukturellen Gemeinsamkeiten, die sich jedoch individuell in ganz unterschiedlichen Ausprägungen zeigen können.

4.1   Findet Lernen durch einen analytischen oder einsichtsvollen Stil statt?

Eine fundamentale Gemeinsamkeit von Lernprozessen besteht darin, dass wir ständig geistige Modelle der Welt formen, um besser prognostizieren zu können, was als Nächstes passiert. Wird eine Erwartung enttäuscht, so machen wir eine Diskrepanzerfahrung, die Lernen und somit die Umstrukturierung unserer Modelle initiiert. Es lassen sich zwei kognitive Stile unterscheiden (vgl. Ansburg und Hill 2003):

1. *Lernen durch Analyse:* Ein uns sehr vertrauter Weg, Neues zu erkunden, besteht darin, Probleme analytisch anzugehen, indem wir sie systematisch ergründen,

uns mit Wissensbeständen dazu auseinandersetzen und so zu Lernergebnissen kommen. Wir konzentrieren uns dabei auf die Außenwelt der Daten und Fakten und erlangen eine Lösung des uns beschäftigenden Problems. Dieser analytische Weg arbeitet mit den Prinzipien der Induktion und der Deduktion. Wir finden ihn in unseren institutionellen, formalen und nichtformalen Bildungsprozessen sehr häufig, und er ist uns sehr vertraut.

2. *Kreative Einsicht:* Dieser weniger bekannte, aber ebenso wichtige Weg begegnet uns eher im Zusammenhang mit Forschungsprozessen am Rande des bislang Bekannten, in Innovationsprozessen und künstlerischen und allgemein kreativen Prozessen. Diesem Lernen durch Einsicht gehen häufig intensive analytische Lernprozesse voraus, die an einem gewissen Punkt an ihre Grenze stoßen. Dann hilft die starke Fokussierung nicht mehr weiter und an ihre Stelle tritt statt der fokussierten eine eher breite Aufmerksamkeitsorientierung. Die Aufmerksamkeit richtet sich dann stärker nach innen. Wir beschäftigen uns mit unserem Problem; in einer Phase der Inkubation bearbeiten wir die Fragestellung nicht mehr aktiv, sondern sie sackt ab in un- bzw. vorbewusste Bereiche. Die breite Aufmerksamkeit macht es uns möglich, assoziativ Impulse der Außenwelt als einen Resonanzraum für das uns beschäftigende Problem zu nutzen. Plötzlich und unerwartet kann es dann geschehen, dass uns die Lösung für dieses Problem direkt einfällt oder wir eine verschlüsselte Botschaft in Form eines Traumes empfangen. (Ein Beispiel hierfür ist die Erfahrung von August Kekulé, der nach der Formel für Benzol suchte und das Bild von einer Schlange, die sich in den Schwanz beißt, träumte; dieses Bild half ihm, den Benzolring zu entdecken.) In der Kreativitätsforschung wird in diesem Zusammenhang von der Illuminationsphase gesprochen, in der uns plötzlich etwas einleuchtet, wir ein Aha-Erlebnis haben. Dieser Phase vorausgegangen ist die Inkubationsphase, eine Phase, in der das Unbewusste die zuvor bewusst aufgenommenen Gedanken weiterbearbeitet, ordnet und sortiert. Wenn unsere bewussten Überlegungen mit vorbewusst angeordneten Inhalten übereinstimmen und wir nachträglich etwas als einleuchtend bezeichnen, so tun wir dies, weil unsere bewussten Gedanken mit den vorbewussten übereinstimmen. Im Gegensatz zu Induktion und Deduktion ist für den einsichtsvollen Stil der Weg der Abduktion ein vielversprechender, d. h., für eine (theoretische) Einsicht werden die bestätigenden empirischen Befunde gesammelt.

> **?**
>
> Bevorzugen Sie eher den analytischen oder den einsichtsvollen Stil beim Lernen?

Das Wissen um die beiden kognitiven Stile soll helfen zu erkennen, dass es durchaus unterschiedliche Wege geben kann, um ein (Lern-)Ziel zu erreichen. Es kann sich als äußerst nützlich erweisen, in seinem kognitiven Stil flexibel zu sein und sowohl dem Lernen durch Einsicht wie auch dem Lernen durch Analyse einen Platz einzuräumen auch wenn „Einsichtsvolle und Analysten ihren kognitiven Stilen ziemlich treu bleiben dürften" (Kounios und Beeman 2015, S. 200).

> **?**
>
> Haben Sie manchmal beim Lernen den Eindruck, in Ihren Bemühungen zu stagnieren bzw. dann wieder einen schnellen Lernfortschritt zu machen?

Das Lernen durch Analyse geschieht häufig kontinuierlich, das Lernen durch Einsicht dagegen öfter auch in Sprüngen. In beiden Fällen kommt es zu dem, was wir als *Lernplateau* (Kap. 1) bezeichnen.

Lernplateau

Als Lernplateaus werden Phasen während des Lernens bezeichnet, in denen zeitweise der Lernfortschritt stagniert. Die Lernkurve steigt dann nicht weiter an und verläuft für eine gewisse Zeit nahezu waagrecht. Lernplateaus treten immer dann auf, wenn im Gehirn neue Strukturen gebildet werden, die wichtig für den weiteren Lernfortschritt sind.

Sicherlich kennen Sie dieses Phänomen: Zu Beginn der Beschäftigung mit einem neuen Lerngegenstand, sei dies nun das Erlernen einer Sprache, eines Musikinstruments oder die Einarbeitung in ein neues Wissensgebiet, hat man das Gefühl, am Anfang in relativ kurzer Zeit viel gelernt zu haben. Irgendwann erlebt man dann eine Phase, in der man den Eindruck gewinnt, dass der Lernfortschritt nicht so recht vorangeht. Man verharrt dann auf einem Lernplateau. In einer sich anschließenden dritten Phase stellt man dann meistens wieder einen Lernfortschritt fest. Dies sind normale Abläufe, die alle Lernenden erleben und die sich aus dem Zusammenspiel zwischen Phasen des kontinuierlichen und plötzlichen Erkenntnis- bzw. Fähigkeitszugewinns sowie Phasen der vermeintlichen Stagnation erklären. Deshalb ist es gut zu wissen, dass diese Prozesse ganz natürlich sind.

4.2 Arbeitet das Gehirn im Modus des Leerlaufnetzwerkes oder im Modus der Direkterfahrung?

Niemand kann permanent lernen. Bereits seit den Versuchen des Psychologen Hermann Ebbinghaus wissen wir, dass sich Pausen positiv auf das Leistungsvermögen auswirken. Er fand bereits im 19. Jahrhundert heraus, dass mehrere kleine Pausen sich beim Lernen von sinnlosen Silben positiv auf die Quote des später erinnerten Stoffes auswirken. Die Annahme, dass das Gehirn ruht, wenn wir eine Pause einlegen, stimmt allerdings nicht. Wie wir heute aus den Forschungen der Neurowissenschaft wissen, ruht das Gehirn nie. Bei Aufgaben, in denen die Versuchspersonen durch konzentriertes Sehen Aufgaben lösen sollten und ihre Gehirnaktivität dabei gescannt wurde, stellte sich heraus, dass die Grundaktivität im vermeintlich entspannten Zustand in bestimmten Hirnregionen viel höher war, als wenn die Versuchspersonen mit der Lösung einer bestimmte Aufgabe beschäftigt waren. Dieses sog. Ruhenetzwerk bzw. Leerlaufnetzwerk bezeichnet man als *Default Mode Network* (Rock 2011).

> **Default Mode Netzwerk**
>
> Die Neurowissenschaft geht heute davon aus, dass dieses Netzwerk eine wichtige Funktion bei der Konsolidierung von Gelerntem wahrnimmt; es trägt mit dazu bei, dass wir den bereits erwähnten Abgleich der Wirklichkeiten machen und unsere kognitiven Muster aufgrund von Erfahrungen aufbauen, modifizieren und umstrukturieren.

Das Ruhenetzwerk wird auch als narrativer Schaltkreis bezeichnet, da es den inneren assoziativen Erzählvorgang aufrechterhält, bei dem wir von einem Gedanken zum nächsten springen. In diesem Modus setzen wir uns in Beziehung zu uns und zu anderen. Das Default Mode Netzwerk liegt im mittleren Bereich des präfrontalen Cortex, wo die Informationen über unsere Erinnerungen, unsere Geschichte und unsere Identität zusammenlaufen. Wir beziehen uns auf die äußere Realität, denken über uns selbst nach, planen, reflektieren und interpretieren und bilden daraus unsere Wirklichkeitskonstruktionen. Dieser Modus des Gehirns lässt sich metaphorisch als Stand-by-Modus bezeichnen und ist quasi der Grundzustand des Gehirns.

Wenn wir uns bewusst auf etwas anderes fokussieren bzw. konzentrieren, sei dies nun eine gezielte Lernaktivität, eine Beobachtung der Umwelt oder unserer Sinneswahrnehmungen, so verlassen wir diesen Modus und wechseln in den Direkterfahrungsmodus. Allerdings kann es passieren, dass man wieder in das Aktivitätsmuster des Default Mode Netzwerks zurückschaltet, beispielsweise, wenn die Gedanken beim Studium eines Textes abschweifen. Sobald man sich dieser Tatsache bewusst wird, versucht man wieder, in den Modus der Direkterfahrung zurückzukehren. In Bezug auf das Lernen könnte man das Default Mode Netzwerk auch „Leistungsstörungsnetzwerk" (Stenger 2016, S. 248) nennen.

Von den Aktivitäten des Ruhenetzwerks und des Direkterfahrungsmodus zu unterscheiden sind noch jene Zustände, die wir als Meditation beschreiben. Eine Meditation hemmt die Aktivität des Default Mode Netzwerkes (Brewer et al. 2011). Insofern verhilft eine meditative Praxis zur Pause sowohl von den Aktivitäten des Default Mode Netzwerks sowie des Direkterfahrungsmodus. Auch eine körperliche Belastung kann diese Wirkung haben. Wir wissen, dass es während einer sportlichen Betätigung zu einer Aktivitätsabnahme im Frontalcortex kommt; die zeitweise reduzierten Denkvorgänge während einer intensiven körperlichen Bewegung, z. B. beim Ausdauersport, erhöhen die Leistungsfähigkeit des Gehirns in der Zeit danach.

> **?**
>
> Wie sollte man Lernpausen gestalten?

Lernen ist häufig mit körperlicher Inaktivität verbunden, wenn wir nicht gerade motorische Bewegungsabläufe trainieren. Untersuchungen haben ergeben, dass Sport nicht nur aus medizinisch-gesundheitlicher, sondern auch lerntheoretischer Sicht eine Voraussetzung für die Optimierung von Lernprozessen ist (Ratey und Hagerman 2013). Nach einer körperlichen Betätigung steigt die Lernleistung nachweislich an; dies wurde zumindest für schulische Lernprozesse nachgewiesen. Auch in der Erwachsenenbildung können sich körperliche Bewegungen positiv auswirken. Deshalb ist es heute durchaus schon üblich, kleine Pausen mit Bewegungsübungen aufzulockern.

Lässt sich in der Pause keine sportliche Aktivität oder kleine Meditation einbauen, so sollte doch zumindest die Pausentätigkeit nach dem Prinzip der maximalen Unterscheidung gegenüber der vorherigen geistigen Tätigkeit gestaltet werden; dies gilt auch für die Anordnung aufeinanderfolgender Lerninhalte. Auf diese Weise wird verhindert, dass es zu dem Phänomen der Interferenz kommt, indem sich ähnliche Wissensstoffe überlagern.

> **?**
>
> Welchen Einfluss haben Lernpausen auf den Lernprozess?

Es gibt aber nicht nur die geplanten Pausen, sondern auch mehr oder weniger ungeplante Unterbrechungen in einer Lernphase. Aufbauend auf den Erkenntnissen der Psychologin Bljuma Zeigarnik (1927) aus den 1920er-Jahren ist der Zeigarnik-Effekt bekannt: Während eine Unterbrechung das Gedächtnis für eine unerledigte Aufgabe verbessert, steigt mit deren Abschluss die Wahrscheinlichkeit, dass die Aufgabe vergessen wird.

4.3 Wie können mental unbewusst ablaufende Prozesse zum bewussten Denken beitragen?

Wenn Sie ein bestimmtes Wort oder Bild sehen, ein Geräusch oder einen Text hören, Ihnen ein Geruch in die Nase steigt oder Sie einen Geschmack im Mund haben, dann lösen diese Wahrnehmungen eine ganze Reihe von Assoziationen aus. In der Psychologie bezeichnet man dies als *Priming*, als Bahnung oder Vorbereitung.

Priming

Mit dem Begriff des Primings wird die Beeinflussung der Verarbeitung eines Reizes durch vorangegangene Reize bezeichnet. So können implizite Gedächtnisinhalte aktiviert werden. Ein Anfangsreiz aktiviert spezielle Assoziationen im Gedächtnis aufgrund von Vorerfahrungen; dies geschieht zum allergrößten Teil unbewusst.

Der primende Reiz aktiviert bottom-up (von der Sinneswahrnehmung ausgehend) Gedächtnisinhalte, die top-down (vom Gedächtnis her) bestimmen, wie schnell der nachfolgende Reiz verarbeitet wird. Auf diese Weise können unsere Gefühlszustände und unser Verhalten beeinflusst werden. Wird z. B. ein bestimmtes Wort in einem Gedächtnisexperiment präsentiert, so werden durch unser Gehirn auch all jene Wörter aktiviert, mit denen dieses Wort assoziative Beziehungen hat. So wird das Wort „Schule" bei vielen Erinnerungen an Tafel, Heft, Leistungskontrollen, Zeugnisse, Noten etc. wachrufen.

Auch der gedankliche Kontext primt uns. Sie können dies gleich in einem kleinen Gedankenexperiment ausprobieren: Stellen Sie sich bitte vor, Sie nehmen an einer Veranstaltung über Weltreligionen teil; im Anschluss daran werden Sie gebeten, Wörter zu benennen, die mit dem Buchstaben G beginnen. Haben Sie statt der Veranstaltung zum Thema Religion einen Vortrag zum Thema Rechtsextremismus gehört und Ihnen wird ebenfalls die Aufgabe gestellt, Wörter mit G zu bilden, können Sie sicher sein, dass sich die Liste der jeweiligen Wörter deutlich unterscheidet. Probieren Sie es aus!

In anderen Experimenten der amerikanischen Sozialpsychologen John A. Bargh, Mark Chen und Lara Burrows (Bargh et al. 1996), in denen sich Versuchspersonen mit negativen Stereotypen über das Älterwerden beschäftigten, konnte gezeigt werden, dass dies sogar Konsequenzen auf der körperlichen Ebene hatte, indem sich die Probanden anschließend langsamer bewegten. In anderen Versuchen wurde Menschen ein Bild so schnell gezeigt, dass sie nicht bewusst erfassen konnten, was gezeigt wurde. Anschließend wurde ein zweites interpretationsbedürftiges Bild präsentiert, zu dem die Versuchspersonen Stellung nehmen sollten. „Besteht zwischen dem ersten und zweiten Bild ein Zusammenhang, dann können die Versuchspersonen viel besser und schneller herausfinden, was das zweite Bild zeigt" (Nørretranders 1997, S. 251).

Die hier angesprochene Thematik der subliminalen Botschaften ist in der Musik-, Film- und Fernsehbranche schon länger bekannt und wird auch gezielt eingesetzt (Buddemeier und Strube 1989). Bereits im Jahr 1987 hat der Psychologe John K. Kihlstrom (1987, S. 1448) zur Bedeutung von Priming und subliminaler Wahrnehmung Folgendes festgestellt: „Solche informationsverarbeitenden Aktivitäten können in zweifachem Sinne unbewusst sein. Weder die Stimuli selbst noch die kognitiven Prozesse, die sie verarbeiten, sind dem unmittelbaren Bewusstsein zugänglich. Dennoch haben diese doppelt unbewussten Vorgänge wesentlichen Einfluss auf die soziale Interaktion."

> **?**
>
> Wie können implizite Lernprozesse zum bewussten Lernen eingesetzt werden?

Der amerikanische Neurowissenschaftler Eric Kandel, der im Jahr 2000 den Nobelpreis für Physiologie oder Medizin für seine Entdeckungen zur Signalübertragung im Nervensystem erhielt, hat in seinen Studien gezeigt, dass die meisten unserer mentalen Prozesse zwar unbewusst ablaufen, aber zu unserem bewussten Denken beitragen. Das Phänomen des Priming weist uns auf die implizite und unbewusste Seite des Lernens hin. Es kann bewusst in Lernprozessen eingesetzt werden, um implizites Wissen zu überprüfen oder die Aufnahmebereitschaft für einen neuen Lerninhalt zu bahnen. Letzteres geschieht, indem gezielt Begriffe verwendet werden, die in einem Zusammenhang mit Inhalten stehen, die im weiteren Verlauf des Lernprozesses von Bedeutung sein werden. Das Priming aktiviert nämlich Gedanken, die wir unaufmerksam aufgenommen und verinnerlicht haben, wie bereits Langer (2001) festgestellt hat. Solche unterschwelligen Gedanken zu entdecken, bezeichnet sie als Achtsamkeit (Abschn. 6.1).

Noch gibt es kaum Untersuchungen zum impliziten Lernen. Oerter (2000) kommt vor dem Hintergrund seiner eigenen Forschungen zu dem Ergebnis, impliziten Lernvorgängen größeren Raum zu widmen, indem sie in andere Handlungszusammenhänge eingebettet werden; er empfiehlt mit Blick auf die Schule insbesondere das Spiel; damit ist allerdings nicht das explizite Lernspiel gemeint. Der Appell ist durchaus auch an die Weiterbildung zu richten, ganz im Sinne Friedrich Schillers (1993, S. 618), der 1793 konstatierte: „Der Mensch spielt nur, wo er in voller Bedeutung des Wortes Mensch ist, und er ist nur da ganz Mensch, wo er spielt." Der Philosoph Christoph Quarch und der Hirnforscher Gerald Hüther bestätigen dies, wenn sie konstatierten, dass die Ursache für das Lernen das Spiel ist und wir uns als Menschen ohne die „immer neue spielerische Erkundung der in uns angelegten Potenziale" nicht hätten „weiterentwickeln können" (Quarch und Hüther 2016, S. 11).

Auch in der Arbeit mit Texten kann das „systematische Nutzen von Priming-Effekten (...) ein nichtbewusstes Vorverständnis von Themen schaffen, indem z. B. Zusammenfassungen, die über dem derzeitigen Lernniveau liegen, zu Beginn präsentiert werden" (Lemke 2003, S. 81). Da das Thema Priming den Verdacht oder die Gefahr der Manipulation nahelegt, stellt sein Einsatz gerade unter ethischen Gesichtspunkten eine besondere Herausforderung dar, wenn Lehrende das Priming einsetzen; aber man kann sich ja auch selbst primen und es als Lernhilfe einsetzen. Selbst wenn man ganz bewusst darauf verzichten möchte – was angesichts der Tatsache, dass im Alltag ständig Priming-Phänomene stattfinden, kaum möglich ist –, so kann das Wissen um das Priming dazu auffordern, sich selbst zu erforschen, welche unterschwelligen Gedanken unsere Gefühle und unser Denken in Lernprozessen bestimmen.

Holger Löbe

4.4   Warum ist der Körper ein zentraler Ort des Lernens?

Wie wichtig es für ein nachhaltiges lebenslanges Lernen ist, die Wechselwirkung zwischen Körper, Denken und Fühlen zu berücksichtigen, zeigt uns ein Blick in die Funktionsweise unseres Körpers. Unsere kognitiven Vorgänge können nicht als losgelöste Aktivitäten betrachtet werden, sie sind untrennbar mit unserem Körper verbunden. Aus der Hirnforschung wissen wir, dass die Hirnareale für Motorik und abstraktes Denken immer gleichzeitig aktiviert werden. Der Neurophysiologe Rodolfo Llinás (2001) vertritt die These, dass nur ein bewegliches, mobiles Wesen überhaupt ein Gehirn benötigt. Als Beispiel führt er die

Seescheide, ein quallenähnliches Tier, an, dessen Larve ein aus 300 Neuronen bestehendes „Gehirn" besitzt, das es, sobald es eine Koralle gefunden hat, auf der es sich niederlassen kann, auffisst; es benötigt sein „Gehirn" nicht mehr. Llinás zieht daraus die Schlussfolgerung, dass Denken die evolutionäre Internalisierung der Bewegung des Körpers ist. Wie das Wechselspiel von Körper und Psyche funktioniert, untersucht die psychologische Forschung unter dem Stichwort Embodiment (Storch et al. 2010); übersetzen lässt sich dies mit Verkörperung, Einkörperung oder Im-Körper-Sein.

Spätestens seit den Forschungen des Psychologen Paul Ekman zu den kulturunabhängigen Basisemotionen wissen wir, dass sich psychische Zustände nonverbal im Körper ausdrücken. Auch umgekehrt sind Wirkungen festzustellen: Über die Veränderung von Körperzuständen lassen sich psychische Zustände beeinflussen; Körperhaltungen, die wir einnehmen, haben Auswirkungen auf Kognition und Emotion. Die Körperhaltung steuert komplexe Muster auf neuroendokrinologischer Ebene. Die Neuroendokrinologie befasst sich mit der Verknüpfung des Hormonsystems mit dem Nervensystem. In der Folge zeigen sich die hormonellen Veränderungen auch in Wirkungen auf der Verhaltensebene (Carney et al. 2015). Diese Erkenntnisse und andere vergleichbare Studien veranlassen Pullen (2016, S. 290) zu der folgenden Einschätzung: „Mit dieser neueren Forschung liegt ein weiterer fundierter wissenschaftlicher Beweis dafür vor, dass es sich bei der Descartes'schen Trennung von Körper und Geist tatsächlich um einen folgenschweren Irrtum handelt."

„The mind is inherently embodied" (der Geist ist von Natur aus eingekörpert) – auf diese prägnante Formel haben Lakoff und Johnson (1999) in dem Buch *Philosophy in the Flesh: The Embodied Mind and Its Challenge to Western Thought* ihre Erkenntnis gebracht. Unsere Körpererfahrung liefert uns die inneren Bilder, in der wir unsere Welt beschreiben. Der Begriff „inneres Bild" ist nach Hüther (2011, S. 17) die Beschreibung all dessen, „was sich hinter den äußeren, sichtbaren und messbaren lebendigen Phänomenen verbirgt und die Reaktionen und Handlungen eines Lebewesen lenkt und steuert". Deshalb ist unser Denken auch metaphorisch geprägt (Abschn. 5.3). Der Körper ist der zentrale Ort menschlichen Lernens. „Körperliche Aktivität stellt eine der wichtigsten Stimulationen" (Walk 2011, S. 27) sowohl des fötalen als auch des Gehirns von älteren und alten Menschen dar. Die „positiven Auswirkungen körperlicher Aktivität auf unterschiedliche neurobiologische Prozesse im Gehirn machen deutlich, wie wichtig regelmäßige Bewegung für emotionale Prozesse, Gedächtnis- und Lernleistung ist" (Walk 2011, S. 28). Bei einer körperlichen Aktivität werden nämlich die Neurotransmitter Dopamin, Noradrenalin und Serotonin ausgeschüttet. Es gibt einen unmittelbaren Zusammenhang zwischen der äußeren und der inneren Bewegung. Der „bewegte Mensch' (…) ist vor allem auch ein sich ,bewegender Mensch', der sich nicht nur räumlich fortbewegt, sondern auch in seinen kognitiven Voraussetzungen und motivational-affektiv geprägten Einstellungen" (Gröschner 2014, S. 4). Im Anschluss an Shusterman (2012, S. 4) lässt sich festhalten, dass der Körper unser ursprünglichstes „tool of tools" im Lernprozess ist. Die Psychomotorik, die sich mit dem Zusammenspiel des psychischen Erlebens und der Entwicklung der Motorik des Menschen beschäftigt, sieht in der Bewegung den Motor für die körperliche und geistige Entwicklung und effizientes Lernen. Deshalb wird es zukünftig darauf ankommen, „die Bedeutung der Bewegung im kognitiven, sozialen und emotionalen Bereich zu erkennen" (Weiß et al. 2016, S. 10).

> **?**
>
> **Was versteht man unter körperbasiertem Lernen?**

Es gilt, das Zusammenspiel von Körper und Geist positiv zu würdigen und Ansätze eines körperbasierten Lernens zu fördern. Gröschner und Sandbothe (2010, S. 14) zufolge ist dies ein „Sammelbegriff für Lehrtechniken und Lernstrategien, die einen handlungsorientierten, ganzheitlichen und bewussten Umgang mit dem eigenen und fremden Körper unterstützen. BBL-Techniken (BBB = Body Based Learning) intensivieren das balancierte Zusammenspiel von muskulär-organischen, emotiv-motivationalen und mental-intellektuellen Ressourcen methodisch gezielt und helfen somit, die Kooperationsfähigkeit, Kreativität und moralische Sensibilität von Menschen zu stärken." Body Based Learning „betrachtet den Körper als mehrdimensionales Medium des Lehrens und Lernens in einer natürlichen, energetisch offenen und ökologisch sensiblen Umgebung, in der nachhaltige Erfahrungen gemacht und intelligente Formen der Interaktion eingeübt werden".

In der Erwachsenenbildung versuchen z. B. Ansätze durch visuelle, kinästhetische und auditive Reize gezielt den Lernvorgang ganzheitlich zu gestalten. Zu nennen ist hier die Suggestopädie, eine vom Arzt und Psychologen Georgi Lozanov seit den 1960er-Jahren verbreitete Lehrmethode (Grötzebach 2006). Ein anderer körperbasierter Ansatz des Lernens ist die videobasierte Extrospektion im Sinne einer Analyse des Interaktionsgeschehens in Lehr-Lern-Prozessen (Kade et al. 2014). Demgegenüber stärker auf die Introspektion ausgerichtet sind z. B. die Alexander-Technik, eine pädagogische Methode, die sich insbesondere mit dem Erkennen und Ändern von körperlichen Fehlhaltungen beschäftigt sowie die Feldenkrais-Methode, ein körperorientiertes, pädagogisches Verfahren, das auf die Schulung der kinästhetischen Selbstwahrnehmung abzielt (Gröschner 2014). Am prominentesten ist das körperbasierte Lernen in allen erlebnis-handlungsorientierten Ansätzen, insbesondere der Erlebnispädagogik (Heckmair und Michl 2011) vertreten. Nicht zu vergessen sind natürlich die geistigen Mütter und Väter dieser Ansätze, die Peripatetiker (Kap. 1).

4.5 Sind Kognition und Emotion Verbündete?

Der Mensch ist in seiner Gesamtheit am Lernen beteiligt. Infolgedessen gehören Kognition und Emotion untrennbar zu einem ganzheitlichen Lehr-Lern-Prozess. Darauf weisen sowohl die Erkenntnisse der Neurowissenschaft (Roth 2011) als auch die Forschungen zum Thema Weiterbildung (Arnold und Holzapfel 2008; Gieseke 2009) hin. Dies war auch schon dem Pädagogen Johann Heinrich Pestalozzi bekannt, als er den Zusammenhang von Kopf, Herz und Hand betonte. Was heute unter dem Stichwort „Neurodidaktik" an vermeintlich neuen Erkenntnissen verbreitet wird, weiß die Pädagogik schon länger. „Der Erkenntnisfortschritt besteht (...) darin, dass man inzwischen besser zeigen kann, warum das funktioniert, was ein guter Pädagoge tut, und das nicht, was ein schlechter tut" (Roth 2006, S. 54). Die Hirnforschung liefert heute die Begründungen dafür, wie eng Kognition und Emotion im Gehirn miteinander verbunden sind und was daraus für das Lernen folgt.

Unsere Gefühle haben einen Einfluss auf unser Denkvermögen und umgekehrt auch die Gedanken auf unsere Gefühle; dabei beeinflussen die Gefühle den Verstand mehr als umgekehrt (Gasser 2008, S. 49). Die Gefühle wiederum sind, wie im vorhergehenden Abschnitt aufgezeigt, „embodied", also an die körperliche Erfahrung gebunden. LeDoux (2003, S. 50) drückt diese Erkenntnis so aus: „Der mentale Aspekt der Emotion, das Gefühl, ist ein Sklave ihrer Physiologie, nicht umgekehrt." Auf diesen Zusammenhang hatte bereit der amerikanische Philosoph und Pragmatiker William James in seinem Artikel „What is an Emotion?" im Jahr 1884 hingewiesen (James 1884). Für das Lernen heißt dies: Weil wir in abwechslungsreichen Kontexten körperliche Erfahrungen machen, sind wir positiv gestimmt, und es gelingt uns, Kenntnisse und Fähigkeiten anzueignen. Über die Körpererfahrung steuern unsere Emotionen unser Denken. Nach Ciompi (1997; zit. nach Heckmair und Michl 2011, S. 37 f.) sind Emotionen bzw. Affekte die „Energielieferanten" aller kognitiven Dynamik; sie

- „(...) bestimmen andauernd den Fokus der Aufmerksamkeit,
- (...) wirken wie Schleusen oder Pforten, die den Zugang zu unterschiedlichen Gedächtnisspeichern öffnen oder schließen,
- (...) wirken auf kognitive Elemente wie ein ‚Leim' oder ‚Bindegewebe',
- (...) bestimmen die Hierarchie unserer Denkinhalte,
- (...) sind eminent wichtige Komplexitätsreduktoren."

Aus diesen Gründen könne man Emotionen als enorm wirksame „Lernkraftverstärker" bezeichnen.

?

Wie können sich Emotionen auf das Lernen auswirken?

Die Emotionen können sich positiv oder negativ auf das Lernen auswirken. Hemmend für Lernprozesse ist Angst; sie schränkt uns im Denken ein und entsteht aus der körperlichen Orientierung auf Kampf oder Flucht. Negative Stimmungen sind insgesamt Ausdruck einer absorbierten psychischen Aufmerksamkeit, sodass wir keine hinreichende kognitive Energie für die Beschäftigung mit dem Lerngegenstand aufzubringen vermögen. Selbst wenn dies nicht vollständig der Fall sein sollte, so verengt die negative Stimmung unsere Perspektive und begrenzt uns in unserer Kapazität der intensiven Auseinandersetzung mit dem Lerngegenstand; es entsteht dann der sogenannte Tunnelblick.

Positive Emotionen wirken sich hingegen sehr förderlich für das Lernen aus. Die Gedächtnisleistung steigt an, Neurotransmitter werden ausgeschüttet, und wir entwickeln das Gefühl, eine Aufgabe bewältigen zu können. Durch eine psychophysische Kohärenz werden anhaltend positive Gefühlszustände erreicht. Hierbei kommt unserem Herz eine besondere Bedeutung zu. Jorge Reynolds (2015, S. 153), der 1958 den weltweit ersten externen Herzschrittmacher entwickelte und dessen Spezialgebiet die sonarakustische Untersuchung des lebenden Walherzens im Ozean ist, spricht von einem „psychoneurologischen Kommunikationsnetzwerk". Damit ist gemeint, dass sich das Herz über sein eigenes elektromagnetisches Feld mit dem gesamten Körper verbindet; es sendet laufend Impulse zum Gehirn und ist an der Verarbeitung von Gefühlen beteiligt. Das elektromagnetische Feld des Herzens ist das stärkste des Körpers. „Um die Relation zu nennen, es ist etwa 60-mal stärker als das Feld des Gehirns. Die magnetische Komponente dieses Feldes ist sogar 500-mal stärker. Dieses elektromagnetische Feld durchdringt alle Zellen des Körpers und ist noch in einigen Metern Entfernung wahrnehmbar. (...) Es kann auch eindeutig nachgewiesen werden, wie sich die rhythmische Aktivität des Gehirns an den Herzrhythmus anpasst" (Reynolds 2015, S. 153). Vom Herzfeld geht gewissermaßen eine Trägerschwingung aus, deren Wellen die Organfunktionen synchronisieren. „Dieser innere Dialog erfasst aber auch die Eigenschaften und Zustände der inneren Organe und verteilt diese neuen Informationen wiederum im Körper. ‚In-Formation' können wir in buchstäblichem Sinne als Prozess des ‚In-Form-Bringens' verstehen" (Reynolds 2015, S. 154). Befinden sich die Schwingungen des inneren Dialogs in Harmonie und ist dadurch der erwähnte kohärente Zustand eingetreten, so kann dies zu einer gesteigerten Leistungsfähigkeit führen; diese ist wiederum die Folge einer emotionalen Ausgeglichenheit und geht einher mit Klarheit, einer gesteigerten intuitiven Intelligenz und besserem Urteilsvermögen. Die hier skizzierten Zusammenhänge sind die naturwissenschaftliche Grundlage für die noch zu erläuternden Ausführungen zu den salutogenetischen Lehr-Lern-Arrangements (Kap. 6).

Interessanterweise gibt es auch einen Zusammenhang zwischen positiven Gefühlen und den in Abschn. 4.1 erwähnten kognitiven Stilen. „Isen zeigte, dass

Menschen in einer ruhigen und glücklichen Verfassung Probleme, die eher kreative Einsicht erfordern statt analytisches Denken, besser lösen können" (Kounios
und Beeman 2015, S. 147 f.). Je mehr Sie ein einsichtsvolles Lernen anstreben,
desto wichtiger ist es, durch eine positive Stimmung die perzeptuelle Aufmerksamkeit zu erweitern.

Wie in Abschn. 3.2 bereits erwähnt wurde, lernt man beim Lernen den äußeren Kontext mit. An dieser Stelle gilt es darüber hinaus zu betonen, dass wir auch
den inneren Kontext, die beim Lernen vorherrschenden Emotionen, mitlernen
(Lohr und Spitzer 2008). Wenn das Gelernte reproduziert oder angewendet
wird, so aktivieren wir zugleich auch die mitgelernten Gefühle, also die Angst
oder die Freude und Begeisterung, die wir beim Lernen hatten. Wenn Lernaktivitäten vom limbischen System quasi emotional eingefärbt werden, dann bleibt
dies nicht ohne Folgen für den Ort, an dem das Gelernte gespeichert wird; das
limbische System wird auf diese Weise zum „Hauptkontrolleur" unseres Lerner-
folgs (Gasser 2008). „Lernt man zum Beispiel Wörter in positivem emotionalem
Kontext, werden sie im Hippocampus gespeichert, bei negativen Emotionen
dagegen im Mandelkern" (Spitzer 2003, S. 3). Der Hippocampus ruft die ab-
gespeicherten Einzelheiten nachts wieder auf und transferiert sie innerhalb von
Wochen und Monaten in die Gehirnrinde, wo sie langfristig gespeichert werden.

?

Was sind die Kriterien dafür, dass wir uns im Lernprozess Dinge nachhaltig merken können?

Damit Dinge gespeichert werden, müssen sie zwei Qualitätskriterien aufweisen:
Neuigkeit und Bedeutsamkeit. „Die Funktion des Mandelkerns ist es hingegen,
bei Abruf von assoziativ in ihm gespeichertem Material den Körper und den
Geist auf Kampf und Flucht vorzubereiten. (…) Angst produziert daher einen
kognitiven Stil, der das rasche Ausführen einfacher gelernter Routinen erleich-
tert und das lockere Assoziieren erschwert. Dies war vor 100.000 Jahren sinnvoll, führt heute jedoch zu Problemen, wenn mit Angst und Druck gelernt wird.
Nicht dass dann nichts hängen bliebe. Das Problem ist vielmehr, dass beim Abruf
eben die Angst mit abgerufen wird" (Spitzer 2003, S. 3). Ein kreativer Umgang
mit dem Lerngegenstand ist unter diesen Bedingungen leider nicht möglich;
deshalb ist es so wichtig, dass beim Lernen eine positive emotionale Atmosphäre
herrscht, die Gedanken können dann freier, offener und weiter werden. Eine entsprechende Atmosphäre in der Interaktion mit anderen Menschen herzustellen,
dafür ist jeder erwachsene Lerner selbst mit verantwortlich.

Damit Lernen gelingt, sollte noch etwas hinzukommen, nämlich der Blick
auf die innere Atmosphäre; hierbei kann die gedankliche Selbstbeobachtung
helfen. Arnold (2005, S. 11) versteht dies als eine Spielart emotionaler Selbst-

kompetenz: „Emotionale Kompetenz setzt ein Wissen um die Emergenz und die gestaltende Kraft des Emotionalen voraus. Erst dann können das Lamento, welches die Verursachung des eigenen Gefühlserlebens stets im Außen sucht, verstummen und wesentliche Voraussetzungen für eine professionellere – emotional selbstreflexivere und gewandtere – Gestaltung von Interaktion erarbeitet werden. Diese Erarbeitung ist ein Münchhausen-Prozess, ein Lernen zweiter Ordnung, in welchem sich nicht nur das Wissen verändert, sondern auch die Art, wie man (bevorzugt) lernt und deutet, sich erlebt und zu handeln vermag."

Eine begeisterte und zugleich begeisternde Lernhaltung ist ein wesentlicher Garant für nachhaltige und lebendige Lernprozesse. Nachdem wir die Wirkungskette von den Körpererfahrungen über die Emotionen bis zu den Gedanken aufgezeigt haben, soll es im nächsten Abschnitt um die Rolle der Motive beim Lernen gehen. Wir werden sehen, dass die Emotionen die Sprache der impliziten Motive sind.

4.6 Welche Arten der Motivation lassen sich unterscheiden?

Wie wir Lernen und was wir lernen, ist ganz zentral eine Frage der Motivation.

> **Motivation**
>
> Unter einer Motivation verstehen wir den aktuellen Zustand eines Menschen, eine aktivierende „Ausrichtung des momentanen Lebensvollzugs auf einen positiv bewerteten Zielzustand" (Rheinberg 2008, S. 15). Die Gründe, die einen Menschen bewegen, etwas zu tun, bezeichnen wir als Motive.

Nach dem Grundmodell der klassischen Motivationspsychologie sind Menschen geprägt durch ihre Persönlichkeitsmerkmale, Präferenzen und grundlegenden Motive; ob und wie diese in seinem Verhalten aktualisiert werden, hängt zum einen von momentanen situativen Anreizen und zum anderen von der gegenwärtigen bewussten und unbewussten Motivation ab. Wenn Sie etwas lernen möchten, sind Sie bestrebt, Ihre kognitiven und emotionalen Prozesse auf die Erreichung des Lernzieles auszurichten und dabei beharrlich und zielstrebig vorzugehen. Dabei ist es hilfreich, die situativen Kontexte genauso zu berücksichtigen wie Ihre aktuellen Bedürfnisse.

Wir unterscheiden die intrinsische und extrinsische Motivation. Mit der extrinsischen wird die von außen her angeregte, im Gegensatz zur intrinsischen, aus sich selbst entstehenden, Motivation bezeichnet. Als nachhaltigen Anstoß zum Lernen kann, wie in Abschn. 3.1 bereits ausgeführt, nur die intrinsische Motivation gelten, da es sich ansonsten um Akte der Dressur handelt, die zum Repertoire der schwarzen (Erwachsenen-)Bildung gehört. Neben der Unterscheidung extrinsisch vs. intrinsisch gilt es, noch zwei weitere Differenzierungen mit Blick auf das Lernen zu erwähnen: die Annäherungs- und Vermeidungsmotivation sowie die impliziten und expliziten Motive.

> **?**
>
> Was ist mit Annäherungs- bzw. Vermeidungsmotivation gemeint? Wie hängt dies mit dem Präventions- bzw. Promotionsmodus zusammen? Was folgt daraus für das Lernen?

Bei der Annäherungs- bzw. Vermeidungsmotivation geht es darum, welche persönliche Bedeutung bestimmte Objekte oder Sachverhalte für Sie haben. Diese Dinge ziehen Sie an oder schrecken Sie ab, und Sie verhalten sich deshalb entsprechend. Sie entscheiden sich beispielsweise für einen bestimmten Kurs der Aufstiegsfortbildung, weil Sie entweder eine bestimmte Position mit den damit verbundenen materiellen Gratifikationen anstreben oder weil Sie Ihre Zulassung für die Durchführung eines bestimmten technischen Verfahrens nicht verlieren möchten.

Der Präventions- bzw. Promotionsmodus thematisiert den regulativen Fokus, den man hinsichtlich der Auswirkungen auf die Aspekte motivierenden Verhaltens einnehmen kann (Higgins 1997). Bezüglich des Lernens zeigt sich ein Präventionsfokus in einer Vermeidungsstrategie, die das Nichterreichen eines Zieles verhindern soll. „Eine präventive Geisteshaltung verbannt abwegige Ideen und entfernte Assoziationen, weil sie riskant sind. Sie verengt den Fokus Ihres Geistes auf die offensichtlichen Merkmale Ihrer Situation und bedient sich des analytischen Denkens" (Kounios und Beeman 2015, S. 222 f.). Bei Schwierigkeiten wird relativ schnell aufgegeben, damit keine weiteren Fehler passieren. Die Emotionen der Menschen mit Präventionsorientierung bewegen sich bei Erfolgen bzw. Misserfolgen auf der Dimension Entspannung (Beruhigung, Erleichterung, Sicherheit) und Anspannung (Unruhe, Bedrohung, Ängstlichkeit).

Hinsichtlich des Lernens zeichnet sich ein Promotionsfokus dadurch aus, Risiken einzugehen; es wird eine Annäherungsstrategie gewählt, um das Erreichen des Zieles sicherzustellen. Treten Schwierigkeiten auf, so werden diese als Ansporn gesehen, die Leistung zu steigern. Die Emotionen der Personen mit einer Promotionsorientierung oszillieren beim Erreichen bzw. Verfehlen ihrer Ziele zwischen Freude (Glück, Zufriedenheit, Wohlbefinden) und Trauer (Enttäuschung, Ärger, Unzufriedenheit). Die Annäherungsmotivation vermag das analytische Denken anzuregen, wenn es um ein konkretes Objekt geht. Eine Promotionsorientierung kann darüber hinaus die kreative Einsicht befördern.

> **?**
>
> Was sind implizite und explizite Motive? Welche impliziten Motive lassen sich unterscheiden? Wie kann ich etwas über meine unbewussten Motive erfahren?

Der Vater der modernen Motivationsforschung, der amerikanische Psychologe David McClelland (1961), unterscheidet auf der einen Seite die unbewussten, impliziten Motive und auf der anderen Seite die expliziten Motive. Wenden wir uns zunächst den früh erlernten, zum Teil sogar genetisch vorbestimmten impliziten Motiven zu. Empirisch nachweisen lassen sich drei Motivklassen:

1. *Leistungsmotiv:* Beim Leistungsmotiv geht es um eine Selbstoptimierung, indem eine Leistung erbracht oder verbessert und dadurch ein (Lern-)Erfolg erzielt wird.
2. *Machtmotiv:* Dieses Motiv bringt das Bestreben zum Ausdruck, sich einflussreich zu fühlen, Kontrollverluste zu vermeiden und Mitmenschen beeinflussen zu können.
3. *Anschlussmotiv:* Im Zentrum des Anschlussmotivs stehen die positive Beziehung zu anderen, der Aufbau sozialer Kontakte und das Gefühl der Zugehörigkeit.

Implizite Motive lassen sich nicht durch Befragungen von Personen identifizieren, zeigen sich in spontanen Verhaltensimpulsen sowie in Affekten und Emotionen. Um Ihren impliziten Motiven auf die Spur zu kommen, kann es hilfreich sein, sich an Situationen zu erinnern, in denen Sie große Freude, Genugtuung oder Lust über einen Lernerfolg verspürt haben. Wenn Sie ehrlich gegenüber sich selbst sind, dann können Sie bestimmt eines der drei genannten Motive erkennen.

Im Unterschied zu den impliziten Motiven spiegeln unsere expliziten Motive unser bewusstes Selbstbild wider. Während die impliziten Motive unser Handeln steuern, werden die expliziten von unserem inneren Pressesprecher verkündet, der uns und anderen mitteilt, wie wir uns sehen bzw. gesehen werden möchten. Im Idealfall herrscht eine Motivkongruenz zwischen impliziten und expliziten Motiven. Falls dies jedoch nicht der Fall ist, so verspüren wir eine diffuse Unzufriedenheit; wir sind dann nicht mit uns selbst im Reinen und tun vielleicht Dinge, von denen wir im Innersten nicht überzeugt sind, oder verfolgen Ziele, die nicht unseren impliziten Motiven entsprechen. Solche Situationen machen uns besonders anfällig für Burnout. Deshalb erkunden Sie in Ihrem eigenen Interesse bitte immer gut Ihre impliziten Motive, bevor Sie sich für eine bestimmte Weiterbildung entscheiden. Erwerben sie motivationale Kompetenz; diese umfasst „das Wissen um die eigenen Abneigungen/Präferenzen und Stärken/Schwächen, die Fähigkeit zur Beurteilung des Anreizgehaltes von Tätigkeiten und Situationen sowie die Fähigkeit, Präferenzen und Aufgaben in Einklang zu bringen" (Hardeland 2015, S. 138). Bei der Entwicklung einer motivationsbezogenen Kompetenz kann Ihnen das Schreiben von Lerntagebüchern helfen, Sie werden dadurch zum selbstregulierten Lernen angeregt. Auch die folgenden Fragen können Ihnen im Rahmen eines Selbstcoachings zur Analyse sowie zur Verbesserung Ihres Lernens helfen; Sie wurden in Anlehnung an das Diagnoseschema zur Bestimmung verschiedener Motivationsformen nach Rheinberg (2004) entwickelt.

?

Macht mir die Lernaktivität Spaß?
Wird die Lernaktivität von anderen Personen erwartet oder sanktioniert?
Führt die Lernaktivität zu einem Ergebnis?
Hat das Ergebnis für mich lohnende Folgen?
Kann ich das Ergebnis durch meine Lernaktivität ausreichend beeinflussen?
Muss ich für die Lernaktivität auf andere Dinge verzichten? Habe ich der Lernaktivität gegenüber eine Abneigung?
Kann ich andere Bedürfnisse, Gefühle oder Stimmungen zurückstellen, um zielgerichtet zu lernen?

(Hardeland 2015, S. 141)

Wenn es Ihnen nicht reicht, die Fragen in einem reflexiven Dialog mit Ihrem inneren Team zu besprechen, können Sie die Fragen auch gern mit anderen Menschen aus Ihrem sozialen Umfeld erörtern bzw. einen Lerncoach oder eine Weiterbildungsberatung aufsuchen. Die soziale Resonanz – in Form von Beachtung, Zuwendung und Anerkennung – ist neurowissenschaftlich gesehen ein Motivationsmotor, der durch das körpereigene Belohnungssystem seine Energie erhält; zu verweisen ist hier auf die Neuromodulatoren Dopamin, die endogenen Opioide und Oxytocin (Bauer 2006).

4.7 Worin besteht der Unterschied zwischen fluider Mechanik und kristalliner Pragmatik?

Den Ausspruch „Was Hänschen nicht lernt …" haben wir in Kap. 1 ja bereits als einen Mythos entlarvt, der heute so nicht länger aufrechterhalten werden kann. Natürlich gibt es Unterschiede im Lernen von Kindern, Jugendlichen, Erwachsenen und älteren Menschen; auf alle können wir hier nicht eingehen. Zudem können die Unterschiede zwischen Erwachsenen gleichen Alters größer sein als die zwischen Jüngeren und Älteren. Mit dem Ausbau der Gerontologie wurde seit den 1970er Jahren auch die Forschung zum Lernen im Alter konsequent vorangetrieben. Inzwischen ist der Nachweis erbracht, „dass körperliche Aktivität, geistige Aktivität und soziale Aktivität zu einem möglichst gesunden und kompetenten Älterwerden beitragen" (Lehr 2010, S. 7). Während der Mediziner von einer Inaktivitätsatrophie spricht und damit die Degeneration aufgrund von Inaktivität meint, findet der Psychologe die Disuse-Hypothese bestätigt, derzufolge Fähigkeiten und Funktionen verkümmern, wenn sie nicht geübt werden. Der Volksmund fasst diesen Erkenntnisstand mit dem Sprichwort „Wer rastet, der rostet" zusammen (Lehr 2010, S. 7). Wer sein Gehirn dagegen kräftig nutzt, der kann mit Solon, einem der sieben Weisen der Antike, sagen: „Ich werde alt – und lerne immer noch dazu." Heute wissen wir, „dass das Gehirn lebenslang dazu fähig ist, die Effizienz der Zusammenarbeit zwischen seinen Abermilliarden Nervenzellen zu verbessern und zwischen ihnen möglicherweise auch neue Verbindungen aufzubauen" (Pöppel und Wagner 2010, S. 17).

Holger Löbe

?
> Gibt es ein Alter, in dem uns das Lernen besonders leicht- oder schwerfällt?

Die Befunde der Entwicklungspsychologie der Lebensspanne zeigen deutlich auf, „dass eine biologische und damit altersbedingte Abnahme von Lern- und kognitiver Leistungsfähigkeit nicht stattfindet" (Tippelt et al. 2014a, S. 16; Kruse 2008). Die Anzahl der Jahre allein sagt relativ wenig über die Lernfähigkeit aus. Die Altersforschung spricht lieber von Altern als von Alter in dem Sinne, dass von einem bestimmten Lebensjahr an ein Mensch alt sei. Ralf Krampe, der in Belgien am Zentrum für Entwicklungspsychologie der Universität Leuven arbeitet, geht davon aus, dass das junge Erwachsenenalter bis etwa 45 Jahre dauert, das mittlere bis 65 Jahre und man erst danach vom Alter spricht (Schnurr 2010).

Der Alterspsychologe Andreas Kruse (2015, S. 1) berichtet davon, dass ihm sehr alte Menschen gesagt hätten, „wenn sie auf ihre Biographie zurückblickten, dann hätten sie das Gefühl, die Zeit um den 85. Geburtstag herum sei der Punkt, an dem sie wirklich alt geworden seien". Körperlich und kognitiv trainierte ältere Menschen sind nicht per se weniger lern- und leistungsfähig als jüngere. Unsere Entwicklung vollzieht sich lebenslang – geistig, körperlich und seelisch. Allerdings lernen wir im Alter anders als in der Jugend (Spitzer 2002). Der Hirnforscher Ernst Pöppel (Pöppel und Wagner 2010, S. 18) kommt in der Bilanzierung der Lernfähigkeiten von Älteren und Jüngeren zu einem erstaunlichen Fazit: „Ältere Menschen schneiden bei allen Lernaufgaben, die Konzentration erfordern, sogar besser ab als jüngere. Allerdings ist die Jugend dem Alter in puncto Lerngeschwindigkeit voraus. Doch unter dem Strich gewinnen die älteren Menschen an Ausdauer und Konzentrationsvermögen mehr, als was sie an Lernschnelligkeit einbüßen."

Wie eine Studie von Claudia Voelcker-Rehage von der Jacobs University Bremen zeigt, in der es um das Erlernen des Jonglierens ging, stellten sich die 15- bis 29-Jährigen am geschicktesten an; für Ältere war es zwar etwas schwieriger, aber bei den zwischen 30- und 75-Jährigen waren die Unterschiede gering. Erst mit über 80 gelang das Jonglieren seltener. „Die Studie zeigt, dass Erwachsene neue Bewegungen zwar etwas langsamer lernen als Jugendliche, dass es aber erst im wirklich hohen Alter Einschränkungen gibt" (Schnurr 2010).

Lernen, so lässt sich feststellen, findet bis ins hohe Erwachsenenalter statt. Dabei verändern sich selbstverständlich die Voraussetzungen und Bedingungen ebenso wie die Kontexte des Lernens; so nimmt z. B. das formale Lernen ab, und das informelle gewinnt an Bedeutung. „Die Entwicklungspsychologie der Lebensspanne geht davon aus, dass die menschliche Entwicklung in jeder Lebensphase durch Gewinne und Verluste gekennzeichnet ist" (Tippelt et al. 2014a, S. 16). Exemplarisch belegen lässt sich diese allgemeine Aussage durch eine Studie von Hartshorne und Germine (2015), in der 22.000 Menschen im Alter von 10 bis 69 Jahren auf ihre kognitiven Fähigkeiten untersucht wurden. Während die jüngeren Probanden eine höhere kognitive Verarbeitungsgeschwindigkeit aufwiesen, war das Kurzzeitgedächtnis für Zahlen und Ziffernfolgen für die Mittdreißiger am stärksten ausgeprägt. Menschen zwischen 40 und 60 Jahren waren besonders gut darin, Gefühle an Blicken zu erkennen. Den besten Wortschatz wiesen Menschen im Alter von Mitte 60 auf. Jedes Lebensalter, so das Resümee, hat seine spezifischen Themen, Besonderheiten, Stärken und Herausforderungen.

Die italienische Neurobiologin Rita Levi-Montalcini, die im Jahr 1986 für die Entdeckung des Nervenwachstumsfaktors den Nobelpreis für Physiologie oder Medizin erhielt, sagte an ihrem 100. Geburtstag: „Mein Gehirn arbeitet jetzt besser als mit 20." In ihrem Buch *Die Vorzüge des Alters – Leistungsfähigkeit und geistige Aktivität ein Leben lang* (Levi-Montalcini 2005) schildert sie an

Beispielen bedeutender Persönlichkeiten aus Kunst, Philosophie und Politik die Kreativität im Alter und erklärt, warum unser Gehirn bis ins hohe Alter nicht nur leistungsfähig sein kann, sondern welche einzigartigen Möglichkeiten und Fähigkeiten überhaupt erst im Alter zum Vorschein kommen.

Eine besondere Herausforderung besteht darin, die Vorzüge des Alters mit denen der Kindheit zu verbinden. Während der Erwachsene über die Voraussetzungen, Bedingungen und Folgen möglicher Lernaktivitäten intensiv nachdenkt und sich möglicherweise sorgt, Fehler zu machen, lernt das Kind in der Regel viel unbekümmerter; es probiert nach dem Prinzip von Versuch und Irrtum etwas aus, kopiert ihm aussichtsreich erscheinendes Verhalten von anderen, lässt sich häufig nicht so leicht entmutigen und setzt sich ehrgeizige Ziele, auch wenn sie momentan noch schwer erreichbar scheinen. Von dieser Art und Weise zu lernen, können die Erwachsenen profitieren. Deshalb können sich jene Älteren glücklich schätzen, denen es gelingt, das lernbegierige Kind in sich lebendig zu halten.

?

Was hat ein Hausbau mit der Arbeitsweise unseres Gehirns zu tun?

An dieser Stelle soll mit einer Metapher auf die wechselnden Herausforderungen in Bezug auf Lernen in Abhängigkeit von der Lebensphase eingegangen werden. Wenn Sie sich entscheiden, ein Haus zu bauen, so sind Sie – einmal abgesehen von limitierenden Faktoren – völlig frei, welchen Grundriss das Haus haben soll; dies schafft unzählige Optionen, die es Ihnen am Anfang vielleicht schwermachen, sich für eine der unzähligen Varianten zu entscheiden. Sind aber die ersten Mauern eingezogen, so geben sie Ihnen zum einen eine Orientierung für nachfolgende Entscheidungen, reduzieren aber gleichzeitig auch die Zahl der freien Optionen. Wenn Ihr Gebäude dann fertig ist und Sie sich darin häuslich niedergelassen haben, werden Sie sich der innenarchitektonischen Feinarbeit und der Möblierung zuwenden. Nach einiger Zeit werden Sie wahrscheinlich Veränderungen vornehmen, die dazu führen, Zwischenwände einzureißen oder einen Anbau zu integrieren.

All dies tun wir in übertragenem Sinne auch mit unserem Gehirn. Wir bauen durch das, was wir denken, fühlen und tun, Strukturen auf, die Auswirkungen auf das haben, was wir zu späteren Zeitpunkten erfahren. Unser Gehirn zeichnet sich durch seine enorme Plastizität auch im Erwachsenenalter aus. Wenn wir Lernen, nehmen wir Neuverschaltungen im Hirn vor; je häufiger diese genutzt werden, desto fester und nachhaltiger werden sie. Kleine Trampelpfade werden durch häufiges Gehen, sprich das Einüben in bestimmte Denk- und/oder Handlungsweisen, zu breiten Autobahnen, auf denen wir uns zügig bewegen können.

> **?**
>
> Was kennzeichnet die fluide Intelligenz im Unterschied zur kristallinen?

Unser Gehirn besitzt die Fähigkeit, seine neuronalen Strukturen immer wieder zu reorganisieren. Der Umfang, in dem dies geschieht, differenziert dabei in Abhängigkeit von inneren und äußeren Impulsen, analog zu der soeben dargestellten Metapher des Hausbaues; wir können uns aus freien Stücken dafür entscheiden, uns neu zu erfinden, oder wir sehen uns mehr oder weniger gezwungen, aufgrund von Veränderungen in unserer Umwelt unser Verhalten so zu modifizieren, dass dies besser zu unseren Vorstellungen, Wünschen oder Visionen passt. Die Neuroplastizität zeichnet unser Gehirn aus. Bereits nach einer bestimmten Lerntätigkeit von 20 min, verändern sich die Aktivitätsmuster in unserem Gehirn. Durch Neuverschaltungen entstehen modifizierte Netzwerke, die wiederum in Abhängigkeit von ihrer Nutzung mehr oder weniger Stabilität aufweisen. In der Forschung werden die neuronalen Vernetzungsprozesse mit der Zweikomponententheorie der fluiden und kristallinen Intelligenz von Horn und Cattell (1967) beschrieben.

Fluide Intelligenz

Unter fluider Intelligenz werden kognitive Grundfunktionen verstanden, die ein flexibles Aufnehmen und Verarbeiten von Informationen ermöglichen. Hierzu zählen Flexibilität, Schnelligkeit und abstrakt-logisches Denken. Die fluiden Intelligenzleistungen nehmen, so wird angenommen, mit steigendem Alter und einer damit einhergehen Abnahme der Plastizität des Gehirns tendenziell ab, sie sind zudem stark übungsabhängig.

Kristalline Intelligenz

Die kristalline Intelligenz baut sich aus dem akkumulierten Wissen und den gesammelten Erfahrungen des Lebens auf; hier sind Entwicklungsgewinne im Lauf des Lebens möglich. Insgesamt kann die kristalline Intelligenz bis ins hohe Alter relativ konstant bleiben.

Das Modell der fluiden und kristallinen Intelligenz wurde von der Forschungsgruppe um Paul B. Baltes modifiziert (vgl. Mayer und Baltes 1996), demzufolge nun zwischen einer fluiden „Mechanik" und der kristallinen „Pragmatik" unterschieden wird. Die Mechanik stellt die Struktur des informationsverarbeitenden Systems dar (in unserer Metapher die tragenden Säulen des Hauses) und die Pragmatik die Anwendung in den spezifischen sozialen Kontexten (in unserer Metapher die innenarchitektonische Gestaltung in Abhängigkeit von den sozialen Interaktionen der anwesenden Personen). Kristalline und fluide Intelligenz vs. Mechanik und Pragmatik bedingen sich wechselseitig. Verringerungen in der fluiden Intelligenz können durch Expertise in den kristallinen Fähigkeiten kompensiert bzw. ausgeglichen werden.

> **?**
>
> Lässt sich durch das Training metakognitiver Techniken die Lernfähigkeit beeinflussen?

Auch wenn sich durch Training die fluide Intelligenz steigern lässt (Lindenberger et al. 2010), so zeigen die Forschungen von Kaiser (2010), dass das Gehirn nicht lediglich als Muskel, den es durch Gehirnjogging zu trainieren gilt, verstanden werden kann, sondern dass es vielmehr darauf ankommt, durch die Beherrschung und Anwendung sog. metakognitiver Techniken, die kognitiven Fähigkeiten insbesondere älterer Menschen zu steigern.

Unter Metakognition wird das Denken über das Denken verstanden, im Sinne einer situationsübergreifenden auf allgemeine Prinzipien des Denkprozesses abzielenden Kompetenz, die in Lernprozesse einfließt (Kaiser und Kaiser 2006). Metakompetenzen sind zur Bewältigung komplexer, problemhaltiger Alltagsaufgaben erforderlich. Von einem metakognitiven Training profitieren gleichermaßen Teilnehmende mit hoher wie mit niedriger Intelligenz. In dem Projekt KLASSIK (Förderung kognitiver Leistungsfähigkeit im Alter zur Sicherung und Steigerung der Informationsverarbeitungskompetenz) konnte nachgewiesen werden, dass Intelligenz nicht den Lernerfolg in Seminaren determiniert und eine Leistungssteigerung im Alter bei unterschiedlichen kognitiven Voraussetzungen möglich ist (Lambert und Hohenstein 2010, S. 17).

> **?**
>
> Welche Vorstellungen haben sie von Ihrer eigenen Lern- und Entwicklungsfähigkeit?

Bisher hat es sich als nicht besonders zielführend erwiesen, Aussagen hinsichtlich der Lern- und Leistungsfähigkeit anhand hochkomplexer Größen wie Alter oder Intelligenz prognostizieren zu wollen. Aussagekräftiger sind hingegen andere Variablen, auf die wir im Folgenden eingehen werden. Der CiLL-Studie (CiLL = Competences in Later Life) verdanken wir die Erkenntnis, „dass Selbst- und Altersbilder für das Lernen und die Kompetenzaktualisierung im Alter sehr wichtig sind: Inwieweit Erwachsene offen für neue Lernerfahrungen und bereit sind, sich auf Bildungsprozesse einzulassen, hängt nicht zuletzt von deren Vorstellungen von der eigenen Lern- und Entwicklungsfähigkeit ab" (Tippelt et al. 2014b, S. 167). Diese Erkenntnis gilt für Erwachsene jeglichen Alters. Entscheidend ist in diesem Zusammenhang, ob Menschen sich primär als aktive Gestalter ihres Lebens, ihrer Umwelt und ihres Lernens verstehen oder als machtlose Opfer externer Einflüsse bzw. des eigenen Schicksals. „Ohne eine grundlegende Einsicht in die eigene Bildungsfähigkeit und die Überzeugung, durch Lernen die eigene Handlungsfähigkeit erweitern zu können, werden Bildungsaktivitäten und eine gezielte Kompetenzentwicklung jedoch unwahrscheinlich" (Friebe und Schmidt-Hertha 2014, S. 32). Die CiLL-Studie (Friebe und Schmidt-Hertha 2014, S. 32 f.) unterscheidet vier Selbstbildwahrnehmungsmuster:

1. Das Selbstbild der *Macher* ist gekennzeichnet durch die Überzeugung, selbst Dinge voranzutreiben, sich als vielseitig begabt und in unterschiedlichen Feldern kompetent und erfolgreich handelnd wahrzunehmen.
2. Das Selbstbild der *vergangenheitsorientierten Macher* ist bestimmt durch ein negativ gefärbtes Altersbild; Kompetenzerleben wird hauptsächlich in Bezug auf frühere Lebensphasen zugeschrieben.
3. Das Selbstwahrnehmungsbild der *Helfer* ist geprägt durch die Rolle als Helfer und Unterstützer im Hintergrund, verbunden mit der Thematisierung der eigenen Leistungsfähigkeit.
4. Das Selbstbild der *Getriebenen* ist charakterisiert durch die reaktive Auseinandersetzung mit dem eigenen Handeln in Vergangenheit und Gegenwart und einem mangelnden Selbstbewusstsein.

> ?
>
> Welches der genannten Selbstwahrnehmungsbilder trifft auf Sie – ganz unabhängig von Ihrem gegenwärtigen Lebensalter – am ehesten zu?

Die CiLL-Studie zeigt außerdem deutlich auf, dass ein wichtiger Faktor für die Ausprägung der Kompetenz einer Person ihr Qualifikationsniveau ist; zusätzlich sind unterschiedliche Kompetenzwerte auf Kohorten- und nicht unbedingt Alterseffekte zurückzuführen, d. h., dass später Geborene aufgrund anderer Sozialisations- und Bildungsbiografien gegenüber zu einem früheren Zeitpunkt Geborenen – vergleicht man ihre Werte in einem identischen Lebensalter – bessere Kompetenzwerte aufweisen (Gebrande et al. 2014, S. 65). Bestätigt werden diese Ergebnisse durch die PIAAC-Studie (Kap. 2), der zufolge die „Kompetenzentwicklung weniger vom kalendarischen Alter als von den sozio-ökonomischen Bedingungen, unter denen Personen leben" (Gallistl und Wanka 2015, S. 41) beeinflusst wird. Auch zeigt sich, dass sog. Bildungsbenachteiligte besonders stark von Weiterbildung beim Aufbau von Kompetenzen profitieren.

Abschließend lässt sich festhalten, dass jedes Alter seine eigenen Fähigkeiten hat und dass allein vom kalendarischen Alter keine bedeutenden Einflüsse auf die Lernfähigkeit ausgehen. Wichtiger sind eine Reihe von biografischen und soziokulturellen Faktoren. Das Bildungsverhalten und die Lerninteressen älterer

Menschen werden primär durch deren Lebensumstände, das eigene Selbstbild sowie die familiäre und soziale Einbindung bestimmt. Entscheidend für das Lernen der Menschen – unabhängig von ihrem Alter – ist ihre Begeisterungsfähigkeit; diese wirkt, wie es der Neurobiologe Gerald Hüther ausdrückt, wie eine Gießkanne mit Dünger im Gehirn.

4.8 Welchen Einfluss hat das Milieu, die sozioökonomische Schichtung und Wertorientierung auf Bildungsprozesse?

Neben dem eigenen Selbstwahrnehmungsbild spielt auch die Zugehörigkeit zu einem spezifischen sozialen, kulturellen und gesellschaftliches Umfeld eine bedeutende Rolle. In diesem Zusammenhang spricht man davon, dass unser Lernen embedded, d. h., eingebettet ist in ein bestimmtes Milieu. Diesem kommt eine entscheidende Bedeutung für die eigene Bildungsaspiration und die daraus resultierende Weiterbildungsbereitschaft und -aktivität zu.

> **Milieu**
>
> Unter Milieus verstehen wir „subkulturelle Einheiten innerhalb der Gesellschaft, die Menschen mit ähnlicher Lebensauffassung und Lebensweise zusammenfassen" (Flaig et al. 1994, S. 55).

Die SINUS Markt- und Sozialforschung in Heidelberg hat einen eigenen Forschungsansatz entwickelt, der das Alltagsbewusstsein und Alltagshandeln der Menschen zum Gegenstand hat. Die Definition der Sinus-Milieus® geht von der Lebenswelt und dem Lebensstil der Menschen aus. In die Milieukonstruktion fließen grundlegende Werteorientierungen und Einstellungen zur Arbeit, zur Familie, zur Freizeit und zum Konsum. Die Sinus-Milieus® fassen Menschen zusammen, die sich in Lebensauffassung und Lebensweise ähneln; sie liefern ein wirklichkeitsgetreues Bild der soziokulturellen Vielfalt in der Gesellschaft, in dem sie die Befindlichkeiten und Orientierungen der Menschen, ihre Werte, Lebensziele, Lebensstile und Einstellungen sowie ihren sozialen Hintergrund beschreiben. Mit den Sinus-Milieus® kann man die Lebenswelten der Menschen somit „von innen heraus" verstehen, gleichsam in sie „eintauchen"; man versteht, was die Menschen bewegt und wie sie angesprochen werden können. Die Sinus-Milieus® nehmen die Menschen ganzheitlich wahr, im Bezugssystem all dessen, was für ihr Leben Bedeutung hat. Die Sinus-Milieus® sind das Ergebnis von über 30 Jahren sozialwissenschaftlicher Forschung und werden kontinuierlich an die soziokulturellen Veränderungen der Gesellschaft angepasst. Die Milieus werden in einem zweidimensionalen Raum abgebildet, dessen Koordinaten sind einerseits die sozioökonomische Schichtung (Unterschicht/untere Mittelschicht, mittlere Mittelschicht und obere Mittelschicht/Oberschicht) und andererseits die Wertorientierungen (Tradition, Modernalisierung/Individualisierung, Neuorientierung). Aktuell werden zehn Milieus in drei Gruppen unterschieden (vgl. SINUS 2015):

- Zu der ersten Kategorie der sozial gehobenen Milieus gehören derzeit (2015/2016):
  1. das konservativ-etablierte Milieu, das mit 10 % der Bevölkerung das klassische Establishment bildet,
  2. das liberal-intellektuelle Milieu, das aus der aufgeklärten Bildungselite besteht(7 %),
  3. das Milieu der Performer, das sich aus einer multioptionalen, effizienzorientierten Leistungselite zusammensetzt (8 %), und
  4. das expeditive Milieu, das durch die ambitionierte kreative Avantgarde repräsentiert wird (8 %).
- Die zweite Kategorie bilden die Milieus der Mitte:
  5. In der bürgerlichen Mitte findet sich der leistungs- und anpassungsbereite bürgerliche Mainstream (13 %).
  6. Das adaptiv-pragmatische Milieu wird geprägt durch die moderne junge Mitte mit ausgeprägtem Lebenspragmatismus und Nützlichkeitsdenken (10 %).
  7. Das sozialökologische Milieu vereint das engagiert gesellschaftskritische Milieu mit normativen Vorstellungen vom „richtigen" Leben (7 %).
- Die Milieus der unteren Mitte/Unterschicht differenzieren sich in:
  8. das traditionelle Milieu, das gekennzeichnet ist durch eine Sicherheit und Ordnung liebende ältere Generation (13 %),
  9. das prekäre Milieu, das die um Orientierung und Teilhabe bemühte Unterschicht bildet (9 %), sowie
  10. das hedonistische Milieu der spaß- und erlebnisorientierten modernen Unterschicht/unteren Mitte.

> ?
>
> Welchem Milieu ordnen Sie sich zu? Welche Präferenzen an Orte, Zeiten und Interaktionsformen des Lernens haben Sie?

In Abhängigkeit vom Milieu differieren die Teilnahmequoten an allgemeiner und beruflicher Weiterbildung. Leider stammen die Untersuchungen, die den Zusammenhang von Weiterbildung und Milieu erforscht haben, aus der letzten Dekade (Bartz und Tippelt 2004). Eine aktuelle Untersuchung liegt lediglich zu

Migrantenmilieus vor (Bartz 2015). Auch wenn sich in den letzten Jahren die Einteilung der Milieus leicht verändert hat, sodass es schwierig ist, unmittelbare Rückschlüsse auf das Weiterbildungsverhalten der heutigen Milieus zu ziehen, da hierzu keine neueren Studien vorliegen, so lassen sich doch einige grundlegende Aussagen treffen. Die Teilnahmequoten an allgemeiner Weiterbildung sind bei Menschen, für die Tradition ein zentraler Wert ist, also die konservativ-etablierten und traditionellen Milieus, deutlich unterdurchschnittlich; demgegenüber sind sie bei Menschen, die auf den Wert der Neuorientierung setzen, also bei den Performern und den Expeditiven, überdurchschnittlich. Ähnliche Unterschiede zeigen sich bei den Teilnahmequoten an beruflicher Bildung; allerdings sind die Differenzen hier nicht ganz so stark ausgeprägt.

?

Welche Konsequenzen hat die Zugehörigkeit zu einem Milieu hinsichtlich der Präferenzen für bestimmte Bildungsangebote, Räumlichkeiten und didaktisch-methodische Konzepte?

Die milieuspezifischen Wertorientierungen und Einstellungen haben direkte Konsequenzen für die Zuwendung zu bestimmten Bildungsangeboten bzw. die Ansprüche, die sowohl an die Häuser, Räumlichkeiten, Dozenten als auch die didaktisch-methodischen Konzepte von Weiterbildungsangeboten gestellt werden (hierzu Bartz und Tippelt 2007); wie dies aussehen kann, soll an einem Beispiel verdeutlicht werden.

Menschen aus dem traditionellen Milieu sind verhaftet in einer kleinbürgerlichen Welt bzw. in einer traditionellen Arbeiterkultur, die auch ihre Lernwelt prägt. Sie werden aufgrund ihrer Bereitschaft, sich an Notwendigkeiten anzupassen, wenige Forderungen an das Ambiente und die Ausstattung von Bildungsstätten und deren Räumlichkeiten stellen. Ein eher dozierender Stil des Dozenten wird aus selbstverständlichem Respekt vor diesem akzeptiert. Die Bevorzugung praxisbezogenen, alltagsrelevanten Wissens spricht eher für darbietende und erarbeitende Aktionsformen des Lernens. Sofern die Schwellenängste und die Furcht, überfordert zu sein, bewältigt werden, können die Traditionellen die Weiterbildung zu ihrer Horizonterweiterung nutzen. Am liebsten agieren sie in kleinen leistungshomogenen Gruppen, in der sie eine wechselseitige Unterstützung erfahren.

Ganz anders sieht es beim Milieu der Performer aus. Ihr Selbstbild als Konsum- und Stil-Avantgarde, gekoppelt mit einer hohen IT-Affinität, spricht dafür, dass sie Erwartungen an moderne Weiterbildungsstätten mit einer anregenden Architektur haben, Lernräume sollen mit einer dem neuesten Standards entsprechenden Technik ausgestattet sein. Performer haben aufgrund ihres hohen Selbstbewusstseins als Leistungselite Vertrauen in ihre Fähigkeiten und sind bereit, sich Anforderungen zu stellen. Sie treten gern in Kommunikation und Austausch mit anderen Menschen. Sie haben Spaß am Lernen und Interesse, nette Leute kennenzulernen. Vom Dozenten erhoffen sie sich eine dynamische Flexibilität und interaktive Lernformen. Mögliche Weiterbildungsbarrieren der Performer können in ihren Distinktions- und Exklusivitätsansprüchen begründet sein.

Weitere Beispiele für eine milieusensible Weiterbildung ließen sich auch für andere Sinus-Milieus® durchdeklinieren. Ob ein bestimmtes Weiterbildungsangebot angenommen wird, hängt davon ab, inwieweit es gelingt, die Orte, Zeiten und Interaktionsformen den jeweiligen Interessen der Zielgruppen anzupassen.

Das Wissen um die sozialen Milieus wird insbesondere von den Weiterbildungsanbietern als Instrument des Zielgruppenmarketings genutzt (Bartz und Tippelt 2007; Tippelt et al. 2008). Mit der Entwicklung adressaten- und zielgruppengerechter Angebote ist das Umdenken weg von einer angebotsorientierten hin zu einer nachfrageorientierten Programmplanung befördert worden.

4.9 Worin besteht der Unterschied zwischen Lernstilen und Lerntypen?

Die im Transformationsmodell des Lernens beschriebene Umstrukturierung der Erfahrung, die schließlich zu neuen Habitualisierungen und damit Lernprozessen führt, beschreibt ein Geschehen, das auf der konkreten Erfahrungsebene der Lernenden noch genauer zu betrachten ist. Basierend auf dem von Kurt Lewin beschriebenen Prozesscharakter des Lernens, bezugnehmend auf das Kognitionsmodell von Piaget sowie Erkenntnisse der Kreativitätsforschung, entwirft Kolb (1985) ein erfahrungsbedingtes Lernmodell, das ihm für die Entwicklung von Lernstilen dient.

Ganz ähnlich wie Kolb (1985) haben auch Honey und Mumford (1992) den vierstufigen Lernprozess beschrieben:

1. Am Anfang steht eine konkrete Erfahrung, die
2. eine Reflexion auslöst und
3. dazu führt, dass in einer abstrakten Begriffsbildung eine Verarbeitung in Form von Konzepten, Modellen und Mustern erfolgt, bevor diese
4. durch aktives Experimentieren erprobt, geprüft und optimiert werden.

Lernen wird in diesem Modell als zyklischer Prozess beschrieben, der aus aufeinanderfolgenden logischen Stufen erfolgt und ganz eng an die alltäglichen Lebensvollzüge gekoppelt ist. Die einzelnen Phasen des Lernzyklus werden von den Lernenden unterschiedlich ausgestaltet; sie entwickeln bestimmte Präferenzen, ohne sich darüber immer bewusst zu sein. Hieraus entsteht die Konzeptualisierung der Lernstile.

?

Was sind Lernstile, und welche Lernstile gibt es?

Wie bereits in Kap. 1 ausgeführt wurde, hält das Konzept der Lerntypen, das Menschen durch verschiedene Tests bestimmten Lerntypen zuordnet, den strengen Kriterien einer evidenzbasierten Überprüfung nicht stand. Auch wenn in der Fachliteratur nicht immer klar zwischen Lerntypen und Lernstilen differenziert wird, so gilt es, Lernstile strikt von den Lerntypen zu unterscheiden.

> **Lernstile**
>
> Lernstile sind unterschiedliche Modi des Lernens, zu denen man zwar unterschiedliche Präferenzen haben kann, die Lernende aber nicht etikettieren, sondern darauf hinweisen, dass es durchaus verschiedene Wege der lernenden Auseinandersetzung geben kann. Nach Konrad (2014, S. 100) bezeichnen Lernstile „eher stabile oder verfestigte, für ein Individuum charakteristische Vorgehensweisen im Lerngeschehen. Im Laufe des Lebens eines Menschen prägen verschiedenste Situationen den Lernstil. Die Stabilität entsteht durch anhaltende und konsistente Interaktionsmuster mit der Umwelt. Der aktuelle Lernstil ist entsprechend als Summe aller Einflüsse zu sehen, die auf das Individuum bisher gewirkt haben."

Die Kunst besteht darin, diese Modi situationsgerecht einsetzen zu können, so wie ein Autofahrer in Abhängigkeit von den Kontextbedingungen mit verschiedenen Gängen fährt. Lernstile zu identifizieren und zu reflektieren, welche Stufe des Lernen man selbst präferiert, um sich bewusst zu machen, welche Aktivitäten einem helfen können, den eigenen Lernzyklus geschlossen zu halten, können als Reflexionsinstrument des eigenen Lernverhaltens sehr aufschlussreich sein. Aus diesen Gründen wenden wir uns den Lernstilen zu. Ein theoretisch wohl begründetes, empirisch gut abgesichertes und in der Erwachsenenbildung häufig herangezogenes Modell ist das von Kolb (1985). Ausgehend von den vier Phasen des erfahrungsbedingten Lernmodells entwickelt Kolb ein Vierfelderschema, das zwischen der X-Achse mit den Polen „reflektierendes Beobachten" und „aktives Experimentieren" sowie auf der Y-Achse mit den Polen „konkrete Erfahrung" und „abstrakte Begriffsbildung" aufgespannt wird. Die Lernstile entstehen durch die Kombination der bipolaren Merkmalsausprägungen. Kolb unterscheidet vier Lernstile (vgl. Haller und Nowack o.J., S. 10 f.):

1. Die *Divergierer* bzw. *Entdecker* bevorzugen konkrete Erfahrung und reflektiertes Beobachten. Ihre Stärken liegen in der Vorstellungsfähigkeit, und sie neigen dazu, Situationen aus vielen Perspektiven zu betrachten, und sind an Menschen interessiert.

2. Die *Assimilierer* bzw. *Denker* präferieren reflektiertes Beobachten und abstrakte Begriffsbildung; ihre Stärken liegen in der Erzeugung von theoretischen Modellen, sie neigen zu induktiven Schlussfolgerungen und befassen sich lieber mit Dingen.
3. Die *Konvergierer* bzw. *Entscheider* bevorzugen abstrakte Begriffsbildung und aktives Experimentieren. Ihre Stärken liegen in der Ausführung von Ideen; sie neigen zu hypothetisch-deduktiven Schlussfolgerungen und befassen sich lieber mit Dingen.
4. Die *Akkommodierer* bzw. *Praktiker* präferieren aktives Experimentieren und konkrete Erfahrungen; sie neigen zu intuitiven Problemlösungen und befassen sich lieber mit Menschen.

In dem Modell von Honey und Mumford (1992), das dem von Kolb sehr ähnlich ist, werden ebenfalls vier Lernstile unterschieden: Aktivisten, Nachdenker, Theoretiker und Pragmatiker. Die Analogie zu den dargestellten Lernstilpräferenzen ist evident.

> **?**
>
> Welche Erkenntnisse lassen sich aus Präferenzen im Denken und Handeln für das Lernen gewinnen?

Der Vorteil der hier vorgestellten Lernstiltypologien besteht darin, dass nicht die Ausprägung bestimmter Eigenschaften gemessen und beschrieben wird, sondern mit dem Konzept der Präferenzen gearbeitet wird. Dies sagt nichts über Fähigkeiten aus (über das, was jemand kann), sondern gibt Auskunft über Präferenzen (über das, was eine Person bevorzugt). Vielleicht lesen Sie lieber ein Buch und beschäftigen sich gern mit theoretischen Modellen, d. h. aber keinesfalls, dass Sie sich nicht auch über audiovisuelle Medien und experimentelles Erarbeiten weiterbilden können. Wenn Sie allerdings Ihren Präferenzen folgen, dann empfinden Sie dies als leichter, schneller und angenehmer. Treffen Sie die bewusste Entscheidung, nicht Ihrem präferierten Stil zu folgen, dann wenden Sie wahrscheinlich mehr Kraft und Energie auf, um ein gestecktes Ziel zu erreichen, bevor sich ein gewisser Trainingseffekt einstellt. Es gibt deshalb keine grundsätzlich besseren oder schlechteren Lernstile. Jeder Lernstil hat seine Stärken und Schwächen. Die Schwächen entstehen durch die entwertende Übertreibung der bipolar angelegten Stärken. Wenn Ihre Stärke als Konvergierer bzw. Entscheider darin liegt, Ideen auszuprobieren, und Sie sich aufgrund dieser Präferenz dazu verleiten lassen, alle Ideen, mit denen Sie konfrontiert werden, einer Überprüfung zu unterziehen, dann besteht die Gefahr, dass Sie in einen experimentierenden Aktionismus verfallen und andere Schritte eines Lernprozesses wie reflektiertes Beobachten und abstrakte Denkoperationen vernachlässigen; dies ist mit einer entwertenden Übertreibung einer Präferenz gemeint.

Zur Lernstildiagnose lässt sich auch der Myers-Briggs-Typenindikator® (MBTI®) nutzen. Isabell Myers und Katharine Briggs entwickelten den MBTI® ab 1940 auf der Grundlage der Theorien von Carl Gustav Jung (2011), der sich mit der Frage beschäftigte, wie wir Menschen unsere Umwelt wahrnehmen und wie wir Entscheidungen treffen. Der MBTI® gehört heute zu den weltweit am häufigsten benutzten Fragebögen zur Persönlichkeitsanalyse; er ist wissenschaftlich abgesichert, validiert und anerkannt. Der MBTI® arbeitet ebenfalls mit Polaritäten und Präferenzen. Es werden vier wertneutrale Gegensatzpaare unterschieden, die jeweils Antworten auf eine Frage geben:

1. *Extraversion vs. Introversion:* Woher beziehen Sie bevorzugt Ihre Energie bzw. worauf richten Sie diese?
2. *Sensitives Empfinden vs. Intuition:* Wie nehmen Sie bevorzugt Informationen auf?
3. *Denken vs. Fühlen:* Wie fällen Sie bevorzugt Entscheidungen?
4. *Urteilen vs. Wahrnehmen:* Wie organisieren Sie sich bevorzugt in der Außenwelt?

Aus der Kombination der vier Polaritäten ergeben sich 16 unterschiedliche Typen. Der MBTI® „beschreibt das Zusammenspiel der einzelnen Dimensionen als einen einzigartigen Entwicklungsprozess"; bei den vier Dimensionen „handelt es sich nicht um unabhängige Präferenzskalen, sie bilden vielmehr ein dynamisches Ganzes, bei dem alle Teile in Wechselbeziehung zueinander stehen" (Oppitz 2015, S. 336). Der MBTI® arbeitet nicht mit etikettierenden Labels, sondern lädt uns dazu ein, dass wir uns reflexiv mit uns selbst und unserem lebenslangen Lern- und Entwicklungsprozess beschäftigen.

Im angloamerikanischen Bereich wird der MBTI® seit Jahrzehnten im Bildungswesen eingesetzt, um Lernprozesse zu analysieren und Lehrmethoden darauf abzustimmen (Reichmann und Sievert 2014). Wenn Sie es als Lernender vorziehen, Lerngegenstände durch einen wechselseitigen Austausch mit anderen zu diskutieren, und Dinge, die sie gelernt haben, gleich ausprobieren möchten, so spricht dies für eine Präferenz der Dimension „Extraversion"; bevorzugen Sie es jedoch, sich beim Lernen, Dinge gründlich zu durchdenken und zu reflektieren, bevor Sie in den Austausch mit ausgewählten Lernpartnern gehen, so spricht dies für eine Präferenz der Dimension „Introversion".

Unter Bezug auf Erkenntnisse der differenziellen Lernpsychologie (Quast 2011) benennt Hardeland (2015, S. 128 f.) weitere Polaritäten, die hinsichtlich des Themas Lernstile von Interesse für Lernende sind:

• Hinsichtlich des kognitiven Stiles kann man zwischen feldabhängigen vs. -unabhängigen Lernenden unterscheiden. „Feldabhängige Lernende orientieren sich bei der Informationsverarbeitung stark am Kontext oder der Außenwelt,

d. h. an sozialen Beziehungen. (...) Feldunabhängige Lernende orientieren sich an der Innenwelt, d. h. an ihren inneren Werten und Standards" (Hardeland 2015, S. 128). Während feldabhängigen Lernenden eher eine gelenkte Unterrichtsgestaltung und kooperative Lernformen entgegenkommen, benötigen feldunabhängige Lernende offenere Unterrichtsformen und weniger Unterstützung.

- In Bezug auf den Reaktionsstil wird zwischen impulsiven vs. reflexiven Lernenden differenziert. Reflexiv Lernende schätzen es, ihre Arbeitsschritte und ihr Tempo selbst festzulegen; sie gehen überlegt und bedacht vor und benötigen ein Lehr-Lern-Arrangement, das zum selbstständigen, entdeckenden Lernen anregt. Impulsiv Lernenden kommt ein stärker strukturiertes Lehr-Lern-Arrangement, das Hilfestellungen anbietet und eher kleinschrittig vorgeht, entgegen (Hardeland 2015, S. 128 f.).
- Die Leistungsmotivation von Menschen ist entweder durch den Wunsch, einen Erfolg zu erzielen (Annäherungsmotivation) oder einen Misserfolg zu vermeiden (Vermeidungsmotivation) gekennzeichnet (Abschn. 4.6). Letztere profitieren ganz besonders von einer wertschätzenden Beziehung und emotionaler Wärme, einem kontinuierlichen Feedback, einer angemessenen Förderung ohne Unter- und Überforderung sowie Ermutigung und positiver Verstärkung. Während erfolgsmotivierte anstrengungsbereiter und nicht so sehr von Feedback abhängig sind, gilt es bei den Misserfolgsorientierten das Selbstwertgefühl zu stärken, sodass sie ermutigt werden, sich Anforderungssituationen zu stellen (Hardeland 2015, S. 128 f.).

Die Auseinandersetzung mit den eigenen Präferenzen anhand der aufgezeigten bipolaren Merkmale soll Lernenden wichtige Hinweise geben, sich besser einschätzen zu können, was sie benötigen, um ihren eigenen Lernbedürfnissen besser entsprechen zu können, und ggf. das einzufordern, was sie in ihrem Lernprozess besonders brauchen.

Fazit

So unterschiedlich wie Menschen sind, so verschieden ist auch ihre Art und Weise zu lernen. Jeder Mensch hat seine eigenen Lernziele und auch die Wege, wie er zu seinem Ziel gelangt, können sehr unterschiedlich sein. Es ist weniger das biologische Alter, das einen entscheidenden Einfluss auf das Lernen hat, sondern es sind unsere eigene Lernpraxis und die ihr zugrunde liegenden Annahmen über unsere Lern- und Entwicklungsfähigkeit; hiervon geht der größte Einfluss auf unseren Lernprozess aus. An diesem ist der ganze Mensch als biopsychosoziale Einheit beteiligt.

Ausgehend von unseren Körpererfahrungen entwickeln wir Gefühle und Emotionen, die wiederum Folgen für unsere kognitiven Denkprozesse haben. Das Lernen ist nicht nur ein bewusster Prozess, sondern basiert auch auf vor- und unbewussten Prozessen, die wir uns zunutze machen können. Damit wir unsere kognitiven Stile, die Arbeitsweisen unseres Gehirns sowie unsere Motive besser verstehen, ist es wichtig, uns selbstreflexiv zu betrachten und emotionale Kompetenz zu entwickeln. Unser Lernen ist sowohl *embodied* als auch *embedded*; deshalb empfehlen sich handlungsorientierte Lernaktivitäten und eine gute soziale Vernetzung. Damit wir ein lebendiges und nachhaltiges Lernen praktizieren können, ist es von Vorteil, unterschiedliche Lernstile in Abhängigkeit von situativen Herausforderungen anwenden zu können.

Literatur

Ansburg, P. I., & Hill, K. (2003). Creative and analytic thinkers differ in their use of attentional resources. *Personality and Individual Differences, 34*, 1141–1152.

Arnold, R. (2005). Die emotionale Konstruktion der Wirklichkeit. Pädagogischer Konstruktivismus, Teil III. *GEW-Zeitung RLP*, (Sonderbeilage), IX–XII.

Arnold, R., & Holzapfel, G. (Hrsg.). (2008). *Emotionen und Lernen: Die vergessenen Gefühle in der (Erwachsenen-)Pädagogik*. Baltmannsweiler: Schneider Verlag Hohengehren.

Bargh, J. A., Chen, M., & Burrows, L. (1996). Automaticity of social behavior: Direct effects of trait construct and stereotype priming on action. *Journal of Personality and Social Psychology, 71*(2), 230–244.

Bartz, H. (2015). Einstellungen zu Weiterbildung: Eine Erhebung nach Migrantenmilieus. *DIE Zeitschrift für Erwachsenenbildung, 2*, 35.

Bartz, H., & Tippelt, R. (Hrsg.). (2004). *Adressaten und Milieuforschung zu Weiterbildungsverhalten und -interessen*. Weiterbildung und soziale Milieus in Deutschland, Bd. 2. Bielefeld: W. Bertelsmann Verlag.

Bartz, H., & Tippelt, R. (Hrsg.). (2007). *Praxishandbuch Milieumarketing* (2. Aufl.). Weiterbildung und soziale Milieus in Deutschland, Bd. 1. Bielefeld: W. Bertelsmann Verlag.

Bauer, J. (2006). *Prinzip Menschlichkeit. Warum wir von Natur aus kooperieren*. Hamburg: Hoffmann und Campe.

Brewer, J. A., Worhunsky, P. D. G., Jeremy, R., Tang, Y.-Y., Weber, J., & Kobera, H. (2011). Meditation experience is associated with differences in default mode network activity and connectivity. *Proceedings of the National Academy of Sciences, 108*(50), 20254–20259.

Buddemeier, H., & Strube, J. (1989). *Die unhörbare Suggestion. Forschungsergebnisse zur Beeinflussung des Menschen durch Rockmusik und subliminale Kassetten*. Stuttgart: Verlag Urachhaus.

Carney, D. R., Cuddy, A. J. C., & Yap, A. J. (2015). Review and summary of research on the embodied effects of expansive (vs. contractive) nonverbal displays. *Journal of Applied Psychology, 100*(4), 1286–1295.

Ciompi, L. (1997). *Die emotionalen Grundlagen des Denkens. Entwurf einer fraktalen Affektlogik*. Göttingen: Vandenhoeck & Ruprecht.

Flaig, B. B., Meyer, T., & Ueltzhöffer, J. (1994). *Alltagsästhetik und politische Kultur: zur ästhetischen Dimension politischer Bildung und politischer Kommunikation.* Bonn: Dietz.

Friebe, J., & Schmidt-Hertha, B. (2014). Projekthintergrund, Ziele und Voraussetzungen von CiLL. In: J. Friebe, R. Tippelt & Schmidt-Hertha (Hrsg.), *Kompetenzen im höheren Lebensalter. Ergebnisse der Studie „Competencies in Later Life (CiLL)"* (S. 23–34). Bielefeld: W. Bertelsmann Verlag.

Gallistl, V., & Wanka, A. (2015). Kompetenzaufbau und Kompetenzverlust über den Lebenslauf. *Weiterbildung, 26*(6), 38–41.

Gasser, P. (2008). *Neurophysiologische Grundlagen des Lehrens und Lernens.* Bern: hep.

Gebrande, J., Knauber, C., & Weiß, C. (2014). Kompetenzen Älterer: Zwischenbilanz und Perspektiven ausgewählter Ergebnisse der Studie Competencies in Later Life (CiLL). *Report Zeitschrift für Weiterbildungsforschung, 37*(3), 50–67.

Gieseke, W. (2009). *Lebenslanges Lernen und Emotionen. Wirkungen von Emotionen auf Bildungsprozesse aus beziehungstheoretischer Perspektive* (2. Aufl.). Bielefeld: W. Bertelsmann Verlag.

Gröschner, A. (2014). Veränderungsbereitschaft und Kreativität fördern: der Ansatz des „Körperbasierten Lernens" in der Aus- und Weiterbildung. *Education Permanente, 2,* 4–6.

Gröschner, A., & Sandbothe, M. (2010). Kreativität fördern durch körperbasiertes Lernen. Pragmatistische Perspektiven für den Unterricht in Schule und Universität. In: MedienPädagogik. Zeitschrift für Theorie und Praxis der Medienbildung. http://www.medienpaed.com/article/view/207. Zugegriffen: 21. Juli 2016.

Grötzebach, C. (Hrsg.). (2006). *Trainieren mit Herz und Verstand. Einführung in die suggestopädische Trainingspraxis.* Offenbach: Gabal Verlag.

Haller, Hans-Dieter/Nowack, Ingeborg (o. J.). Lernstildiagnose. Göttingen.

Hardeland, H. (2015). *Lerncoaching und Lernberatung. Lernende in ihrem Lernprozess wirksam begleiten und unterstützen* (4. Aufl.). Baltmannsweiler: Schneider Verlag Hohengehren.

Hartshorne, J., & Germine, L. (2015). When does cognitive functioning peak? The asynchronous rise and fall of different cognitive abilities across the life span. *Psychological Science, 26*(4), 433–443. https://doi.org/10.1177/0956797614567339.

Heckmair, B., & Michl, W. (2011). Bewegung und Erlebnis als Nährboden des Lernens. *DIE, 18*(I), 37–40.

Higgins, E. T. (1997). Beyond pleasure and pain. *American Psychologist, 52*(12), 1280–1300.

Honey, P., & Mumford, A. (1992). *The Manual of Learning Styles.* Berkshire: Maidenhead.

Horn, J. L., & Cattell, R. B. (1967). Age Differences in fluid and crystallized intelligence. *Acta Psychologica, 26*(2), 107–129.

Hüther, G. (2011). *Die Macht der inneren Bilder. Wie Visionen das Gehirn, den Menschen und die Welt verändern* (7. Aufl.). Göttingen: Vandenhoeck & Ruprecht.

James, W. (1884). What is an Emotion? *Mind, 9*(34), 188–205.

Jung, C. G. (2011). *Gesammelte Werke 6.* Ostfildern: Patmos Verlag.

Kade, J., Nolda, S., Dinkelaker, J., & Herrle, M. (Hrsg.). (2014). *Videographische Kursforschung. Empirie des Lehrens und Lernens Erwachsener*. Stuttgart: Kohlhammer.

Kaiser, R. (2010). Lebenslang Lernen – eine Bürgerpflicht? *Weiterbildung, 21*(4), 36–39.

Kaiser, R., & Kaiser, A. (2006). *Denken trainieren. Lernen optimieren. Metakognition als Schlüsselkompetenz*. Augsburg: ZIEL-Verlag.

Kihlstrom, J. F. (1987). The Cognitive Unconscious. *Science, 237*, 1445–1452.

Kolb, D. A. (1985). *Learning Style Inventory*. Boston: McBer and Company.

Konrad, K. (2014). *Lernen lernen – allein und mit anderen. Konzepte, Lösungen, Beispiele*. Wiesbaden: Springer VS.

Kounios, J., & Beeman, M. (2015). *Das AHA-Erlebnis*. München: Deutsche Verlags-Anstalt.

Kruse, A. (2008). Alter und Altern. Überlegungen und empirische Befunde der Gerontologie. In: A. Kruse (Hrsg.), *Weiterbildung in der zweiten Lebenshälfte*. Bielefeld: Deutsches Institut für Erwachsenenbildung.

Kruse, A. (2015). Im Alter entsteht etwas Neues. In: Frankfurter Allgemeine vom 28.November. http://www.faz.net/aktuell/rhein-main/gerontopsychologe-andreas-kruse-ueber-das-altern-13925483.html. Zugegriffen: 06. August 2016.

Lakoff, G., & Johnson, M. (1999). *Philosophy in the Flesh: The Embodied Mind and its Challenge to Western Thought*. New York: Basic Books.

Lambert, A., & Hohenstein, K. (2010). Neues Altersbild finden. Determiniert Intelligenz den Lernerfolg älterer Menschen. *Weiterbildung, 21*(4), 14–17.

Langer, E. (2001). *Kluges Lernen*. Reinbek bei Hamburg: Rowohlt.

LeDoux, J. (2003). *Das Netz der Gefühle. Wie Emotionen entstehen* (2. Aufl.). München: dtv.

Lehr, U. (2010). Wer rastet, der rostet. *Weiterbildung, 21*(4), 6–8.

Lemke, B. (2003). Nichtbewusste Informationsverarbeitungsprozesse und deren Bedeutung für das Lernen Erwachsener. *Literatur- und Forschungsreport Weiterbildung, 26*, 71–83.

Levi-Montalcini, R. (2005). *Die Vorzüge des Alters. Leistungsfähigkeit und geistige Aktivität ein Leben lang*. München/Zürich: Piper.

Lindenberger, U., Smith, J., Mayer, K. U., & Baltes, P. B. (Hrsg.). (2010). *Die Berliner Altersstudie* (3. Aufl.). Berlin: Akademie Verlag.

Llinás, R. R. (2001). *I of the Vortex. From Neurons to Self*. Cambridge: MIT Press.

Lohr, C., & Spitzer, M. (2008). *Gefühle bestimmen den Denkstil. Newsletter Nr. 1 „Emotionen beim Lernen" 21. Januar. Transfer Zentrum für Neurowissenschaften und Lernen*. Ulm: ZNL.

Mayer, K. U., & Baltes, P. B. (Hrsg.). (1996). *Die Berliner Altersstudie* (1. Aufl.). Berlin: Akademie Verlag.

McClelland, D. (1961). *The achieving society*. Princeton: Van Nostrand.

Metzinger, Thomas (2012): „Das Selbst ist nur ein Modell". In: ZEIT Campus Nr. 2/2012 vom 21. Februar.

Nørretranders, T. (1997). *Spüre die Welt. Die Wissenschaft des Bewusstseins*. Reinbek bei Hamburg: Rowohlt.

Oerter, R. (2000). Implizites Lernen beim Sprechen, Lesen und Schreiben. *Unterrichtswissenschaft, 28*(3), 239–256.

Oppitz, S. (2015). Myers-Briggs-Typenindikator ® (MBTI ®). In: M. Brand, F. Ion & S. Wittig (Hrsg.), *Handbuch der Persönlichkeitsanalysen* (S. 327–355). Offenbach: Gabal Verlag.

Pöppel, E., & Wagner, B. (2010). *Je älter desto besser. Überraschende Erkenntnisse aus der Hirnforschung.* München: Gräfe und Unzer Verlag.

Pullen, J. C. (2016). Der Körper als Ressource in individuellen Veränderungsprozessen. *Organisationsberatung Supervision Coaching, 3*(23), 285–296.

Quarch, C., & Hüther, G. (2016). *Rettet das Spiel. Weil Leben mehr als funktionieren ist.* München: Carl Hanser Verlag.

Quast, U. (2011). *Lernermerkmale, Lernertypen, Lernverhalten. Aspekte der differentiellen Lernpsychologie für Lehrende und Lernende.* Frankfurt am Main: Verlag Peter Lang.

Ratey, J. J., & Hagerman, E. (2013). *Superfaktor Bewegung. Das Beste für ihr Gehirn.* Kirchzarten bei Freiburg: VAK.

Reichmann, E., & Sievert, B. (2014). *Lehr- und Lernpräferenzen kennen und nutzen: Persönlichkeitstypologie und Hochschuldidaktik.* Bielefeld: Verlag beruf und leben.

Reynolds, J. (2015). Ein Gespräch mit Jorge Reynolds. In: Hartkemeyer, M., Hartkemeyer, J. F., & Hartkemeyer, T. (Hrsg.), *Dialogische Intelligenz. Aus dem Käfig des Gedachten in den Kosmos gemeinsamen Denkens* (S. 152–156). Frankfurt am Main: Info3-Verlagsgesellschaft.

Rheinberg, F. (2004). *Motivationsdiagnostik.* Göttingen: Hogrefe Verlag.

Rheinberg, F. (2008). *Motivation* (7. Aufl.). Stuttgart: Kohlhammer.

Rock, D. (2011). *Brain at Work. Intelligenter Arbeiten, mehr erreichen.* Frankfurt/New York: Campus Verlag.

Roth, G. (2006). Möglichkeiten und Grenzen von Wissensentwicklung und Wissenserwerb. Erklärungsansätze aus Lernpsychologie und Hirnforschung. In: R. Caspary (Hrsg.), *Lernen und Gehirn. Der Weg zu einer neuen Pädagogik* (2. Aufl. S. 54–69). Freiburg im Breisgau: Herder Verlag.

Roth, G. (2011). *Bildung braucht Persönlichkeit. Wie Lernen gelingt.* Stuttgart: Klett-Cotta.

Schiller, F. (1993). Über die ästhetische Erziehung des Menschen in einer Reihe von Briefen (1793). In: G. Fricke (Hrsg.), *Sämtliche Werke* 9. Aufl. (Bd. 5, S. 570–669). München: Hanser. Brief 15.

Schnurr, Eva-Maria (2010): Unser neues Körpergefühl. In: Die Zeit, 7. Dezember.

Shusterman, R. (2012). *Körper-Bewusstsein. Für eine Philosophie der Somästhetik.* Hamburg: Felix Meiner Verlag.

SINUS (Hrsg.). (2015). *Informationen zu den Sinus-Milieus® 2015/2016.* Heidelberg: Sinus Markt- und Sozialforschung.

Spitzer, M. (2002). *Lernen. Gehirnforschung und die Schule des Lebens.* Heidelberg/Berlin: Spektrum Akademischer Verlag.

Spitzer, Manfred (2003): Medizin für die Pädagogik. In: Die Zeit, Nr. 39 vom 18. September.

Stenger, C. (2016). *Wer lernen will, muss fühlen*. Reinbek bei Hamburg: Rowohlt.

Storch, M., Cantieni, B., Hüther, G., & Tschacher, W. (2010). *Embodiment. Die Wechselwirkung von Körper und Psyche verstehen und nutzen* (2. Aufl.). Bern: Verlag Hans Huber.

Tippelt, R., Schmidt-Hertha, B., & Friebe, J. (2014a). Kompetenzen und Kompetenzentwicklung im höheren Lebensalter. In: J. Friebe, R. Tippelt & Schmidt-Hertha (Hrsg.), *Kompetenzen im höheren Lebensalter. Ergebnisse der Studie „Competencies in Later Life (CiLL)"* (S. 11–20). Bielefeld: W. Bertelsmann Verlag.

Tippelt, R., Schmidt-Hertha, B., & Friebe, J. (2014b). Interpretation und Transfer der Befunde in die Weiterbildung. In: J. Friebe, R. Tippelt & Schmidt-Hertha (Hrsg.), *Kompetenzen im höheren Lebensalter. Ergebnisse der Studie „Competencies in Later Life (CiLL)"* (S. 157–168). Bielefeld: W. Bertelsmann Verlag.

Tippelt, R., Reich, J., von Hippel, A., Barz, H., & Baum, D. (Hrsg.). (2008). *Milieumarketing implementieren*. Weiterbildung und soziale Milieus in Deutschland, Bd. 3. Bielefeld: W. Bertelsmann Verlag.

Walk, L. (2011). Bewegung formt das Gehirn. *DIE Zeitschrift für Erwachsenenbildung, 18*(1), 27–29.

Weiß, O., Voglsinger, J., & Stuppacher, N. (Hrsg.). (2016). *Effizientes Lernen durch Bewegung*. Münster: Waxmann Verlag.

Zeigarnik, B. (1927). Untersuchungen zur Handlungs- und Affektpsychologie: III. Das Behalten erledigter und unerledigter Handlungen. *Psychologische Forschung, 9*, 1–85.

5

Wie lassen sich das Lehren und Lernen gestalten?

Inhaltsverzeichnis

Bereits vor mehr als 450 Jahren beschäftigte Johann Amos Comenius (2000, S. 1) in seiner *Großen Didaktik* als „erstes und letztes Ziel" die Herausforderung, „die Unterrichtsweise aufzuspüren und zu erkunden, bei welcher die Lehrer weniger zu lehren brauchen, die Schüler dennoch mehr lernen". Welche Antworten hierauf in der Weiterbildung heute gegeben werden, soll uns im Folgenden beschäftigen. Dazu werden wir uns zunächst mit einer der Grundformen pädagogischen Handelns, dem Arrangieren, befassen und untersuchen, welche verschiedenen Vorstellungen von einer Lernkultur und den entsprechenden pädagogischen Aktivitäten hiermit verbunden sind. Auch werden wir der Frage nach den daraus resultierenden Rollenanforderungen für Weiterbildner nachgehen. Aus welchen Komponenten sich ein Lernarrangement zusammensetzt, soll mithilfe des $\overline{\text{MIRZ}}$-Modells erläutert werden. Die Kompositionsregeln von Lernarrangements basieren auf grundlegenden Überzeugungen von Lernprozessen, die häufig wenig reflektiert und zumeist implizit angewendet werden, über Metaphern aber gut zu veranschaulichen sind. Es gilt, ihre konzeptionellen Konstruktionsregeln zu entschlüsseln. Mit Lehr-Lern-Arrangements werden Ziele auf unterschiedlichen Ebenen verfolgt. Darüber hinaus geht es auch um Zugänge zur

© Springer-Verlag GmbH Deutschland 2017
E. Schäfer, *Lebenslanges Lernen*, Kritisch hinterfragt DOI 10.1007/978-3-662-50422-2_5

Weiterbildung generell; dies soll uns unter dem Stichwort der inklusiven Bildung abschließend beschäftigen.

5.1 Was ist der Unterschied zwischen den Lernkulturen der Erzeugungs- und Ermöglichungsdidaktik?

Wenn im Folgenden die Rede von Lernkulturen ist, so wird der Begriff in einem umfassenden Sinne für die Gesamtheit des Lehrens und Lernens mit all seinen Kontextbezügen verstanden. Siebert (1999, S. 16) beschreibt Lernkulturen metaphorisch als „Lernlandschaften", die aus „Lernumgebungen, Lernchancen und Lernbarrieren aus den Zugängen zu neuem Wissen, aus privilegierten und vergessenen tabuisierten Themen, aus Lerngewohnheiten und Lernritualen, aus der sozialen Anerkennung oder Missachtung des Lernen" bestehen.

Neben dem Unterrichten, Informieren, Beraten und Animieren ist das Arrangieren eine Grundform pädagogischen Handelns (Giesecke 2010; Prange und Strobel-Eisele 2006), die besonders in der Weiterbildung von Bedeutung ist. Hier geht es nämlich nicht darum, wie im schulischen Sinne zu unterrichten oder zu animieren ist, da die Teilnehmer in der Regel ja freiwillig da sind. Angesichts der Abwesenheit dezidierter Lerninstruktionen und der Einsicht in die prinzipielle Nichtprogrammierbarkeit des Lernens Erwachsener geht es stärker darum, Lernsituationen zu erzeugen, die durch zurückhaltende Lernanweisungen des Pädagogen gekennzeichnet sind und die mit ihrer kalkulierten Offenheit bestimmte Freiheitsspielräume für die Lernenden beinhalten (Lindner 2014).

> **?**
>
> Was verbirgt sich hinter den Begriffen Lehr-Lern-Arrangement, und Lernumgebung?

In der Diskussion über Lehr-Lern-Arrangements begegnen uns auch die Begriffe des Lernsettings, der Lernarchitektur und der Lernumgebungen; sie alle beschreiben Möglichkeitsräume für Lernprozesse (Seitter 2007) mit unterschiedlicher Reichweite und verweisen auf ein situatives filigranes Agieren in pädagogischen Interaktionen; dabei werden Dynamik und Struktur ausbalanciert. Elemente von Lehr-Lern-Arrangements können die folgenden sein: Inhalte, Ziele, Methoden, Medien, Evaluationsformen, Interaktionsmuster, Zeiten, Räume etc. Der Begriff des *Lehr-Lern-Arrangements* nimmt Situationen in den Blick, die nur sehr begrenzt vorausgeplant werden können, und betont damit die Unverfügbarkeit der lernenden Subjekte.

Lehr-Lern-Arrangement

Unter Lehr-Lern-Arrangements versteht man die Gestaltung eines Lernprozesses durch alle daran Beteiligten, also die Lehrenden wie die Lernenden unter bestimmten didaktischen und methodischen Gesichtspunkten.

Lernarrangements sind Ausdruck eines didaktischen Verständnisses, das Lernende in den Mittelpunkt der Lernprozesse stellt, wobei es durch die Kombination unterschiedlicher Lernumgebungen möglich ist, die Bedürfnisse, Interessen und Ziele der Lernenden zu berücksichtigen.

(Stangl 2016)

Lehr-Lern-Arrangements zielen durch die Gestaltung pädagogischer Situationen und die Bereitstellung von *Lernumgebungen* darauf ab, Wissen zu vermitteln, Kompetenzen zu entwickeln und Reflexionsprozesse anzuregen.

Lernumgebung

Lernumgebungen lassen sich „als unter pädagogisch methodischen Gesichtspunkten modellierte Räume beschreiben, die den Lernenden ermöglichen, vor dem Hintergrund ihrer Erfahrungen neue Erfahrungen zu machen, sie zu kommunizieren, zu systematisieren, daraus Kompetenzen zu entwickeln und in ihre individuellen Handlungsmuster einzubauen" (Hurrle et al. 1999, S. 61).

Von Lehr-Lern-Arrangements und Lernumgebungen sollen lernfördernde Impulse ausgehen, sie sollen wechselnde Perspektiven ermöglichen und vielfältige Lernoptionen anbieten, um auf die Lebenswelten der Lernenden besser einzugehen. Lernarrangements, die Lernende einladen, ihre Lernsituationen selbst mitzugestalten, sind in der Lage, die Selbstverantwortung für Lernprozesse zu stärken und zu selbstgesteuertem Lernen zu motivieren. Lernen ist a priori immer selbstgesteuert, als solches kann es als eine conditio sine qua non für lebenslanges Lernen verstanden werden. Dies heißt jedoch nicht, dass auf die Organisation guter Lernarrangements verzichtet werden könnte oder sollte.

Das Arrangieren greift die Trends zur Individualisierung und Flexibilisierung des Lernens auf. An die Stelle eines dozentenorientierten Lehrprozesses tritt ein in steigendem Maße selbstgesteuerter Lernprozess, für den die Lernenden zunehmend die Kontrolle und Verantwortung übernehmen. Die Lehrenden haben nur mittelbar Einfluss auf die Prozesse der Wissensaneignung und des Erwerbs von Kompetenzen der Lernenden (Puhl 2001, S. 18 f.). Die Vorstellung, die „Lehren als eine Art der Übertragung von Wissen ansieht und das Lernen als Wissensaufnahme versteht" (Thissen 1998, S. 31), gehört der Vergangenheit an. Diese Auffassungen sind Ausdruck einer Kultur der Fremdorganisation des Lernens, die

1. davon ausgeht, dass Lehren eine Bedingung von Lernen sei und nur dann gelernt werden könne, wenn jemand lehrt,
2. annimmt, individuelle Lernprozesse ließen sich gleichschalten,
3. die Entscheidung über den Einsatz der Lernmethode ausschließlich in die Hände des Lehrenden legt und
4. einseitig auf Lerngegenstände und -inhalte fixiert ist (vgl. Arnold und Schüßler 1998, S. 32).

Eine solche Lernkultur kann man als expositorisches Lehren und rezeptives Lernen beschreiben. Die Organisation von Lehr-Lern-Prozessen, die diesen Prämissen folgt, fördert ein Denken in Leitplanken und ist von der humanistischen Idee einer „Bildung durch Wissenschaft" äonenweit entfernt.

> ?
>
> Was ist mit Lehr-Lern-Kurzschluss gemeint?

Aus den Forschungen der Hirnphysiologie, der Neurologie und der Kognitionspsychologie wissen wir, dass Lernende autopoetische, d. h. selbsterschaffende und -erhaltende, operational geschlossene Systeme sind, die sich durch Lehranstrengungen nicht planbar beeinflussen lassen. Menschen sind, so kann man die Erkenntnis des Konstruktivismus provokant zusammenfassen, zwar lernfähig, aber unbelehrbar (Siebert 2014). Holzkamp (2004) spricht in diesem Zusammenhang vom „Lehr-Lern-Kurzschluss" und meint damit die Unterstellung, Lehren würde automatisch Lernen implizieren. „Ich bin demgegenüber der Auffassung, dass intentionales, d. h. absichtliches und geplantes Lernen nur dann zustande kommt, wenn das Lernsubjekt selbst entsprechende Gründe dafür hat" (Holzkamp 2004, S. 29). Lernen findet für Holzkamp immer dann statt, wenn das „Subjekt in seinem normalen Handlungsvollzug auf Hindernisse oder Widerstände" (Holzkamp 2004, S. 29) stößt.

Das klassische Verständnis von Lernen im Sinne einer Wissensvermittlung kann nicht länger aufrechterhalten werden. An seine Stelle tritt der Wissensaufbau als eine konstruktivistische Leistung (Arnold und Erpenbeck 2014). Für den Wissens- und Kompetenzerwerb gilt das 70:20:10 Modell; dieses basiert auf den Ergebnissen der Untersuchungen von Lombardo und Eichinger (1996), demzufolge Lernerfahrungen im Arbeitskontext zu 70 % aus der Bewältigung der Aufgaben bei der Arbeit, zu 20 % aus dem Austausch mit den Kollegen im beruflichen Umfeld und zu 10 % aus den Inhalten klassischer Kurse, durch Lesen von Büchern und Artikeln oder durch die Vermittlung von Lerninhalten in anderen Lernformaten hervorgehen. Zu ähnlichen Ergebnissen kommt Cross (2007), der davon ausgeht, dass 80 % der Kompetenzen informell erworben werden. Ein Wissenserwerb auf Vorrat macht deshalb heute wenig Sinn, weil er nicht zeitnah umgesetzt werden kann. Benötigt wird immer mehr ein Wissen just-in-time, was zu einen Lernen auf Abruf, dem sog. Learning on Demand führt.

> ?
>
> Sind die individuellen Fähigkeiten und strukturellen Rahmenbedingungen für selbstgesteuerte Lernprozesse vorhanden?

Die Studie von Graf et al. (2016, S. 5), die auf einer Befragung von über 10.000 betrieblichen Mitarbeitern beruht, zeigt, dass diese zwar „ein ausgeprägtes Bewusstsein dafür (haben), dass sie sich kontinuierlich weiterbilden müssen"; es fehlt ihnen allerdings häufig das Handwerkszeug, sich Lernziele zu setzen, ihre Lernzeit zu managen und das neu Gelernte in der Arbeit umzusetzen. Neben den persönlichen Fähigkeiten gilt es aber auch an den strukturellen Rahmenbedingungen zu arbeiten. Die Lernkultur wird in den Unternehmen oft nur als mangelhaft beurteilt: „Insgesamt schätzt nur eine kleine Minderheit (8 %) der Befragten die Lernkultur in ihrem Unternehmen als gut bzw. sehr gut ein" und „nur insgesamt ein Drittel der Befragten (29 %) (empfindet) Weiterbildung und Lernen als gelebte Werte im Unternehmen" (Graf et al. 2016, S. 60). Da sich die Selbststeuerung von Lernprozessen bei den Mitarbeitern noch nicht flächendeckend etabliert hat, wird es künftig vermehrt darauf ankommen, die Lernenden in ihren Lernprozessen zu begleiten und zu unterstützen. Dies stellt besondere Anforderungen an die Führungskräfte, als Lerncoaches ihrer Mitarbeiter zu fungieren (Abschn. 9.5).

> ?
>
> Was kennzeichnet eine Ermöglichungsdidaktik im Unterschied zur Erzeugungsdidaktik?

Die dem alten Paradigma einer mechanistischen *Erzeugungsdidaktik* verpflichtete Lehrkultur wird, anders als die *Ermöglichungsdidaktik*, den Herausforderungen der autonomen, selbstgesteuerten subjektiven Aneignungsprozesse des Lernens nicht gerecht.

> **Erzeugungsdidaktik**
>
> Unter einer Erzeugungsdidaktik verstehen wir eine Didaktik, in der es primär um eine dozentenorientierte Wissensvermittlung mit dem Ziel geht, bestimmte vorher festgelegte Lernergebnisse zu erreichen. Sie setzt auf eine klare Lehrende-Lernende-Hierarchie, einen linearen Ablauf des Lernprozesses sowie überwiegend frontale Methoden (Arnold und Schüßler 1998, S. 10).

> **Ermöglichungsdidaktik**
>
> Die Ermöglichungsdidaktik sieht ihre Aufgabe vornehmlich darin, für die Lernenden Rahmenbedingungen zu schaffen, die Lernprozesse ermöglichen und erleichtern. Sie bemüht sich um einen Hierarchieabbau, zyklische, dialogische und ganzheitliche Sichtweisen sowie offene, Selbstbestimmung ermöglichende Methoden (Arnold und Schüßler 1998, S. 10).

Lernen ist ein aktiver Prozess, in dem subjektive Konstrukte der Welt verändert werden. Dieser Prozess kann dadurch unterstützt werden, dass Informationen zur Verfügung gestellt, Erfahrungen ermöglicht und Hilfestellungen offeriert werden. An die Stelle der Erzeugungsdidaktik, die der Illusion eines „Herstellens" von Lernergebnissen erliegt, gilt es, die Ermöglichungsdidaktik zu setzen, die es sich zum Ziel macht, Rahmenbedingungen zu schaffen, die Lernprozesse ermöglichen (Arnold und Schüßler 1998, S. 10). In ihr kann sich das Arrangieren als die adäquate Form pädagogischen Handelns entfalten.

Ein relationaler Lernbegriff (Radatz 2013), wie er dem entwickelten Verständnis eines In-Beziehung-gehens (Kap. 3) entspricht, betont, dass Lernen in Beziehung stattfindet: „Wir lernen, indem wir die Welt gestalten, und gestalten die Welt, indem wir lernen" (Radatz 2013, S. 72). Die Maxime eines solchen Lernens besteht darin, die Handlungsmöglichkeiten der Lernenden zu steigern. Hierfür gilt es, einen förderlichen Rahmen zu schaffen, der im Sinne der Ermöglichungsdidaktik den Lernenden Optionen für Erfahrungen anbietet und diese mit ihnen reflektiert. Lehre ist deshalb „mehr als Wissensvermittlung und Moderation von Diskussionen. Lehre ist Gestaltung von anregenden Lernumgebungen. Lehre ist der Wechsel der Beobachterperspektive, Lehre ist die Bereitstellung von Lernmaterialien für unterschiedliche Lernkanäle, Lehre ist die Schaffung von sozialen Situationen" (Siebert 2000, S. 42 f.).

> **?**
>
> Welche verschiedenen Rollen kann ein Lehrender in der Weiterbildung einnehmen?

Die Aufgabe von Lehrenden besteht unter den Prämissen des Arrangierens in einer Ermöglichungsdidaktik darin, die Parameter für die Organisation und Steuerung des Lernens so festzulegen, dass eine Form gefunden wird, die für die Erfordernisse, Ansprüche sowie die Voraussetzungen und Bedingungen des jeweiligen Lernens von Individuum und Gruppe adäquat ist. Dies kann nur in einem gemeinsamen Prozess von Lehrenden und Lernenden geschehen. Die Lehrenden übernehmen zunehmend vielfältige Rollen, zu denen ohne Anspruch auf Vollständigkeit u. a. die folgenden gehören: Beobachter, Begleiter, Berater,

Coach, Consultant, Dozent, Experte, Facilitator, Koordinator, Leiter, Lernscout, Partner, Moderator, Organisator, Prozessanleiter, Prozessbegleiter, Querdenker, Supervisor und Trainer bzw. Cotrainer.

Der Facilitator kommt den Anforderungen des Arrangierens im Sinne der Ermöglichungsdidaktik vielleicht am nächsten (Kötter und Kursawe 2016, S. 45):

- Er ist gut vorbereitet – auch auf das Unvorhersehbare.
- Er besitzt emotionale Intelligenz und tiefe Kenntnisse von Gruppendynamiken.
- Er kann Menschen einbinden und beteiligen.
- Er kann die Weisheit der Gruppe abrufen und nutzbar machen.
- Er ist allparteilich und objektiv.
- Er kann Prozesse zusammenfassen und auf den Punkt bringen.
- Er besitzt einen vollen Werkzeugkoffer an Methoden und Techniken.

Wie die Arbeit eines Facilitators heute aussehen kann, das lässt sich am Beispiel der Aus- und Weiterbildung von Managern studieren; so hat z. B. Google sein entsprechendes Programm für die interessierte Fachöffentlichkeit in dem Dokument „Google's New Manager Program Facilitator Guide" frei zugänglich gemacht.

Neben dem Facilitator ist auch der Moderator ein Experte für das Arrangieren. Er zeichnet sich durch seine Kommunikationskompetenz, Neutralität, Authentizität und Methodenkenntnis aus (Graeßner 2008). In seiner Haltung kommt er dem Coach sehr nahe; beide haben es mit Prozessen der Konstruktion, Rekonstruktion und Dekonstruktion – den drei zentralen Perspektiven pädagogischen Handelns – zu tun. Konstruktion bezieht sich auf die „Erfindung der Wirklichkeit" durch den Lernenden, Rekonstruktion auf die „Entdeckung der Wirklichkeit" und Dekonstruktion auf das „Enttarnen der Wirklichkeit" (Reich 2000, S. 119 f.).

Facilitator, Moderator und Coach sind primär Experten für den Prozess und nicht so sehr für den Inhalt; hier existiert ein Unterschied zum Weiterbildner, der sich überwiegend auch als Experte für den Inhalt versteht. Die Herausforderung besteht darin, beide Aspekte miteinander in Einklang zu bringen.

Um die Rollenvielfalt der Lehrenden zu ordnen, haben Stabenau et al. (2010, S. 192) den Vorschlag unterbreitet, diese anhand zweier Polaritätsskalen zu ordnen:

1. Sie hat die Ausprägungen von Nähe und Distanz der Lehrenden zu den Menschen in den Weiterbildungsangeboten. Leitend ist hier die Frage, ob die Auseinandersetzung mit dem Lerngegenstand mehr im Vordergrund steht, was für eine stärkere Sachorientierung und größere Distanz zum Menschen steht oder ob die Beziehungsebene stärker ausgeprägt ist, was gleichzeitig mehr Nähe schafft.
2. Sie unterscheidet zwischen den didaktischen Ausrichtungen der Erzeugungs- und der Ermöglichungsdidaktik.

Auf diese Weise entsteht ein Vierfelderschema das unterscheidet zwischen einem

- unterstützendem (ermöglichungsdidaktischem und näheorientiertem),
- delegierendem (ermöglichungsdidaktischem und distanzorientiertem),
- dirigierendem (erzeugungsdidaktischem und distanzorientiertem) und
- trainierendem (erzeugungsdidaktischem und näheorientiertem) Verhalten unterscheidet.

> ?
>
> Wodurch zeichnet sich eine lernende Haltung im Lehr-Lern-Prozess aus?

All die genannten Rollen können in verschiedenen Lehr-Lern-Settings in Abhängigkeit von Zielen, Anforderungen und Erwartungshalten der Beteiligten jeweils ihre Berechtigung haben. Wichtig ist es, dass sich die Beteiligten im Klaren darüber sind, welche Rollen sie gerade einnehmen, wann und warum sie diese wechseln und dass sie dies sowohl sich selbst als auch den anderen gegenüber transparent machen. In institutionell geprägten Lernsettings, also solchen, denen eine vertragliche Gestaltung zugrunde liegt, sind die Rollen, wie Watzlawick et al. (2011) es in ihrem vierten Kommunikationsaxiom ausdrücken, komplementär, d. h. die Rollen sind nicht reziprok austauschbar, sondern zumindest für die Zeit, zu der, und den Ort, an dem die Veranstaltung, der Kurs oder die Sitzung stattfindet, nicht umkehrbar.

Die Herausforderung besteht darin, trotz des institutionell vorgegebenen komplementären Rahmens eine symmetrische Beziehung aufzubauen. Damit ist gemeint, dass sich die Beteiligten jenseits ihrer Rollenzuschreibungen nicht in einer Subjekt-Objekt-Beziehung, sondern in einer Subjekt-Subjekt-Beziehung oder, wie Buber (2008) es ausdrückt, in einer Ich-Du-Beziehung auf gleicher Augenhöhe als Menschen begegnen. Buber nennt dies eine Be-gegnung im Dialog statt einer Ver-gegnung. Die Qualität der Interaktion hängt also nicht von den jeweiligen Rollen ab, die Lehrende und Lernende im jeweiligen Lehr-Lern-Setting einnehmen. Von entscheidender Bedeutung ist, dass beide Seiten eine lernende Haltung einnehmen. Damit ist eine innere Haltung von „Interesse und Neugier am Anderen" gemeint, „die von dem Bewusstsein des eigenen Nicht-Wissens getragen wird" (Hartkemeyer et al. 2015, S. 119). Wie sich die Welt eines anderen aus dessen Sicht darstellt, bleibt mir verborgen, deshalb sollte ich ihm lernbereit entgegentreten, so kann ein tiefes Verständnis möglich werden. Auch wenn der Lernprozess jener Person im Vordergrund steht, die eine Weiterbildungsdienstleistung gebucht hat, so wird auch derjenigen, der die Rolle des Lehrenden rein formal ausfüllt und der mit einer lernenden Haltung unterwegs ist, aus der Begegnung ebenfalls Lernimpulse für sich mitnehmen, selbst wenn er dies in dem Prozess selbst nicht unbedingt thematisieren wird.

5.2 Aus welchen Dimensionen besteht ein Lehr-Lern-Setting?

Die Vielzahl der Rollen, die eine lehrende Person in Veranstaltungen der Weiterbildung einnehmen kann, ist – wie im vorhergehenden Abschnitt ausgeführt – sehr umfangreich; noch um einiges größer ist allerdings die Anzahl der *Lehr-Lern-Settings*. Hier herrscht eine kaum noch zu überblickende Bandbreite an Formaten.

> **Lehr-Lern-Setting**
>
> Unter einem Lehr-Lern-Setting bzw. Format soll ein kluges Arrangement von Elementen verstanden werden, das mit bestimmten pädagogischen Intentionen verbunden ist. Lehr-Lern-Settings sind solche Lehr-Lern-Arrangements, die vorab in ihren Elementen bereits definiert sind.

> **?**
>
> Welche Settings bzw. Formate von Angeboten der Weiterbildung gibt es?

Um einen Eindruck von der Vielzahl der Settings und Formate zu vermitteln, werden hier, ohne den Anspruch auf auch nur annähernde Vollständigkeit, einige aufgezählt: BarCamp, Besinnungstag, Blended Learning, Bildungsurlaub, Blockseminar, Coaching, Community Learning, Diskussionsrunde, E-Learning, Erzählcafé, Exerzitien, Exkursion, Fernlehrgang, Fest/Feier, Flipped Conference, Galerieabend, Game Based Training, How-to-Video, Inverted Classroom, Kamingespräch, kollegiale Fallberatung, Kompaktkurs, Konferenz, Kurs, Lehrgang, Lesung/Leseabend, Mobile-Welt-Café, Massive Open Online Course, Open Space, Outdoortraining, Podiumsgespräch, Rüstwoche, Seminar, Schreibwerkstatt, Stadtteilarbeit, Studienfahrt, Supervision, Theaterarbeit, Vernissage, VHeSpresso, Vorbereitungskurs, Vorlesung, Web Based Training, Webinar, weiterbildender Studiengang, Werkstattarbeit, Workshop, Zertifikatskurs. Die Liste ließe sich noch beliebig verlängern. Nach der wbmonitor-Umfrage 2015 stellen Seminare, Kurse, Lehrgänge und kurze Veranstaltungen in Präsenzform immer noch das Gros der Veranstaltungsformate (Ambos et al. 2016).

Was unter identischen Begriffsbezeichnungen zum Teil verstanden wird, kann sehr stark voneinander abweichen; deshalb macht es auch wenig Sinn, Formate verbindlich definieren bzw. klassifizieren zu wollen. Zum Teil wird versucht, Settings nach Kriterien wie Zugang, Umfang, Struktur und Abschluss voneinander abzugrenzen, was in bestimmten Weiterbildungssektoren wie beispielsweise der wissenschaftlichen Weiterbildung durchaus nützlich sein kann, wenn es darum geht, bestimmte Systematisierungsstufen voneinander zu unterscheiden (DGWF 2010). Ein anderer Versuch, das Feld zu ordnen, besteht darin, die Dimensionen eines Lehr-Lern-Settings in didaktisch-methodische, sozial-integrative und solche des Umfeldes zu unterteilen.

Im Folgenden wollen wir einem dritten Ansatz der Systematisierung folgen, den die FormenFinder, eine 2014 in Mitteldeutschland entstandene interdisziplinär zusammengesetzte Lern- und Arbeitsgemeinschaft (Im Gespräch mit der interprofessionellen Entwicklungs- und Arbeitsgemeinschaft FormenFinder 2016) entwickelt hat; dieser Ansatz nimmt vier Dimensionen in den Blick, nach denen Lehr-Lern-Settings beschrieben werden können; diese werden nach ihren Anfangsbuchstaben abgekürzt (s. unten) und ergeben das $\overline{M}$IRZ-Modell.

> ?
>
> Wofür steht $\overline{M}$IRZ?

Holger Löbe

Das $\overline{\text{M}}$IRZ-Modell soll einerseits Lehrenden helfen, sich über das von ihnen zu arrangierende Lernsetting Gedanken zu machen, Entscheidungen zu treffen und blinde Flecke auszuloten. Für Lernende kann es ein Instrument sein, Einsichten über ihren eigenen Lernprozess zu gewinnen, aktiv unterbelichtete Dimensionen ins Licht zu rücken und ihren eigenen Lernprozess aktiv zu steuern. Insgesamt geht es um Möglichkeiten der Gestaltung und Förderung von Lernprozessen, für die ein Instrumentarium zur Verfügung gestellt wird. In jeder der noch zu erläuternden $\overline{\text{M}}$IRZ-Dimensionen werden fünf Ebenen, die sich wechselseitig durchdringen und deshalb nicht getrennt voneinander betrachtet werden können, unterschieden:

1. das Ich,
2. das Du bzw. Wir,
3. das Thema,
4. die Umwelt und
5. der Lernprozess.

Wenn im Folgenden von Lehrenden und Lernenden gesprochen wird, dann bedeutet dies, dass die institutionell vorgegebenen Rollen von Lehrenden und Lernenden im Prozess des Lernens wechseln können; deshalb ist auch die Rede von Lehr-Lern-Prozessen, die immer diese Wechselseitigkeit konstitutiv in sich tragen.

Das $\overline{\text{M}}$ steht für die erste Dimension, die in den Lernsettings beteiligten *Menschen*; hiermit sind gleichermaßen Lehrende wie Lernende gemeint. Unabhängig davon, ob die Beteiligten als Lehrende oder Lernende agieren, gilt es, in der Dimension „Mensch" die einzelnen Individuen und die Gruppe, der gemeinsam in einem Lehr-Lern-Setting befindlichen Personen, zu unterscheiden. Insofern hat diese Dimension immer zwei Ausprägungen. Um diesen Sachverhalt deutlich zu machen, verwenden wir den Reduplikationsstrich über dem M. Auf Seiten der primär Lernenden geht es um die Frage des Adressaten- und Zielgruppenbezugs, der Zugangsvoraussetzungen, der biografischen und soziokulturellen Prägungen, der Erwartungshaltungen, der Lernstile sowie der Lern- und sonstigen Erfahrungen, die in dem gemeinsamen Lehr-Lern-Prozess von Bedeutung sein können. Auf Seiten der primär Lehrenden steht die Frage im Vordergrund, in welchen Rollen diese unterwegs sind, über welche methodisch-didaktischen Kompetenzen sie verfügen, wie ihr Zugang und das Verhältnis zur Weiterbildung ist, welche eigenen Präferenzen sich im Lernen ausgebildet haben und wie ihr Verhältnis zu der Einrichtung gestaltet ist, für die sie als Erwachsenenbildner tätig werden.

Für beide Seiten, Lehrende wie Lernende, geht es nach der Selbstklärung und der Analyse der eigenen konzeptuellen Metaphern von Lehren und Lernen (Abschn. 5.3) auf den ersten beiden Ebenen um die Frage, wie die Beziehung untereinander jeweils zum Du und zum Wir definiert wird. Auf der dritten Ebene steht das In-Beziehung-gehen aller Beteiligten zum Thema im Zentrum; hier wird u. a. die Frage beantwortet, was man tut und warum man dies tut. Gerahmt werden die ersten drei Ebenen durch eine vierte, die Umweltfaktoren in Form von gesellschaftlichen Wertvorstellungen, Gesetzen Verordnungen, strukturellen Gegebenheiten und sonstigen soziokulturelle Determinanten beinhaltet. Auf der fünften Ebene, der Prozessebene geht es schließlich um sozial-interaktive Aspekte: In welcher Sozialform findet das Lernen statt – in Einzelarbeit, in Partnerarbeit, in Gruppenarbeit oder im Plenum? Welche Einflüsse haben die Gruppendynamik und deren Einflüsse auf den Lernprozess?

Das I steht für die zweite Dimension, die *Inhalte*, das Thema und die Lerngegenstände. Hier sollen sich die Beteiligten darüber Klarheit verschaffen, welche kognitiven, emotionalen und prozeduralen Lernziele angestrebt, welche Lernergebnisse erwartet, wie diese operationalisiert und anhand welcher Kriterien überprüft werden können. Dies soll jeder für sich tun. In der Gruppe ist es sodann die Aufgabe, auf der zweiten Ebene in einen Dialog hierzu einzutreten. Im Ergebnis eines diskursiven Austauschs können die Festlegungen auf der individuellen Ebene ggf. modifiziert werden. Auf der dritten Ebene ist zu bedenken, dass Inhalte niemals für sich allein stehen, sondern stets in Relation zu anderen zu setzen sind; über gedankliche und Handlungsoperationen können sie miteinander verknüpft werden. Die vierte Ebene des Umwelt- und Gesellschaftsbezugs rückt Fragen nach der Relevanz und Bedeutung der Inhalte in unterschiedlichen gesellschaftlichen Anwendungskontexten in den Mittelpunkt und kann z. B. ethische Aspekte aufwerfen. Auf der fünften, der Prozessebene, ist über die Auswahl, den Einsatz und die Wirkmechanismen geeigneter Methode und Medien zur Erreichung der gesetzten Lernziele nachzudenken: Soll es primär um Interaktion, Darbietung oder Erarbeitung gehen?

Das R steht für die dritte Dimension, den *Raum*. Dieser ist gleichermaßen sehr vielschichtig und – zumindest bislang – leider zu wenig beachtet. Die Merkmalkomplexe von Räumen lassen sich nach der Raumgestalt, der Raumausstattung, der Raumausgestaltung sowie der sozialen Komponente in Form ermöglichender Interaktionen differenzieren. Neben dem äußeren Raum, der gebauten Umwelt, existiert immer auch der innere Lernraum, in dem wir den Freiraum für das Lernen zu schaffen versuchen, in dem wir uns heimisch oder auch fremd fühlen und in dem wir gestalterisch tätig werden, durch und über den wir reflexiv und aktiv Verbindung zu uns, anderen und der Welt aufnehmen. Neben dem physischen und dem inneren Raum ist in Zeiten der digitalen Bildung der virtuelle Raum nicht zu vernachlässigen.

Auf den ersten beiden Ebenen, der Ich-Ebene und der Du-Wir-Ebene, sind die in den Lehr-Lern-Prozess involvierten Subjekte aufgefordert, das Verhältnis zu den verschiedenen Räumen zu klären. Leider sind die meisten Räume in Bildungsbauten, wie Filter (2016, S. 10 ff.) feststellt „ungeeignet für die sensiblen, komplexen Lernvorgänge, die auf Beziehung und Resonanz beruhen". An Lernorten gelte es, „Möglichkeitsräume" zu schaffen sowie „Beziehungsfelder und Kommunikationsprozesse in Gestaltsprachen" umzusetzen, was leider zu wenig Berücksichtigung findet, da Bildungsbauten eher als strukturale Architektur gedacht werden. Parallel hierzu stellt sich auf der dritten Ebene die Frage, ob der Lernort adäquat zum Lerninhalt gewählt ist, ob sich dort die gesetzten Lernziele erreichen lassen, ob er zu den Sozialformen passt, ob sich die dazu passenden Sitzordnungen realisieren lassen und ob er für den Einsatz der gewählten Methoden geeignet ist. Räume entstehen durch Abgrenzung zu der sie umgebenden Umwelt; wie dies konkret jeweils aussieht, ist Thema auf der vierten Ebene. Bei einem Lernen vor Ort wird der Lernraum Teil des öffentlichen bzw. privaten Raumes, und sein gesellschaftlicher Bezug wird unmittelbar erfahrbar. Auf der fünften Ebene, der Prozessebene, ist nach den physischen und psychischen Wirkungen des Raumes auf das Lernen Ausschau zu halten. Hinsichtlich einer funktionalen gesundheits- und kommunikationsfördernden Lernraumgestaltung lassen sich folgende Punkte benennen: Im Mittelpunkt steht ein hinlänglich großer Bewegungsraum, der die Grundvoraussetzung für eine flexible Möblierung, eine gute Raumakustik, ein angenehmes Raumklima und ein flexibles Präsentationssystem bietet (Buddensiek 2008). Aus der Architekturpsychologie wissen wir, dass die gestaltete Umwelt wichtige Beiträge zu „Arbeits- und Lernleistung, Wohlbefinden, Sozialverhalten, Gesundung sowie Umweltkontrolle" leistet (Walden 2016, S. 14). Durch die Gestaltung der Lernumgebung durch Licht und Farben lässt sich die Konzentration fördern und sowohl das Seelenleben als auch der gesamte physische Organismus, insbesondere das vegetative Nervensystem, positiv beeinflussen (Bräuer und Fischer 2016). Auch die Akustik des Raumes hat maßgeblichen Einfluss auf Wohlbefinden, Leistungsfähigkeit und das Sozialverhalten (Leistner 2016).

Das Z steht für die vierte Dimension, die *Zeit*. Während Chronos den Ablauf der Zeit versinnbildlicht, steht Kairos für den günstigen Zeitpunkt einer Entscheidung. Daneben gibt es auch die Eigenzeit, die persönliche Zeit. Die Eigenzeit ist auch ein Begriff der Zeitsoziologie, mit dem Nowotny (1993) qualitative Veränderungen in der Zeitwahrnehmung, im Zeitempfinden und in der gesellschaftlichen wie individuellen Strukturierung von Zeit beschreibt. Die Eigenzeit bringt zum Ausdruck, dass natürliche Prozesse innerhalb bestimmter Zeiträume erfolgen und eine bestimmte Dauer benötigen; dies gilt insbesondere für Lernprozesse, die selten linear, sondern häufig rhythmisch oder zyklisch verlaufen.

Jeder Mensch folgt seinen eigenen Zeitmustern beim Lernen. Wie sie aussehen, ist auf der ersten, der Ich-Ebene, herauszufinden. Hier stellen sich die Frage nach dem eigenen circadianen Rhythmus und den Konsequenzen für die Planung von Lernphasen. Auf der zweiten Ebene, der Du-/Wir-Ebene, geht es um die Entwicklung eines Verständnisses für die Lernrhythmen der Mitlernenden sowie die

Herausbildung einer für gemeinsame Lernprozesse erforderlichen Abstimmung unterschiedlicher Zeitansprüche. Auf der dritten Ebene interessieren die Ansprüche des Themas an die zeitliche Strukturierung der Weiterbildung: Lassen sich die Inhalte zeitlich separieren und portionieren, oder geht damit etwas verloren?

Lernen kann zeitlich sowohl in fest umrissenen Zeitkorridoren als auch parallel zu beruflichen oder privaten Alltagsaktivitäten stattfinden. Hier ergibt sich auf der vierten Ebene der Umwelt- und Gesellschaftsbezug. Mit der Entscheidung entweder für spezifische erwachsenenpädagogische Settings außerhalb der alltäglichen Lebensvollzüge oder in den Alltag integrierte Settings sind jeweils andere Implikationen für das Lernen verbunden. In Bezug auf die fünfte Ebene, der Prozessebene, ist von Bedeutung, wie das Verhältnis der Zeiten für die Lernphasen des Einsteigens in die Thematik, des Erarbeitens, des Integrierens sowie des Auswertens bzw. Evaluierens gewichtet, getaktet und aufeinander bezogen wird.

Ein Lehr-Lern-Setting ist einem Mobile zu vergleichen, das die einzelnen $\overline{\text{M}}$IRZ-Dimensionen auf ihren jeweiligen Ebenen in ein stabiles Gleichgewicht bringt, das aber nicht starr, sondern in der Lage ist, in sich flexibel Impulse von innen und außen auszubalancieren. Dies im Auge zu behalten, ist vordringlich die Aufgabe des Lehrenden, aber auch aller Beteiligter. Es kommt darauf an, in situativer Präsenz permanent eine Passung zwischen den verschiedenen Elementen des $\overline{\text{M}}$IRZ-Modelles herzustellen. Das Modell kann sowohl als Rahmenkonzept für das Arrangieren von Lehr-Lern-Settings als auch als Analyse- und Reflexionsmodell genutzt werden. Sollte einer Ihrer Lernprozesse, egal ob formal, non-formal oder informell, nicht zu Ihrer Zufriedenheit verlaufen und Sie können nicht genau sagen, woran das liegt, dann ziehen Sie doch das $\overline{\text{M}}$IRZ-Modell zurate; andererseits können Sie mithilfe von $\overline{\text{M}}$IRZ natürlich auch Ihnen ganz besonders wichtige bzw. geglückte Lernsituationen auf ihre Gelingensbedingungen hin analysieren.

5.3   Welche Metaphern prägen das pädagogische Denken und Handeln?

Wir haben uns bereits in Kap. 2 mit der Metapher des lebenslangen Lernens beschäftigt. Auch als wir uns mit den unterschiedlichen Rollen auseinandergesetzt haben, die ein Lehrender einnehmen kann (Abschn. 5.1), haben wir mit der Verwendung von Begriffen wie Beobachter, Begleiter, Leiter oder Moderator auf Metaphern zurückgegriffen, um auszudrücken, durch welche Handlungen das pädagogische Selbstverständnis geprägt wird. Hierauf können wir nun aufbauen und intensiver die konzeptionellen pädagogischen Metaphern (vgl. Guski 2007) in ihrer handlungsleitenden Funktion für die Lehr-Lern-Prozesse analysieren. Im

Folgenden werde ich zentral auf die Dissertation von Sabine Marsch (2009) zurückgreifen, die mit ihrer empirischen Untersuchung von Metaphern des Lehrens und Lernens bei Biologielehrern wesentliche Erkenntnisse geliefert hat, die auch für die Weiterbildung von eminenter Bedeutung sind.

?

Mit welchen Metaphern beschreiben Sie ihre eigenen Lernprozesse? Welche sind Ihre Lieblingsmetaphern? Wie haben sich diese möglicherweise über die Zeit verändert? Mit welchen Metaphern haben Ihre Lehrer in der Schule und in der Weiterbildung über Lehren und Lernen gesprochen? Wie passen diese Metaphern mit Ihren eigenen zusammen?

Viele unserer gedanklichen Prozesse sind metaphorisch strukturiert. Metaphern bestimmen nicht nur unser Denken, sondern auch unser Reden und schließlich unser Handeln. Die kognitive Metapherntheorie, die Theorie des erfahrungsbasierten Verstehens (Lakoff und Johnson 1980), zeigt auf, dass Metaphern mehr sind als ein schmückendes rhetorisches Beiwerk; sie spiegeln unsere gedanklichen Konzepte, verraten etwas über unsere Vorstellungswelt und wirken auf diese zurück, indem sie uns Denkfiguren liefern. Der erhebliche Einfluss der sprachlichen Bilder ist inzwischen auch neurophysiologisch nachgewiesen (Hüther 2015). Metaphern entstehen dadurch, dass wir Erfahrungen aus einem direkt erfahrbaren Ursprungsbereich auf einen abstrakten Zielbereich, hier das Lehren und Lernen, übertragen (Gropengießer 2007). Diese konzeptionellen Metaphern nutzen wir als Modelle der Wirklichkeit. „Für die Beschreibung eines abstrakten Sachverhalts gibt es immer mehr als eine konzeptuelle Metapher. Manche eignen sich besser, andere schlechter zur Beschreibung oder Konzeptualisierung von individuellen Vorstellungen. Jede Metapher betont bestimmte Sachverhalte (highlighting) und versteckt andere (hiding)" (Marsch 2009, S. 21).

Metaphern sind physisch im Gehirn manifestiert und auf Repräsentationen im Nervensystem zurückzuführen. Rohrer (2005) konnte nachweisen, „dass durch die Präsentation einer Metapher im Gehirn die gleichen Regionen angeregt werden wie durch die physische Erfahrung des Quellbereichs der Metapher" (Marsch 2009. S. 19). Wenn Sie über das „Begreifen" eines Lerngegenstands sprechen, dann werden bei Ihnen primäre motorische und sensomotorische Bereiche in der Hirnrinde aktiviert.

Günther Schanz (2007, S. 272), der ehemalige Direktor des Instituts für Unternehmensführung der Georg-August-Universität Göttingen und Autor eines Buches über implizites Wissen, vertritt die Auffassung, dass „Sprachbilder in Gestalt von Metaphern und Analogien (…) offensichtlich probate Mittel der Externalisierung impliziten Wissens" darstellen. So wie uns unsere Emotionen zu unseren impliziten Motiven führen (Abschn. 4.6), können wir über verwendete Metaphern den Zugang zu implizitem Wissen finden. Dass der Zugang zu Lernbildern auch über Collagen als Ausdrucksform zu Lernvorstellungen Erwachsener möglich ist, hat Umbach (2016) in ihrer Studie gezeigt.

> **?**
>
> Welche konzeptionellen Metaphern für das Lehren und Lernen lassen sich unterscheiden?

Marsch (2009, S. 75 ff.) beschreibt die folgenden Metaphern des Lehrens und Lernens:

Lehren und Lernen ist Gehen und Reisen

Dieser Metapher liegt das Start-Ziel-Schema zugrunde. Es handelt sich um eine kulturell tief verwurzelte Konzeptualisierung, die auf frühkindliche Erfahrungen zurückgeht und uns schon bei den Klassikern der Erziehungswissenschaft begegnet. Bereits Comenius (2000, S. 113) sprach 1657 davon, „dass nicht nur der Lehrende, sondern auch der Lernende ohne jede Verwirrung erkennen kann, wo er steht." Pestalozzi (1946, S. 108) beschreibt 1826 die Erziehung als ein „ununterbrochenes Fortwandeln auf dem Pfade", und Diesterweg (1844, S. 156) umschreibt die unterschiedlichen Fähigkeiten von Schülern mit „Elefantenschritten" bzw. „Mückenschritten". Der Metapher des Gehens und Reisens ist die Fokussierung auf eine zielgerichtete Bewegung zu eigen; der vom Lernenden wandernd, gehend oder reisend zurückgelegte Weg kennzeichnet den Lernprozess. Die Rolle des Lehrenden besteht darin, auf dem Weg ein Begleiter oder Führer zu sein. Der Begleiter zeigt dem Lernenden Wege auf, die er selbst beschreiten muss; er leistet ihm dabei Hilfestellungen und steht zur Verfügung, wenn der Lernende ihn benötigt. Der Führer hingegen leitet stärker an, er kennt den richtigen Weg; er beschreibt oder zeigt diesen dem Lernenden und hat darauf zu achten, dass er den Lerner auf dem Weg nicht verliert.

Lehren und Lernen ist Eintrichtern und Verinnerlichen

Dieser Metapher liegen zwei verwandte Schemata zugrunde: das Geben und Nehmen einerseits und das Behälterschema andererseits. Beiden liegen ebenfalls frühkindliche Erfahrungen zugrunde. Wir nehmen unseren Körper als Behälter wahr, der über Austauschprozesse des Gebens und Nehmens mit seiner Umwelt in Verbindung steht. Entsprechende Bilder haben in der Pädagogik ebenfalls eine lange Tradition. Schon Comenius (2000, S. 69, S. 116) verwendet den Begriff der „Wissensnahrung": „Welches aber das beste Übungsverfahren sei, lehren uns die natürlichen, dem Ernährungsvorgang dienenden Regelungen des lebendigen Körpers: Aufnahme, Verdauung und Verteilung."

Auf den Dichter Georg Philipp Harsdörffer geht schließlich das Bild des Nürnberger Trichters zurück. Im Zentrum dieser Konzeptualisierung steht die Vermittlung unhinterfragten Wissens. Dies kann auf unterschiedliche Weisen geschehen. Die Rolle des Lehrenden kann darin bestehen, den aktiven Part des Abfüllens zu übernehmen, dem Lernenden bleibt dann lediglich der Verarbeitungsprozess einer hoffentlich gut vorbereiteten Lernsubstanz. Der Lehrende kann seine Rolle aber auch so interpretieren, dass er sie im Sinne einer Transaktion interpretiert. Er versteht sich dann als potenzieller Anbieter einer Ware oder Dienstleistung, der etwas darbietet, das angenommen werden kann oder auch nicht.

Lehren und Lernen ist Bauen und Konstruieren

Diese Metapher basiert auf einer zentralen Erfahrung menschlichen Lebens, dem Behaustsein; auch hiermit sammeln wir als Kinder schon früh beim Spielen unsere Erfahrungen. Bereits bei Diesterweg (1844, S. 177) begegnet uns dieses Bild: „Der wahre Lehrer zeigt seinem Schüler nicht das fertige Gebäude, an dem Jahrtausende gearbeitet haben, sondern er leitet ihn zur Bearbeitung der Bausteine an, (…) lehrt ihn das Bauen." Wenn von Grundlagen die Rede ist, auf denen sich die weiteren Inhalte der Lehrpläne aufbauen, so haben wir es auch mit dieser Metaphorik zu tun. Die Rolle des Lehrenden kann entweder die des Architekten oder die des Baumeisters sein. Als Architekt entwirft er das Haus nach den Vorstellungen des Bauherrn, mit dem er in einen Aushandlungsprozess über das eintritt, was er unter statischen und materialtechnischen Aspekten für realisierbar hält; für das Lernen heißt dies, entsprechend den Möglichkeiten des Lernenden, dessen Kenntnisstand sowie Bedürfnis- und Motivlage, inhaltliche, didaktisch-methodische Vorschläge zu machen. Der Lernende ist aktiv in diesen Prozess mit einbezogen. Als Baumeister ist der Lehrende für die Wissensbausteine und die methodischen Handwerkszeuge verantwortlich, aus denen der Lernende ein eigenes Denkgebäude auf ihren Fundamenten errichten soll. Wenn der Lehrende in die Rolle des Vorarbeiters schlüpft, ist er stärker in einer Vorbildrolle direkt am Bau des Gebäudes beteiligt.

Lehren und Lernen ist Verbinden und Verknüpfen

Die Metapher des Verbindens und Verknüpfens eignet sich gut zur Erklärung neurobiologischer Lernprozesse, wie dies z. B. die Hebb'sche Lernregel tut; sie wurde 1949 vom kanadischen Psychologen Donald Hebb postuliert und sagt aus, dass die zelluläre Basis von Lernen eine verbesserte Kommunikation zwischen zwei Zellen ist. Werden ein Senderneuron und ein Empfängerneuron gleichzeitig aktiv, dann entsteht zwischen ihnen eine neue Verbindung: „Neurons wire together if they fire together" (Löwel und Singer 1992, S. 211). Neuronen, die gemeinsam feuern, bilden eine gemeinsame Verbindung. Diese Metapher eignet sich gut zur Erklärung individueller Lernprozesse und weniger zum Verständnis komplexer Interaktionen zwischen Lehrenden und Lernenden. Für das Verknüpfen der Wissensstränge ist der Lernende verantwortlich; für den Lehrenden stellt sich die Aufgabe, an den Vorstellungen der Lernenden anzuknüpfen.

Lehren und Lernen ist Pflanzen und Gärtnern
Die Metapher des Pflanzens und Gärtnern nimmt sich Wachstums- und Entwicklungsprozesse zum Vorbild; auf sie wurde historisch häufig zurückgegriffen. „Schon vor Rousseau ist der Raum der Erziehung als Garten vorgestellt worden, in dem natürliches Wachstum unterstützt werden sollte. Die Metapher des Gartens war immer der Gegenentwurf zum Haus, nicht zufällig sprach Friedrich Fröbel vom ,Kindergarten', der vom Elternhaus unterschieden werden sollte" (Oelkers 2002). Die Rolle der Lehrenden wird in der Funktion des Gärtners gesehen, dessen Aufgabe es ist, die Lernenden zu umsorgen, sodass sie sich gut entwickeln können.

Lehren und Lernen ist Sehen und Aufdecken
Die Metapher des Sehens und Aufdeckens rekurriert auf den Erfahrungsbereich des Wahrnehmens, Suchens und Findens. Diese Metapher fokussiert auf die visuelle Sinneswahrnehmung; das Sehen wird mit Verstehen gleichgesetzt. Die Rolle des Lehrenden ist es, eine Sache auszuleuchten, sie ins Gesichtsfeld des Lernenden zu rücken, damit dieser selbst aktiv werden kann.

Lehren und Lernen ist Arbeiten und Leisten
Die Metapher des Arbeitens und Leistens nimmt Bezug auf den Erfahrungsbereich von Arbeit, Leistung und Erfolg. Der Leistungsaspekt und die Orientierung an einem Produkt rücken dabei in den Mittelpunkt. Ob der Lehrende die Rolle eines Antreibers zur Lernarbeit übernimmt, bleibt zunächst offen. Wenn ihn kein Lehrender im Arbeitsprozess überwacht, so fällt dem Lerner diese Rolle selbst zu; klar ist für ihn jedenfalls, dass Lernen harte Arbeit ist und Leistung nur durch Anstrengung zu erreichen ist.

Lehren und Lernen ist Bilden und Prägen
Die Metapher des Bildens und Prägens erinnert an künstlerische bildhauerische und/oder handwerkliche Prägevorgänge. Aus der Historie ist uns das Bild der Tabula rasa (Abschn. 3.1) bekannt, der unbeschriebenen Platte, mit der ein Mensch zu Beginn des Lebens verglichen wird; das Leben nimmt dann die Eingravierungen vor. Der Lernende wird zu einem formbaren Material, das durch den Lehrenden oder ihn selbst bearbeitet wird.

Lehren und Lernen ist Speichern und Verstauen
Die Metapher des Speicherns und Verstauens ist der Metapher des Behälters verwandt. Der Erfahrungsbereich, auf den hier zurückgegriffen wird, ist neueren Datums; die Bezugsbilder sind der Computer sowie die Soft- und Hardware. Die Rolle des Lehrenden ist es, die Konfigurationen so vorzunehmen, dass Wissen durch den Lernenden abgespeichert und bei Bedarf auch wieder abgerufen werden kann.

Lehren und Lernen ist Kämpfen und Trainieren
Die Metapher des Kämpfens und Trainierens hat die Dressur und den Krieg zum Vorbild. Der Kampf findet entweder zwischen dem Lehrenden und dem Lernenden oder zwischen dem Lernendem und dem Lerngegenstand statt. Die Rolle des Lehrenden ist dann die eines Dompteurs, der die Lernenden zu einem manipulierten Objekt macht.

> **?**
>
> Wie passen die angeführten Metaphern zu einem aktiven, selbstgesteuerten und ganzheitlichen Lernverständnis und den Erkenntnissen der Neurobiologie?

Unter der Perspektive, dass Lernen ein aktiver, selbstverantworteter, selbstgesteuerter und zum Teil auch selbstorganisierter konstruktivistischer Prozess ist, der unter ganz spezifischen situativen Kontexten stattfindet und an dem Personen in ihrer Gesamtheit als biopsychosoziale Wesen teilnehmen, gibt es Metaphern, die besser zu diesem Verständnis von Lernen passen als andere. Dies trifft beispielsweise auf die Metaphern des Gehens und Reisens sowie des Bauens und Konstruierens zu. Die Metapher des Speicherns und Verstauens ist neurobiologisch genauso wenig haltbar wie die Vorstellung des Gedächtnisses als Muskel (Wiseman 2015, S. 28). Der Geist lässt sich nicht auf das Physiologische reduzieren. Das Gehirn ist mehr als ein rein physikalisches Organ, das quasi maschinenähnlich funktioniert. Gehirn und Geist können nicht isoliert betrachtet werden. Wir haben es, wie es der Neurophilosoph Georg Northoff (2012) ausdrückt, mit einer Umwelt-Gehirn-Einheit zu tun.

Abschließend stellt sich die Frage, ob eine Veränderung von Metaphern des Lehrens und Lernens auch zu einer anderen Praxis des Lehrens und Lernens führen kann. Die Vermutung, dass dies so ist, liegt nahe, die empirischen Belege dafür fehlen aber noch.

5.4   Zugänge zur Weiterbildung für alle?

Die Europäische Kommission hat im August 2015 einen Bericht zur Umsetzung des strategischen Rahmens für die europäische Zusammenarbeit auf dem Gebiet der allgemeinen und beruflichen Bildung vorgelegt; darin werden prioritäre Bereiche formuliert. Gleich der zweite von sechs Bereichen trägt die Überschrift „Inklusive Bildung, Chancengleichheit, Nichtdiskriminierung und Förderung von Bürgerkompetenz". Untersetzt wird dieses Ziel durch folgende Unterpunkte:

- „Anpassung an die zunehmende Vielfalt der Lernenden und Verbesserung des Zugangs zu hochwertiger, inklusiver regulärer Bildung und Berufsbildung für alle Lernenden (...).

- Bekämpfung von Diskrepanzen zwischen den Geschlechtern in der Bildung (...).
- Unterstützung von Migranten beim Erlernen der im Bildungssystem und auf dem Arbeitsmarkt verwendeten Sprache.
- Förderung der bürgerschaftlichen interkulturellen und sozialen Kompetenz und der Interaktionskompetenz, des gegenseitigen Verstehens und der gegenseitigen Achtung sowie der Identifikation mit demokratischen Werten und Grundrechten.
- Stärkung des kritischen Denkens sowie der Internet- und Medienkompetenz" (Europäische Kommission 2015, S. 11 f.).

> ?
> Worin besteht der Unterschied zwischen einem engen und weiten Begriffsverständnis von Inklusion?

Das Konzept der Inklusion zielt nicht nur auf Menschen mit Behinderung ab, sondern erstreckt sich auf Zielgruppen mit erschwerten Zugangsmöglichkeiten. Im Unterschied zur Integration, die beim Einzelnen ansetzt, stellt die Inklusion die Frage in den Mittelpunkt, wie die Gemeinschaft strukturell beschaffen sein muss, um Teilhabe zu ermöglichen. Dies hat Konsequenzen für das Verständnis von *inklusiver Bildung*.

Inklusive Bildung

Für Kill (2012, S. 20) bedeutet „Inklusive Bildung (...) zunächst, dass allen Menschen – unabhängig von Geschlecht, Religion, ethnischer Zugehörigkeit, besonderen Lernbedürfnissen, sozialen oder ökonomischen Voraussetzungen – die gleichen Möglichkeiten offen stehen, an qualitativ hochwertiger Bildung teilzuhaben und ihre Potenziale zu entwickeln."

Die Europäische Kommission (2015, S. 6) versteht inklusive Bildung als Teil einer umfassenden Teilhabe; sie formuliert damit ein weites Inklusionsverständnis und stellt die Forderung, dass die „Bildungseinrichtungen und Lehrkräfte (...) über das notwendige Rüstzeug verfügen und hinreichend unterstützt werden, damit die Lernenden in ihrer Lernumgebung Inklusion, Chancengleichheit, Nichtdiskriminierung und demokratischen Bürgersinn erfahren können". Der Europäischen Kommission ist ein inklusiv gestaltetes Bildungssystem wichtig, das Diskriminierungen entgegenwirkt.

Die hier formulierte weite Auffassung von Inklusion bringt zum Ausdruck, dass die Aufgabenerfüllung von Einrichtungen der Erwachsenenbildung auf allen Gebieten unter Berücksichtigung der Vielfalt der Teilnehmenden erfolgt und die gleichberechtigte Teilhabe aller Menschen höchste Priorität hat. „Inklusion im Bildungsbereich bedeutet, dass allen Menschen die gleichen Möglichkeiten offen stehen, an qualitativ hochwertiger Bildung teilzuhaben und ihre Potenziale zu entwickeln, unabhängig von besonderen Lernbedürfnissen, Geschlecht, sozialen und ökonomischen Voraussetzungen" (Deutsche UNESCO-Kommission 2016).

Mit seinem Motto „Omnes, Omnia, Omnio" (Alle, Alles, Allumfassend) hat bereits Comenius (1991, S. 12) die gleichberechtigte allumfassende Teilhabe aller Menschen an allen Bildungsangeboten als Programm formuliert. Ihm ging es darum, „dass dem ganzen Menschengeschlecht, das Ganze, allumfassend (...) gelehrt werde". *Alle* bedeutet, dass Bildung allen Menschen, „jung und alt, arm und reich, adelig und nichtadelig, Männer(n) und Frauen (...), alle(n) Altersstufen, alle(n) Stände(n), Gesellschaften und Völker(n)" zugutekommen muss. *Alles* meint Unterweisung nicht in einer Hinsicht allein, „in wenigem oder in vielem, sondern in all dem (...), was die menschliche Natur wirklich vollkommen macht" (Comenius 1991, S. 13). *Allumfassend* bezieht sich schließlich auf die Art und Weise der Unterweisung, eine gründliche und sachgemäße. Mit diesen in der *Pampaedia* entwickelten, Grundsätzen vertritt Comenius ein bildungspolitisches Programm, das weit über die Pädagogik im engeren Sinne hinausreicht. Er stellt einen Zusammenhang zwischen Pädagogik und Politik her, denn sein übergreifendes Ziel ist die Verbesserung der menschlichen Verhältnisse; ihr soll alle Bildung dienen.

Die Erwachsenenbildung ist von ihrem Selbstverständnis schon immer darum bemüht, alle Exklusion fördernden Strukturen und Praktiken, einschließlich vorhandener Barrieren abzubauen. Eine Bildung für alle Menschen vorzuhalten, diesem Anspruch fühlt sich die – aus der Aufklärung und Arbeiterbildung als ihren historischen Wurzeln hervorgegangene – Erwachsenenbildung verpflichtet. Die Erwachsenenbildungseinrichtungen sind von ihrem Anspruch immer schon inklusive Bildungseinrichtungen gewesen; sie richten sich mit ihrem Angebot an alle Bevölkerungsschichten und Milieus. Sie wollen insbesondere auch jenen über den Erwerb von Bildung gesellschaftliche Teilhabechancen eröffnen, denen es daran mangelt. Weiterbildungsinstitutionen engagieren sich in Feldern, die von besonderer Bedeutung für den Zusammenhalt der Gesellschaft sind, wie der Grundbildung, der Alphabetisierung und der Vermittlung von Sprachkenntnissen für Migranten und Flüchtlinge.

Gegenüber einem weiten Verständnis von Inklusion findet sich in der UN-Behindertenrechtskonvention, die im Jahr 2009 vom Deutschen Bundestag ratifiziert wurde, ein engeres Verständnis von Inklusion. Im Zuge der Umsetzungsstrategien geht es darum, Inklusion als Querschnittsthema in allen pädagogischen Institutionen zu verankern (Lindenmeier und Lütje-Klose 2015). Die Diskussion hat sich bislang vornehmlich auf die schulische Bildung konzentriert. Der Bereich der Erwachsenenbildung wurde deutlich weniger fokussiert.

Ausgehend vom Prinzip der Gleichberechtigung fordert die UN-Behindertenrechtskonvention ein einbeziehendes (inklusives) Bildungssystem auf allen Ebenen und ein lebenslanges Lernen. Der Zugang zur Erwachsenenbildung und zu lebenslangem Lernen soll Menschen mit einer Behinderung gleichberechtigt mit anderen ermöglicht werden. „Bildung für alle", „Entfaltung individueller Potenziale" und „Vielfalt des Lernens" sind wesentliche Anliegen der Konvention und decken sich mit den traditionellen Werten der Erwachsenenbildung.

> **?**
>
> Mit welchen Herausforderungen ist das Thema Inklusion für die Weiterbildung verbunden?

Die große Herausforderung für die Zukunft besteht darin, die „Erwachsenenbildung auf struktureller Ebene im inklusiven Bildungssystem zu verorten" (Ackermann und Ditschek 2015, S. 308). Zahlreiche Fragen sind noch offen, beispielsweise „ob die Forderung nach offenen bzw. inklusiven Angeboten den Bedürfnissen von Menschen mit Behinderungen bzw. ihren Teilhabeeinschränkungen immer gerecht wird" (Ackermann und Ditschek 2015, S. 313). Dass sich Barrierefreiheit nicht auf die Gestaltung der baulichen Umwelt reduzieren lässt, macht der Deutsche Volkshochschul-Verband (2015, S. 3) in seiner Empfehlung zur Verbesserung der Zugänglichkeit von VHS deutlich. Darin verweist er auf die Notwendigkeit, durch die Gestaltung des Kursprogramms, der Öffentlichkeitsarbeit und des Internetauftritts sowie die Sensibilisierung und Qualifizierung des Personals die Voraussetzungen dafür zu schaffen, „dass sich Menschen mit und ohne Behinderung gleichermaßen angesprochen fühlen". Die Einrichtungen der Erwachsenenbildung werden ihre Prozesse und Strukturen unter dem Aspekt der Inklusion neu überdenken und im Sinne einer Organisationsentwicklung ggf. verändern müssen (Meisel 2015). Schließlich stellt sich die Frage nach der pädagogischen Professionalität der Erwachsenenbildner bei der Umsetzung einer inklusiven Bildungsarbeit (Lakemann und Schäfer 2016). Es wird insgesamt darum gehen, Inklusion „weniger als eine Methode oder Organisationsform zu verstehen (...), sondern vielmehr als eine veränderte Philosophie, die insbesondere eine neue normativ-ethische Orientierung beinhaltet" (Heimlich und Behr 2009, S. 813).

Die Erwachsenenbildung steht vor großen Herausforderungen bei der Umsetzung einer inklusiven Erwachsenenbildung und darf dabei nicht überfordert werden: Volkshochschulen und freie Träger der Erwachsenenbildung „sind ohne eine ausreichende, verlässliche personelle und sächliche Ausstattung (...) nicht unendlich belastbar und das Potenzial der Fähigkeiten pädagogischer Erwachsenenbildungseinrichtungen ist aus dem Nichts nicht unbegrenzt steigerungsfähig" (Markowetz und Tippelt 2015, S. 348.).

Angesichts der prekären finanziellen Situation, in der sich gerade die öffentlich finanzierte Weiterbildung in Deutschland befindet (Abschn. 10.5), sind erhebliche monetäre Anstrengungen erforderlich, um den Anspruch einer inklusiven Erwachsenenbildung auf breiter Basis einlösen zu können.

Fazit

Lehr-Lern-Arrangements in der Weiterbildung bringen zum Ausdruck, dass den Lernenden Offerten zur individuellen und flexiblen Gestaltung ihrer Lernprozesse im Sinne einer Ermöglichungsdidaktik gemacht werden. Die Lehrenden übernehmen diverse, zum Teil situativ wechselnde Rollen als Lernbegleiter. Die Qualität des Lernprozesses hängt entscheidend von einer lernenden Haltung in der dialogischen Begegnung von Lehrenden und Lernenden ab. In der Praxis der Weiterbildung findet sich eine Vielzahl von Lernsettings bzw. Lernformaten. Im Wesentlichen sind es vier Aspekte, die ein Lernsetting ausmachen: die beteiligten Menschen, die Inhalte, der Raum und die Zeit. Das MIRZ-Modell fasst sie zusammen.

Die Kompositionsregeln von Lehr-Lern-Arrangements lassen sich am besten mit den Metaphern des Gehens und Reisens sowie des Bauens und Konstruierens erfassen, da diese am ehesten dem aktiven, selbstverantworteten, selbstgesteuerten und zum Teil auch selbstorganisierten konstruktivistischen Lernprozess gerecht werden. Der Anspruch der Erwachsenenbildung war es stets, durch Weiterbildung gesellschaftliche Teilhabe zu ermöglichen. Deshalb ist es für den quartären Bildungssektor selbstverständlich, sowohl dem engen wie weiten Begriffsverständnis von Inklusion gerecht zu werden und weitere Anstrengungen auf dem Weg zu einer inklusiven Bildung zu unternehmen.

Literatur

Ackermann, K.-E., & Ditschek, E. J. (2015). Von der separierenden zur inkludierenden Erwachsenenbildung. *Hessische Blätter für Volksbildung, 65*(4), 308–316.

Ambos, I., Koscheck, S., & Martin, A. (2016). *Öffentliche Weiterbildungsförderung von Teilnehmenden. Ergebnisse der wbmonitor Umfrage 2015.* Bonn: W. Bertelsmann Verlag.

Arnold, R., & Erpenbeck, J. (2014). *Wissen ist keine Kompetenz. Dialoge zur Kompetenzreifung.* Baltmannsweiler: Schneider Verlag Hohengehren.

Arnold, R., & Schüßler, I. (Hrsg.). (1998). *Wandel der Lernkulturen. Ideen und Bausteine für ein lebendiges Lernen.* Darmstadt: Wissenschaftliche Buchgesellschaft.

Bräuer, J., & Fischer, K. A. (2016). Beispiel: Lernumgebung und Lernerfolg. Wie Licht und Farben Einfluss nehmen. *Weiterbildung, 5,* 18–21.

Buber, M. (2008). *Ich und Du.* Stuttgart: Reclam.

Buddensiek, W. (2008). Lernräume als gesundheits- und kommunikationsfördernde Lebensräume gestalten. Auf dem Weg zu einer neuen Lernkultur. In: G. Brägger, G. Israel & N. Posse (Hrsg.), *Bildung und Gesundheit. Argumente für gute und gesunde Schulen.* Bern: h.e.p.-Verlag.

Comenius, J. A. (1991). *Pampaedia. Allerziehung. In deutscher Übersetzung herausgeben von Klaus Schaller.* Sankt Augustin: Academia Verlag.

Comenius, J. A. (2000). *Große Didaktik. Übersetzt und hrsg. von Andreas Flitner* (9. Aufl.). Stuttgart: Klett-Cotta. Orig. 1659

Cross, J. (2007). *Informal learning: rediscovering the natural pathways that inspire innovation and performance.* San Francisco: Pfeiffer.

Deutsche UNESCO-Kommission (2016). Inklusive Bildung. https://www.unesco.de/bildung/inklusive-bildung.html. Zugegriffen: 05. April 2017.

Deutscher Volkshochschul-Verband (2015). *Empfehlungen des DVV zur Verbesserung der Zugänglichkeit von VHS.* Bonn: DVV.

DGWF (Deutsche Gesellschaft für wissenschaftliche Weiterbildung und Fernstudium) (2010). *DGWF-Empfehlungen zu Formaten wissenschaftlicher Weiterbildung*

Diesterweg, F. A. W. (1844). *Wegweiser zur Bildung für deutsche Lehrer, 1. Band* (3. Aufl.). Essen: G. D. Bädeker.

Europäische Kommission (2015). *Entwurf des gemeinsamen Berichts des Rates und der Kommission 2015 über die Umsetzung des strategischen Rahmens für die europäische Zusammenarbeit auf dem Gebiet der allgemeinen und beruflichen Bildung (ET 2020).* Brüssel: Europäische Kommission.

Filter, E. (2016). Grundkategorien innenarchitektonischer Gestaltung. Mensch, Raum, Interaktion. *Weiterbildung, 5,* 10–13.

Giesecke, H. (2010). *Pädagogik als Beruf: Grundformen pädagogischen Handelns* (10. Aufl.). Weinheim und München: Juventa.

Graeßner, G. (2008). *Moderation – das Lehrbuch.* Augsburg: Ziel.

Graf, N., Gramß, D., & Heister, M. (2016). *Gebrauchsanweisung fürs lebenslange Lernen.* Düsseldorf: Vodafone Stiftung Deutschland.

Gropengießer, H. (2007). Theorie des erfahrungsbasierten Verstehens. In: D. Krüger & H. Vogt (Hrsg.), *Handbuch der Theorien in der biologiedidaktischen Forschung* (S. 105–116). Berlin: Springer.

Guski, A. (2007). *Metaphern der Pädagogik: Metaphorische Konzepte von Schule, schulischem Lernen und Lehren in pädagogischen Texten von Comenius bis zur Gegenwart.* Bern: Peter Lang.

Hartkemeyer, M., Hartkemeyer, J. F., & Hartkemeyer, T. (2015). *Dialogische Intelligenz. Aus dem Käfig des Gedachten in den Kosmos gemeinsamen Denkens.* Frankfurt am Main: Info3-Verlagsgesellschaft.

Heimlich, U., & Behr, I. (2009). Inklusion von Menschen mit Behinderung in der Erwachsenenbildung/Weiterbildung. In: R. Tippelt & A. von Hippel (Hrsg.), *Handbuch Erwachsenenbildung, Weiterbildung* (S. 813–826). Wiesbaden: VS Verlag für Sozialwissenschaften.

Holzkamp, K. (2004). Wider den Lehr-Lern-Kurzschluß. Interview zum Thema „Lernen". In: P. L. J. Faulstich (Hrsg.), *Expansives Lernen* (S. 29–38). Baltmannsweiler: Schneider Verlag Hohengehren. Zuerst erschienen in: Arnold, Rolf (Hrsg.): Lebendiges Lernen. Hohengehren 1996.

Hurrle, G., Rodeck, B., & Allert, H. (1999). Methodische Reflexionen über Multimediabildung für ArbeitnehmerInnen. Interaktivität und Hyperstruktur. In: Forschungsinstitut für Arbeiterbildung Recklinghausen (Hrsg.), *Jahrbuch Arbeit, Bildung, Kultur* (Bd. 17, S. 57–68). Recklinghausen: FIAB.

Hüther, G. (2015). *Die Macht der inneren Bilder* (9. Aufl.). Göttingen: Vandenhoeck & Ruprecht.

Im Gespräch mit der interprofessionellen Entwicklungs- und Arbeitsgemeinschaft FormenFinder. In: Zeitschrift für Sozialmanagement 14 (2016), 1, S. 85–89.

Kill, M. (2012). Stichwort „Inkludierende Erwachsenenbildung". *DIE Zeitschrift für Erwachsenenbildung, 2,* 20–21.

Kötter, R., & Kursawe, M. (2016). Rollenbild Facilitator. Ermöglichen statt trainieren. *Training aktuell, 27*(7), 44–47.

Lakemann, U., & Schäfer, E. (2016). *Möglichkeiten, Bedingungen und Umsetzung einer inklusiven Erwachsenenbildung in Thüringen.* Jena: Ms.

Lakoff, G., & Johnson, M. (1980). *Metaphors We Live By.* Chicago: The University of Chicago Press.

Leistner, P. (2016). Beispiel: Auswirkungen von Akustik auf das Lehren und Lernen. Unerhörte Bildungsräume. *Weiterbildung, 5,* 22–24.

Lindenmeier, C., & Lütje-Klose, B. (2015). Inklusion als Querschnittsaufgabe in der Erziehungswissenschaft. *Erziehungswissenschaft. Mitteilungen der Deutschen Gesellschaft für Erziehungswissenschaft., 26*(51), 7–16.

Lindner, W. (2014). *Arrangieren.* Stuttgart: Kohlhammer.

Lombardo, M. M., & Eichinger, R. W. (1996). *The Career Architect Development Planner.* Minneapolis: Lominger.

Löwel, S., & Singer, W. (1992). Selection of intrinsic horizontal connections in the visual cortex by correlated neuronal activity. *Science, 255,* 209–212.

Markowetz, R., & Tippelt, R. (2015). Was können Sonderpädagogik und Erwachsenenbildung voneinander lernen? *Hessische Blätter für Volksbildung, 65*(4), 339–348.

Marsch (2009): Metaphern des Lehrens und Lernens. Vom Denken, Reden und Handeln bei Biologielehrern. Dissertation. Freie Universität Berlin.

Meisel, K. (2015). Inklusion als Aufgabe der Organisationsentwicklung. *Hessische Blätter für Volksbildung, 65*(4), 355–362.

Northoff, G. (2012). *Das disziplinlose Gehirn – Was nun, Herr Kant? Auf den Spuren unseres Bewusstseins mit der Neurophilosophie.* München: Irisiana.

Nowotny , Helga (1993): Eigenzeit: Entstehung und Strukturierung eines Zeitgefühls. Frankfurt a. M.: Suhrkamp.

Oelkers, Jürgen (2002): Erziehung als Verhandlung. Vortrag anlässlich der Weiterbildung des Kinderheims Schoren am 6. März 2002 in Langenthal.

Pestalozzi, J. H. (1946). *Eine Selbstschau. Aus seinen Schriften zusammengestellt von Walter Guyer.* Zürich: Gute Schriften.

Prange, K., & Strobel-Eisele, G. (2006). *Die Formen des pädagogischen Handelns.* Stuttgart: Kohlhammer.

Puhl, A. (2001). Lernzugänge in der Erwachsenenbildung. In: R. Stang & A. Puhl (Hrsg.), *Bibliotheken und lebenslanges Lernen. Lernarrangements in Bildungs- und Kultureinrichtungen* (S. 13–23). Bonn: Deutsches Institut für Erwachsenenbildung.

Radatz, S. (2013). *die Weiterbildung der Weiterbildung.* Wien: Verlag Systemisches Management.

Reich, K. (2000). *Systemisch-konstruktivistische Pädagogik. Einführung in Grundlagen einer interaktionistisch-konstruktivistischen Pädagogik* (3. Aufl.). Neuwied: Kriftel: Luchterhand.

Rohrer, T. (2005). Image Schemata in the Brain. In: B. Hampe & J. Grady (Hrsg.), *From Perception to Meaning: Image Schemas in Cognitive Linguistics* (S. 165–196). Berlin: Mouton de Gruyter.

Schanz, G. (2007). Lässt sich – und wie lässt sich – implizites Wissen managen? *Zeitschrift für Management*, 2(3), 268–294.

Seitter, W. (2007). *Geschichte der Erwachsenenbildung*. Bielefeld: wbv.

Siebert, H. (1999). Driftzonen – Elemente einer mikrodidaktischen Lernkultur. *Literatur-und Forschungsreport Weiterbildung*, 44, 10–17.

Siebert, H. (2000). *Didaktisches Handeln in der Erwachsenenbildung – Didaktik aus konstruktivistischer Sicht*. Neuwied: Luchterhand.

Siebert, H. (2014). *Erwachsene – lernfähig aber unbelehrbar? Ein Beitrag des Konstruktivismus zur politischen Bildung*. Schwalbach/Ts.: Wochenschau Verlag.

Stabenau, H.-J., Gergs, H., & Kammerer, H. (2010). Ermöglichungsdidaktik und wertbezogene Kompetenzentwicklung. In: R. Arnold & I. Schüßler (Hrsg.), *Ermöglichungsdidaktik* (2. Aufl. S. 187–220). Baltmannsweiler: Schneider Verlag Hohengehren.

Stangl, W. (2016). Lernarrangement. Lexikon für Psychologie und Pädagogik. http://lexikon.stangl.eu/14875/lernarrangement/. Zugegriffen: 07. September 2016.

Thissen, F. (1998). Lernort Multimedia. Zu einer konstruktivistischen Multimedia-Didaktik. In: A. Nispel, R. Stang & F. Hagedorn (Hrsg.), *Pädagogische Innovationen mit Multimedia* (Bd. 1, S. 29–43). Frankfurt am Main: DIE.

Umbach, S. (2016). *Lernbilder. Collagen als Ausdrucksform in Untersuchungen zu Lernvorstellungen Erwachsener*. Bielefeld: transcript Verlag.

Walden, R. (2016). Architekturpsychologie. Die Wirkung von gestalteter Umwelt. *Weiterbildung*, 5, 14–17.

Watzlawick, P., Beavin, J. H., & Jackson, D. D. (2011). *Menschliche Kommunikation. Formen, Störungen, Paradoxien* (12. Aufl.). Bern: Huber.

Wiseman, R. (2015). *Machen, nicht denken!* (7. Aufl.). Frankfurt am Main: S. Fischer Verlag.

6

Wie kann das Lernen gesundheitsförderlich gestaltet werden?

Inhaltsverzeichnis

Lehr-Lern-Arrangements sollen nicht nur auf das Was des Lernens, sondern auch das Wie des Lernens eine Antwort geben; deshalb interessiert uns die Frage, wie Lernprozesse gesundheitsförderlich gestaltet werden können. Die empirische Bildungsforschung fragt in der Regel u. a. danach, wie Lernprozesse für die Lehrenden, für die Lernenden und für die Gesellschaft insgesamt effektiver und effizienter gestaltet werden können, wie sich Lernergebnisse transferieren lassen, wie sie nachhaltig zu verankern sind und manchmal auch, wie sie anders organisiert werden können. Die Frage, wie sie salutogen, d. h. gesundheitsförderlich, gestaltet werden können, ist eine neue, die wir hier verfolgen.

Dass Lernprozesse häufig nicht gesundheitsförderlich sind, zeigen uns die zahlreichen Fälle von Burnout gerade in pädagogischen Berufen sowie die subjektiven Leidensgeschichten von Schülern. In der Weiterbildung ist dies aufgrund der überwiegenden Freiwilligkeit sowohl auf Seiten der Lernenden als auch der überwiegend frei- und nebenberuflich Lehrenden anders. Das heißt aber noch lange nicht, dass es nicht auch hier Verdruss in den Lernprozessen gäbe; von Anstrengungen die Lehr-Lern-Arrangements gesundheitsförderlich zu gestalten, ist in der Regel keine Rede, wenngleich dies im Interesse einer lernförderlichen Begeisterungsfähigkeit und Nachhaltigkeit dringend geboten wäre. Im Folgen-

© Springer-Verlag GmbH Deutschland 2017
E. Schäfer, *Lebenslanges Lernen*, Kritisch hinterfragt DOI 10.1007/978-3-662-50422-2_6

den geht es darum, einen Rahmen abzustecken, der uns helfen soll, handlungs-leitende Prinzipien für salutogene Lehr-Lern-Arrangements und eine achtsame Lehr-Lern-Kultur zu entwickeln.

Um die Frage, was unter salutogenem Lehren und Lernen verstanden werden kann, beantworten zu können, gilt es

- nach gesellschaftlichen wie individuellen Begründungen für die Notwendig-keit salutogener Lehr-Lern-Arrangements zu fragen,
- pädagogische und psychologische Ansatzpunkte und Konzepte eines gesund-heitsförderlichen Lernens zu identifizieren,
- Bezug zu nehmen auf das Modell der Salutogenese,
- Lernen als eine soziale Aktivität in den Blick zu nehmen, die Sozialenergie und Sozialkapital erzeugt,
- die Werte des Lehr-Lern-Prozesses vorzustellen, die es ermöglichen sollen, den Lehr-Lern-Prozess so zu gestalten und zu arrangieren, dass eine positive Sozialenergie entstehen kann, die im Sinne der Salutogenese gesundheitsför-derlich ist, und
- mögliche salutogene Lehr-Lern-Arrangements zu klassifizieren.

Im Folgenden sollen erste Antworten auf diese Fragen gegeben werden. Wir kon-zentrieren uns dabei ganz auf die psychischen und sozialen Aspekte des Themas, da hierzu im Unterschied zu den physischen Faktoren bislang kaum eingegangen wird.

6.1   Welche Bezugspunkte und Ansatzpunkte für salutogenes Lernen gibt es?

Als Gründe für gesundheitsfördernde Lehr-Lern-Arrangements fallen uns si-cherlich zuerst monetäre Gründe ein, die volks- und betriebswirtschaftlich zu Buche schlagen und zu einer Entlastung des Gesundheitssystems, der Betriebe, Institutionen, Organisationen und auch der Bürger beitragen; dies soll uns hier weniger interessieren. Unser Interesse gilt den Herausforderungen, mit denen wir uns in der reflexiven Moderne auseinanderzusetzen haben. Das Zeitalter der technischen Revolutionen ist dadurch gekennzeichnet, dass ungeheure Fort-schritte in der Erkundung der Außenwelt gemacht wurden; dabei hat der Mensch die Erkundung seiner Innenwelt vernachlässigt. Dies beginnt sich an der Wende zum 21. Jahrhundert mit der Fokussierung auf das Thema Gesundheit im Zuge der sechsten Kondratjew-Welle zu ändern (Abschn. 2.6). Wurde Gesundheit zunächst primär unter rein physiologischen Parametern behandelt, so werden in zunehmendem Maße nun auch die psychischen, sozialen und spirituellen Di-mensionen des Themas in den Blick genommen. Dies stellt alte Gewohnheiten, Muster und Sichtweisen infrage.

?

Welche Konsequenzen hat die wachsende Bedeutung des Themas Gesundheit für die Erwachsenenbildung?

Eine reflexive Begleitung der skizzierten individuellen, institutionellen und gesellschaftlichen Veränderungsprozesse ist auch eine zentrale Aufgabe der Weiterbildung. Schäffter (2001, S. 28) spricht aus der Perspektive eines Erwachsenenbildners von einer „unabschließbaren Iteration permanenter Veränderungen", die uns zu einer reflexiven Haltung permanenter Selbstvergewisserung herausfordert. Angesichts dieser Analyse sieht er die Aufgabe der Erwachsenenbildung darin, „Möglichkeiten der Selbstvergewisserung und der Wiedergewinnung von Erlebnisfähigkeit für die Gegenwart" bereitzustellen, um so zu einer „gesellschaftlichen Entschleunigung beizutragen". Diesen Gedanken betrachtet Schüßler (2016) als Herausforderung für unsere Lernkulturen der Zukunft und schlägt deshalb vor, „Lernkulturen der Achtsamkeit" zu entwickeln. Dass die Kultivierung von Achtsamkeit positive Wirkungen für unsere psychische und physische Gesundheit hat, ist durch empirische Studien hinlänglich nachgewiesen (vgl. Kabat-Zinn 2013). „Erwachsenenbildung könnte ein Ort sein, an dem diese Achtsamkeitspraxis kultiviert und damit den Menschen ein professioneller Rahmen für ihre Suchbewegungen nach Sinn bereitgestellt wird. Solche ‚Lernkulturen der Achtsamkeit' wären zugleich eine wichtige Voraussetzung zur Entwicklung von Selbstbestimmungs-, Mitbestimmungs- und Solidaritätsfähigkeit" (Schüßler 2016, S. 22). Menschen suchen heute nach Orientierung, Sinn und Verbundenheit. Wie Bucher (2007, S. 20) aufzeigt, ist die Verbundenheit mit Natur, Mitwelt, einem höheren Wesen und dem Selbst für viele Forscher der Kern von Spiritualität. Dieses Bedürfnis wird zunehmend von Angeboten der Erwachsenenbildung aufgegriffen. Früher haben sich die Religionen dieser Frage angenommen, „aber den Menschen geht es immer weniger um religiöse Riten, sondern vielmehr um eine alltagspraktische Spiritualität" (Schüßler 2016, S. 21); die Erwachsenbildung kann ihnen hier seriöse Angebote machen. Spirituelle Praktiken reduzieren erwiesenermaßen Stress, mindern das Risiko speziell von kardiovaskulären Krankheiten, stärken das Immunsystem, begünstigen Bewältigungsstrategien (Coping) und erhöhen das Wohlbefinden (Bucher 2007, S. 18). Eine Achtsamkeitspraxis hilft nicht nur die wachsenden Anforderungen einer immer unübersichtlicher und komplexer werdenden Wirklichkeit zu meistern, sie fördert auch ein Wachstum an Empathie und Zufriedenheit (Singer und Bolz 2013). Außerdem ist praktizierte Achtsamkeit ein Akt des In-Beziehung-gehens (Abschn. 3.2).

Die Herausforderung, die sich an eine salutogene, auf Achtsamkeit basierende Erwachsenenbildungspraxis ergibt, ist eine dreifache:

1. Die Einrichtungen der Weiterbildung sind aufgefordert, sich „stärker ihrer eigentlichen Kernaufgabe (zu) besinnen und selbst ‚Transformationskompe-

tenz' (…) auf(zu)bauen, um Menschen in ihren vielfältigen Entwicklungsprozessen zu unterstützen, die auch andere Entfaltungswege eröffnen als nur die Orientierung an einem wirtschaftlichen Wachstum" (Schüßler 2016, S. 23). Analog zum ägyptischen Arzt und Architekten Imhotep, der die Architektur als Menschenkunde gesehen hat und zu der „Gebauten Heilkunst" (Buß 2016) in der griechischen Antike, könnten es sich die Weiterbildungsinstitutionen in ihrer Funktion als Lernarchitekten zur Aufgabe machen, die Menschen in ihren Veränderungs- und Wandlungsprozessen gesundheitsförderlich zu begleiten.

2. Die Lehrenden sollten – unabhängig davon, in welcher ihrer vielen Rollen sie aktiv werden – die Prinzipien einer Resonanzpädagogik, der es nicht auf Aneignung, sondern auf Anverwandlung ankommt (Abschn. 3.2), verinnerlicht haben. Diesen Aspekt spricht auch Mike Sandbothe (2015, S. 121 f.) an, der an der Ernst-Abbe-Hochschule Jena das Projekt „Gesundes Lehren und Lernen" leitet: „Gesundes Lehren und Lernen lässt sich (…) als bewusste und methodisch gezielte Entwicklung einer ganzheitlichen Resonanzfähigkeit beschreiben." Diese können die Lernenden immer nur selbst entwickeln.

3. Deshalb ist es von entscheidender Bedeutung, dass es den Lernenden gelingt, ein dreifaches In-Beziehung-gehen zu sich selbst, ihren Mitlernenden und dem Lerngegenstand aufzubauen (Abschn. 3.2).

Es gibt zwar in unterschiedlichen pädagogischen und psychologischen Konzepten Anknüpfungspunkte für ein salutogenes Lehren und Lernen, eine ausdifferenzierte Theorie hierzu fehlt allerdings noch. Im Folgenden werden wir uns mit drei Ansätzen beschäftigen:

1. dem Focusing,
2. dem Konzept des achtsamen Lernens sowie
3. der Gestaltpädagogik.

> **?**
>
> Wie können über die innere Achtsamkeit im Focusing lernrelevante Erfahrungen gemacht werden?

Der amerikanischen Psychotherapeut und Philosoph Eugene T. Gendlin (1998), Nachfolger auf dem Lehrstuhl von Carl Rogers, hat mit dem von ihm entwickelten Focusing eine Methode der Selbsthilfe in Veränderungsprozessen entwickelt, die auf einer achtsamen Beobachtung der Wahrnehmungsvorgänge im inneren Erlebnisraum beruht: „Über Focusing gelingt der Transfer der Achtsamkeits-Arbeit von Jon Kabat-Zinn in die psychotherapeutische Arbeit." Zu ergänzen ist: und auch erwachsenenbildnerische Arbeit, indem der Lernende bzw. der „Klient angeregt wird, während er spricht, während er sieht, während er hört, während er denkt, immer wieder in das spezielle Bewusstsein der Inneren Achtsamkeit einzutauchen" (Renn 2010, S. 6 ff.).

Der Vorteil des Focusing als innerer Achtsamkeit besteht darin, dass der Klient bzw. Lernende keine Technik meditativer Versenkung zu erwerben braucht, sondern ganz bewusst im Hier und Jetzt bleiben soll. In Bezug auf Lernprozesse ist dies von enormem Vorteil, weil die Focusing-Praxis unmittelbar in das aktuelle Lehr-Lern-Geschehen integriert werden kann und keine separierten Achtsamkeitsübungen als Unterbrechungen des Lernprozesses organisiert werden müssen. Außerdem benötigt das Focusing keine externe Anleitung durch einen Achtsamkeitstrainer; auf diese Weise werden auch die Selbstwirksamkeits- und Selbststeuerungsmechanismen der Lernenden gestärkt. Diese Art von Achtsamkeit ist zudem anschlussfähig an unser Postulat vom dreifachen In-Beziehung-gehen. Innere Achtsamkeit wird im Focusing nämlich als inneres Beziehungsphänomen betrachtet, indem wir uns mit unserem inneren Erleben in Verbindung setzen.

Gendlin hat, bezogen auf den therapeutischen Prozess, eine ähnliche Erkenntnis gewonnen, die auch für pädagogische Prozesse gilt. Demnach besitzt der Klient die alleinige Autorität, die alleinige Kompetenz und das alleinige Wissen für die Lösung seiner persönlichen Probleme; der Therapeut ist in diesem Prozess sein Begleiter. Entsprechendes gilt für das Lernen. Menschen sind zwar lernfähig, aber unbelehrbar. Ein Lehrender der dies akzeptiert, ist im strengen Sinne des Wortes kein Lehrender mehr, sondern ein Lernbegleiter. Das Focusing eignet sich nicht zuletzt deshalb sehr gut für Lernprozesse, da es immer mit einer ganz persönlichen Erfahrung verbunden ist und über das kognitive Verstehen einer Sache weit hinausgeht. Es macht deutlich, dass Lernen ohne eine bestimmte Art des Selbstbezugs nicht möglich ist, quasi unter die Haut gehen muss, um nachhaltige Wirkungen zu entfalten. Verweilt eine Person in innerer Achtsamkeit, absichtslos bei der inneren Resonanz, die ein bestimmtes Thema, Ereignis oder eine Sache in ihr hervorruft, kann es zur Erfahrung des *felt sense* kommen; dieser gefühlte Sinn, die gefühlte Bedeutung verweist auf eine Komponente des Kohärenzgefühls der Salutogenese, auf die wir noch eingehen werden.

> **?**
>
> Was ist mit dem Konzept des achtsamen Lernens gemeint, und wie unterscheidet sich dieses von einer kontemplativen Achtsamkeit?

Auf der Basis ihrer Lernexperimente mit Studierenden hat die Psychologin Ellen Langer das Konzept des Mindful Learning, des achtsamen Lernens oder, wie es auch übersetzt wird, des klugen Lernens entwickelt. Lernen soll nach Langer (2001, S. 29) „für einen klugen Bewusstseinszustand sorgen". Ihr Konzept der Klugheit stützt sich auf fünf psychische Zustände:

1. Offenheit für Neuartigkeit,
2. Aufmerksamkeit für Unterschiede,

3. Empfänglichkeit für verschiedene Kontexte,
4. implizites, wenn nicht explizites, Gewahrsein vielfältiger Perspektiven und
5. Orientierung an der Gegenwart.

Die genannten Zustände bedingen sich wechselseitig und sind für Langer „verschiedene Seiten eines Phänomens" (2001, S. 29). Die Ausführungen von Langer lassen sich als ein Plädoyer für ein verständnisintensives Lernen interpretieren, das sich offen und unvoreingenommen an dem Geschehen im Hier und Jetzt orientiert und dabei stets vielfältige Perspektiven im Blick hat, wodurch die Handlungsoptionen vergrößert werden. Sie plädiert dafür, in dem, was wir bereits zu kennen glauben, etwas Neues zu entdecken, und belegt ihre Argumentation durch eine Vielzahl von Experimenten: Wird das Ziel der Aufmerksamkeit beim Lernen variiert, so verbessert sich die Erinnerung daran (Langer 2001, S. 47). Die Aufnahmefähigkeit der Lerner wird durch „flexibel wechselnde Perspektiven" unterstützt (Langer 2001, S. 54). Je mehr Unterscheidungen bei einer Tätigkeit vorgenommen wurden, „desto mehr Freude fanden die Versuchspersonen" daran (Langer 2001, S. 67). Für Langer bedeutet Ungewissheit, „die Freiheit Bedeutungen zu entdecken".

Durch ein Re-framing gibt sie möglichen Überforderungsängsten der Menschen in individuellen und gesellschaftlichen Transformationsprozessen eine neue Perspektive: „Die Mindfulness-Theorie, die Theorie der Klugheit, hält Ungewissheit und die Erfahrung persönlicher Kontrolle für untrennbar" (Langer 2001, S. 131). An anderer Stelle bringt Langer (2011, S. 169 f.) die Quintessenz ihres Ansatzes wie folgt auf den Punkt, wenn sie schreibt „dass die kontemplative Meditation nicht zu einer stärkeren Verbesserung des Gesundheitszustandes führt als die aufmerksamkeitsfördernde Praxis, mit der ich mich seit dreißig Jahren beschäftige – das Achten auf Veränderungen". Sie nimmt damit Bezug auf eine Äußerung von Siegel (2007) in seinem Buch *Das achtsame Gehirn*, in dem es mit Bezug auf das Konzept des achtsamen Lernens heißt: „Der Kern dieses Ansatzes besteht darin, Lernmaterial in Gestalt möglicher Konzepte anzubieten und nicht als Konvolut absoluter Wahrheiten" (Siegel 2007, S. 26 f.). Siegel weist darauf hin, dass es zwei Pfade der Achtsamkeit gibt: das „achtsame(n) Lernen mit seiner zielorientierten pädagogischen Komponente" und die „wesentlich ältere(n) kontemplative(n) Form, die wir ‚reflektierte Achtsamkeit' nennen" (Siegel 2007, S. 28).

Langer verdanken wir die Erkenntnis, dass es neben der Kontemplation und der inneren Achtsamkeit, dem Focusing, auch eine äußere Achtsamkeit im Hier und Jetzt des Lernprozesses gibt, nämlich der staunende Blick auf das scheinbar Vertraute, das uns ganz neue Sichtweisen, Perspektiven und Handlungsoptionen zu eröffnen vermag und uns sensibel macht für das Erkennen von Veränderungen.

?

Was ist unter selbstbezogener und institutionsbezogener Awareness in der Gestaltpädagogik zu verstehen?

Einen weiteren wesentlichen Beitrag zu der uns hier beschäftigenden Frage leistet die Gestaltpädagogik – eine Richtung der humanistischen Pädagogik und Psychologie, die sich auf grundlegende Konzepte der Gestalttherapie stützt und den Menschen als ganzheitlich lernendes Wesen in der Einheit von Körper, Seele und Geist sieht. Ziel der Gestaltpädagogik ist die Entwicklung und Förderung von Bewusstheit (Awareness). Damit ist die Bewusstheit dessen gemeint, was in mir, mit mir und um mich herum ist. Auf dieser Grundlage können sich Wahrnehmung, Kontakt-, Begegnungs- und Beziehungsfähigkeit entfalten. Der Schlüssel zur Überwindung von Entwicklungsblockaden liegt nach Auffassung der Gestalttherapie vor allem in der Erweiterung der Bewusstheit. Die Awareness macht die Übernahme von Verantwortung für das eigene Verhalten und den eigenen Lernprozess möglich. Dieser vollzieht sich in einer jeweils einmaligen Situation im Hier und Jetzt, unter Berücksichtigung persönlicher und gemeinsamer Geschichte. Die Gestaltpädagogik unterscheidet zwischen der selbstbezogenen Awareness des Einzelnen und der institutionsbezogenen Awareness. Bewusstheit dient also nicht nur als Instrument der Förderung eines größeren Selbstgewahrseins von Einzelpersonen, sondern auch von Organisationen und Institutionen.

Die Gestaltorganisationsberatung zielt darauf ab, die Bewusstheit der Mitglieder gegenüber den Strukturen und der Kultur ihrer Institution zu erhöhen (Burow 1999) und somit eine organisationsbezogene Achtsamkeit auszubilden. Dies ist ein sehr wichtiger Punkt, der in der Beschäftigung mit dem Thema Achtsamkeit leider zu häufig vernachlässigt, wenn nicht gar gänzlich übersehen wird. Mit der hier vorgenommenen Differenzierung ist dieses Konzept anschlussfähig an die Ausführungen zu den individuellen und institutionellen Herausforderungen der Erwachsenenbildung.

6.2 Was bedeutet sinnhaft, verstehbar und handhabbar im Modell der Salutogenese?

?

Was verbirgt sich hinter dem Konzept der Salutogenese? Inwiefern können Lehr-Lern-Prozesse gesundheitsförderlich sein? Wie beurteilen Sie Ihre Lernprozesse im Hinblick auf die drei Kriterien der Salutogenese?

Um besser zu verstehen, was unter salutogenem Lehren und Lernen zu verstehen ist, wenden wir uns zunächst dem Modell der Salutogenese, die von dem Medizinsoziologen Aaron Antonovsky (2001) in den 1970er-Jahren entwickelt wurde, zu. Der salutogenetische Ansatz fragt im Gegensatz zur Pathogenese nicht danach, warum der Mensch krank wird, sondern beschäftigt sich damit, was ihn gesund erhält. In Zentrum der Salutogenese steht das Konzept des Kohärenzgefühlss. Das Kohärenzgefühl setzt sich aus drei Komponenten zusammen:

1. Das Gefühl der *Sinnhaftigkeit* bzw. Bedeutsamkeit beschreibt das Ausmaß, in dem das Leben emotional als sinnvoll empfunden wird. Wenn Probleme und Anforderungen es wert sind, dass man Energie in sie investiert und man sie als Herausforderungen empfindet, dann schöpft man Kraft und empfindet Sinnhaftigkeit. Diese motivationale Komponente wird von Antonovsky als die wichtigste angesehen. Hiermit wird die Subjektdimension berührt; sie begegnet uns in der professionellen Haltung von Lehrenden und Lernenden, der kompetenzorientierten Gestaltung der Bildungsprozesse und der Anschlussfähigkeit auf Seiten der am Lehr-Lern-Prozess teilhabenden Menschen.

2. Das Gefühl von *Verstehbarkeit* beschreibt die Erwartung bzw. Fähigkeit, auch unbekannte Stimuli als geordnete, konsistente und strukturierte Informationen verstehen zu können, als ein kognitives Verhaltensmuster. Hier wird die Kontextdimension berührt. Verstehbarkeit drückt sich aus im sicheren Umgang mit infrastrukturellen Rahmenbedingungen, der Verständnisintensität der pädagogischen Beziehung sowie den Rückmeldungen über die Qualität von Lernergebnissen.

3. Das Gefühl der *Handhabbarkeit* bzw. Bewältigbarkeit beschreibt die Überzeugung, dass Schwierigkeiten lösbar sind. Zu diesem kognitiv-emotionalen Verhaltensmuster gehört auch die Überzeugung, auf eigene Ressourcen/Potenziale und Kompetenzen sowie die Hilfe anderer zurückgreifen zu können. Dieser Aspekt wird von der Prozessebene erfasst. Handhabbarkeit wird hergestellt durch eine pädagogische Konzeption, eine konsequente Handlungsorientierung im Bildungsprozess und Leitlinien für die Bildungsarbeit.

> **?**
>
> Was assoziieren Sie mit dem Begriff „Sozialenergie", und welchen Einfluss hat diese auf das Lernen?

Die Salutogenese bezieht sich auf die Gestaltung des Lebens insgesamt. Leben bedeutet, Erfahrungen zu machen, diese in Beziehung zu setzen mit kognitiven und emotionalen Mustern, um hieraus Schlussfolgerungen für künftiges Handeln zu ziehen. Es geht darum, die Welt zu verstehen und diesem Verständnis gemäß zu handeln. Leben vollzieht sich im Modus des permanenten Lernens; Lernen findet lebenslang statt; solange wir leben, lernen wir.

Lernen erfolgt als ein prozesshaftes und dynamisches Geschehen in der Auseinandersetzung des Menschen mit sich, der Gruppe, in der er lernt, und den institutionellen und gesellschaftlichen Rahmenbedingungen und erzeugt dabei

Sozialenergie. Als biopsychosoziales Wesen ist der Mensch in energetische Austauschprozesse eingebunden, die nicht nur auf einer rein physischen, materiellen, stofflichen Ebene stattfinden; auch auf der psychosozialen Ebene laufen energetische Prozesse der Cokreation ab.

Günter Ammon (1986, S. 107), der Begründer der dynamischen Psychiatrie, bezeichnet die psychische Energie unter Menschen als Sozialenergie: „Sozialenergie als psychische Energie sehe ich immer in Abhängigkeit von zwischenmenschlichen und gruppendynamischen Bezügen, von der Umwelt des Menschen, gesellschaftlichen Faktoren und seinem Sein in der Gesellschaft." *Sozialenergie* wird durch Gedanken, Emotionen und Handlungen erzeugt, die Wirkungen haben (Romhardt 2016).

> ### Sozialenergie
>
> Unter Sozialenergie verstehen wir „eine psychische Energie (...), wie Liebe, Fürsorge, Interesse, Verständnis, aber auch Kritik, die Menschen sich untereinander geben. Sozialenergie ist notwendig zur Persönlichkeitsentwicklung, sowohl der seelisch-geistigen als auch der körperlichen Struktur eines Menschen" (Dresler und Brock 1994, S. 114).

Sozialenergie kann sich neutral auf unsere Gesundheit auswirken, diese fördern oder auch behindern. Destruktive Sozialenergie ist gekennzeichnet durch „offene Destruktion unter Menschen, durch Verbote, Lebenseinengungen, Bestrafungen, Beschimpfungen und Zwänge aller Art" (Ammon 1986, S. 108). Konstruktive Sozialenergie setzt hingegen Verständnis und Interesse für einen anderen Menschen voraus, sie lässt Individuen und Gruppen wachsen. Sozialenergie lässt sich prinzipiell über Indikatoren erfassen. Hierzu gilt es allerdings noch die entsprechenden Instrumente zu entwickeln. Einen Ansatzpunkt bieten die Neurowissenschaften, ihnen verdanken wir „neue Erkenntnisse über die psychischen und biologischen Folgen positiver zwischenmenschlicher Erfahrungen. Dopamin und Oxytocin gelten in Verbindung mit körpereigenen Opioiden als soziale Beziehungen fördernde Botenstoffe und als Auslöser für den erstrebenswerten Zustand Glück (...). Menschen haben offenbar ein biologisch begründetes Bedürfnis nach positiven zwischenmenschlichen Erfahrungen" (Badura et al. 2013, S. 31).

Sozialenergie ist ein uns aus dem Alltag sehr vertrautes Phänomen; wir umschreiben sie u. a. mit den Begriffen „Haltung", „Stimmung" und bezogen auf pädagogische Kontexte mit „Atmosphäre" und „Klima". Hier bietet sich ein weiterer Ansatzpunkt für die empirische Bestimmung von Sozialenergie an. Der Klimabegriff wird in der Schulforschung auf dreifache Art verwendet:

- „(1) zur Charakterisierung der emotionalen Grundtönung einer pädagogischen Gesamtatmosphäre,
- (2) zur Beschreibung (wahrgenommener) Lernumwelten, und

- (3) zur Charakterisierung der in erzieherischen Umwelten herrschenden Grundorientierungen und Werthaltungen" (Eder 1996, S. 16).

Als eine die verschiedenen Perspektiven integrierende Sichtweise, bietet sich der Begriff des *Lernklimas* an:

Lernklima

Unter Lernklima verstehen wir die Qualität der Interaktion im Lehr-Lern-Prozess. In Anlehnung an Eder (1996, S. 26) lässt sich Lernklima inhaltlich beschreiben als „die von Betroffenen wahrgenommene spezifische Konfiguration wesentlicher Merkmale" des Beziehungsverhältnisses zwischen Lehrenden und Lernenden, des Verhältnisses der Lernenden untereinander sowie bedeutsame kollektiver Einstellungen und Verhaltensbereitschaften von Lehrenden und Lernenden innerhalb der jeweiligen Lernumwelt.

Wie empirische Studien zeigen, eignet sich das Konzept des Klassenklimas als „ein bedeutsames Konstrukt zur Erklärung der Wirkungen von Schule" (Eder 1996, S. 215). Kramis (1990) hat mit dem Lernklima, der Bedeutsamkeit der Inhalte und der Effizienz der Vermittlung drei wesentliche Gütekriterien geisteswissenschaftlicher Didaktik herausgearbeitet. „Was Kramis in einem qualitativen Zugang postulierte, wurde fast 20 Jahre später von John Hattie (2009) beeindruckend durch seine Metaanalyse empirischer Untersuchungen bestätigt: Zuwendung, Ermutigung, Respekt und hohe Leistungserwartungen auf der einen, das soziale Zusammenleben in der Klasse im Sinne von emotionalem Zusammenhalt und wechselseitiger Unterstützung auf der anderen Seite sind Faktoren, deren starker Einfluss auf die Lernergebnisse auch empirisch gut abgesichert ist" (Eder 2016, S. VI). Aufbauend auf diesen Erkenntnissen wird es zukünftig darauf ankommen, den Begriff der Sozialenergie weiter zu operationalisieren und auf die spezifischen Bedingungen in der Weiterbildung anzupassen.

Im Unterschied zu den auf die Mikroanalyse von Lehr-Lern-Prozessen angelegten Erkundungen des pädagogischen Klimas hat Jütte (2002) mit seiner Analyse lokaler Institutionenlandschaften der Weiterbildung wichtige Erkenntnisse zu den Beziehungswelten vorgelegt. Mittels sozialer Netzwerkanalyse beschreibt er ausführlich welche Formen der Beziehungen die Akteure miteinander entwickelt haben auf einer Mesoebene. Wie Jütte (2002, S. 59), selbst betont, sind die von ihm gewählten Kategorien der Beziehungs-Orientierungen, Beziehungs-Ökonomie, Beziehungs-Kultur, Beziehungs-Strukturen, Beziehungs-Ökologie und Beziehungs-Dynamik schon aufgrund ihres metaphorischen Charakters nicht trennscharf.

?

Was versteht man unter dem Begriff „Sozialkapital", und welchen Einfluss hat dieses auf das Lernen?

Im Unterschied zum Begriff der Sozialenergie genießt der Begriff des *Sozialkapitals* eine hohe Popularität.

> **Sozialkapital**
>
> Sozialkapital versteht Robert Putnam (2000, S. 19), einer der wichtigsten Vertreter dieses Konzepts, als „Verbindungen zwischen Individuen – soziale Netzwerke und die in ihnen geltenden Normen der Gegenseitigkeit und Vertrauenswürdigkeit".

Es werden akteurs- und systemorientierte Begriffsvarianten unterschieden. „Akteursorientiert ist z. B. die Definition von Pierre Bourdieu (1983), wonach Sozialkapital eine individuelle Ressource ist, die aus den sozialen Beziehungen zu anderen Individuen abgeleitet wird. Zahlreiche Studien dokumentieren inzwischen, dass es sich bei dieser Ressource in der Tat um eine wichtige Quelle des sozialen Status und des subjektiven Wohlbefindens handelt. ... Systemorientierte Definitionen begreifen Sozialkapital hingegen als Summe von Faktoren, die das Zusammenleben und damit die gesellschaftliche Entwicklung fördern" (Nollert 2016).

Im Kontext des Gesundheitswesens ist die Definition von Sozialkapital, die Badura et al. (2013) vorgelegt hat, zu erwähnen. Bezogen auf das unternehmerische Handeln spricht er von Sozialkapital als einer außerökonomischen Voraussetzung wirtschaftlichen Handelns, das auf zwischenmenschlichen Beziehungen beruht. „Der Begriff ‚Sozialkapital' richtet den Blick auf Grundlagen der Zivilgesellschaft: auf zwischenmenschliche Beziehungen und gemeinsame Überzeugungen, Werte und Regeln" (Badura et al. 2013, S. 26). Organisationen unterscheiden sich nicht nur in der Höhe des Sach- und Humankapitals, sondern auch in der Höhe des Sozialkapitals. „Je höher das Sozialkapital ist, umso besser sind die betriebswirtschaftlichen Ergebnisse, und umso besser sind auch Wohlbefinden und Gesundheit der befragten Mitarbeiter" (Badura et al. 2013, S. 142). Damit steigt zugleich auch die Wettbewerbsfähigkeit.

Wenngleich soziale Bindungskräfte in der Erwachsenenbildung ein zentrales Thema sind, so gehört Sozialenergie noch nicht zu den etablierten Konzepten der deutschen Weiterbildung. Dies macht die Publikation von Vater (et al. 2011) deutlich. Noch sind keine klaren Diskussionsstränge, Systematisierungen und geteilte Annahmen über den Zusammenhang von sozialem Kapital und Erwachsenenbildung erkennbar. Das Konzept bedarf noch einer empirischen Fundierung. Wir sind hier erst am Anfang einer Entwicklung, von der zu erwarten ist, dass es künftig gelingt, die Quantität und Qualität menschlicher Beziehungen in Lernprozessen der Weiterbildung angemessener zu erfassen.

Bezogen auf Lehr-Lern-Prozesse wollen wir im Folgenden Sozialkapital als die in einer Gruppe oder auch Institution von Lernenden erzeugten und akkumulierte Sozialenergie verstehen, die anhand von strukturellen (sozialen Netzwerken), kulturellen (Normen), individuellen (Engagement) sowie interaktiven (Resonanz) Faktoren bestimmt werden kann. Ansatzpunkte zur qualitativen und quantitativen Erfassung von Sozialenergie und Sozialkapital liefern biochemische Messwerte, die pädagogischen Erkenntnisse über das Klima in pädagogischen Prozessen sowie die soziale Netzwerkforschung als Methode zur Untersuchung von Kooperationsstrukturen in der Weiterbildung (Jütte 2002). Inwieweit Sozialenergie und Sozialkapital übertragbar, institutionalisierbar oder umwandelbar ist, dies bedarf noch intensiver Forschungen.

> ?
>
> Welche Elemente von Sozialenergie und Sozialkapital konnten Sie in den Kursen und Seminaren, die Sie besucht haben, identifizieren?

Wir alle erzeugen ständig Sozialenergie und Sozialkapital, ohne, dass uns dies oftmals bewusst ist. Dies geschieht durch intrapersonale und interpersonelle Kommunikation u. a. in Lehr-Lern-Prozessen; diese tragen dazu bei, die Sozialenergie und das Sozialkapital zu vermehren oder zu schmälern. Durch unser Denken und Handeln nehmen wir – metaphorisch gesprochen – Einzahlungen und Abhebungen auf unserem Konto der Sozialenergie vor. Es gibt drei große Generatoren von Sozialenergie und Sozialkapital, die in unmittelbarem Zusammenhang mit den Dimensionen des In-Beziehung-gehens (Abschn. 3.2) stehen:

Innerpsychischer Dialog
Der erste Generator von Sozialenergie und Sozialkapital ist unser innerpsychischer Dialog, die Art und Weise, wie wir selbst zu uns In-Beziehung-gehen. Unsere Empfindungen, Gedanken, Gefühle und Handlungen wirken unmittelbar auf uns zurück und schaffen so, im Äußeren wie im Inneren, eine ganz spezifische Art des Betriebsklimas. Unsere bewussten und unbewussten mentalen Muster wirken sich unmittelbar auf unsere Lernprozesse aus. Mit Mustern sind dabei z. B. Gedanken oder Handlungen gemeint, die wir quasi automatisch immer wieder wie im Modus eines Autopiloten wiederholen, ohne sie zu reflektieren, infrage zu stellen, zu variieren oder zu verändern. Scharmer (2009) spricht in diesem Zusammenhang von dem Downloading, dem automatischen Herunterladen gewohnheitsmäßiger Denk- und Handlungsmuster.

Wenn man Muster bricht, so gewinnt man neue Perspektiven und Einstellungen. Fangen Sie doch mit einer ganz einfachen Sache an, indem sie sich z. B. bei der nächsten Seminarstunde auf einen anderen Platz setzen und beobachten, was dies bei Ihnen und anderen auslöst. Wir arbeiten effektiver, „wenn wir unsere Lernroutinen fortwährend ändern und einen ‚festen Lernort' zugunsten verschiedener Örtlichkeiten aufgeben. Anders gesagt: Wenn man an einem bestimmten Lernritual festhält, mindert dies die Lernleistung" (Carey 2015, S. 16).

Das Brechen von Mustern lässt sich von der physischen auf die kognitive Ebene ausdehnen.

Das, was für die soziale Interaktion mit anderen Menschen gilt, trifft auch für unser inneres Team zu. Deshalb ist es ratsam, achtsam mit sich selbst umzugehen. Manchmal fällt es uns leichter, Verständnis für andere als für uns aufzubringen. Eine positive, akzeptierende Fehlerkultur bezogen auf sich selbst, fördert den eigenen Lernprozess; Fehler sind eine Chance zu lernen. Denken Sie daran, dass in dem Wort „gescheitert" auch „gescheiter" steckt. Je früher wir Fehler machen, desto besser, denn dann können wir andere Wege einschlagen, um besser und vielleicht auch schneller an unser Ziel zu gelangen. Forscher der britische Open University (Sharples et al. 2016; S. 16) erkennen im produktiven Scheitern bereits einen wichtigen neuen Lehr- und Lerntrend. Dieser hat mit den sog. FuckUp Nights, wo man sich wechselseitig von seinem Scheitern erzählt, bereits ein eigenes Veranstaltungsformat gefunden, mit dem u. a. das Ziel verfolgt wird, das Scheitern politisch, gesellschaftlich und persönlich zu entstigmatisieren. Was ein sog. Fehler ist, lässt sich häufig gar nicht genau beurteilen; aus einer anderen Perspektive oder mit zeitlichen Abstand können diese auch als notwendige bzw. hilfreiche Zwischenstationen betrachtet werden. Selbst das Vergessen kann uns dienlich sein: „Durch Vergessen gelangen wir zu besseren Lösungen, weil die neuen Lösungen auf einem umfangreicheren Erfahrungsschatz beruhen und den gegenwärtigen Kontext berücksichtigen" (Langer 2001, S. 91). Die Wahrheit verändert sich nämlich häufig mit dem Kontext und der Zeit.

> ?
>
> Welche Art und Qualität der für Lernprozesse relevanten Sozialenergie erzeugen Sie durch Ihre inneren Dialoge? Welche Muster können Sie bei sich identifizieren? Welche Strategien der Musterunterbrechung fallen Ihnen für sich ein?

Interaktionen

Der zweite Generator von Sozialenergie und Sozialkapital sind direkte, indirekte als auch medial vermittelte Interaktionen zwischen verschiedenen Menschen in Gruppen, Teams und Institutionen – die Art und Weise, wie wir In-Beziehung-gehen zu unserem sozialen Kontext. Die Beschaffenheit der entstehenden Energie ist direkt abhängig von der Begegnungs- und Beziehungsqualität der Menschen untereinander. Die Beziehung kann vermieden, gesucht, aufgebaut und auf eine bestimmte Weise gestaltet werden. Dabei ist es durchaus möglich, dass subjektiv unterschiedliche Einschätzungen zur Qualität der Sozialenergie abgegeben werden. Für eine von allen Beteiligten als gedeihliches Miteinander wahrgenommene Situationseinschätzung ist dabei wichtig, dass das Gefühl eines wechselseitigen Gebens und Nehmens von Energie erfüllt ist. Die Norm der Reziprozität, also der Erwartung, für eine Leistung vom anderen wieder etwas zu erhalten, sollte als Voraussetzung für Vertrauen untereinander erfüllt werden. Menschen, die sich in Seminaren, Kursen, Workshops oder anderen Formen der Weiterbildung treffen, haben nicht nur ganz unterschiedliche Ansprüche an das, was sie lernen möchten, sondern auch an die Qualität und Intensität der Sozialkontakte. So gibt es z. B. Lerngruppen im Sprachenbereich, die über Jahre, wenn nicht sogar Jahrzehnte hinweg gemeinsam ihren Kurs bei der Volkshochschule oder einem anderen Träger besuchen; hier stehen der vertraute Zusammenhalt einer Gruppe, in der sich die Menschen wohlfühlen, der soziale Austausch und gemeinsame Aktivitäten eindeutig im Vordergrund gegenüber den sekundär gewordenen Lerninteressen.

> ?
>
> Welche Interaktionen in Lerngruppen befördern oder behindern aus Ihrer Erfahrung das Entstehen welcher Art von Sozialenergie und Sozialkapital?

Lerninhalt

Der dritte Generator von Sozialenergie und Sozialkapital ist die Gestaltung der Beziehung zum Lerninhalt, die Art und Weise, wie wir In-Beziehung-gehen zu unserem Lerngegenstand. Wenn wir das Gefühl haben, uns mit Dingen zu beschäftigen, die uns mehr Energie rauben als geben, dann gilt die Handlungsmaxime: Leave it, change it or love it. Es kann durchaus sinnvoll sein, sich für die Variante „leave it" zu entscheiden, wenn man feststellt, dass man sich für das zu diesem Zeitpunkt und in diesem Kontext „falsche" Weiterbildungsangebot entschieden hat. In diesem Fall hält man es mit der Weisheit der Dakota-Indianer, die besagt: „Wenn du merkst, dass du ein totes Pferd reitest, dann steig ab."

Bevor Sie sich für diesen Weg entscheiden, wäre es vielleicht einen Versuch wert, das „change it" auszuprobieren, indem Sie sich fragen, was Sie dem Thema, Kurs oder Lerngegenstand abgewinnen können, was Sie bisher noch nicht sehen konnten, damit daraus doch noch eine „love it" werden kann. Wenn Sie sich hierfür entscheiden, folgen Sie einem chinesischen Sprichwort, das lautet: „Wenn du eine Stunde lang glücklich sein willst, schlafe. Wenn du einen Tag lang glücklich sein willst, geh fischen. Wenn du dein Leben lang glücklich sein willst, liebe deine Arbeit." Egal wie Sie zu den Lerninhalten stehen, Sie sollten sich in Erinnerung rufen, dass es nicht die Dinge an sich sind, die darüber entscheiden, welche Energiebilanz wir für uns feststellen, sondern unsere Beziehung, die wir zu ihnen aufbauen.

> ?
>
> Wie und wodurch ist es Ihnen bereits gelungen, eine Beziehung zum Lerngegenstand aufzubauen? Was davon lässt sich auf andere Bereiche übertragen?

6.3   Welche gesundheitsförderlichen Lehr-Lern-Arrangements gibt es?

Damit Sinnhaftigkeit, Verstehbarkeit und Handhabbarkeit im Sinne des Sense of Coherence in Lehr-Lern-Prozessen erfahren werden können, bedarf es der Klärung der Beziehungen der Lernenden

- zu sich selbst und dem eigenen Lernen,
- zum sozialen Kontext der Menschen, mit denen sie gemeinsam lernen und die sie im Lernprozess begleiten sowie auch zum gesellschaftlichen, räumlichen und zeitlichen Kontext, in dem Lernen stattfindet,
- zum Lerngegenstand, dem Thema.

Gesundheitsförderlich sind jene Lehr-Lern-Arrangements, die ein möglichst hohes Maß an Sozialenergie auf allen der angesprochenen Ebenen entwickeln.

> ?
>
> Welche Werte gelten für salutogenes Lehren und Lernen?

Als Werte für salutogenes Lehren und Lernen lassen sich, bezugnehmend auf die Selbstbestimmungstheorie der Motivation nach Deci und Ryan (1993) (Abschn. 3.3), die folgenden Werte ableiten, die es in gesundheitsförderlichen Lehr-Lern-Settings zu entwickeln, zu leben und zu befördern gilt:

1. *Vertrauen* ist die grundlegende Basis. Ein Grundvertrauen in die eigenen Fähigkeiten eines jeden lernenden Individuums ist der Ausgangspunkt für jegliches Lernen. Daneben erwächst aus dem Vertrauen in die Bedeutsamkeit des Lerngegenstands, die Thematik, eine intrinsische Motivation. Schließlich wird Vertrauen in die Gruppe von Menschen, mit denen man sich in einen Lernprozess begibt, eine unabdingbare Voraussetzung, damit neue Erfahrungen später nachhaltig verankert werden können. Zu vertrauen, sich anzuvertrauen, bedeutet, fähig sein, um In-Beziehung-gehen zu können. Stierlin (2007) spricht in diesem Zusammenhang von „bezogener Individuation". Schließlich schafft das Vertrauen in den Kontext die Sicherheit, sich in Veränderungsprozessen zu erproben. Auf diese Weise wird insgesamt Kompetenzerfahrung möglich.
2. *In-Resonanz-Sein*, d. h. im Einklang sein mit sich, der Gruppe, dem Lerngegenstand und dem Kontext, ist eine unabdingbare Voraussetzung für einen selbstbestimmten Lernprozess. Mit sich in Resonanz zu sein, ist die Voraussetzung für Veränderung. Mit der Gruppe in Resonanz zu sein, heißt, die anderen als relevante Subjekte eines gemeinsamen Lernprozesses wertzuschätzen, die in der Lage sind, Unterstützung und Hilfestellung zu leisten. Mit einer Sache in Resonanz zu sein, ist die Bedingung für Anverwandlung. Mit dem Kontext in Resonanz zu sein, hilft, die eigenen Gestaltungsmöglichkeiten realistisch

einzuschätzen. Das In-Resonanz-Sein auf allen Ebenen macht soziale Einge-bundenheit erst erfahrbar.

3. *Verantwortung* zu übernehmen für den eigenen erfahrungsbezogenen Ver-änderungsprozess, den wir als Lernen bezeichnen, formuliert den Anspruch, diesen Prozess als Subjekt und nicht als Objekt mitgestalten zu wollen. Die Verantwortung zu übernehmen für den gemeinsamen Gruppenprozess, in dem neue Erfahrungen gemacht, begleitet und reflektiert werden, verweist auf die Interdependenz und wechselseitige Angewiesenheit aufeinander. In die Verantwortung für die Lerninhalte und deren kontextuelle Eingebundenheit zu gehen, heißt, eine aktive Rolle im Transformationsprozess zu übernehmen. Wir können die autonome Handlungsregulation nur dann erfahren, wenn wir die Verantwortung für alles was wir tun oder auch lassen selbst übernehmen.

Die gelebten Werte des Vertrauens, des In-Resonanz-Seins und der Verantwor-tung können ihre Wirkung entfalten, um die Handlungsspielräume der Lernen-den zu vergrößern; sie sind insofern gesundheitsförderlich, als sie Spielräume im Denken und Handeln vergrößern, Stress reduzieren und neue Gestaltungsopti-onen schaffen.

> **?**
>
> Anhand welcher Dimensionen können salutogene Lehr-Lern-Arrangements un-terschieden werden?

Die Antwort auf die Frage nach der Klassifikation salutogener Lehr-Lern-Ar-rangements lässt sich aufgrund der bisher gewonnen Erkenntnisse beantworten. Wir gehen dabei stets von gruppenbezogenen Settings aus. An erster Stelle ist die Qualität der Sozialenergie und des Sozialkapitals entscheidend, ob Lernsitu-ationen als gesundheitsförderlich wahrgenommen werden können. Dies ist die conditio sine qua non, von der alles Weitere abhängt. An zweiter Stelle ist der gezielte Einsatz der verschiedenen Konzepte salutogenen Lernens zu nennen. Diese können nach drei Aspekten differenziert werden:

1. Sie können in den Lehr-Lern-Prozess so *integriert* werden, dass sie eine inhalt-liche und methodische Einheit bilden oder vom Lernprozess im Sinne einer gezielten methodischen Intervention durch Einschub oder Unterbrechung *separiert* werden.
2. Sie können *intern* von den Lehrenden und Lernenden autonom realisiert oder durch *extern* hinzugezogene Experten angeleitet werden.
3. Sie können sich entweder primär auf die *selbstbezogene Awareness* des Einzel-nen oder die *institutionsbezogene Awareness* richten.

Die hier vorgenommene analytische Trennung wird in Abhängigkeit von den situativ gegebenen Bedingungen in der Praxis unterschiedliche Ausgestaltungen annehmen. Im Sinne der Nachhaltigkeit eines gesundheitsförderlichen Lernens, der Autonomie der Lerngruppe und der eigenen Kompetenzerfahrung sind integrierte Impulse, die intern realisiert werden, die freiwillig aus der Lerngruppe selbst kommen, angeraten. Da ein salutogenes Lehr-Lern-Arrangement im Sinne einer Allverantwortlichkeit gut daran tut, neben dem eigenen Wohlergehen auch auf den übergreifenden Kontext zu achten, in den es eingebettet ist, empfiehlt sich eine Kombination von Selbst- und Institutionenbezug. Hier bietet es sich an, nach dem *Setting-Ansatz* zu arbeiten.

Setting-Ansatz

Der Setting-Ansatz gilt seit der ersten Internationalen Konferenz zur Gesundheitsförderung und der Verabschiedung der Ottawa-Charta durch die World Health Organization (WHO) von 1986 als Kernstrategie der Gesundheitsförderung (WHO 1986). Unter Settings werden soziale Systeme verstanden, die einen starken Einfluss auf die Gesundheit ausüben und in denen zugleich die Bedingungen von Gesundheit auch gestaltet und beeinflusst werden können. Settings sind die Basis für die praktische Anwendung von Maßnahmen, Projekten und Prozessen der Gesundheitsförderung.

Der Setting-Ansatz verfolgt ein sozialräumliches und sozialökologisches Konzept und gilt in der Gesundheitsförderung als Schlüsselstrategie zur Umsetzung der Prinzipien der Ottawa-Charta. Diese formuliert als zentrale Handlungsebenen, eine gesundheitsfördernde Gesamtpolitik zu entwickeln, gesundheitsförderliche Lebenswelten zu schaffen, gesundheitsbezogene Gemeinschaftsaktionen zu unterstützen, persönliche Kompetenzen zu entwickeln sowie die Gesundheitsdienste neu zu orientieren. „Ziel der Gesundheitsförderung nach dem Setting-Ansatz ist es, unter aktiver Beteiligung der Betroffenen (Partizipation) die jeweiligen Gesundheitspotenziale und -risiken im Lebensbereich zu ermitteln und einen Prozess geplanter organisatorischer Veränderungen anzuregen und zu unterstützen. Dieser Prozess soll über die Schaffung gesundheitsgerechterer Verhältnisse die gesundheitliche Situation der Betroffenen nachhaltig verbessern" (Neubauer et al. 2014, S. 88). Der Setting-Ansatz unterscheidet sich von einer traditionellen Gesundheitserziehung, die primär auf eine Änderung des Verhaltens abzielt, dadurch, dass hier verhältnisbezogene Maßnahmen, Projekte und Prozesse zur Organisationsentwicklung der Gesundheitsförderung im Mittelpunkt stehen. Da der Gesundheitssektor, nach Auffassung der Weltgesundheitsorganisation (1986) „allein (…) nicht in der Lage (ist), die Voraussetzungen und guten Perspektiven für die Gesundheit zu garantieren" wird eine zentrale Handlungsstrategie der Gesundheitsförderung im „Vermitteln und Vernetzen" gesehen: „Gesundheitsförderung verlangt (…) ein koordiniertes Zusammenwirken unter Beteiligung der Verantwortlichen in Regierungen, im Gesundheits-,

Sozial- und Wirtschaftssektor, in nichtstaatlichen und selbstorganisierten Verbänden und Initiativen sowie in lokalen Institutionen, in der Industrie und den Medien." Es existieren bereits zahlreiche settingbezogene Netzwerke der Gesundheitsförderung auf nationaler und internationaler Ebene; die Weiterbildung könnte sich hier anschließen.

Fazit

In Zeiten der reflexiven Moderne gewinnt das Thema Gesundheit insbesondere unter psychischen, sozialen und spirituellen Aspekten an Bedeutung. Gegenüber der in den letzten Jahrzehnten stattgefundenen gesellschaftlichen Fokussierung auf technologische Entwicklungen ist der Schulung unserer sinnlichen Wahrnehmungsmedien nur geringe Aufmerksamkeit geschenkt worden; hier gibt es einen Nachholbedarf, wie die Forderung nach salutogenen Lehr- und Lernkulturen der Achtsamkeit zeigt. Neben der Außenwelterkundung kommt es in Lernprozessen zunehmend auf eine sensible Innenwelterkundung des Menschen an. Dabei ist der Blick auf die Generatoren von Sozialenergie und Sozialkapital zu richten, den innerpsychischen Dialog, die Beziehungsgestaltung in der Interaktion sowie zu den Lerngegenständen und zum Kontext. Die Weiterbildung wird neben den individuellen auch die Entwicklung der institutionellen und gesellschaftlichen Transformationsprozesse zu beachten haben, um beim Aufbau der entsprechenden Kompetenzen im Sinne einer Ermöglichung der Potenzialentfaltung ihren Beitrag leisten zu können.

Literatur

Ammon, G. (1986). *Der mehrdimensionale Mensch. Zur ganzheitlichen Schau von Mensch und Wissenschaft*. München: Pinel.

Antonovsky, A. (2001). *Was erhält Menschen gesund?* Köln:: Bundeszentrale für gesundheitliche Aufklärung.

Badura, B., Greiner, W., Rixgens, P., Ueberle, M., & Behr, M. (2013). *Sozialkapital. Grundlagen von Gesundheit und Unternehmenserfolg*. 2., erweiterte Auflage. Berlin: Springer Gabler.

Bourdieu, P. (1983). Ökonomisches Kapital, kulturelles Kapital, soziales Kapital. In: R. Kreckel (Hrsg.), *Soziale Ungleichheiten* Soziale Welt Sonderband, (Bd. 2, S. 183–198). Göttingen: Schwartz.

Bucher, A. A. (2007). *Psychologie der Spiritualität*. Weinheim, Basel: Beltz.

Burow, O.-A. (1999). Gestaltpädagogik und Erwachsenenbildung. In: R. Fuhr, M. Sreckovic & M. Gremmler-Fuhr (Hrsg.), *Handbuch der Gestalttherapie* (S. 1051–1068). Göttingen: Hogrefe.

Buß, M. (2016). Transformationsprozesse in der Architektur von Kliniken und Gesundheitsbauten. *Sozialmanagement, 14*(1), 37–47.

Carey, B. (2015). *Neues Lernen*. Reinbek bei Hamburg: Rowohlt.

Deci, E. L., & Ryan, R. M. (1993). Die Selbstbestimmungstheorie der Motivation und ihre Bedeutung für die Pädagogik. *Zeitschrift für Pädagogik, 39*(2), 224–238.

Dresler, K.-D., & Brock, M. (1994). Überlegungen zum subjektiven und zwischenmenschlichen Faktor in der Vital- und Sozialprognose nach schwerem Schädelhirntrauma mit prolongiertem Koma. *Rehabilitation, 33*, 110–115.

Eder, F. (1996). *Schul- und Klassenklima. Ausprägung, Determinanten und Wirkungen des Klimas an höheren Schulen.* Innsbruck, Wien: Studien-Verlag.

Eder, F. (2016). Vorwort. In: M. Reindl & B. Gniewosz (Hrsg.), *Prima Klima: Schule ist mehr als Unterricht.* Wiesbaden: Springer.

Gendlin, E. T. (1998). *Focusing. Selbsthilfe bei Lösungen persönlicher Probleme.* 9. Auflage. Reinbek bei Hamburg: Rowohlt.

Hattie, J. A. C. (2009). *Visible Learning. A synthesis of over 800 meta-analyses relating to achievement.* London & New York: Routledge.

Jütte, W. (2002). *Soziales Netzwerk Weiterbildung. Analyse lokaler Institutionenlandschaften.* Bielefeld: W. Bertelsmann Verlag.

Kabat-Zinn, J. (2013). *Gesund durch Meditation.* München: Knaur.

Kramis, J. (1990). Bedeutsamkeit, Effizienz, Lernklima. Grundlegende Gütekriterien für Unterricht und Didaktische Prinzipien. *Beiträge zur Lehrerinnen- und Lehrerbildung, 3*, 279–296.

Langer, E. J. (2001). *Kluges Lernen.* Reinbek bei Hamburg: Rowohlt.

Langer, E. J. (2011). *Die Uhr zurückdrehen? Gesund alt werden durch die heilsame Wirkung der Aufmerksamkeit.* Paderborn: Junfermann.

Neubauer, G., Sandbothe, M., Schäfer, E., & Schulz, J. (2014). Gesundes Lehren und Lernen am Fachbereich Sozialwesen der EAH. *Die Neue Hochschule, 55*(3), 88.

Nollert, M. (2016). Sozialkapital. In: Wörterbuch der Sozialpoliti. http://www.social-info.ch/cgi-bin/dicopossode/show.cfm?id=610. Zugegriffen: 12. September 2016.

Putnam, R. D. (2000). *Bowling Alone: The Collapse and Revival of American Community.* New York: Simon and Schuster.

Renn, K. (2010). *Achtsamkeit und Psychotherapie: Focusing: Psychotherapie in Innerer Achtsamkeit. Vortrag am 22. April im Rahmen der 60. Lindauer Psychotherapiewochen 2010.* www.Lptw.de

Romhardt, K. (2016). Achtsame Kommunikation in Meetings. *OrganisationsEntwicklung, 35*(4), 17–19.

Sandbothe, M. (2015). Wozu „Gesundes Lehren und Lernen"? In: A. Reyk, N. Knoepffler & W. H. Eberbach (Hrsg.), *Wozu gesund? Prävention als Ideal* Kritisches Jahrbuch der Philosophie, (Bd. 16, S. 105–123). Würzburg: Königshausen & Neumann.

Schäffter, O. (2001). *Weiterbildung in der Transformationsgesellschaft. Zur Grundlegung einer Theorie der Institutionalisierung.* Baltmannsweiler: Schneider Verlag Hohengehren.

Scharmer, C. O. (2009). *Theorie U. Von der Zukunft her Führen.* Heidelberg: Carl-Auer Verlag.

Schüßler, I. (2016). Lernkulturen in Transformationsgesellschaften. Paradoxien, Herausforderungen und Gestaltungsoptionen. In: O. Dörner, C. Iller, H. Pätzold & S. Robak

(Hrsg.), *Differente Lernkulturen. Regional, national, transnational* (S. 15). Opladen, Berlin & Toronto: Barbara Budrich.

Sharples, M., de Roock, R., Ferguson, R., Gaved, M., Herodotou, C., Koh, E., Kukulska-Hulme, A., Looi, C.-K., McAndrew, P., Rienties, B., Weller, M., & Wong, L. H. (2016). *Innovating Pedagogy 2016: Open University Innovation Report 5.* Milton Keynes: The Open University.

Siegel, D. J. (2007). *Das achtsame Gehirn.* Freiamt: Arbor Verlag.

Singer, R., & Bolz, M. (2013). *Mitgefühl. In Alltag und Forschung. E-Book.* Download unter: http://www.compassion-training.org/. Zugegriffen: 05. April 2017.

Stierlin, H. (2007). *Gerechtigkeit in nahen Beziehungen.* Heidelberg: Carl-Auer.

Vater, S., Kellner, W., & Jütte, W. (Hrsg.) (2011). Erwachsenenbildung und Sozialkapital. Berlin. LIT Verlag.

Weltgesundheitsorganisation (1986). *Ottawa-Charta zur Gesundheitsförderung.* http://www.euro.who.int/de/publications/policy-documents/ottawa-charter-for-health-promotion,-1986. Zugegriffen: 05. April 2017.

7

Welche digitalen Teilhabechancen bieten mediatisierte Lernwelten

Wie die Zugänge zur Weiterbildung inklusiv gestaltet werden können, darauf sind wir in Kap. 5 eingegangen. In diesem Zusammenhang wurde bereits erwähnt, dass es neben einem engen Begriffsverständnis von Inklusion auch ein weites gibt, nämlich das der gleichberechtigten allumfassenden Teilhabe aller Menschen an allen Bildungsangeboten. Inwiefern die Möglichkeiten einer mediatisierten Lernwelt alte und neue Hoffnungen auf digitale Teilhabe erfüllen können, soll in diesem Kapitel erörtert werden.

Anfang Juli 2016 haben Vertreter aus Bildung, Wissenschaft und Wirtschaft anlässlich des EduAction Bildungsgipfels die Erklärung „ZukunftsBildung jetzt gestalten!" verabschiedet. Die dritte von fünf Empfehlungen hat die digitale Herausforderung zum Thema; darin heißt es: „Die Digitalisierung unserer Arbeits- und Lebenswelt erfordert ein tiefgreifendes Neudenken unseres lebenslangen Lernens und unserer Lernwelten." Die Aufgabe von Bildung wird darin gesehen, die Wertgrundlagen für unser gesellschaftliches Zusammenleben zu legen und „allen Menschen Teilhabe und Partizipation" zu ermöglichen (EduAction Erklärung 2016).

© Springer-Verlag GmbH Deutschland 2017
E. Schäfer, *Lebenslanges Lernen*, Kritisch hinterfragt DOI 10.1007/978-3-662-50422-2_7

Zwar wird der derzeitige Medienwandel häufig als Digitalisierung bezeichnet, doch der Begriff erfasst nicht angemessen die stattfinden Veränderungen. Entscheidend ist nicht die digitale Form der Daten, sondern wie die computervermittelte Kommunikation in alle Poren unseres Alltags eindringt und Kultur und Gesellschaft verändert. Wir befinden uns in einem umfassenden Mediatisierungsprozess, in dem die realen Dinge „Repräsentanzen in der symbolischen Welt der Computernetze erhalten, von der aus sie gesteuert und bedient werden" (Krotz 2016, S. 17). Die Abbildung und Steuerung der sozialen Welt mithilfe digitaler Daten wird auch als Datafizierung bezeichnet (Aßmann et al. 2016, S. 1). Die Digitalisierung, Datafizierung bzw. Mediatisierung der Weiterbildung ist kein Selbstzweck. Die zentrale Frage lautet: Wie kann Bildung künftig so gestaltet werden, dass sie mehr gesellschaftliche Teilhabe ermöglicht und die Individuen ihre Autonomie im Lernprozess erhalten? Bevor wir uns mit den Kennzeichen und Potenzialen digitaler Bildungsmedien beschäftigen, wollen wir einen Blick in die mediale Historie der Weiterbildung werfen, um aktuelle Diskussionen besser verstehen zu können.

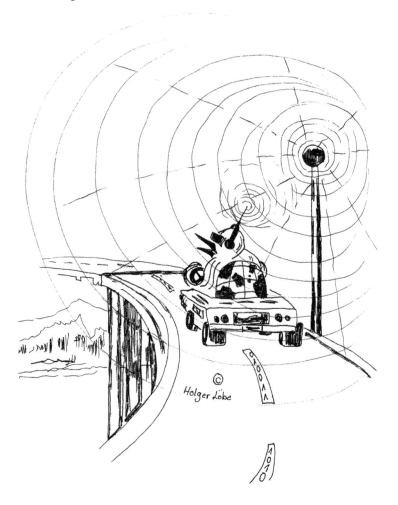

7.1 Welche Erwartungen und Hoffnungen werden und wurden mit neuen Bildungstechnologien verknüpft?

Erste Hinweise zur didaktisch-methodischen Gestaltung medialer Bildungsangebote gibt uns bereits J. A. Comenius (2000, S. 136) in der *Didactica magna* aus dem 17. Jahrhundert: „Alles soll wo immer möglich den Sinnen vorgeführt werden, was sichtbar dem Gesicht, was hörbar dem Gehör, was riechbar dem Geruch, was schmeckbar dem Geschmack, was fühlbar dem Tastsinn. Und wenn etwas durch verschiedene Sinne aufgenommen werden kann, soll es den verschiedenen zugleich vorgesetzt werden." Die moderne Lernpsychologie bestätigt diese goldene Regel, indem sie auf die synergetischen Effekte hinweist, die entstehen, wenn die Begegnung mit dem Bildungsgut auf möglichst unterschiedliche Art geschieht. Wir sprechen hier von einer Multimodalität. Es kommt dabei auf eine doppelte Passung an: Erstens sollte eine Passung zwischen dem Lerninhalt und seiner medialen Präsentationsform hergestellt werden, und zweitens gilt es, die Form der Präsentation, in der ein Inhalt vermittelt wird, möglichst optimal dem vom Individuum präferierten sinnlichen Wahrnehmungskanal anzupassen. Der Begriff Multimedia umfasst nicht nur die Multimodalität, sondern auch die Multicodalität; diese verweist auf unterschiedliche Formen mentaler Repräsentationen. Unterschieden werden sprachlich-symbolische und bildlich-ikonische Zeichensysteme. Erst wenn auch die Zeichensysteme sinnvoll miteinander, möglichst komplementär simultan und nicht zu redundant, in Beziehung gebracht werden, stellen sich Lernvorteile ein. Wichtig ist dabei, dass der Lernende selbst über seine Lerngeschwindigkeit bestimmen kann.

Die Fantasie des Menschen, wie neue Technologien sowohl zur Optimierung des Lernens eingesetzt als auch die Chancen auf Teilhabe an Bildung für alle Menschen besser gewährleistet werden können, hat eine lange Geschichte. Im Jahr 1899 erschien in der Zeitschrift *Die Woche* eine utopische Erzählung von Kurd Laßwitz (1982, S. 72) aus Gotha. Sie trägt den Titel *Die Fernschule*. Darin wird geschildert, wie der Gymnasialprofessor Frister träumt, ins Jahr 1999 versetzt und Fernlehrer der Geografie zu sein. Mit seinen Schülern, die genauso wie er in ihren eigenen Wohnungen sitzen, ist er über eine Art Videokonferenzschaltung verbunden. Lediglich in den Fällen, „wo die Eltern nicht die Mittel haben, den gesamten Fernlehrapparat im Hause unterzubringen, begeben sich die Schüler zu den dazu eingerichteten öffentlichen Fernlehrstellen."

Wie ein roter Faden zieht sich durch die Geschichte der Erwachsenenbildung das Phänomen, dass sich mit jeder neuen Bildungstechnologie die mehr oder weniger ausgeprägte Erwartungshaltung verbindet, diese könnte zum Abbau von Bildungsprivilegien, zur Angleichung von Lernchancen und zur Demokratisierung der Bildung beitragen. Diese egalitären Hoffnungen sind – wie die

Erfahrung zeigt – vielfach enttäuscht worden. Die Hoffnung, durch neuartige Kommunikations- und Informationstechniken ließen sich soziale Disparitäten ausgleichen, sozialisationsbedingte Benachteiligungen verringern und Bildungsabstinenz überwinden, haben sich bislang nicht erfüllt. Stattdessen droht uns ein Zerfall der Bevölkerung in die Kommunikationsarmen und die Kommunikationsreichen. Ein Befund, der sich bereits seit Jahrzehnten empirisch immer wieder bestätigt hat, droht, sich auch künftig fortzusetzen (Deutscher Weiterbildungstag 2016). Er ist unter dem Stichwort der Wissensklufthypothese bzw. der digitalen Spaltung in die Medienforschung eingegangen. Wie die Studie der Initiative D21 (2016) zeigt, haben sich die Ungleichheiten in Bezug auf die Kompetenzen im Umgang und der Nutzung digitaler Medien in den vergangenen Jahren gesteigert. Um einer digitalen Spaltung unserer Gesellschaft entgegenzuwirken, gilt es die Bildungsbemühungen zum Kompetenzerwerb und zur digitalen Selbstbestimmung zu intensivieren.

> ?
> Vor welchen Herausforderungen steht eine Medienkompetenz vermittelnde Bildung?

Auch die Erwachsenenbildung ist herausgefordert, nach Wegen und Mitteln zu suchen, die kommunikative und kulturelle Polarisierung der Bevölkerung einzuschränken. Das Zauberwort zur Bewältigung dieser negativ zu bewertenden gesellschaftlichen Erscheinung lautet „Medienkompetenz". Wurde früher Medienkompetenz nahezu ausschließlich als individuelle Kompetenz verstanden, so wird sie heute auch als gesellschaftliche Kompetenz gesehen; damit ist gemeint, dass wir als Gemeinwesen kompetent darüber entscheiden können, welche Entwicklungspfade der Mediatisierung wir beschreiten wollen, weil wir sie für eine demokratische Gesellschaft angemessen halten (Krotz 2016, S. 25). Der Medienpädagogik kommt hier eine Schlüsselrolle zu, wie die Gesellschaft für Medienpädagogik und Kommunikationskultur (2016) in ihrem Positionspapier „Datafizierung des Lebens" feststellt: „Mit ihrem Fokus auf eine umfassende Bildung und die Persönlichkeitsentwicklung des Menschen leistet sie einen maßgeblichen Beitrag dazu, dass ein sozial verantwortliches, kulturell reichhaltiges und demokratisches Leben in einer datafizierten Welt möglich ist."

In diesem Sinne plädiert auch das Strategiepapier „Digitale Datenerhebung und -verwertung als Herausforderung für Medienbildung und Gesellschaft" dafür, die demokratische „Mitgestaltung der digitalen Infrastruktur" selbst zum Gegenstand pädagogischer Bemühungen zu machen. Weiter heißt es: „Die Medienpädagogik ist (...) aufgefordert, ihre Konzepte und Modelle gegenüber *Big Data Analytics* und *Predictive Analytics* (Predictive Analytics ist ein Bereich, der sich mit der Vorhersage der wahrscheinlichen Zukunft und Trends auf der Basis erhobener Daten auseinandersetzt) zu schärfen und verstärkt Medienkompetenz im Sinne eines wissenden und kritischen Umgangs mit eigenen Daten und mit den Daten anderer zu fördern (...) Digitale Selbstbestimmung kann nicht individualisiert werden, sondern ist auf einen (zivil)gesellschaftlich verankerten Handlungsrahmen angewiesen, der dies ermöglicht" (Aßmann et al. 2016, S. 5).

?

Wie sieht Ihre eigene medienbezogene Lernbiografie aus? Mit welchen Medien haben Sie in Ihrer Weiterbildung Erfahrungen sammeln können? Welche Medien bevorzugen Sie?

Die Weiterbildung hat in den vergangenen Jahrzehnten schon mehrere Wellen einer Medieneuphorie erlebt. Anfang der 1970er-Jahre herrschte nicht nur gesellschaftspolitisch eine Aufbruchsstimmung, auch der Glaube an den wissenschaftlich-technischen Fortschritt war nahezu ungebrochen. Vor diesem Hintergrund konnte sich eine bildungstechnologische Auffassung Gehör und Einfluss verschaffen, der es um eine Rationalisierung und Effektivierung von Lernprozessen mittels programmierter Unterweisung und kybernetisch durchstrukturierter Lernprozesse ging. „Bildungsökonomische Gesichtspunkte, Lehrermangel und Übernahme von Erkenntnissen der behavioristischen Lerntheorie gaben den Ausschlag für die Entwicklung erster Formen des programmierten Unterrichts" (Hüther und Podehl 1990, S. 114).

In den frühen 1970er-Jahren glaubte man, mithilfe des computergestützten Unterrichts Lernprozesse optimieren und zugleich den Lehrer substituieren zu können. Parallel hierzu wurde in Anknüpfung an die Radiotheorie von Brecht (1967) eine Debatte über das gesellschaftspolitische Partizipationspotenzial der Medien geführt (Enzensberger 1970). Der forcierte Ausbau von Selbstlernzentren (Jüchter 1971) geriet jedoch mangels fehlender Akzeptanz seitens der Klientel ins Stocken, die Bemühungen um Funk- und Telekolleg machten nur kleine Fortschritte, und der Versuch „Fernstudium im Medienverbund" – ein gemeinsames Experiment aller Bundesländer – scheiterte. Wie die Praxis der Medienverbundprojekte zeigte, konnte das Lernen mithilfe von Informations- und Kommunikationstechniken nicht die persönliche Präsenz in den Kursen ersetzen. Es setzte sich die Erkenntnis durch, dass aus methodisch-didaktischen Gründen mediengestütztes Lernen nur dann sinnvoll sein kann, wenn es von sozialen Lernphasen unterstützt und ergänzt wird.

Mitte der 1980er-Jahre boten die Kabelpilotprojekte ein interessantes Experimentierfeld für die Erprobung neuer Ansätze in der medienbezogenen Bildungsarbeit. Im Rahmen der Feldversuche betätigten sich Erwachsenenbildungsinstitutionen als Programmanbieter und -produzenten, initiierten lokale Medienverbünde, richteten Medienwerkstätten ein und gaben Bürgern

Hilfestellung bei der Produktion von Beiträgen für *Offene Kanäle* (Baacke et al. 1990). Bereits in dieser Zeit ist der Trend einer Konvergenz von Bildung und Unterhaltung zu beobachten, den wir als Edutainment (Schäfer 1991) bezeichnen und der sich nach der Jahrtausendwende in der Gamifikation, der Übertragung von Game-Design-Elementen in andere Kontexte, hier die des Lernens, konsequent fortsetzt. Sailer (2016) zeigt anhand empirischer Studien, dass Gamifikation im Kontext manueller Arbeitsprozesse sowohl die Motivation fördern als auch die Qualität und Quantität der erbrachten Leistung fördern kann.

Ab Mitte der 1990er-Jahre entwickelte sich mit der stetig wachsenden Verbreitung des Internets aus dem Computer Based Training (CBT) das Web Based Training (WBT). Mit dem Blended Learning wurde eine Mischung von Präsenzlernen und E-Learning geschaffen, das die Vorteile beider Lernformen zu integrieren versucht. Die noch zu Beginn des neuen Jahrtausends prognostizierte komplette Umstellung von Bildungsinstitutionen von den Präsenzformen des Lernens auf das E-Learning (Encarnação et al. 2000) wurde keine Wirklichkeit. Allerdings haben E-Learning-Plattformen sich als ein sehr nützliches Instrument für die Unterstützung von verschiedensten Lernprozessen erwiesen. Der noch bis vor kurzer Zeit gemachte Hype um die kostenlosen Massive Open Online Courses (MOOC), die traditionelle Formen der Wissensvermittlung (Videos, Audiobeiträge und Texte) mit Internetforen kombinieren, ist nicht zuletzt aufgrund der hohen Abbrecherquoten schon wieder erheblich abgeflaut, wenn nicht gar beendet. Stattdessen wird jetzt für Small Private Online Courses (SPOC) plädiert (Brinck 2015, S. 70).

Die Klagen über den Rückstand Deutschlands in der digitalen Bildung werden mit unterschiedlicher Intensität vorgetragen, besonders nachdrücklich von Müller-Eiselt und Dräger (2015). Aktuell richten sich die Hoffnungen, aber auch die Befürchtungen auf das adaptive Lernen; dieses soll in automatisierter Form individualisiertes und an die jeweiligen Bedürfnisse der Lerner angepasstes Wissen vermitteln.

7.2   Welche Kennzeichen, Potenziale und Gefahren weisen mediatisierte Lernwelten heute auf?

In der Vergangenheit haben sich euphorische Erwartungshaltungen eher an einzelnen technischen Innovationen festgemacht, die in ihrer Verabsolutierung übersteigerte und schließlich nicht einlösbare Versprechungen gemacht und damit selbst zu deren Scheitern beigetragen haben. Demgegenüber speisen sich künftige Hoffnungen auf eine *mediatisierte Lernwelt*.

> **Mediatisierte Lernwelt**
>
> Unter einer mediatisierten Lernwelt wird das Lernen in einer digital vernetzten Welt verstanden. Sie reicht von den Formen des klassischen E-Learnings, mit real bzw. virtuell lokalisierbaren Bildungsangeboten, bis hin zu jenen, vollständig in die Lebens- und Berufswelt der teilhabenden Individuen integrierten Formen digitalen Lernens. Mediatisierte Lernwelten speisen sich aus der Mobilität, Flexibilität, Interaktivität, Konvergenz und Konnektivität bereits existierender Elemente der technischen Entwicklung, die in ihrer Kombination neue Optionen eröffnen. Die mediatisierten Lernwelten durchdringen gleichermaßen formale, nichtformale und informelle Lernprozesse (vgl. Hugger und Walber 2010).

Die Bundesregierung bekundet in ihrer „Digitalen Agenda", die im August 2014 veröffentlicht wurde, ihre Absicht, eine Strategie zu entwickeln und umzusetzen, „die die Chancen der digitalen Medien für gute Bildung entschlossen nutzt" (Die Bundesregierung 2014, S. 27). Dem stärkeren Einsatz digitaler Medien in allen Bildungsphasen während des gesamten Lebenslaufs wird dabei eine besondere Bedeutung beigemessen. Sechs führende Bundesverbände der Weiterbildung haben in einer gemeinsamen Erklärung die Zielsetzungen der „Digitalen Agenda" begrüßt, gleichzeitig aber auch beklagt, dass im Unterschied zu den Förderprogrammen in den anderen Bildungssektoren eine explizite Förderung der digitalen Entwicklung in der Weiterbildung bisher nicht stattfand (Bundesarbeitskreis Arbeit und Leben et al. 2015). Der Deutsche Volkshochschul-Verband (2015), der auch zu den Unterzeichnern gehört, hat in einer eigenen Resolution darauf hingewiesen, dass „zeitlich und örtlich flexibel einsetzbare digitale Lernarrangements (...) unverzichtbarer Bestandteil im Angebotsportfolio der gemeinwohlorientierten Weiterbildung werden" müssen. Begründet wird dies insbesondere damit, dass auf diese Weise bisher schwer zu erreichende Menschen und Zielgruppen, die aufgrund ihrer Lebens- und Erwerbssituation nicht oder nur schwer an herkömmlichen Präsenzangeboten teilnehmen können, so die Partizipation an Weiterbildungsangeboten ermöglicht werden soll.

> ?
>
> Was verbirgt sich hinter dem Begriff der erweiterten Lernwelten?

Mit seiner Verbandsstrategie „Erweiterte Lernwelten" hat der Deutsche Volkshochschul-Verband (Köck und Will 2015) ein Gesamtkonzept vorgelegt, wie digital unterstützte Lehr- und Lernprozesse in der Zukunft aussehen sollen:

„‚Erweiterte Lernwelten' ist der Kernbegriff eines pädagogischen Konzeptes, das die Verknüpfung analoger und digitaler Lernpraxen beschreibt. Die Grundidee fußt auf dem Gedanken, dass wir Lernen mit Unterstützung des Internets inhaltlich, sozial und räumlich ausweiten und durch diese Erweiterung positive Lernerfolge erzielen können:

- inhaltlich meint eine Erweiterung der klassischen Curricula durch miteinander vernetzte Lernbausteine und Lernerfahrungen, auch über die bisherigen Fächergrenzen hinaus;
- sozial bezieht sich auf die Rolle der Beteiligten am Lernprozess: Lerngemeinschaften vernetzen sich zusätzlich digital, die Gruppe im ‚Unterrichtsraum‘ wird durch externe Beteiligte erweitert;
- räumlich meint die Ausweitung der Lernorte, die sich unter Zuhilfenahme des Internets entscheidend erweitern und potenziell jeden Ort mit guter Netzanbindung zu einem Lernort machen" (Köck und Will 2015, S. 2).

Die erweiterten Lernwelten verstehen sich im Sinne eines situativen lebensweltintegrierenden Lernansatzes, der die Omnipräsenz der Volkshochschule in der Fläche mit der Allgegenwart des digitalen Netzes verbindet, um über analog-digital verwobene Lernarrangements neue Teilhabechancen am gesellschaftlichen Leben zu kreieren. Doch es wäre ein Irrtum zu glauben, dass die Digitalisierung automatisch zu mehr Chancengerechtigkeit führt. Hierauf weist der World Development Report der Weltbank mit dem Titel „Digital Dividends" (International Bank for Reconstruction and Development und The World Bank 2016) hin. Digitale Technologien können nur dann eine positive Wirkung entfalten, wenn die anlogen Rahmenbedingungen stimmen und alle gesellschaftlichen Gruppen von den technologischen Errungenschaften profitieren.

Mit dem Ansatz der erweiterten Lernwelten wird auch dem Umstand Rechnung getragen, dass traditionell homogene Lehr-Lern-Arrangements immer weniger den Lernbedürfnissen der Menschen entsprechen und deshalb auf weniger Resonanz treffen. Die Tendenz zu individuelleren und flexibleren Lernsettings auf der einen Seite wird in einer mediatisierten Bildungswelt auf der anderen Seite kontrastiert durch eine Standardisierung der Lerninhalte in den Fällen, wo es primär um instrumentelle Wissensvermittlung für eine große Gruppe von Lernenden geht.

> **?**
>
> Inwiefern trifft der Trend zu individuelleren und flexibleren Lernsettings sowie zu einer mediatisierten Bildungswelt auch für Sie zu?

Kennzeichnende Charakteristika digitaler Bildungsmedien sind die folgenden:

- Die Ortsunabhängigkeit verleiht ihnen ein hohes Maß an Flexibilität und Anpassungsfähigkeit; es macht sie ubiquitär.
- Die zeitliche Unabhängigkeit lässt die Verknüpfung synchroner und asynchroner Lernphasen sowie die Vernetzung von Präsenzphasen und virtuellen Phasen zu.

- Räumliche Distanzen lassen sich problemlos überwinden; Lernorte und Lerngegenstände können in virtuellen Lernszenarien erfahrbar gemacht werden.
- Der Lernprozess kann auf die jeweiligen Bedürfnisse angepasst individualisiert und personalisiert werden.
- Das Interaktivitäts-, Partizipations- und Kollaborationspotenzial erlaubt mehr Selbststeuerung des Lernprozesses durch die Lernenden (vgl. Albrecht und Revermann 2016, S. 8 ff.).

Die genannten Merkmale verbinden sich mit den Trends zum mobilen Lernen und zum informellen Lernen in sozialen Netzwerken. Das Lernen durch soziale Netzwerkbildung im Medium von Online-Lernen stellt neue Herausforderungen an das Arrangement von Weiterbildung (Lauber-Pohle 2016). Insgesamt verleiht dies den digitalen Bildungsmedien eine Allgegenwart, was technologisch ohne Zweifel als Potenzial gesehen werden kann – ob es dies auch gesellschaftlich sein kann, hängt von den jeweils einzuschlagenden Mediatisierungspfaden ab.

7.3 Wie sieht die digitale Bildungspraxis der Weiterbildung heute aus?

Das Feld der Anbieter und Dienstleiter für rein virtuelle Weiterbildungsangebote bildet sich gerade heraus; einige Player haben sich dort schon eine gute Ausgangsposition verschafft. Hierzu zählen u. a. die Pink University im Bereich der beruflichen Weiterbildung, Babbel als Marktführer in der Sprachenbildung, der kalifornische Weltmarktführer Coursera für Seminare aller Art, die E-Learning-Plattform Udacity, die gemeinsam mit Technologieunternehmen Online-Weiterbildungskurse entwickelt und sog. Nanodegrees anbietet, die Vernetzungsplattform Iversity sowie die Bertelsmann Education Group, zu der neben Udacity u. a. der Online-Bildungsanbieter Relias Learning sowie der Online-Bildungsdienstleister HotChalk gehören.

Gegenüber den genannten Spezialisten ist die gegenwärtige Realität der traditionellen Weiterbildungseinrichtungen überwiegend noch in traditionellen Präsenzformen organisiert. Gleichzeitig steigen die Teilnehmerzahlen im Fernunterricht und Fernstudium weiter. Nach der Fernunterrichtsstatistik des Fachverbands Forum DistancE-Learning stieg die Zahl der Teilnehmer im DistancE-Learning von fast 266.000 im Jahr 2003 auf über 423.000 im Jahr 2014 an. Natürlich gibt es auch mediale Lernportale, wie z. B. „ich-will-lernen.de" vom Deutschen Volkshochschul-Verband; mit mehr als 31.000 Übungen zur Alphabetisierung und Grundbildung, zur Vorbereitung auf den Schulabschluss sowie zur ökonomischen Grundbildung ist es Deutschlands größtes offenes E-Learning-Portal, dessen Nutzung kostenlos ist. Hinsichtlich des Einsatzes digitaler Bildungsmedien ist die Situation in der deutschen Weiterbildungslandschaft allerdings äußerst disparat, und zwar aus folgenden Gründen:

- Aufgrund der unterschiedlichen strukturellen Gegebenheiten sind die monetären Möglichkeiten der verschiedenen Träger sehr unterschiedlich.
- Auf Seiten der verantwortlichen Entscheider in den Bildungseinrichtungen und -abteilungen sind eine „fehlende Aufgeschlossenheit (...) bzw. überkommene Lernkulturen, die dem Einsatz von E-Learning nicht förderlich sind", zu nennen (mmb Institut 2015, S. 14).
- Auch Einstellungen und Medienkompetenzen von Dozenten und Teilnehmern wirken sich auf die Bildungspraxis aus. Aufgrund des relativ geringen Professionalisierungsgrades der Weiterbildung im Vergleich zu anderen Bildungssektoren können bei den Lehrenden nicht immer die notwendigen technischen Medienkompetenzen vorausgesetzt werden; aber auch auf Seiten der Teilnehmer ist die Affinität zu neuen digitalen Lernmedien gerade bei den Älteren häufig nicht besonders ausgeprägt.
- In jenen Fällen, in denen auf mediales Lehr- und Lernmaterial zurückgegriffen werden kann, wird dessen häufig unzureichende methodisch-didaktische Aufbereitung beklagt; ist diese gegeben, so wird auf den hohen Aufwand für die ständige Aktualisierung hingewiesen.
- Ein weiteres Hindernis ganz anderer Art bezieht sich auf die Überschätzung der Selbststeuerungskompetenz der erwachsenen Lerner sowie das Fehlen von Lernsteuerungsmechanismen bei Online-Lernangeboten (Albrecht und Revermann 2016, S. 158).

> ?
>
> Welche der genannten Gründe zum (Nicht-)Einsatz treffen aus Ihrer Erfahrung zu? Gibt es weitere Gründe? Wenn ja, welche?

Mit dem zuletzt genannten Punkt in Zusammenhang steht die Frage, ob mediale Lernumgebungen eine eigene Web-Didaktik erfordern, wie sie Meder (2006) entwickelt hat. Hierzu existieren kontroverse Auffassungen (Hamadeh 2014; Lindner 2014). Es gibt auch keine anerkannte allgemeine eigene Didaktik der Erwachsenenbildung (Meueler 2010), auf deren Basis diese Frage entschieden werden könnte. Bei all den noch nicht geklärten Fragen ist es wichtig, sich deutlich zu machen, dass Lernen aus zwei Komponenten – einer Informations- und einer Kommunikationskomponente – besteht. „Das entscheidende Charakteristikum medialen Lernens (...) ist das Problem der Kombination von Elementen der Informations- und Kommunikationskomponente" (Kerres 2001, S. 45).

Für die betriebliche Weiterbildung lässt sich konstatieren, dass, die „bedeutendsten Formate technologiegestützter Lehr- und Lernarrangements (...) nach wie vor Lernplattformen zur Bereitstellung von Lerninhalten, computer-/webbasierte Selbstlernmodule und Blended Learning" (Albrecht und Revermann 2016, S. 160) sind. E-Learning wird von den Menschen aber nicht gemocht, so das Fazit der Britin Jane Hart, Gründerin des Centre for Learning & Performance Technologies, auf der Learntec (internationale Kongressmesse für professionelle Bildung, Lernen und IT) im Jahr 2015. Dass sich diese subjektiven Einschätzungen auch empirisch erklären lassen, darauf deuten Studien hin, die nachweisen, dass zumindest bei manchen Lerninhalten das computerunterstützte Lernen kontraproduktiv sein kann (Giessen 2011). Das Scheitern von Selbstlernzentren findet vor diesem Hintergrund eine Erklärung. Erst jüngst hat die Studie von Graf et al. (2016, S. 32) ergeben, dass „sich im Durchschnitt lediglich ein Drittel der Befragten (34 %) einen weiteren Ausbau computergestützten Lernens in der Zukunft" wünscht.

> **?**
>
> Nutzen Sie die sozialen Netzwerke für Ihre Lernaktivitäten? Haben Sie schon einmal darüber nachgedacht, ein eigenes soziales Lernnetzwerk zu initiieren? Vielleicht haben Sie bereits ein solches? Welche Erfahrungen machen Sie damit?

Menschen sind immer schwerer mit klassischen Präsenz- als auch E-Learning-Seminaren, die ein hierarchisiertes Vorratslernen offerieren, zu erreichen. Stattdessen folgen sie lieber eigenen Lernpfaden, indem sie sich beispielsweise für ein individuelles, selbstbestimmtes Lernen in sozialen Netzwerken entscheiden. Dies fördert einerseits die Fähigkeit zur Selbststeuerung der eigenen Lernprozesse und die Verantwortung für die eigene Weiterbildung. Andererseits sind damit aber auch Risiken und Gefahren verbunden. Die Zeit der „naiven Unschuld im Umgang mit den Sozialen Medien ist jedenfalls vorbei" (Hafez 2016, 33). In Zeiten des Postfaktischen erleben wir eine Wahrheitskrise, die auch vor wissenschaftlichen Erkenntnissen nicht Halt macht. Fake-news fordern zur sorgfältigen Quellenrecherche und der Entwicklung von Strategien zur Beurteilung der Glaubwürdigkeit von Nachrichten heraus. Social Bots, künstliche Intelligenzen, die sich unzählig in sozialen Netzwerken tummeln und gezielt Beiträge liken und retweeten, haben potenziell einen großen Einfluss auf die Meinungsbildung und sind eine Bedrohung für die Demokratie. Soziale Medien sind in der Gefahr zu Echokammern bzw. Filterblasen zu werden, in denen das Risiko, sich in einer reinen Zustimmungsumgebung zu befinden, steigt.

Künftig wird es darum gehen, wie Social Learning als situatives Lernen, das in enger Verbindung zu ehrenamtlichen oder beruflichen Kontexten steht, durch Angebote eines Peer-to-Peer-Lernens, Formen von Kollaboration und Lerncoaching unterstützt werden kann. Hart (2016) plädiert ganz in diesem Sinne für ein Workplace Learning, ein informelles, selbstorganisiertes, kooperatives und kollaboratives Lernen am Arbeitsplatz. Hinweise, wie dies praktisch umgesetzt werden kann, geben Fell und Wiedemeier (2016). Dass beim Einsatz von Social Collaboration Tools in der deutschen Wirtschaft noch erhebliches Entwicklungspotenzial besteht, macht die erste Deutsche Social Collaboration Studie (TU Darmstadt 2016) deutlich, die von der TU Darmstadt in Zusammenarbeit mit der Unternehmensberatung Campana & Schott vorgelegt wurde.

Für ein handlungsorientiertes Lernen „just in time" und „on demand" ist besonders die Vermittlung von Erfahrungswissen gefragt. Neben den üblichen Quellen für Lerninhalte kommen zusätzlich Blogs, Podcasts, How-to-Videos, Quick-Talk-Videos sowie die Beiträge in den Archiven und Mediatheken der öffentlich-rechtlichen und privaten Medienanstalten, die Europaeana als europäisches Digitalarchiv für Kulturbestände, die Lernkanäle auf einschlägigen Lernplattformen sowie natürlich die ständig steigende Zahl von Open Educational Resources infrage. Entsprechende Recherchen durchzuführen, Material zu sichten, dessen Qualität zu prüfen, die Inhalte leicht zugänglich zu machen und schließlich aktuell zu halten, erfordern einen nicht unerheblichen Ressourceneinsatz. Das hier entstehende neue Arbeitsfeld für Weiterbildungsverantwortliche, insbesondere in Unternehmen und Betrieben, hat auch schon einen Namen: „Kuratieren" (Haider 2016, S. 86). Es wäre allerdings ein Irrtum zu glauben, beim Lernen ginge es lediglich um eine Wissensvermittlung; diese ist „nicht mehr die zukunftsentscheidende Aufgabe von Bildung, sondern der Erwerb von Haltungen und Kompetenzen" (EduAction Erklärung 2016). Diese erfordern intensive Reflexionsprozesse im Austausch mit anderen; hier sind neue Formate des Lerncoachings durch Kollegen, Mentoren und Führungskräfte gefragt.

7.4   Kann die Weiterbildung künftig auf menschliche Lernbegleiter verzichten?

Gerade die am Ende des vorhergehenden Abschnitts gemachten Aussagen verweisen auf die besondere Bedeutung der persönlichen Präsenz beim Lernen; Bildung ist und bleibt Beziehungsarbeit im Dialog von Lehrenden und Lernenden. Der persönliche Begleiter im Lernprozess bleibt unverzichtbar; dies sind u. a. die Ergebnisse einer Tagung zur Digitalisierung der Lehre an der FU Berlin im Juni 2016. Auf der Basis der Auswertung zahlreicher Studien, die sich mit der Hochschullehre beschäftigen, kommt der Pädagoge Rolf Schulmeister (2016) zu dem Ergebnis, dass sich Vorteile für die Lernumgebungen ergeben, an denen Präsenzmethoden beteiligt sind, die anscheinend eine besondere, bislang wenig erforschte Wirkung auf das Lernen ausüben. In der Weiterbildung ist dies ebenso. Es wäre ein Missverständnis zu glauben, der digitalen Technik sollte anstelle des persönlichen Lernbegleiters die Verantwortung für den Lernprozess überlassen werden; umgekehrt geht es darum, dass die Technik dem Erwachsenenbildner mehr Optionen zur professionellen Gestaltung des Lernprozesses anbietet, was gleichzeitig eine Steigerung der konzeptionellen Überlegungen zur Gestaltung der Lehr-Lern-Arrangements mit sich bringt.

Übrigens hat auch Kurd Laßwitz in seiner utopischen Erzählung den Lehrer nicht infrage gestellt. Lassen Sie uns abschließend noch einmal auf seine Gedanken zurückkommen. Einerseits hat Laßwitz die Miniaturisierung der Technik unterschätzt, andererseits bleibt die heutige Praxis noch hinter den damaligen Vorstellungen in Bezug auf die Bestimmung physischer und psychischer Indikatoren für das Lernen zurück. In der utopischen Geschichte sind die „Sessel, auf denen die Schüler ruhen, (...) in sinnvollster Weise mit selbstthätigen (sic!) Meßapparaten versehen, die das Körpergewicht, den Pulsschlag, Druck und Menge der Ausatmung, den Verbrauch von Gehirnenergie anzeigen. Sobald die Gehirnenergie in dem statthaften Maß aufgezehrt ist, läßt der Psychograph die dadurch eingetretene Ermüdung erkennen, die Verbindung zwischen Schüler und Lehrer wird automatisch unterbrochen und der betreffende Schüler damit vom weiteren Unterricht dispensiert. Sobald ein Drittel der Klasse auf diese Weise ‚abgeschnappt‘ ist" wird die Stunde beendet. Der Lehrer ist zusätzlich mit einer „Gehirnschutzbinde" ausgestattet, er wird dadurch „vor der Gefahr bewahrt, in der Schule mehr Gehirnkraft zu verschwenden, als der Fähigkeit der Schüler" und seiner „eigenen Gehaltsstufe" entspricht (Laßwitz 1982, S. 73 f.).

Die Schilderungen von Kurd Laßwitz beschreiben auf einer physiologischen Ebene, was an Daten über Lernprozesse relevant sein kann. Wenn diese Parameter durch Daten aus der Lernumgebung sowie Daten zur Abfolge von kognitiven Denkoperationen als Folge der Reaktion auf Aufgabenstellungen und deren Lösungsversuche einerseits und emotionale Parameter andererseits ergänzt werden und ein virtueller Tutor damit gefüttert wird, erübrigt sich die Frage nach der adäquaten Entlohnung des Lehrers, weil dieser dann in der Tat überflüssig würde. Die Frage ist allerdings, ob ein solches Lernen erstrebenswert ist oder ob es nicht zu einer Entmündigung des Lerners führt (Thiel 2016).

> **?**
>
> Wie sieht die Zukunft mediatisierter Lernwelten aus? Wird es künftig keine menschlichen Lernbegleiter mehr geben?

Der Begriff adaptives Lernen steht für die Anpassung einer sich permanent ändernden Lernsituation, auf unterschiedliche Lernverständnisse, Lehrmethoden und -inhalte in Abhängigkeit von dem didaktischen Ziel sowie den Fähigkeiten und Fertigkeiten der Lernenden. Beim adaptiven Lernen wird heute schon eine Unmenge an Daten über das individuelle Lernverhalten generiert; über Algorithmen werden Erkenntnisse zum individuellen Lernen gewonnen. So wird es möglich, die individuellen Stärken und Schwächen der Lernenden zu erkennen und anschließend in die Lernsteuerung einzubringen. Die Vorstellungen gehen dahin, dass bereits in absehbarer Zeit „humanoide Computer als digitale Lernpartner unsere personalisierten Lernprozesse begleiten" (Sauter 2016, S. 34). Hieraus ergeben sich mehrere Fragenkomplexe:

- Wie passt ein solches Lernen zu dem Selbstverständnis und den Werten der Weiterbildungsanbieter? Können auf diese Weise jenseits der Wissensaneignung überhaupt Haltungen und Kompetenzen erworben werden? Wird ein solches Lernen dem Anspruch auf gesellschaftliche Teilhabe in einer demokratischen Gesellschaft gerecht?
- Werden erwachsene Lerner bereit sein, sich freiwillig auf ein adaptives Lernen einzulassen? Was bedeutet es für Lerner, wenn sie sich einem System anvertrauen, das sie in seinen Operationen und Algorithmen nicht hinterfragen, nicht verstehen und auch nicht nachvollziehen können (Krotz 2016, S. 26)? Wie lässt sich hier der Anspruch nach einem autonomen und selbstverantworteten Lernen einlösen?
- Kann ein Lerner sicher sein, dass er über seine im Lernprozess gewonnenen Daten verfügen kann? Wie lassen sich in einer globalisierten Bildungswelt amerikanische Firmen auf europäische Datenschutzrichtlinien verpflichten? Wer verhindert, dass die gewonnenen Daten nicht an Dritte, wie z. B. Personalvermittler und potenzielle Arbeitgeber, weitergegeben werden?

Die zukünftigen Aufgaben bestehen darin, Mediatisierungspfade zu entwickeln, die befriedigende Antworten auf die aufgeworfenen Fragen geben. Dabei können Pilotprojekte oder soziale Start-ups helfen, wie z. B. das der Bildungsplattform „Kiron Open Higher Education"; Kiron unterstützt talentierte junge Menschen, die geflüchtet sind, bei der Vorbereitung auf ein Studium und beim Zugang zu einer Hochschule in Deutschland. Das Angebot basiert auf Online- und Offline-Elementen, ist gebührenfrei, ortsungebunden und kann unabhängig vom rechtlichen Status genutzt werden. Hierfür wurden eine eigens konzipierte digitale Bildungsplattform sowie ergänzende Angebote wie etwa Sprachkurse, aber auch Mentoring- und Buddy-Programme entwickelt. Zusätzlich schafft Kiron einen Zugang zu physischen Lernorten, sog. Study Hubs. Das Bundesministerium für Bildung und Forschung fördert die Bildungsplattform im Verbund mit den Partnerhochschulen RWTH Aachen und der Fachhochschule Lübeck. In einem Pilotvorhaben werden die Möglichkeiten der Integration und Teilhabe von Geflüchteten im Rahmen von digitalen Lehr- und Lernszenarien getestet, und das Potenzial dieses Ansatzes wird für die Ansprache von Studieninteressenten aus dem Ausland ausgelotet.

Intelligente Verknüpfungen von analogen und digitalen Lehr-Lern-Arrangements können Räume und Zeiten für neue Erfahrungen eröffnen, in denen sich Menschen mit Freude und Begeisterung kollaborativ und reflexiv auf „Bildungsreisen" zur Erkundung der individuellen, sozialen und gesellschaftlichen Innen- und Außenwelt begeben. Über die dialogische Begegnung können sie sich Haltungen, Fähigkeiten und Kompetenzen erschließen, neue Chancen auf berufliche, kulturelle und soziale Teilhabe eröffnen und Möglichkeiten zur Gestaltung der eigenen Lebenswelt realisieren. Wenn dabei noch bestehende institutionelle, Fach-, Alters- sowie soziale und andere Grenzen überschritten werden, so ist dies ausdrücklich zu begrüßen.

Fazit

Mit der Entwicklung der digitalen Medientechnologie verbinden sich große Hoffnungen auf digitale Teilhabe in mediatisierten Lernwelten. In der Zukunft wird es darauf ankommen, die sich ergebenden Chancen als auch Risiken für die Weiterbildung bei der Gestaltung der Mediatisierungspfade im Auge zu behalten. Durch kreative Kombinationen von Präsenz- mit E-Learning-Phasen können die Vorteile analoger und digitaler Lehr-Lern-Arrangements miteinander verknüpft werden; die Furcht vor der Substitution von realen Lernbegleitern ist angesichts einer auf Dialog, Begegnung und Reflexion angelegten Weiterbildung unbegründet.

Literatur

Albrecht, S., & Revermann, C. (2016). *Digitale Medien in der Bildung. Büro für Technikfolgen-Abschätzung beim Deutschen Bundestag.* Arbeitsbericht, Bd. 171. Berlin: KIT.

Aßmann, S., Brüggen, N., Dander, V., Gapski, H., Sieben, G., Tillmann, A., & Zorn, I. (2016). Digitale Datenerhebung und -verwertung als Herausforderung für Medienbildung und Gesellschaft. Ein medienpädagogisches Diskussionspapier zu Big Data und Data Analytics. In: M. Brüggemann, T. Knaus & D. Meister (Hrsg.), *Kommunikationskulturen in digitalen Welten.* kopaed Verlag: München. im Druck.

Baacke, D., Schäfer, E., & Treumann, K. P. V. I. (1990). *Neue Medien und Erwachsenenbildung.* Berlin; New York: Walter de Gruyter.

Brecht, B. (1967). *Radiotheorie 1927 bis 1932. Gesammelte Werke.* Schriften zur Literatur und Kunst, Bd. 18. Frankfurt am Main: Shurkamp.

Brinck, Christine (2015): Die digitale Universität. Massiv gescheitert. In: Die Zeit, Nr. 44, 29. Oktober, S. 70.

Bundesarbeitskreis Arbeit und Leben (AL), Bundesverband der Träger beruflicher Bildung (BBB), Deutsche Evangelische Arbeitsgemeinschaft für Erwachsenenbildung (DEAE), Deutscher Volkshochschul-Verband (DVV), Katholische Erwachsenenbildung Deutschland (KEB), & Verband Deutscher Privatschulen (VDP) (Hrsg.). (2015). *Digitale Teilhabe für Alle ermöglichen: Digitale Agenda der Bundesregierung muss Weiterbildung stärken.* Bonn.

Comenius, J. A. (2000). *Große Didaktik. Übersetzt und hrsg. von Andreas Flitner* (9. Aufl.). Stuttgart: Klett-Cotta.

Deutscher Volkshochschul-Verband (Hrsg.). (2015). *Resolution. Volkshochschulen fordern digitale Weiterbildungsoffensive.* Saarbrücken.

Deutscher Weiterbildungstag (2016): Weiterbildung 4.0 – fit für die digitale Welt. Die politische Plattform zum Deutschen Weiterbildungstag 2016. Beschlossen im DWT-Veranstalterausschuss am 08.04.2016, ergänzt am 23.05 2016.

Die Bundesregierung (Hrsg.). (2014). *Digitale Agenda 2014–2017*. München: PRpetuum GmbH.

EduAction Erklärung (2016). *ZukunftsBildung jetzt gestalten!* Mannheim, Heidelberg: Genisis Institute gemeinnützige GmbH und Metropolregion Rhein-Neckar.

Encarnação, José L./Leidhold, Wolfgang/Reuter, Andreas (2000). Szenario: Die Universität im Jahre 2005. In: AUE-Informationsdienst Hochschule und Weiterbildung 17 Jg., 1, 7–13.

Enzensberger, H. M. (1970). *Baukasten zu einer Theorie der Medien*. Kursbuch, Bd. 20 (S. 159–186). Frankfurt am Main: Shurkamp.

Fell, T., & Wiedemeier, J. (2016). Die Performance Zone – Arbeitsplatznahes Lernen und Wissen. In: eLearning Journal. http://www.elearning-journal.de/index.php?id=1979. Zugegriffen: 28. Dezember 2016.

Gesellschaft für Medienpädagogik und Kommunikationskultur (Hrsg.). (2016). *Datafizierung des Lebens – ein medienpädagogisches Positionspapier der GMK und KBoM*. Bielefeld.

Giessen, H. W. (2011). Medien- und medieneffektabhängiges Vokabellernen. *Journal of Linguistics and Language Teaching (JLLT)*, 2(2), 325–336.

Graf, N., Gramß, D., & Heister, M. (2016). *Gebrauchsanweisung für lebenslanges Lernen*. Düsseldorf: Vodafone Stiftung Deutschland.

Hafez, K. (2016). Die Zeit der Unschuld ist vorbei. Aktuelle Auswirkungen der sozialen Medien. *up²date. Das Magazin der Thüringer Landesmedienanstalt*, 3. Jg., Sonderausgabe 25 Jahre TLM: Ideen zur Medienzukunft, 32–33.

Haider, L. (2016). Weiterbildung on demand. E-Learning für Eilige. *managerSeminare,*, 221(8), 78–86.

Hamadeh, J. (2014). Braucht das Web eine Didaktik? Pro: Das Web braucht Didaktik so viel und so wenig wie das Offline-Lernen. In: E. Klotmann, C. Köck, M. Lindner, N. Oberländer, J. Sucker & B. Winkler (Hrsg.), *Der vhs MOOC 2013. Wecke den Riesen auf* (S. 35–37). Bielefeld: W. Bertelsmann.

Hart, J. (2016). 20 ways to prepare yourself for modern workplace learning. http://www.c4lpt.co.uk/blog/2016/04/20/20-ways-to-prepare-yourself-for-modern-workplace-learning/. Zugegriffen: 26. Juli 2016.

Hugger, K.-U., & Walber, M. (Hrsg.). (2010). *Digitale Lernwelten: Konzepte, Beispiele und Perspektiven*. Wiesbaden: Springer VS.

Hüther, J., & Podehl, B. (1990). Entwicklungsstadien und Positionen der Medienpädagogik. In: A. Kommer & J. Bischoff (Hrsg.), *Medienpädagogik* (S. 94–140). Oldenburg: BIS Verlag.

Initiative D21 (Hrsg.). (2016). *D21-Digital-Index. Jährliches Lagebild zur digitalen Gesellschaft*. Berlin: Kantar TNS.

International Bank for Reconstruction and Development/The World Bank (Hrsg.). (2016). *World Development Report. Digital Dividends*. Washington DC.: World Bank Group.

Jüchter, H. T. (1971). Das Modell eines Selbstlernzentrums. In: H. Ruprecht (Hrsg.), *Medienzentren im Bildungssystem* (S. 107–140). Braunschweig: Westermann.

Kerres, M. (2001). *Multimediale und telemediale Lernumgebungen* (2. Aufl.). München; Wien: Oldenbourg Verlag.

Köck, C. & Will, S. (2015). *Strategiepapier „Erweiterte Lernwelten" des Deutschen Volkshochschul-Verbandes.* Saarbrücken.

Krotz, F. (2016). Zukunft der Medienentwicklung. Die Bedeutung computervermittelter Kommunikation für das gesellschaftliche Leben. In die medienanstalten (Hrsg.), *Medienkompetenz* (S. 16–28). Leipzig: Vistas.

Laßwitz, Kurd (1982): Die Fernschule. In: Die Woche 4 (1899), 17, S. 669–672. In: K. Laßwitz, *Traumkristalle* (S. 69–79). Berlin: Das Neue Berlin.

Lauber-Pohle, S. (2016). Wissenserwerb im Medium von Online-Lernen und sozialer Netzwerkbildung. *Hessische Blätter für Volksbildung, 66*(3), 248–258.

Lindner, M. (2014). Braucht das Web eine Didaktik? Contra: Das Web braucht keine eigene Didaktik. In: E. Klotmann, C. Köck, M. Lindner, N. Oberländer, J. Sucker & B. Winkler (Hrsg.), *Der vhs MOOC 2013: Wecke den Riesen auf* (S. 38–40). Bielefeld: W. Bertelsmann.

Meder, N. (Hrsg.). (2006). *Web-Didaktik. Eine neue Didaktik webbasierten, vernetzten Lernens.* Bielefeld: W. Bertelsmann.

Meueler, E. (2010). Didaktik der Erwachsenenbildung – Weiterbildung als offenes Projekt. In: R. Tippelt & A. von Hippe (Hrsg.), *Handbuch Erwachsenenbildung/Weiterbildung* (S. 973–987). Wiesbaden: VS Verlag.

mmb Institut (Gesellschaft für Medien- und Kompetenzforschung) (2015). *Trendmonitor I/2016.* Essen: mmb Institut.

Müller-Eiselt, R., & Dräger, J. (2015). *Die digitale Bildungsrevolution: Der radikale Wandel des Lernens und wie wir ihn gestalten können.* München: Deutsche Verlags-Anstalt.

Sailer, M. (2016). *Die Wirkung von Gamification auf Motivation und Leistung.* Wiesbaden: Springer.

Sauter, W. (2016). Lernarchitektur in der digitalisierten Arbeitswelt: Die Zukunft hat schon begonnen. *Grundlagen der Weiterbildung (GdWZ), 27,* 34–37.

Schäfer, E. (1991). Medienverbund im Wandel. Auf dem Weg zum Edutainment? Neue Formen des Lernens mit Medien. *Grundlagen der Weiterbildung, 2*(2), 65–69.

Schulmeister, R. (2016). Präsenz und Selbststudium im eLearning. Annahmen und Indizien für die besondere Rolle der Präsenz beim Lernen. https://www.hrk-nexus.de/aktuelles/tagungsdokumentation/digitale-lehrformen/. Zugegriffen: 05. April 2017.

Thiel, T. (2016): Digitales Lernen. Entmündigung als Bildungsziel. In: FAZ vom 14. Juli.

TU Darmstadt (Hrsg.). (2016). *Deutsche Social Collaboration Studie*

8

Gibt es Brainfood, und wie wirkt Neuroenhancement?

Inhaltsverzeichnis

Als biopsychosoziale Wesen sind wir in Energieaustauschprozesse auf unterschiedlichen Ebenen eingebunden. Im Folgenden wird es um die stoffliche Ebene der Energiezufuhr und deren Wirkungen auf Lernprozesse gehen. Analytisch lassen sich diese Vorgänge zwar von denen auf mentaler und sozialer Ebene trennen, in der Praxis stehen sie jedoch in interdependenten Wechselbeziehungen, was es schwierig macht, die an sich schon hoch komplexen biochemischen Vorgänge in ihren Wirkungen auf das kognitive Leistungsvermögen eindeutig zu identifizieren. Zunächst wenden wir uns der Frage zu, was unter Brainfood zu verstehen ist; anschließend geht es um das Neuroenhancement.

Dass unsere Ernährung einen Einfluss auf den Zustand unseres Körpers hat, ist trivial. Der Volksmund drückt es so aus: „Du bist, was du isst." Die Nahrungszufuhr hat unbestreitbar Konsequenzen für das Denken und Verhalten (vgl. Kiefer und Zifko 2006). Schon die alten Griechen waren davon überzeugt, dass die Ernährung ein integraler Bestandteil der Behandlung sein sollte, und das gleichermaßen bei physischen als auch psychischen Erkrankungen. Der Arzt Hippokrates sah eine Aufgabe darin, die Kräfte des Körpers durch eine natürliche Ordnung und eine günstige Ernährungsweise zu erhalten und zu stärken. Ihm wird der Ausspruch „Eure Nahrung soll eure Medizin sein und

© Springer-Verlag GmbH Deutschland 2017
E. Schäfer, *Lebenslanges Lernen*, Kritisch hinterfragt DOI 10.1007/978-3-662-50422-2_8

die Medizin eure Nahrung" zugeschrieben; er findet sich allerdings nicht in seinen Schriften.

Neben unserem Gehirn im Kopf verfügen wir noch über ein zweites Gehirn, das auch als Bauchhirn bezeichnet wird. Das enterische Nervensystem durchzieht den gesamten Magen-Darm-Trakt und ist über den zehnten Hirnnerv, den Vagusnerv, mit dem Hirnstamm verbunden. Um das Zusammenspiel von Gehirn und Darm zu verstehen, ist es erforderlich die hoch komplexen Wechselbeziehungen von Immunologie, Pathologie, Neurologie und Endokrinologie in den Blick zu nehmen. Die Wissenschaft hierzu steckt noch in den Kinderschuhen. Die bisherigen Erkenntnisse deuten darauf hin, dass die Gesundheit des Gehirns abhängig vom Zustand unseres Mikrobioms ist; eine intakte Darmflora schützt, so die heutigen Erkenntnisse, vor Konzentrationsproblemen (Perlmutter 2016, S. 38 ff.).

Die Nahrung versorgt das Gehirn mit Energie und schafft damit die Voraussetzungen dafür, dass wir körperlich und mental aktiv sein können. Unser Gehirn macht zwar nur ca. 2 % des Körpergewichts aus, es benötigt aber rund 20 % der Gesamtenergie, die der Körper aus dem Verstoffwechseln der Nahrung gewinnt, und rund 50 % des Körperbrennstoffs Glukose. Die Neurotransmitter, die für die Übermittlung der Botschaften zwischen den Nervenzellen verantwortlich sind, werden aus den zugeführten Nährstoffen hergestellt. Es ist allgemein anerkannt, „dass Nahrungsmittel die Neurotransmitterproduktion beeinflussen können und dass dies wiederum die Gehirnfunktion, die Gefühlslage und das Verhalten verändern kann, und zwar in oft vorhersehbarer Weise" (Winter und Winter 1989, S. 17). Umgekehrt kann auch unsere Gefühlslage unser Essverhalten beeinflussen (Macht 2007). Während der empirische Zusammenhang zwischen einer Mangelernährung und der kognitiven Leistungsfähigkeit am Beispiel der Schulleistung von Kindern und Jugendlicher gut belegt ist (Winter und Winter 1989, S. 187 f.), lassen sich über die leistungssteigernde Funktion von bestimmten Nahrungsmitteln viel schwieriger Aussagen treffen.

> **?**
>
> Welchen Zusammenhang zwischen Ernährung und Lernen haben Sie bei sich persönlich festgestellt?

Holger Löbe

8.1   Wie ist der Zusammenhang von Ernährung und geistiger Leistungsfähigkeit?

Zunächst gilt es, dem Wasser als häufig übersehenem und unterschätztem Lebensmittel mehr Beachtung zu schenken. Der Wassergehalt eines Erwachsenen beträgt etwas über 60 %, und unser Gehirn besteht zu 80 % aus Wasser. Vor diesem Hintergrund ist es wenig verwunderlich, dass das Wasser auch eine starke Auswirkung auf unsere geistige Leistung hat. So können beispielsweise Kopfschmerzen ein Indikator für eine unzureichende Versorgung mit Wasser sein. Ein Flüssigkeitsmangel kann die Kapazität des Kurzzeitgedächtnisses reduzieren. Die Deutsche Gesellschaft für Ernährung (DGE 2013) empfiehlt, täglich 1,5 l an Getränken zzgl. der über feste Lebensmittel aufgenommenen Menge an Wasser, um den physiologischen Wasserbedarf zu decken. Wenn die empfohlene tägliche Flüssigkeitszufuhr nicht erreicht wird, so hat dies Auswirkungen auf das Konzentrations- und Reaktionsvermögen. Deshalb ist ein ausreichender Wasserkonsum gerade auch für geistige Leistungen immens wichtig. Wie die Nationale Verzehrsstudie II (Max Rubner-Institut 2008, S. 64) zeigt, hängt der Verbrauch von Wasser zum Trinken auch von der sozialen Schicht ab: Angehörige der oberen Mittelschicht und der Oberschicht trinken am meisten Wasser.

Einigkeit in der Wissenschaft herrscht heute darüber, „dass ein gemäßigter, stabiler Blutzuckerspiegel für geistige Tätigkeiten am günstigsten ist" (Kiefer 2007, S. 39). Eine amerikanische Studie aus dem Jahr 2005 deutet darauf hin, „dass eine zu hohe Glukosekonzentration im Blut die mentale Leistungsfähigkeit (...) mindert" (Kiefer 2007, S. 39). Anstatt den Körper durch Kohlenhydrate aus stark zuckerhaltigen Produkten kurzfristig aufzuputschen, sind Stärke- und ballaststoffreiche Lebensmittel zu empfehlen. Um die Glukose zu verbrennen, benötigen wir Sauerstoff. Die Hirnzellen fordern immerhin 40 % des Sauerstoffbedarfs des gesamten Körpers. Eine gute Durchlüftung der Räume, in denen wir lernen, sollte deshalb eine Selbstverständlichkeit sein.

Neben dem Wasser besteht unser Gehirn im Wesentlichen aus Eiweiß und Fett. Unser Gehirn ist auf die permanente Zufuhr von Eiweißbausteinen angewiesen. Acht von 20 dieser Eiweiße kann der menschliche Körper nicht herstellen und muss diese essenziellen Eiweiße deshalb mit der Nahrung aufnehmen. Die Aminosäuren sind erforderlich für die Herstellung der Neurotransmitter, die dafür sorgen, dass die Nervenzellen miteinander kommunizieren können, sodass wir in der Lage sind, Gedächtnisinhalte abzuspeichern und abzurufen.

Von den mehrfach ungesättigten langkettigen Fettsäuren wissen wir, dass sie bereits im Mutterleib die Intelligenz des Kindes beeinflussen und für das Gehirn wichtige Funktionen zur Optimierung der Vernetzung der Nervenzellen und ihres Wachstums im Hippocampus erfüllen (Kiefer 2007, S. 41). Neben den bereits erwähnten Nahrungsbaustoffen sind auch Vitamine, Mineralstoffe und Spurenelemente für das Gehirn wichtig. Alle Lebensmittel, die zu einer ausgewogenen Ernährung gehören, sind auch gut für das Gehirn.

Den Körper mit allen den genannten Nährstoffen zu versorgen, bedeutet keinesfalls, dass diese auch im Gehirn ankommen. Über die Hirn-Blut-Schranke wird der Zugang von bestimmten Stoffen kontrolliert. Deshalb stimmt es beispielsweise auch nicht, dass Serotonin, ein Glücksbotenstoff, über den Genuss von Schokolade so einfach ins Gehirn kommt (Beck 2016, 198 f.). Unser Gehirn ist der „Vampir unter den Organen" (Beck 2016, S. 197), es zieht die Nährstoffe aus allen anderen Körperbereichen ab, um sich selbst gut zu ernähren. Genau aus diesem Grund ist es nicht nötig, das Gehirn mit Brainfood zu füttern, da es bei Erwachsenen – zumindest in Mitteleuropa – nahezu keine unterernährten Gehirne gibt.

?

Wie beeinflussen einzelne Nahrungssubstanzen das Gehirn?

Eine zunehmende Anzahl von Forschern beschäftigt sich heute mit der Frage, wie einzelne Nahrungssubstanzen die Hirnfunktion bei Menschen beeinflussen. Allerdings sind zahlreiche der aus diesen Untersuchungen resultierenden Befunde mit Vorsicht zu betrachten. Zum Teil sind sie aus Laborversuchen mit Tieren gewonnen, von einem Hersteller entsprechender Produkte gesponsert, und vernachlässigen die hoch komplexen Wechselwirkungen im menschlichen Organismus bzw. sagen nichts über Langzeitwirkungen aus. Da die Verlockung gerade für Nahrungsmittelhersteller groß ist, mit der vermeintlich gesundheitsfördernden Wirkung ihrer Produkte zu werben, hat die EU-Kommission im Mai 2012 die Health-Claims-Verordnung erlassen; diese erlaubt lediglich von der EU zugelassene gesundheitsrelevante Werbeaussagen. Professor Gerhard Rechkemmer, der Präsident des Max Rubner-Instituts (MRI), dem Bundesforschungsinstitut für Ernährung und Lebensmittel, fasst den gegenwärtigen Stand der Forschung so zusammen: „Über den langfristigen Einfluss von Brainfood auf ein gut ausgebildetes Gehirn gibt es keine seriösen Erkenntnisse" (zit. nach Stukenberg 2013). Die bisherigen Befunde verbleiben bislang zu häufig im Konjunktiv (Gómez-Pinilla 2008).

Es ist ein Irrtum zu glauben, den Hirnstoffwechsel durch spezielles Brainfood optimieren zu können. Das Gehirn besorgt sich das, was es benötigt, und zwar just in time direkt aus dem Blut; dabei ist es für das Gehirn wichtig, dass es konstant gut funktioniert. Selbst bei Nahrungsmangel stellt es das Denken nicht ein. Wenn Menschen abmagern, schrumpfen alle Organe, nicht aber das Gehirn. Was uns heute als Gehirnfutter angeboten wird, vermag durchaus unsere Geschmacksknospen zu verwöhnen; dass es wirkt, ist eher ein psychologisches Phänomen im Sinne einer sich selbsterfüllenden Prophezeiung (*self-fulfilling-prophecy*) als das Ergebnis naturwissenschaftlicher Befunde. Schon aus diesem Grund kann es durchaus vernünftig sein, sich mit gesunden Lebensmitteln etwas Gutes zu tun. Auch wenn sich über die Ernährung nicht unmittelbar die kognitive Leistungsfähigkeit steigern lässt, so ist es immerhin möglich, durch eine intelligente ausgewogene Nahrung unser geistiges Potenzial bestmöglich auszunutzen. Das, was für Lernprozesse insgesamt gilt, trifft auch in Bezug auf die Wahl der Nahrungsmittel zu. Wenn wir uns schon nicht schlau essen können, sollten wir versuchen, durch den Gebrauch unseres Gehirns bei der Auswahl, der Menge sowie der Kombination der Nahrungsmittel den gegenteiligen Effekt zu vermeiden.

Auf den engen Zusammenhang zwischen Lebensmitteln und Heilmitteln sind wir mit dem Hinweis auf Hippokrates bereits kurz eingegangen. Unter einem Heilmittel wird ein Stoff, Gegenstand oder Behandlungsverfahren verstanden, von dem eine heilsame Wirkung auf den Menschen ausgehen soll. Die Palette möglicher Heilmittel reicht von ausreichend Schlaf, gesunder Ernährung und Sport über Entspannungs- und Meditationstechniken bis hin zur Einnahme von Stimulanzien und verschreibungspflichtigen Medikamenten mit therapeutischen und präventiven Absichten. Diese unterschiedlichen Mittel sollen helfen, die Funktionstüchtigkeit des menschlichen Organismus zu erhalten bzw. wieder-herzustellen. Im Folgenden soll uns der darüber hinaus gehende Aspekt der Optimierung in Bezug auf das Leistungsvermögen und die Steigerung der geistigen Fähigkeiten beschäftigen.

> **?**
>
> Versuchen Sie, mit speziellen Mitteln Ihr Leistungsvermögen und Ihre Lernfähig-keit zu steigern? Wenn ja, mit welchen? Was können Sie aus Ihrer Sicht ggf. zu den möglichen Wirkungen sagen?

Das Bedürfnis, den eigenen Körper und seine Funktionen zu optimieren, ist ein Bedürfnis, das den Menschen seit jeher charakterisiert. Mit dem Medienthe-oretiker Marshall McLuhan kann jede neue Technik als eine Ausweitung des menschlichen Körpers im Sinne von Organersatz, -verstärkung und -entlastung verstanden werden: „Jede Erfindung oder neue Technik ist eine Ausweitung oder Selbstamputation unseres natürlichen Körpers, und eine solche Auswei-tung verlangt auch ein neues Verhältnis oder neues Gleichgewicht der anderen Organe und Ausweitungen der Körper untereinander" (McLuhan 1992, S. 61). Die Entwicklung der Medientechnologien hat u. a. dazu geführt, dass wir in erweiternden und verändernden Lernwelten agieren (Kap. 7).

Die Technik verändert grundlegend die Art und Weise, wie der Mensch lebt, sie greift in der Regel aber nicht unmittelbar in den menschlichen Körper ein. Ausnahmen sind künstliche oder auch biologische „Ersatzteile", die den Körper funktionstüchtig erhalten; noch sind Gedächtnis-Chips oder Hirnschrittmacher nicht die Realität. Bei sog. Schönheitsoperationen oder auch dem Doping im Sport haben wir es nicht mit therapeutisch oder präventiv indizierten Eingriffen zu tun; ihr Zweck ist es hingegen, den Körper zu optimieren.

8.2 Was ist Neuroenhancement?

Im Folgenden werden wir uns mit dem „Viagra fürs Gehirn", mit den bioche-mischen Möglichkeiten beschäftigen, die kognitiven Fähigkeiten des Menschen in einer intendierten Weise zu verändern; es geht um das Neuroenhancement. Wie der Begriff es ausdrückt, soll das Gehirn „verbessert" bzw. „aufgewertet" werden. Darunter wird jeder Versuch verstanden, „die kognitive Leistung zu steigern, das psychische Wohlbefinden zu verbessern oder Ängste und Nervo-sität abzubauen. Dazu gehören bspw. Meditation, Alltagsstimulanzien wie Tee oder Kaffee, illegale Drogen wie Kokain und verschreibungspflichtige Medikamente, die nicht indikationsgemäß zur Leistungssteigerung eingesetzt werden" (DAK-Gesundheit 2015, S. 33 f.). Es ist zu konstatieren, dass es aufgrund der unzureichenden Datenlage einen enormen Forschungsbedarf zu den Ursachen des Neuroenhancements, seinen Wirkungen als auch den Risikofaktoren gibt. Einen guten Überblick zu dem Themenfeld liefert der DAK-Gesundheitsreport 2015, der das Schwerpunktthema pharmakologisches Neuroenhancement durch Erwerbstätige behandelt. Mit den Möglichkeiten der pharmazeutischen Beeinflussung des Gehirns inklusive eigenen Selbstversuchen beschäftigt sich Auf dem Hövel (2008). In einem YouTube-Video ist der Modafinil-Selbstversuch des Reporters Steve dokumentiert, und im Film *Ohne Limit* kann man sehen, wie Eddie Morra durch Pillen zu mentalen Superkräften gelangt.

Richten wir nun unseren Blick auf die stoffgebundenen Mittel zur Verbesserung der geistigen Leistungsfähigkeit und zur Verbesserung des psychischen Wohlbefindens.

> **?**
>
> Welche Präparate werden zum Neuroenhancement gezählt? Was ist pharmakologische Neuroenhancement? Welche Gründe werden für die Einnahme angeführt?

Es ist zu unterscheiden zwischen nicht verschreibungspflichtigen Präparaten und verschreibungspflichtigen Medikamenten. Zur ersten Gruppe gehören die folgenden Substanzen mit den ihnen zugeschriebenen, aber nicht immer zweifelsfrei wissenschaftlich nachgewiesenen Wirkungen: das Koffein als konzentrationsfördernder Muntermacher, das Taurin als Wirkungsverstärker für Koffein, Paullinia cupana als Anregungsmittel bei Ermüdungserscheinungen, Ginkgo Biloba als Mittel zur Verbesserung der Gedächtnisleistung und des Lernvermögens, die Glukose in Form von Traubenzucker als schneller Energielieferant, Hypericum perforatum (Johanniskraut) als antidepressives und angstlösendes Mittel, Melissa officinalis als beruhigendes Mittel, Valeriana officinalis (Baldrian) als Mittel gegen Unruhe- und Spannungszustände, Panax ginseng als immunstärkendes und die geistige Leistungsfähigkeit förderndes Mittel sowie Rhodiola rosea als antidepressives und angstlösendes Mittel. Von den hier aufgelisteten nicht verschreibungspflichtigen Präparaten gehören jene mit einem Ginkgo-Biloba-Extrakt von den aufgelisteten Mitteln zu den am häufigsten in Apotheken verkauften (DAK-Gesundheit 2015, S. 112).

Das pharmakologische Neuroenhancement, mit seiner konnotativen Bewertung als „Hirndoping" klassifiziert, meint die „Einnahme verschreibungspflichtiger Medikamente mit der Absicht, Hirnfunktionen wie z. B. Erinnern, Wachheit oder Konzentration zu steigern oder das psychische Wohlbefinden zu verbessern oder Ängste und Nervosität abzubauen" (DAK-Gesundheit 2015, S. 34). Unterschieden werden drei verschieden Gründe für die Einnahme entsprechender Medikamente durch gesunde Menschen:

1. *Leistungssteigerung:* Angestrebt wird eine Verbesserung der Konzentrationsfähigkeit, der Lernfähigkeit, der Verbesserung der Gedächtnisleistung und der Vigilanz. Um diese Effekte zu erzielen, greifen Anwender vornehmlich auf Methylphenidat und Modafinil als Psychostimulanzien zurück. Methylphenidat ist unter dem Handelsnamen Ritalin bekannt und wird Kindern und Erwachsenen bei Aufmerksamkeitsdefizit- und Hyperaktivitätsstörung (ADHS) verschrieben. Bei Gesunden führt die Einnahme zur Steigerung der Wachheit, einer Verbesserung der Aufmerksamkeit und Verkürzung der Reaktionszeiten. Die Nebenwirkungen können – und das gilt auch für die noch zu besprechenden Mittel in dieser Kategorie – in Abhängigkeit von Intensität und Dauer der Anwendung u. a. von Kopfschmerzen über Herzrhythmusstörungen bis hin zu Persönlichkeitsveränderungen reichen. Modafinil wird als Provigil oder Vigil verkauft; es ist bei Narkolepsie zugelassen und hat ähnliche Wirkungen wie Methylphenidat. Als mögliche Nebenwirkungen sind u. a. Kopfschmerzen, Herzrasen sowie Leber- und Verdauungsstörungen bekannt (Lieb 2010; Müller 2010; Sauter und Gerlinger 2012). Wie Battleday und Brem (2015) festgestellt haben, fördert das Mittel nicht alle kognitiven Leistungen gleichermaßen. Es verbessert vor allem das konvergente Denken. Konvergentes, geradliniges, lineares Denken zeichnet sich dadurch aus, dass es Informationen und Wissen in Richtung auf eine einzige korrekte Lösung für ein bestimmtes Problem zusammenführt. Divergentes Denken ist hingegen gekennzeichnet durch seine Bewegung in mehreren Richtungen, die möglichst unterschiedliche Aspekte einbezieht, um eine Vielzahl von Ideen und Problemlösungen hervorzubringen. Dieses wird durch Modafinil nicht verbessert. Daraus schlussfolgert Klöckner (2015, S. 29): „Wären Prüfungen mehr an Kreativität ausgerichtet denn an Reproduktion von Wissen, hätte Modafinil wohl keine Chance."

2. *Verbesserung des psychischen Wohlbefindens:.* Zum Einsatz kommen hier vor allem Antidementiva und Antidepressiva. Mit der Einnahme von Präparaten aus der Gruppe der selektiven Serotonin-Wiederaufnahmehemmer (SSRI) verbindet sich die Hoffnung der Stimmungsaufhellung, Aktivierung sowie Überwindung von Unsicherheit und Schüchternheit. Entsprechende Antidepressiva werden in der Regel bei Angst-, Zwangs- und Panikstörungen sowie posttraumatischen Belastungsstörungen verschrieben. Die erhofften Effekte konnten kurzfristig bei Gesunden nicht festgestellt werden; Studien über langfristige Wirkungen fehlen gänzlich. Hingegen traten häufige Nebenwirkungen wie Benommenheit, Verdauungsstörungen, Kopfschmerzen und Nervosität auf. Bei den Antidementiva wird häufig auf Acetylcholinesterasehemmer zur Behandlung von Alzheimer-Demenz zurückgegriffen; dies geschieht bei

Gesunden mit der Hoffnung auf eine Verbesserung der Gedächtnisleistung und der Lernfähigkeit. Die Befunde sind hier nicht eindeutig, zum Teil sogar kontraindikativ. Nebenwirkungen sind vielfach Kopfschmerzen und Verdauungsstörungen (Lieb 2010; Sauter und Gerlinger 2012; Hermet-Schleicher und Cosmar 2014).

3. *Abbau von Ängsten und Nervosität:* Zur Behandlung von Bluthochdruck, Herzerkrankungen, Angstzuständen sowie einer Schilddrüsenüberfunktion werden Betablocker eingesetzt, die eine Ausschüttung von Stresshormonen vermindern. Tatsächlich nachgewiesen bei Gesunden sind die Reduzierung von Angstsymptomen sowie die Abnahme von Aufregung. Als Nebenwirkungen sind u. a. Müdigkeit, depressive Verstimmung sowie Magen-Darm-Beschwerden bekannt (Lieb 2010; Sauter und Gerlinger 2012; Hermet-Schleicher und Cosmar 2014).

Die Expertenbefragung des DAK-Gesundheitsreports (DAK-Gesundheit 2015, S. 120) kommt zu dem Ergebnis, dass die Medikamente „nur kurzfristige und minimale Effekte auf die kognitive Leistungsfähigkeit (zeigen). Demgegenüber stehen hohe gesundheitliche Risiken, angefangen von körperlichen Nebenwirkungen über Persönlichkeitsveränderungen bis hin zu einer Abhängigkeitsentwicklung."

8.3   Wer macht vom pharmakologischen Neuroenhancement Gebrauch?

Eine repräsentative Befragung der DAK, die im Herbst 2014 durchgeführt wurde, ergab, dass 6,7–12 % der befragten Erwerbstätigen mindestens einmal in ihrem Leben und 3–6 % während der letzten zwölf Monate auf pharmakologisches Neuroenhancement zurückgegriffen haben und dass 1,9–3,5 % aktuelle und regelmäßige Verwender sind (DAK-Gesundheit 2015, S. 95 f.). Die Altersgruppe der 45- bis 50-Jährigen weist die höchste Gebrauchsprävalenz in der Verwendung von pharmakologischem Neuroenhancement auf (DAK-Gesundheit 2015, S. 68).

Geschlechtsspezifische Unterschiede gibt es hinsichtlich der Zielsetzungen der zum Einsatz kommenden Mittel: Bei Männern steht das Interesse an der Leistungssteigerung im Vordergrund und bei den Frauen der Abbau von Ängsten und Nervosität (DAK-Gesundheit 2015, S. 63). Wer häufig an der Grenze seiner Leistungsfähigkeit arbeitet, greift eher zu den pharmakologischen Mitteln. Im Vergleich der DAK-Befragungen von 2008 und 2014 zeigt sich, dass sowohl das Wissen um die Möglichkeiten des Neuroenhancements deutlich zugenommen hat als auch der Anteil der regelmäßigen Verwender von 2,2 auf 4,2 % gestiegen ist (DAK-Gesundheit 2015, S. 94).

Für Deutschland liegen kaum Studien zum pharmakologischen Neuroenhancement vor. Über den Zusammenhang von Weiterbildungsteilnahme und den Gebrauch von Präparaten und Medikamenten zur Leistungssteigerung gibt es derzeit noch keine mir bekannten Daten. Allerdings lassen sich Aussagen zum tertiären Bildungsbereich aufgrund von drei Studien zur Verwendung von pharmakologischem Neuroenhancement unter Studierenden machen; allerdings differiert bei diesen Studien der Untersuchungsgegenstand leicht, sodass ihre Ergebnisse nicht ohne Weiteres verglichen werden können. Die Mainzer Studie von Franke et al. (2011) erhob die Prävalenz des Gebrauchs von verschreibungspflichtigen Medikamenten lediglich zur Leistungssteigerung unter Schülern und Studierenden und kommt zu den geringsten Prävalenzen der Nutzung zwischen 0,78 und 1,55 %.

Die HISBUS-Befragung zur Verbreitung und zu den Mustern von Hirndoping und Medikamentenmissbrauch (Middendorff et al. 2012) kommt zu dem Ergebnis, dass 5,3 % aller Studierenden pharmakologisches Neuroenhancement betreiben, d. h., sie nehmen verschreibungspflichtige Medikamente, Schmerzmittel, Beruhigungsmittel, Psychostimulanzien oder Aufputschmittel ein. Am häufigsten werden die Mittel zur Prüfungsvorbereitung eingesetzt. Es lässt sich ein klarer Zusammenhang zwischen dem im Studium verspürten Leistungsdruck und dem Enhancement aufzeigen. Am höchsten ist der Anteil mit 11 % bei jenen, die durch den Job neben dem Studium oder im familiären Bereich sehr stark gefordert sind. Das Gesundheitsverhalten der zu den Anwendern von Neuroenhancement zählenden Studierenden wird als stärker risikobehaftet beschrieben; dieser Personenkreis gehört häufiger zu den Rauchern und gibt auch eher an, Probleme mit dem Alkoholkonsum zu haben (Middendorff et al. 2012, S. 44 f.).

Die dritte Studie von Dietz et al. (2013) ermittelt die Prävalenz der Verwendung nicht nur von verschreibungspflichtigen Medikamenten, sondern auch von illegalen Drogen und nicht verschreibungs- oder apothekenpflichtigen Mitteln. Mithilfe einer spezifischen Befragungstechnik, der Randomised-Response-Technik wurde den Befragten ein besonders hohes Maß an Anonymität zugesichert. Diese Studie konstatiert eine Gebrauchsprävalenz in den letzten zwölf Monaten von immerhin 20 %. Diese Ergebnisse deuten darauf hin, dass das Neuroenhancement sich gegenwärtig in bestimmten Bevölkerungsschichten sehr schnell ausbreitet und deshalb ggf. unterschätzt wird.

Dies zeigt auch die Auswertung der Verordnungsdaten der DAK; innerhalb des Zeitraumes von 2011 bis 2013 hat die Zahl der Versicherten mit einer Verordnung des Wirkstoffs Methylphenidat um 80 % zugenommen, bei Modafinil beträgt der Anstieg 25 % (DAK-Gesundheit 2015, S. 100). Es wird konstatiert, „dass ein gewisser Anteil von Verordnungen nicht mit einer medizinisch nachvollziehbaren Diagnose verbunden ist" (DAK-Gesundheit, S. 108).

> **?**
>
> Welche Meinungen vertreten Experten zum Neuroenhancement?

Die Debatte um das pharmakologische Neuroenhancement hat in Deutschland gerade erst begonnen. Einerseits fehlt es noch an einer belastbaren empirischen Basis, und andererseits steht die Klärung ethischer, rechtsphilosophischer und politischer Fragen an (vgl. Schöne-Seifert et al. 2008). Mit ihrem Memorandum zum Neuroenhancement haben sieben Experten einen ersten Positionsentwurf vorgestellt (Galert et al. 2009, S. 11), in dem die dezidierte Auffassung vertreten wird, „dass es keine überzeugenden grundsätzlichen Einwände gegen eine pharmakologische Verbesserung des Gehirns oder der Psyche gibt". Dieser Position wird von anderen Experten heftig widersprochen und auf die unabsehbaren und nicht kalkulierbaren Risiken, das Suchtpotenzial sowie die gesellschaftspolitischen Folgen von Leistungsdruck und Erfolgszwang hingewiesen (Glaeske et al. 2011).

Aus diesen Erkenntnissen lässt sich die Schlussfolgerung ziehen, dass gerade Berufstätige, die zusätzlich durch Ihre Arbeit und die Familie gefordert sind, besonders anfällig für ein Neuroenhancement sein könnten. Deshalb ist es wichtig, Lernprozesse gesundheitsförderlich zu gestalten (Kap. 6).

Fazit

Eine ausgewogene Ernährung ist für die Leistungsfähigkeit unseres Gehirns wichtig. Der Hirnstoffwechsel lässt sich allerdings nicht durch spezielles Brainfood verbessern. Das Gehirn versorgt sich aus allen anderen Körperbereichen mit jenen Nährstoffen, die es braucht. Der Einsatz von speziellem Gehirnfutter ist deshalb eher ein psychologisches Phänomen. Das sog. Neuroenhancement versucht, die Funktion des Gehirns zu „verbessern", indem durch die Zufuhr stoffgebundener Mittel die kognitive Leistung gesteigert, das psychische Wohlbefinden verbessert sowie Ängste und Nervosität abgebaut werden sollen. Beim pharmakologischen Neuroenhancement werden Medikamente an gesunde Menschen ohne eine medizinische Indikation verabreicht. Studien deuten darauf hin, dass sowohl das Wissen um die Möglichkeiten des Hirndopings als auch die Zahl der regelmäßigen Anwender zunehmen.

Literatur

Auf dem Hövel, J. (2008). *Pillen für den besseren Menschen. Wie Psychopharmaka, Drogen und Biotechnologie den Menschen der Zukunft formen*. Hannover: Heise.

Battleday, R. M., & Brem, A.-K. (2015). Modafinil for cognitive neuroenhancement in healthy non-sleep-deprived subjects: A systematic review. *European Neuropsychopharmacology, 25*(11), 1865–1881. doi:10.1016/j.euroneuro.2015.07.028.

Beck, H. (2016). *Hirnrissig. Die 20,5 größten Neuromythen – und wie unser Gehirn wirklich tickt.* München: Wilhelm Goldmann Verlag.

DAK-Gesundheit (2015). *DAK-Gesundheitsreport 2015.* Berlin: DAK.

DGE (Deutsche Gesellschaft für Ernährung) (2013). Vollwertig essen und trinken nach den 10 Regeln der DGE. https://www.dge.de/ernaehrungspraxis/vollwertige-ernaehrung/10-regeln-der-dge/. Zugegriffen: 18. September 2016.

Dietz, P., Striegel, H., Franke, A. G., Lieb, K. S., & Perikles, U. R. (2013). Randomized response estimates for the 12-month prevalence of cognitive-enhancing drug use in university students. *Pharmacotherapy, 33*(1), 44–50. doi:10.1002/phar.1166.

Franke, A. G., Bonertz, C., Christmann, M., Huss, M., Fellgiebel, A., Huss, M., & Lieb, K. (2011). Non-medical use of prescription stimulants and illicit use of stimulants for cognitive enhancement in pupils and students in Germany. *Pharmacopsychiatry, 44*(2), 60–66.

Galert, T., et al. (2009). Das optimierte Gehirn. *Geist & Gehirn, 8*(11), 1–12.

Glaeske, G. et al. (2011). *Hirndoping: Die Position der Deutschen Hauptstelle für Suchtfragen.* Hamm: DHS.

Gómez-Pinilla, F. (2008). Brain foods: the effects of nutrients on brain function. *Nature Reviews Neuroscience, 9*, 568–578. doi:10.1038/nrn2421.

Hermet-Schleicher, V., & Cosmar, M. (2014). *Hirndoping am Arbeitsplatz. Einflussfaktoren und Präventionsmöglichkeiten für Unternehmen.* Berlin: Initiative Gesundheit & Arbeit.

Kiefer, I. (2007). Schlau geschlemmt. *Gehirn & Geist, 6*(5), 36–43.

Kiefer, I., & Zifko, U. (2006). *Brainfood. Fit im Kopf durch richtige Ernährung.* Leoben, Wien: Kneipp Verlag.

Klöckner, Lydia (2015): Hirn auf Hochtouren. In: Die Zeit, Nr. 35, S. 29.

Lieb, K. (2010). *Hirndoping – Warum wir nicht alles schlucken sollten.* Mannheim: Artemis & Winkler Verlag.

Macht, M. (2007). Iss, wonach dein Herz verlangt. *Gehirn & Geist, 6*(5), 44–50.

Max Rubner-Institut (Bundesforschungsinstitut für Ernährung und Lebensmittel) (Hrsg.). (2008). *Nationale Verzehrsstudie II, Ergebnisbericht Teil 2.* Karlsruhe: Max Rubner-Institut (Bundesforschungsiinstitut für Ernährung und Lebensmittel).

McLuhan, H. M. (1992). *Die magischen Kanäle.* Düsseldorf: Econ.

Middendorff, E., Poskowsky, J., & Isserstedt, W. (2012). *Forum der Stresskompensation und Leistungssteigerung bei Studierenden.* Hannover: HIS.

Müller, S. (2010). Neuroenhancement oder Neuro-Doping. In: J. Schreiber, J. Förster & S. Westermann (Hrsg.), *Auf der Suche nach Antworten: 20 Jahre Forum Medizin & Ethik* (S. 29–42). Münster: LIT Verlag.

Perlmutter, D. (2016). *Scheißschlau. Wie eine gesunde Darmflora unser Gehirn fit hält.* München: Goldmann.

Sauter, A., & Gerlinger, K. (2012). *Der pharmakologisch verbesserte Mensch.* Berlin: edition sigma.

Schöne-Seifert, B., Talbot, D., Opolka, U., & Ach, J. S. (Hrsg.). (2008). *Neuro-Enhancement. Ethik vor neuen Herausforderungen.* Paderborn: Mentis.

Stukenberg, T. (2013). Die Mär vom Brainfood. In: WirtschaftsWoche vom 9. August. http://www.wiwo.de/erfolg/trends/die-maer-um-brainfood-was-kaffee-mit-unse-rem-gehirn-macht/8617136.html. Zugegriffen: 18. September 2016.

Winter, A., & Winter, R. (1989). *Brainfood. Nahrung für's Gehirn*. Südergellersen: Verlag Bruno Martin.

9

Was kann Weiterbildungsberatung leisten?

Inhaltsverzeichnis

Bildungsberatung in der Erwachsenen- und Weiterbildung ist kein grundsätzlich neues, aber immer wichtiger werdendes Thema. Die Lebens- und Berufsverläufe der Menschen werden zunehmend komplexer und gleichzeitig auch brüchiger, damit steigt der Bedarf an professioneller Beratung. Verschärft wird die Situation durch den unübersichtlichen Weiterbildungsmarkt mit einem Dschungel an Weiterbildungsangeboten und Fördermöglichkeiten (Kap. 10); hier können die Weiterbildungsberatungsstellen und Weiterbildungsdatenbanken eine hilfreiche Orientierung bieten, auch wenn die Unübersichtlichkeit keine zentrale Teilnahmebarriere darstellt (Dörner 2010). Das Beraten ist neben dem Arrangieren (Abschn. 6.1) eine Grundform (erwachsenen-)pädagogischen Handelns (Nittel 2009). Im Folgenden soll uns die Frage beschäftigen, was konkret unter Beratung zu verstehen ist, welche Handlungsformen des Beratens unterschieden werden können, welche Situationen mit Beratungscharakter es in der Erwachsenenbildung gibt und welche Funktionen Beratung übernehmen kann. Anschließend wird auf Formen, Anbieter und Qualitätskriterien von Weiterbildungsberatung eingegangen. Wenn die Weiterbildungsberatung sich weiter ausdifferenziert, gilt

© Springer-Verlag GmbH Deutschland 2017
E. Schäfer, *Lebenslanges Lernen*, Kritisch hinterfragt DOI 10.1007/978-3-662-50422-2_9

es, neu über das Verhältnis von Bildung und Beratung nachzudenken; dieser Themenkomplex wird die Ausführungen zur Weiterbildungsberatung abschließen.

Auf europäischer Ebene wurde im Jahre 2002 eine Expertengruppe für Bildungs- und Berufsberatung, die Lifelong Guidance Expert Group, gegründet und in der Folge ein Europäisches Netzwerk für eine Politik lebensbegleitender Beratung (ELGPN) ins Leben gerufen. Im Mai 2004 wurde dann die sog. Guidance Resolution beschlossen; sie hat einen Paradigmenwechsel von der punktuellen zur prozesshaften lebensumspannenden Beratung eingeleitet. In seinem Entwurf einer Entschließung über den Ausbau der Politiken, Systeme und Praktiken auf dem Gebiet der lebensbegleitenden Beratung hat der Rat der Europäischen Union (2004) das folgende Verständnis von Bildungsberatung formuliert: „Vor dem Hintergrund des lebensbegleitenden Lernens erstreckt sich Beratung auf eine Vielzahl von Tätigkeiten, die Bürger jeden Alters in jedem Lebensabschnitt dazu befähigen, sich Aufschluss über ihre Fähigkeiten, Kompetenzen und Interessen zu verschaffen, Bildungs-, Ausbildungs- und Berufsentscheidungen zu treffen sowie ihren persönlichen Werdegang bei der Ausbildung, im Beruf und in anderen Situationen, in denen diese Fähigkeiten und Kompetenzen erworben und/oder eingesetzt werden, selbst in die Hand zu nehmen." Was unter „Tätigkeiten" zu verstehen ist, wird in einer Fußnote erklärend hinzugefügt: „Beispiele für solche Tätigkeiten sind u. a. Information und Beratung, Beratungsdienste, Kompetenzbewertung, Mentoring, Fürsprache, Vermittlung von Fähigkeiten zur Entscheidungsfindung und zur Planung der beruflichen Laufbahn."

Die Bildungsberatung hilft den Menschen, sich über ihre Zielvorstellungen, Interessen und Fähigkeiten klar zu werden. Durch Bildungsberatung lassen sich Bildungsmöglichkeiten erschließen, indem diese verfügbar gemacht werden. Der europäische Bildungsministerrat nahm 2008 eine Entschließung zu einer besseren Integration lebensumspannender Beratung in die Strategien für lebenslanges Lernen an. 2010 wurde die Lissabon-Strategie durch die Strategie Europa 2020 ersetzt; sie ist der übergeordnete strategische Rahmen der EU-Politik. Darin wird die Lifelong Guidance als zentrales Handlungsfeld angeführt. Die Bildungsberatung in der Erwachsenen- und Weiterbildung fokussiert auf eine „personenspezifische Orientierungs- und Entscheidungshilfe, die im Lebenskontext auf Arbeit, Beruf und Bildung bezogen ist. Sie dient als Hilfe zur Steuerung von Lernprozessen wie auch zur Entwicklung von Kompetenzstrategien und adressiert sowohl Personen als auch Betriebe und Organisationen" (Käpplinger und Maier-Gutheil 2015, S. 2 f.).

> ?
>
> Haben Sie schon einmal eine Weiterbildungsberatung in Anspruch genommen? Wenn ja, aus welcher Haltung heraus haben Sie dies getan, wie haben Sie sich dabei gefühlt? Wenn nein, was hat Sie ggf. davon abgehalten, und mit welchen Gefühlen bzw. Gedanken war dies verbunden?

9.1 Ist Weiterbildungsberatung eine Lernkompetenz?

Beratung in der Erwachsenenbildung war lange Zeit ein weitgehend unsichtbares Handlungsfeld, das nun deutlicher in das Licht der Öffentlichkeit tritt. Die ersten Ansätze einer systematisierten Beratung in der Weiterbildung lassen sich in den 1980er-Jahren erkennen. Die Forderung nach Weiterbildungsberatung war mit dem Postulat der Chancengleichheit in der Bildung verbunden (Döring 2012, S. 6). Es wurden erste kommunale Beratungsstellen eingerichtet, von denen aufgrund mangelnder finanzieller Ressourcen jedoch nur wenige überlebten.

Ein zweiter Institutionalisierungsschub ging von dem Weiterbildungsboom in den 1990er-Jahren in den neuen Bundesländern aus; über Modellprojekte entstanden Beratungsinfrastrukturen, die aber nicht auf Dauer gestellt waren.

Mit der Etablierung von Beratungsstellen verknüpfte sich die Hoffnung, die Benachteiligung auf dem Arbeitsmarkt von bestimmten Zielgruppen wie z. B. Berufsrückkehrerinnen zu vermindern.

Anfang der 2000er-Jahre hat das Programm „Lernende Regionen – Förderung von Netzwerken" dazu geführt, das Angebot an Weiterbildungsberatungsstellen in den beteiligten Regionen zu verbessern (Schiersmann und Remmele 2004). Mit dem Förderprogramm „Lernen vor Ort" wird seit 2009 der Aufbau regionaler Weiterbildungsinfrastrukturen im kommunalen Bereich fortgesetzt. Allerdings richten sich die entsprechenden Angebote „häufig nur an ‚Problemgruppen' (...) Viele der öffentlich geförderten Beratungsstellen unterliegen den unsicheren Rahmenbedingungen der zeitlich befristeten Finanzierung oder Projektförderung, was die Entwicklung von Kontinuität und nachhaltiger Qualitätssicherung behindert" (nfb 2009, S. 10).

Inhaltlich sind es insbesondere die folgenden Entwicklungen, die den Bedeutungszuwachs des Themas Weiterbildungsberatung markieren:

- der Wandel der Lehr-Lern-Kulturen und des Rollenverständnisses der Lernbegleiter, die Schaffung individueller und flexibler Lernzugänge, der tendenzielle Wechsel in der Ausgestaltung der Lernerrolle vom Teil-nehmer zum Teil-geber und Teil-haber sowie die erweiterten Lernwelten (Abschn. 7.2),
- die staatlichen finanziellen Anreizsysteme durch Bildungsprämien, Bildungsgutscheine und andere individuelle Förderinstrumenten und
- der Aufbau von regionalen und überregionalen Netzwerken.

Diese Punkte lassen die Nachfrage nach Weiterbildungsberatung ansteigen.

Das Nationale Forum Beratung in Bildung, Beruf und Beschäftigung (nfb 2009, S. 3) stellt im ersten Satz seiner Präambel des Eckpunktepapiers für ein zeitgemäßes und zukunftsfähiges Beratungsangebot in Deutschland fest: „In den bildungspolitischen und zunehmend auch in arbeitsmarktpolitischen Diskursen besteht ein breiter Konsens darüber, dass Beratung ein unverzichtbarer Teil im Prozess des Lebenslangen Lernens ist." Der Weiterentwicklung der Bildungsberatung kommt als struktureller Voraussetzung für ein erfolgreiches Lernen im Lebenslauf eine besondere Bedeutung zu. „Der Ausbau einer Infrastruktur von Weiterbildungsberatung muss angesichts ihrer Bedeutung für Lebenslanges Lernen besondere Priorität haben" (nfb 2009, S. 23). Dies gilt umso mehr, als Beratung den Bildungsprozessen nicht nur vorgelagert ist, sondern die Fähigkeit, Beratung zu suchen, selbst als Lernkompetenz definiert wird.

In der Empfehlung des Europäischen Parlaments und des Rates vom 18. Dezember 2006 zu Schlüsselkompetenzen für lebensbegleitendes Lernen heißt es: „Lernkompetenz bedeutet, neue Kenntnisse und Fähigkeiten zu erwerben, zu verarbeiten und aufzunehmen sowie Beratung zu suchen und in Anspruch zu nehmen" (Europäische Kommission 2007). War es früher vielleicht Ausdruck und Eingeständnis eigenen Unvermögens, Bildungsberatung in Anspruch zu nehmen, so hat sich dies heute radikal gewandelt; Bildungsberatung aufzusuchen, ist zu einem Kennzeichen aktiven und selbstbestimmten Lernens geworden. Diese Veränderungen haben mit dazu beigetragen, „dass sich die Forschung zu Beratung in Bildung, Beruf und Beschäftigung hauptsächlich in der letzten Dekade deutlich intensiviert hat" (Käpplinger und Maier-Gutheil 2015, S. 14).

> **?**
>
> Was genau erwarten Sie, wenn Sie eine Bildungsberatung aufsuchen, und wie bringen Sie dies zum Ausdruck? In welchem Setting findet die Beratung statt? Worauf ist das Beziehungsgeschehen in der Beratung gerichtet?

9.2 Welche Handlungsformen lassen sich in der Weiterbildungsberatung unterscheiden?

Um besser verstehen zu können, was sich hinter dem Containerbegriff der Beratung verbirgt, sollen einzelne Handlungsformen genauer betrachtet werden. Knoll (2008) unterscheidet:

* das *Informieren* z. B. über Lernmethoden, Weiterbildungsangebote, Selbstlernstrategien, Fördermöglichkeiten etc. (hier steht die Weitergabe von Inhalten auf einer Sachebene im Vordergrund),
* das *Anleiten*, d. h. Hinweise zu geben, wie eine bestimmte Tätigkeit auszuführen ist (hier geht es um den Handlungsablauf für eine Problemlösung), und
* das *Beraten* „im eigentlichen, fachlichen Sinne, d. h. Interventionen als Hilfe, damit die betroffene Person durch eigenes Wahrnehmen und Erinnern, durch Nachdenken und Einfälle selbst zu Schlussfolgerungen, Zielvorstellungen, Lösungsideen und Entscheidungen kommt" (Knoll 2008, S. 20) (hier geht es um die Hilfe zur Selbsthilfe).

Wie die Beratenen mit den Informationen, Hinweisen, offerierten Verfahrensweisen, Anregungen und Impulsen umgehen, was sie sich zu eigen machen und was nicht, liegt einzig und allein in deren Entscheidung. Die drei Handlungsformen lassen sich analytisch klar trennen, praktisch gehen sie aber häufig ineinander über oder wechseln sich ab. Es ist sowohl für den Berater als auch den zu Beratenden wichtig, sich klar darüber zu werden, auf welcher Ebene sich gerade die Beratung bewegt, da sich dann bewusster und situationsangemessener agieren und reflektieren lässt. Von der Information über die Anleitung bis zur Beratung im engeren Sinne nimmt die Beratungstiefe und -intensität zu; damit steigen auch die Anforderungen an den Berater und das Setting.

?
Welche Settings für die Weiterbildungsberatung gibt es?

Eine Weiterbildungsberatung kann zeitlich und örtlich in ganz unterschiedlichen Kontexten, entweder mit einem oder ohne ein Setting ablaufen:

- Sie kann einer Weiterbildungsteilnahme unmittelbar *vorgelagert* sein; dies ist z. B. der Fall, wenn sie dem Zweck dient, das Sprachniveau eines potenziellen Teilnehmers an einem Sprachkurs zu bestimmen, um für ihn das passende Angebot herauszufinden.
- Sie kann an eine Weiterbildung *angedockt* sein, z. B. indem eine punktuelle Kompetenzbilanzierung als zusätzliches Angebot in einem abgestimmten Kontext zu einem Kurs gemacht wird.
- Sie kann eine Weiterbildung *begleiten*; dies ist der Fall, wenn parallel zu den Seminaren und in Abstimmung damit beispielsweise kontinuierlich eine Supervision oder ein Coaching stattfindet.
- Sie kann völlig *abgegrenzt* von spezifischen Weiterbildungsangeboten sein; ein Beispiel hierfür ist eine allgemeine Lernberatung oder eine Prüfungsberatung.
- Sie kann in eine Weiterbildung *integriert* sein; dies ist der Fall, wenn Kursteilnehmer vor, während oder nach einem Seminar mit ihren ganz persönlichen Anliegen auf den Kursleiter zukommen, um unter vier Augen darüber zu sprechen.

Wie die Beispiele zeigen, sind Lernen und Beratung komplementär aufeinander angewiesen, voneinander abhängig und miteinander verwoben; sie sind zwei Seiten einer Medaille.

Die Unterscheidung zwischen integrierter bzw. abgegrenzter Bildungsberatung ist eine von zwei wichtigen zu machenden Differenzierungen in Bezug auf Settings der Weiterbildungsberatung. Die integrierte Bildungsberatung mit ihren offenen und uneindeutigen Settings wird despektierlich auch als Beratung „zwischen Tür und Angel" (Hollstein-Brinkmann und Knab 2014) bezeichnet.

Die zweite Unterscheidung fragt danach, ob die Beratung explizit oder implizit erfolgt. Um eine explizite Beratung handelt es sich, wenn für beide Parteien schon durch den äußeren Rahmen klar ist, dass es sich hier um eine Beratung handelt, indem z. B. in einer Beratungsstelle eine Terminvereinbarung gemacht wird und zur Beratung spezielle Räume aufgesucht werden. Aber auch wenn kein spezielles Setting besteht, kann durch die artikulierte Bitte „Haben Sie am Ende der Stunde noch einen Moment Zeit für mich?" von Weiterbildungsteilnehmern signalisiert werden, dass sie ein Anliegen haben, das sie gern in einem gesonderten Rahmen thematisieren möchten. Implizit ist die Beratung dann, wenn sie in einem anderen als dem Beratungssetting stattfindet, also im Kurs, im Seminar oder im Workshop. Knoll (2008, S. 26 f.) nutzt diese beiden Polaritäten, um idealtypische Situationstypen von Beratung zu unterscheiden:

* *Integrierte und implizite Beratungssituationen* sind Situationen in einer Weiterbildungsveranstaltung, die von Teilnehmern für die Behandlung individueller Problemstellungen genutzt werden.
* *Integrierte und explizite Beratungssituationen* setzen die beiderseitige Bewusstheit von Lehrenden und Lernenden für ein Verlassen des Lehr-Lern-Settings innerhalb oder am Rande der Bildungsveranstaltung zugunsten eines Beratungssettings voraus.
* *Differenzierte und explizite Beratungssituationen* können aus Bildungsveranstaltungen heraus entstehen und artikuliert werden. Mit „differenzierten Beratungssituationen" meint Knoll die oben als „abgegrenzte" bezeichneten. Der Unterstützungsbedarf wird hier in einem zeitlich und räumlich separierten Kontext bearbeitet.

> ?
>
> Was ist unter Begleiten, Fördern und Stärken in Beratungsprozessen zu verstehen?

Wie wichtig ein In-Beziehung-gehen für Lernprozesse ist, wurde bereits in Abschn. 3.2 erwähnt; Entsprechendes gilt für dialogische Beratungsprozesse. Die Aktivitäten des Beraters, seine Fragen, Anregungen und Vorschläge werden als Interventionen bezeichnet und können unterschiedlichen Funktionen dienen. Knoll (2008) unterscheidet drei Funktionen von Beratung:

* *„Begleiten*, wenn jemand zunächst mit strengem Anwendungsbezug auf eine klar umrissene berufliche Situation sein/ihr Englisch aufbessert und von da aus eine Perspektive für einen Aufenthalt in den USA entwickelt.
* *Fördern*, wenn jemand über den angestrebten beruflichen Abschluss hinaus nach weiteren Handlungsmöglichkeiten und -alternativen sucht, deshalb bereits während des Studiums ein begleitendes Praktikum machen möchte und ihm bzw. ihr der Kontakt zu einem Unternehmen in der Nähe eröffnet wird.
* *Stärken*, wenn im Gespräch über eine Lernschwierigkeit (‚Ich kann mir einfach keine Vokabeln merken') der Vorschlag formuliert wird, sich an Situationen zu erinnern – auch außerhalb von Sprachenlernen –, in denen es leicht gefallen ist, etwas im Gedächtnis zu behalten" (Knoll 2008, S. 29).

> ?
>
> Welche Beratervariablen lassen sich nach Rogers unterscheiden?

Die Bildungsberatung hat immer den ganzen Menschen im Blick; sie will ihm helfen, sich selbst zu entwickeln, seine Ressourcen zu nutzen und die Zahl seiner

Handlungsoptionen zu vergrößern. Für den Berater sind die drei Beratervariablen der klientenzentrierten Gesprächsführung von eminent wichtiger Bedeutung (Rogers 1993):

1. *Akzeptanz:* Sie weist darauf hin, dem zu Beratenden offen zu begegnen, ihm bedingungslose positive Zuwendung und Wertschätzung zu schenken, ihn so zu akzeptieren, wie er ist, und dabei auch zu sehen, welches Potenzial in ihm steckt.
2. *Empathie:* Hiermit ist das einfühlende Verstehen, das nichtwertende Eingehen, das echte Verständnis für das Erleben einer Person und die damit verbundenen Werthaltungen, Motive, Wünsche und Ängste gemeint.
3. *Kongruenz:* Hierunter wird die Echtheit, Unverfälschtheit und Transparenz seitens des Beraters verstanden.

In der Bildungsberatung können intensive Lernprozesse stattfinden. Doch woran lässt sich dies erfassen? Karnath und Schröder (2008) schlagen vier Indikatoren vor: Die Beratenen sollen nach der Beratung informierter, orientierter, strukturierter und motivierter sein. Um den Zielerreichungsgrad besser einschätzen zu können, gibt die Koordinierungsstelle Qualität (2011), die mit diesen Indikatoren arbeitet, ihren Kunden bzw. Klienten zu jeder der vier Dimensionen drei Aussagen an die Hand:

1. „informierter:
   - Ich konnte mein Anliegen entfalten.
   - Ich habe das richtige Maß an Informationen erhalten.
   - Ich weiß, wo ich weitere Unterstützung erhalten kann.
2. orientierter:
   - Ich kann klarer benennen, was ich erreichen möchte.
   - Ich kann mein Anliegen und meine Ziele begründet vertreten.
   - Ich bin mir meiner Stärken und Ressourcen bewusst.
3. strukturierter:
   - Ich weiß, welche Rahmenbedingungen zur Verfolgung und Umsetzung meines Ziels sichergestellt sein müssen.
   - Ich plane die nächsten Schritte zur Umsetzung des Ziels.
   - Ich kann zukünftig besser mit ähnlichen Fragen umgehen.
4. motivierter:
   - Ich möchte mein Ziel verfolgen.
   - Ich bin entschlossen, die nächsten Schritte umzusetzen.
   - Ich möchte etwas Neues beginnen.“

> **?**
> Welchen der aufgelisteten Aussagen können Sie im Anschluss an Ihre letzte Bildungsberatung zustimmen? Woran liegt es, wenn Sie nicht zustimmen können? Auf welche Punkte wollen Sie vor einer nächsten Bildungsberatung besonders achten?

9.3   Wer bietet Weiterbildungsberatung an?

Bevor Sie auf die Suche nach Beratungsangeboten gehen, kann es hilfreich sein, sich über die eigenen Ziele, die Vorlieben für bestimmte Lernformen, den zeitlichen und finanziellen Rahmen sowie die Vereinbarkeit der Weiterbildung mit anderen Verpflichtungen im beruflichen wie privaten Bereich klar zu werden. Die Klärung dieser Fragen hilft bei der Auswahl des richtigen Angebots.

> ?
>
> Von wem kann man sich bei der Suche nach dem für mich geeigneten Weiterbildungsangebot beraten lassen?

Bei der systematischen Suche bietet sich das InfoWeb Weiterbildung (http://www.iwwb.de), die Metasuchmaschine des Deutschen Bildungsservers für Weiterbildungsangebote, an. Hier findet sich ein Link zur Beratungssuche. Über die Auswahl des Bundeslandes und des Beratungsthemas findet man zu den entsprechenden Beratungsstellen.

Als eine Anlaufstelle bietet sich das „Infotelefon Weiterbildungsberatung" des Bundesministeriums für Bildung und Forschung (BMBF) an, das unter der 03020179090 an Werktagen zwischen 10 und 17 h zu allen Fragen rund um die Weiterbildung zu erreichen ist und eine anbieterneutrale Weiterbildungsberatung offeriert. Der bundesweite Telefonservice leistet Hilfestellung durch qualifizierte Weiterbildungsberater. Er arbeitet mit den, in den Ländern Baden-Württemberg, Berlin, Niedersachsen, Nordrhein-Westfalen, Sachsen und Schleswig-Holstein bestehenden Infrastrukturen der Weiterbildungsberatung zusammen. Ratsuchende können so für eine vertiefte Beratung direkt zu Beratern in Wohnortnähe weitergeleitet werden. Neben den Ländern und Kommunen sind auch die Bundesagentur für Arbeit und die Hotline „Arbeiten und Leben in Deutschland" des Bundesamts für Migration und Flüchtlinge Partner des „Infotelefons Weiterbildungsberatung". Über Videotelefonie wird der Service des Infotelefons auch in deutscher Gebärdensprache angeboten. Die bestehende Website www.der-weiterbildungsratgeber.de wird zu einem umfassenden Internetportal ausgebaut, das ab Mitte 2017 den telefonischen Service ergänzt.

In Deutschland werden Weiterbildungsberatungen von Volkshochschulen, anderen öffentlichen und privaten Bildungseinrichtungen, Weiterbildungsberatungsstellen, Arbeitsagenturen, Industrie- und Handelskammern, Handwerkskammern, Fachverbänden sowie innerbetrieblich zum Teil auch von Personalentwicklungsabteilungen angeboten. Dabei wird zwischen träger- bzw. einrichtungsgebundenen auf der einen Seite sowie träger- und einrichtungsübergreifenden Weiterbildungsberatungen unterschieden. Die träger- und einrichtungsgebundenen Anbieter von Weiterbildungsberatung vermitteln „zwischen den Weiterbildungsangeboten der Einrichtungen und der Nachfrage der potenziellen Teilnehmenden" (Stanik 2015, S. 199). Bei diesen Beratungsstellen ist als Teil einer Marketing- und Distributionspolitik neben dem Aspekt der Serviceleistung für Adressaten von Weiterbildung auch das Interesse an einer Bedarfsweckung zu berücksichtigen. Die Prototypen der träger- und einrichtungsübergreifenden Anbieter sind die kommunalen Weiterbildungsberatungsstellen. Sie führen selbst keine Weiterbildungen durch; ihr Auftrag ist es, Orientierungs- und Entscheidungshilfen für die Ratsuchenden in allen Weiterbildungsfragen zu geben. Wie die Fallstudie von Stanik (2015, S. 208) zeigt, bewegen „sich Beratungen in einem Spannungsverhältnis zwischen den (träger)institutionellen Kontexten, den Beratungsgegenständen der Ratsuchenden und dem professionellen Handeln der Beratenden".

Die Maschen des Netzes an Bildungsberatungsstellen sind in Deutschland unterschiedlich eng geknüpft. Auch das Spektrum des Beratungsangebots differiert stark; so gibt es zum Teil Beratungsstellen, die ausschließlich auf Beratungen zur Bildungsprämie spezialisiert sind. Es kann durchaus sinnvoll sein, sich von verschiedenen Stellen beraten zu lassen, bevor man eine Entscheidung trifft. Neben den kostenlosen Angeboten zur Bildungsberatung gibt es auch kostenpflichtige; hier werden ca. 50–100 € pro Stunde fällig. Entsprechende Angebote sind über das Register des Deutschen Verbands für Bildungs- und Berufsberatung zu finden (www.bbregister.de).

> **?**
>
> Wie sieht die Infrastruktur der Weiterbildungsberatungsstellen aus?

Die Stiftung Warentest hat eine Übersicht von Bildungsberatungsstellen in Deutschland, sortiert nach Bundesländern zusammengestellt (https://www.test.de/Kurse-finden-Bildungsberatungsstellen-im-Ueberblick-4751805-0/), die sowohl die Kontaktadressen der einzelnen Beratungsstellen als auch landesspezifische Portale für die Suche auflisten. Insgesamt sind hier knapp 300 Bildungsberatungsstellen verzeichnet. Die Aufnahme in diese Liste ist an die Bedingung geknüpft, dass die Einrichtung, von der die Beratungsstelle unterhalten wird, kostenlos, trägerneutral und offen für alle Interessenten ist. Die aufgelisteten Bildungsberatungsstellen werden in der Regel über öffentlich geförderte Programme von Bund, Ländern und Kommunen finanziert. Zur individuellen Vorbereitung auf die Beratung bietet Stiftung Warentest die Checkliste „Fragen für die Weiterbildungsberatung" an.

Weiterbildungsberatungsstellen sind häufig in Netzwerke der regionalen Weiterbildungslandschaft eingebunden. Ein exemplarisch hier anzuführendes Beispiel ist das Landesnetzwerk Weiterbildungsberatung Baden-Württemberg (LN WBB); hier wurde in den letzten Jahren mit Unterstützung durch das Ministerium für Kultus, Jugend und Sport Baden-Württemberg eine vorbildliche Weiterbildungsinfrastruktur aufgebaut. Im Rahmen des Bündnisses für Lebenslanges Lernen wurde das Projekt zum Aufbau des LN WBB gefördert. Den Bürgerinnen und Bürgern wird eine flächendeckende, wohnortnahe und leicht zugängliche Beratung zu allen Fragen der Weiterbildung angeboten. Bisher haben sich rund 100 Einrichtungen dem Landesnetzwerk angeschlossen; sie bieten kostenlose Beratung zu allgemeinen und beruflichen Weiterbildungsmöglichkeiten an. Träger der Koordinationsstelle des Landesnetzwerks ist der Volkshochschulverband Baden-Württemberg e. V., der das Projekt in Kooperation mit dem Institut für Bildungswissenschaft der Universität Heidelberg durchgeführt hat. In der Studie von Schiersmann et al. (2015) sind die Ergebnisse der Bestandsaufnahme publiziert.

> **?**
>
> Welche wissenschaftlichen Befunde zur Praxis der Weiterbildungsberatung liegen vor?

Die Komplexität des Gegenstands der Weiterbildungsberatung, die Vielfalt der Anbieter, die institutionellen Unterschiede der Infrastrukturen, die differenzierten Beratungsformate sowie ein fehlendes einheitliche Verständnis von Beratung machen es schwierig, sich einen umfassenden Überblick zu verschaffen. In ihrem Artikel, der aktuelle Ergebnisse der Beratungsforschung präsentiert, konstatieren Käpplinger und Maier-Gutheil (2015) u. a. Forschungsdesiderate hinsichtlich der Aussagekraft von statistischen Aussagen, Finanzierungsstrukturen und -volumina sowie hinsichtlich des Wissens über das reale Handeln in Lernberatungen. Viele Studien behandeln nur einzelne Aspekte von Beratung, sind Fallstudien, regional bzw. institutionell begrenzt oder entstanden im Rahmen der Evaluationen von Modellprojekten, was die Aussagekraft der Ergebnisse und ihrer Verallgemeinerbarkeit zum Teil erheblich einschränkt.

Die Ergebnisse einer unveröffentlichten Befragung des Bundesarbeitskreises Fortbildung – Qualitätsentwicklung – Beratung des Deutschen Volkshochschul-Verbands aus dem Jahr 2010 lassen sich wie folgt zusammenfassen:

- Mit der Größe der Volkshochschulen wächst das Beratungsangebot.
- Die Arten der Beratung sind in Abhängigkeit vom Fachbereich sehr unterschiedlich ausgeprägt.
- Der Beratungsbedarf wird als stark zunehmend eingeschätzt, insbesondere bei mittelstädtischen und großen Volkshochschulen.
- Es wird ein erheblicher Qualifizierungsbedarf der Mitarbeiter konstatiert.

Eine Studie, die es zu erwähnen und auf deren Befunde nun eingegangen wird, ist die Befragung zur Beratungspraxis in mehreren Bundesländern. Sie war Teil des Projekts „ProBerat", das als EU-Programm in den Jahren 2010 bis 2011 unter Federführung von sechs Landesverbänden der Volkshochschulen, dem Bildungsverein Soziales Lernen und Kommunikation e. V. aus Niedersachsen sowie der k.o.s GmbH in Berlin durchgeführt wurde (Handbuch ProBerat 2011).

?

Welches sind die Anliegen in der Weiterbildungsberatung? Sind die Kunden mit der Beratung zufrieden?

Im Vorfeld der Beratung wurden die Beratungssuchenden nach ihren Anliegen gefragt. 72,5 % der Kunden von Bildungsberatungsstellen wussten genau, was sie suchten, und 27,5 % suchten eine Orientierungshilfe. Die Beratungsanliegen waren die folgenden (Handbuch ProBerat 2011, S. 18):

- Informationen zu Kursangeboten/Bildungsangeboten (26 %),
- Beratung zur Bildungsprämie (18,6 %),
- Orientierung zu Bildungsmöglichkeiten (13,3 %),
- berufliche Orientierung/Karriereplanung (12 %),
- Einstufung zu Kursen/Bildungsangebote (11,3 %),
- Finanzierungsmöglichkeiten (10,1 %) und
- Orientierung zu Bildungsabschlüssen (7,2 %).

In Abhängigkeit von der Beratungsstelle variiert das Antwortverhalten nur gering. Lediglich an zwei Stellen lassen sich Unterschiede zwischen Volkshochschulen und den anderen beratenden Bildungseinrichtungen und Bildungsberatungsstellen erkennen; so ist an Volkshochschulen das Beratungsanliegen zum Thema Bildungsprämie größer (24,3 %), während Informationen zu Kursangeboten/Bildungsangeboten mit 16,2 % weniger nachgefragt werden.

Die Kunden der Weiterbildungsberatung zeigten sich mit den Ergebnissen der Beratung überwiegend zufrieden. Der Aussage „Ich bin voll und ganz mit der Beratung zufrieden" stimmten 76 % zu, „eher zufrieden" waren 21 %; die verbleibenden waren „eher nicht zufrieden" oder machten keine Angaben. Neben der Zufriedenheit wurde auch nach den Ergebnissen der Beratung gefragt; für die Volkshochschulen ergeben sich folgende Resultate, bezogen auf die Aussage „stimme voll und ganz zu" (Handbuch ProBerat 2011, S. 21 f.):

- Ich habe die passenden Informationen erhalten (87,9 %).
- Ich konnte meine Fragen klären (86,2 %).
- Ich weiß, was ich als Nächstes tun möchte (67, 2 %).
- Ich freue mich auf die nächsten Schritte (67,2 %).
- Ich bin mir bewusst über meine Stärken (41,4 %).

Der relativ geringe Wert bei dem zuletzt genannten Item könnte damit zusammenhängen, dass die Gegenstände der Beratung überwiegend konkret waren, sodass eine Reflexion über die eigenen Stärken bei vielen Beratungen gar kein Thema war.

Bezüglich der angewandten Methoden und Instrumente in den Beratungen zeigte sich, „dass vor allem eine Zusammenfassung zum Ende des Beratungsgesprächs, der Einbezug des Lebenslaufs sowie Fragetechniken in der Beratungspraxis in den befragten Volkshochschulen dominieren" (Handbuch ProBerat 2011, S. 23); ganz ähnlich ist das Ergebnis in den anderen Bildungseinrichtungen und Beratungsstellen.

9.4 Welche Qualitätsstandards gibt es für die Weiterbildungsberatung?

Der zuletzt angesprochene Punkt führt uns zu der Frage nach den Qualitätsstandards von Weiterbildungsberatung. Die Berufsbezeichnung „Berater" ist nicht geschützt; eine professionelle Weiterbildungsberatung ist „wohl noch eher die Ausnahme" (Strauch 2010, S. 27). Im Rahmen des Bundesprogramms „Lernende Regionen – Förderung von Netzwerken" gab es das Entwicklungsvorhaben zur „Professionalisierung der regionalen Bildungsberatung in Deutschland". Im Jahr 2006 ist der Verbund regionaler Qualifizierungszentren „Bildungsberatung & Kompetenzentwicklung" entstanden. Mittlerweile werden bundesweit seit 2008 acht regionale Qualifizierungszentren (RQZ) betrieben; diese führen an unterschiedlichen Standorten auf der Grundlage eines gemeinsamen Curriculums Basisqualifizierungen für Bildungsberater durch. Koordiniert wird das bundesweite Netzwerk vom Zentrum für wissenschaftliche Weiterbildung der Johannes Gutenberg-Universität Mainz.

> ? ─────────────────────────────
> Welche Qualitätskriterien sind Ihnen in der Bildungsberatung wichtig?

Auf die Indikatoren, wonach die Beratenen nach der Beratung informierter, orientierter, strukturierter und motivierter sein sollen, wurde mit den dazugehörigen Aussagen zur Einschätzung des Zielerreichungsgrad bereits hingewiesen (Abschn. 9.2); hieraus lassen sich für die Berater konkrete Anforderungen und erforderliche Kompetenzen ableiten. Besondere Bedeutung kommt dabei der Verstehenskompetenz zu, d. h., die Berater müssen sich in andere Personen hineinversetzen, fremde Beweggründe und Motive verstehen, die strukturelle Eingebundenheit von Handlungen anderer erfassen sowie die Interaktionen der zu Beratenden nachvollziehen können (Knoll 2008, S. 110). Außerdem ist es wichtig, dass die Berater in der Lage sind, situations- und personenbezogen angemessen entscheiden zu können, welche Handlungsform des Beratens im jeweiligen Beratungsprozess zieldienlich ist. Es kommt nicht nur auf Kenntnisse, Fähigkeiten und Fertigkeiten an, sondern auch auf Haltungen und die Einsicht, dass sich Beratende, genauso wie Therapeuten und Lehrende, immer auch selbst „verschreiben", d. h., dass die Person das „Instrument ihrer Arbeit" (Knoll 2008, S. 112) ist.

Neben den individuellen Kompetenzen gilt es auch, institutionelle Beratungsstandards zu definieren. Ein ganz zentraler Punkt ist dabei die Neutralität der Beratung. Wie wir bereits gesehen haben, gibt es trägergebundene und trägerneutrale Beratungsangebote. Eine Einrichtung sollte deshalb ihr Beratungsverständnis für potenzielle Beratungskunden transparent darstellen. In einer trägerneutralen Bildungsberatung „muss die Beratung unabhängig von eigenen institutionellen und finanziellen Interessen erfolgen. Sie darf sich ausschließlich an den Interessen der Beratungskund/innen orientieren" (Handbuch ProBerat 2011, S. 37). Neutralität in der Beratung hat drei Ebenen:

1. Neutral gegenüber der eigenen *Bildungseinrichtung* zu sein, bedeutet, die Angebote anderer Anbieter mit in den Beratungsprozess einzubeziehen.
2. Neutral den *Beratungskunden* gegenüber zu sein, heißt, die Entscheidungsfindung der zu Beratenden im Sinne einer Hilfe zur Selbsthilfe zu unterstützen und als Berater dabei transparent zu agieren.
3. Neutral im *Beratungsergebnis* zu sein, zielt darauf, mit den zu Beratenden verschiedene Handlungsoptionen zu erarbeiten (Handbuch ProBerat 2011, S. 37 f.).

Auf der Grundlage der „Qualitätsmerkmale guter Beratung" des Nationalen Forums Beratung in Bildung, Beruf und Beschäftigung (nfb) und der Forschungsgruppe Beratungsqualität am Institut für Bildungswissenschaft der Ruprecht-Karls-Universität Heidelberg (2013) hat das Landesnetzwerk Weiterbildungsberatung Baden-Württemberg (LN WBB o.J.) fünf Bereiche von Qualitätsmerkmalen für eine professionelle Weiterbildungsberatung definiert:

1. übergreifende Qualitätsmerkmale,
2. Qualitätsmerkmale in Bezug auf den Beratungsprozess,
3. Qualitätsmerkmal in Bezug auf die Beratenden,
4. Qualitätsmerkmale in Bezug auf die Organisation und
5. Qualitätsmerkmale in Bezug auf die Gesellschaft.

Die jeweiligen Qualitätsmerkmale werden durch entsprechende Indikatoren untersetzt, auf die an dieser Stelle aber nicht weiter eingegangen werden kann. Ganz oben steht dabei die Orientierung an den Ratsuchenden sowie die Zugänglichkeit und Transparenz des Beratungsangebots.

Die zunehmende Bedeutung der Weiterbildungsberatung in Verbindung mit dem Ziel, die Qualität der Beratung zu erhöhen, und dem Anspruch, die öffentlich verantwortete Weiterbildungsberatung kostenfrei anzubieten, werfen die Frage nach der „Finanzierbarkeit von Beratung und die Bindung von Personalressourcen" (Mede und Schams 2010, S. 42) auf. Aus diesem Grund fordert der Deutsche Volkshochschul-Verband (2009, S. 2), dass Lern- und Weiterbildungsberatungsangebote, die im öffentlichen Auftrag erbracht werden, „als förderungswürdiger Bestandteil der Weiterbildung in die Weiterbildungsgesetze der Länder aufgenommen werden muss".

9.5 Welche Perspektiven zeichnen sich für die Weiterbildungsberatung ab?

Die Ergebnisse einer Online-Befragung der Weiterbildungsberatungsanbieter in Baden-Württemberg, die zwischen vier Beratungsformen – der persönliche Beratung, der Telefonberatung, der Online-Beratung und der Gruppenberatung – differenziert, ergab, „dass die wichtigste Beratungsform – nach wie vor – die persönliche (Face-to-Face-)Beratung ist. Neben dieser nimmt die Telefonberatung bei allen Trägern einen hohen Stellenwert ein" (Schiersmann et al. 2015, S. 36). Wie die zusätzlich durchgeführten Experteninterviews zeigen, wird die „künftige Entwicklung der Telefon- und Onlinebefragung im Verhältnis zur Face-to-Face-Beratung als (wichtige) Ergänzung, keinesfalls als Ersatz" (Schiersmann et al. 2015, S. 15) angesehen. Prinzipiell wird die Entwicklung der Nachfrage nach Beratung als ansteigend eingeschätzt.

Für Weiterbildungseinrichtungen stellt sich heute zunehmend die Frage, in welchem Verhältnis ihre Aktivitäten von Bildung und Beratung zueinander stehen sollen. Grundsätzlich gibt es drei Möglichkeiten (Ehses et al. 2012):

1. Beratung kann als ein integrierter Teilprozess von Bildung verstanden werden. Die Beratung dient in diesem Fall der Ermöglichung, Unterstützung und Begleitung von Lernprozessen in der eigenen Institution. Im Vordergrund stehen deshalb die Beratungsformen der Angebots-, Kurswahl-, Einstufungs-, Prüfungs-, und Lernberatung.
2. Beratung kann ein Schnittmengenprozess sein, der sich mit Beratung zum Teil überlappt und additiv gesehen werden kann. Ziel der Beratung ist es in diesem Fall, die Voraussetzungen und Bedingungen für die Ermöglichung von Lernen im Allgemeinen zu schaffen. Als Beratungsformate bieten sich hierfür insbesondere die Beratung in Bezug auf Finanzierung und Förderungsmöglichkeiten sowie die Bildungswegeberatung an.
3. Beratung kann ein eigenständiger Prozess sein, der trägerunabhängig in neutralen Beratungsstellen unabhängig von Einrichtungen der Weiterbildung angeboten wird. Die Beratung kann sich in diesem Fall auf die Phasen vor, während und nach dem Besuch einer Weiterbildung erstrecken. Infrage kommt die gesamte Palette von Beratungsformen.

Es gibt noch eine vierte Möglichkeit, wie sich Bildung und Beratung in ihrem Wechselverhältnis zueinander konzipieren lassen: Beratung kann als ein Lernformat, als ein individueller Modus des Lernens verstanden werden. Die skizzierten Veränderungen im Lernen von Erwachsenen, die Individualisierungs- und Flexibilisierungstendenzen deuten in diese Richtung. Der Lehrende wird dann zunehmend zum Lerncoach, und Beratungskompetenz gehört folglich zu seinem Anforderungsprofil. Mit dem EU-Projekt Learning Coach in Adult Education (LICO) wurde bereits ein entsprechender Ansatz in den Jahren 2012 und 2013 erprobt; das Ziel des Projekts war die Entwicklung eines Lern-Coach-Ansatzes. Die Lernberatungskompetenzen von Kursleitern und pädagogischen Mitarbeitern an Volkshochschulen sollten hierdurch verbessert werden (Learning Coach in Adult Education 2014). Mit Blick auf die betriebliche Weiterbildung kommen Graf et al. (2016, S. 6) zu dem Ergebnis, „dass viele Führungskräfte bisher noch nicht als Lerncoaches den selbstgesteuerten Lernprozess ihrer Mitarbeiter effektiv unterstützen". Hierzu gehört:

- „Lernziele für jedes Lernvorhaben etablieren,
- in kritischen Momenten im Lernprozess ansprechbar sein,
- Feedback geben und Anreize schaffen, um das Durchhalten beim Lernen zu unterstützen,
- lernen im Team fördern und eine offene Kommunikation unterstützen,
- Freiräume, Lernzeiten ermöglichen und Übungsmöglichkeiten zur Anwendung des Gelernten schaffen,
- gemeinsam mit den Mitarbeitern individuell das Lernen reflektieren" (Graf et al. 2016, S. 13).

Der Lern-Coaching-Ansatz ist bislang vor allem im Bereich der Hochschullehre zum Einsatz gekommen (Schumacher 2006); für den Bereich der Erwachsenen- und Weiterbildung ist er noch weiter zu spezifizieren.

Wie die Zukunft der Weiterbildung aussehen könnte, lässt sich heute bereits im Lernzentrum im Wissensturm von Linz beobachten; hier werden neue Lernwege beschritten, die das traditionelle Kursangebot um Selbstlernmöglichkeiten, Beratungen und Lernbegleitungen ergänzt.

Fazit

Die Weiterbildungsberatung ist ein zentrales Handlungsfeld im Rahmen des lebenslangen Lernens geworden; es findet ein Paradigmenwechsel von einem punktuellen zu einem umfassenden Beratungsverständnis statt. Weiterbildungsberatung wird als Lernkompetenz verstanden und differenziert sich in diverse Handlungsformen aus. Sie findet in unterschiedlichen Kontexten sowie mit und ohne bestimmte Settings statt. Ihre Funktion konzentriert sich auf das Begleiten, Fördern und Stärken der zu Beratenden, wobei die Orientierung an den Bedürfnissen und Wünschen der Ratsuchenden oberste Priorität hat.

Die wichtigste Beratungsform ist die persönliche Face-to-Face-Beratung. Die Anbieter von Weiterbildungsberatung lassen sich nach trägergebundenen und trägerübergreifenden unterscheiden; sie sind häufig in Netzwerke der regionalen Weiterbildungslandschaft eingebunden. Es sind Initiativen erkennbar, die Professionalität der Bildungsberatung zu erhöhen und Qualitätsstandards in der Praxis umzusetzen. Wie sich das Verhältnis von Bildung und Beratung zukünftig entwickeln wird und welche Konsequenzen dies sowohl für die Weiterbildungsinstitutionen als auch die Beratungsinfrastrukturen haben wird, ist eine noch offene Frage.

Literatur

Deutscher Volkshochschul-Verband (2009). *Der Beitrag der Volkshochschulen zu einem zeitgemäßen und zukunftsfähigen Beratungsangebot in Deutschland.* Bonn: Deutscher Volkshochschul-Verband.

Döring, O. (2012). *Weiterbildungs- und Qualifizierungsberatung. Diskussionsvorlage für Workshop 5. 22./23. Mai. Nürnberg: f-bb*

Dörner, O. (2010). Lifelong Guidance for all? *DIE Zeitschrift für Erwachsenenbildung, 17*(II), 28–31.

Ehses, C., Heinold-Krug, E., & Seitter, W. (2012). *Abschlussbericht des Innopool-Projektes Beratungsformen in Weiterbildungsorganisationen. Eine Explorationsstudie als Grundlage für sich differenzierende Angebots- und Produktentwicklungen.* Marburg: Philipps-Universität.

Europäische Kommission (2007). Schlüsselkompetenzen für Lebensbegleitendes Lernen. Ein Europäischer Referenzrahmen. Luxemburg: Amt für amtliche Veröffentlichungen der Europäischen Gemeinschaften. http://www.kompetenzrahmen.de/files/europaeischekommission2007de.pdf. Zugegriffen: 07. Januar 2017.

Graf, N., Gramß, D., & Heister, M. (2016). *Gebrauchsanweisung für lebenslanges Lernen.* Düsseldorf: Vodafone Stiftung Deutschland.

Handbuch ProBerat (2011). *Professionalität von Beratung in Erwachsenenbildungseinrichtungen.* Hannover: Thüringer Volkshochschulverband.

Hollstein-Brinkmann, H., & Knab, M. (Hrsg.). (2014). *Beratung zwischen Tür und Angel. Professionalisierung von Beratung in offenen Settings.* Wiesbaden: Springer Fachmedien.

Käpplinger, B., & Maier-Gutheil, C. (2015). Ansätze und Ergebnisse zur Beratung(sforschung) in der Erwachsenen- und Weiterbildung – eine Systematisierung. *ZfW* doi:10.1007/s40955-015-0034-9.

Karnath, S., & Schröder, F. (2008). Qualität in der Bildungsberatung. In: T. Kieneke & F. Schröder (Hrsg.), *Qualität in der Bildungsberatung* (S. 37–56). Berlin: Zukunft im Zentrum GmbH.

Knoll, J. (2008). *Lern- und Bildungsberatung.* Bielefeld: W. Bertelsmann Verlag.

Koordinierungsstelle Qualität (2011): Qualitätskonzept für die Bildungsberatung. Ein Konzept für die Qualitätsentwicklung in Bildungsberatungseinrichtungen. Berlin: k.o.s GmbH. www.forum-beratung.de/cms/upload/Wissenswertes/.../kos-Quali-Konzept_2011.pdf. Zugegriffen: 06. April 2017.

Learning Coach in Adult Education (2014). *Framework and Toolbox*

LN WBB (Landesnetzwerk Weiterbildungsberatung Baden-Württemberg) (o. J.): Qualitätsmerkmale guter allgemeiner und beruflicher Weiterbildungsberatung. o. O.

Mede, A., & Schams, M. (2010). Bildungsberatung an Volkshochschulen: Stand und Perspektiven. *DIE Zeitschrift für Erwachsenenbildung, 17*(II), 42–44.

nfb (Nationales Forum Beratung in Bildung, Beruf und Beschäftigung, & Forschungsgruppe Beratungsqualität am Institut für Bildungswissenschaft der Ruprecht-Karls-Universität Heidelberg (2013). *Qualitätsmerkmale guter Beratung.* Berlin, Heidelberg.

nfb (Nationales Forum Beratung in Bildung, Beruf und Beschäftigung) (2009). *Eckpunkte für ein zeitgemäßes und zukunftsfähiges Beratungsangebot in Deutschland.* Berlin.

Nittel, D. (2009). Beratung – eine (erwachsenen-)pädagogische Handlungsform. Eine definitorische Verständigung und Abgrenzung. *Hessische Blätter für Volksbildung, 59*(1), 5–18.

Rat der Europäischen Union (2004). *Brüssel, Entwurf einer Entschließung des Rates und der im Rat vereinigten Vertreter der Regierungen der Mitgliedstaaten über den Ausbau der Politiken, Systeme und Praktiken auf dem Gebiet der lebensbegleitenden Beratung in Europa. Brüssel, den 18. Mai 2004*

Rogers, C. R. (1993). *Die klientenzentrierte Gesprächspsychotherapie.* Frankfurt am Main: Fischer.

Schiersmann, C., & Remmele, H. (2004). *Beratungsfelder in der Weiterbildung. Eine empirische Bestandsaufnahme.* Baltmannsweiler: Schneider Verlag Hohengehren.

Schiersmann, C., Aker, N., & Bahn, M. (2015). *Weiterbildungsberatung in Baden-Württemberg. Ergebnisse einer Bestandsaufnahme.* Bielefeld: W. Bertelsmann Verlag.

Schumacher, E.-M. (2006). Lerncoaching – Lernumgebungen gestalten – Studierende coachen. In: B. Berendt, B. Szczyrba, A. Fleischmann, N. Schaper & J. Wildt (Hrsg.), *Neues Handbuch Hochschullehre, A 3.5.* Berlin: Raabe-Verlag.

Stanik, T. (2015). Institutionelle Anbieterkontexte und Regulation von Beratungen in der Weiterbildung. *ZfW, 38,* 197–211. doi:10.1007/s40955-015-0031-z.

Strauch, A. (2010). Stichwort: „Wirksame Weiterbildungsberatung". *DIE Zeitschrift für Erwachsenenbildung, 2,* 26.

10

Wie sehen die rechtlichen, organisatorischen und finanziellen Infrastrukturen der Weiterbildung aus?

Inhaltsverzeichnis

Die Erwachsenen- bzw. Weiterbildung wird als quartärer Bildungssektor neben Schul-, Berufsbildungs- und Hochschulwesen bezeichnet. Er unterscheidet sich deutlich von den anderen Bildungsbereichen. Die Weiterbildung unterliegt aufgrund ihrer weniger stark institutionalisierten Struktur größeren Veränderungen als die anderen Bereiche des Bildungssystems. Auffallend ist die Diskrepanz zwischen den Teilnehmerzahlen, die in der Weiterbildung größer sind als in allen anderen Bildungsbereichen, und dem Maß an staatlichen Zuwendungen. Die große Bedeutung der Weiterbildung wird zwar häufig in politischen Sonntagsreden betont, aber im praktischen Handeln wird die Weiterbildung nicht entsprechend ihrer Bedeutung als quartärer Bildungsbereich, sondern eher als fünftes Rad des Bildungssystems wahrgenommen. Dies hängt nicht zuletzt mit einer diffusen institutionellen Struktur der Weiterbildung, einer uneinheitlichen rechtlichen Absicherung, einer unsicheren Finanzierung, der unbefriedigenden statistischen Datenlage und den unbestimmten professionellen Zugängen des Weiterbildungspersonals zusammen (Zeuner 2008, S. 537).

© Springer-Verlag GmbH Deutschland 2017

E. Schäfer, *Lebenslanges Lernen*, Kritisch hinterfragt DOI 10.1007/978-3-662-50422-2_10

Die Weiterbildung hat ihren Ursprung gleichermaßen im Prozess der Aufklärung und der Industrialisierung. Ihre Begründungen oszillieren deshalb zwischen diesen beiden Polen. Weiterbildung verortet sich heute in der Schnittmenge von mindestens drei Teilbereichen der politischen Gestaltung:

1. der Wirtschafts- und Beschäftigungspolitik,
2. der Sozialpolitik sowie
3. der Bildungs- und Kulturpolitik.

In dem Maße, wie Humankapital unter dem Aspekt der Investition in Bildung betrachtet wird (Schäfer et al. 2003), gerät Weiterbildung zum „Markt". Dies ist aber keineswegs die Leitidee. Zwar findet sich in der Literatur nicht selten der Marktbegriff, um das System der Weiterbildung zu beschreiben; dieser ist allerdings, wie Arnold und Pätzold (2008) deutlich machen, „abwegig", da von einem Markt im strengen Sinne nicht gesprochen werden könne. Der Marktbegriff sei nur eingeschränkt hilfreich. „Insbesondere verdunkelt er mehr, als er erhellt: So unterstellt er ein *freiwilliges Austauschgeschehen* zwischen Anbietern und Nachfragern, begünstigt ein *eher schlichtes Verständnis der Bedarfsfrage*, arbeitet mit einem *verdinglichten Produktbegriff* und verschüttet insbesondere mehr und mehr das *Konzept der öffentlich verantworteten Weiterbildung* im Sinne einer Daseinsvorsorgeverpflichtung des Staates" (Arnold und Pätzold 2008, S. 98; Hervorhebungen im Original).

Im Folgenden werde ich mich darauf konzentrieren, zunächst die rechtlichen Grundlagen des Weiterbildungssektors zu skizzieren und Klassifikationen dieses Bildungssektors zu diskutieren, um ein besseres Verständnis dessen zu erlangen, was man positiv als Pluralität und negativ als Separierung innerhalb des quartären Sektors bezeichnen kann. Danach geht es um die Strukturen der Weiterbildungsanbieter auf der Grundlage ihrer Weiterbildungsaktivitäten. Daran anschließend steht die Frage im Vordergrund, wie ein an einer bestimmten Weiterbildung potenziell Interessierter das für ihn passende Angebot finden kann; deshalb wenden wir uns den Weiterbildungsdatenbanken zu. Abschließend behandeln wir die Frage nach der Finanzierung von individueller Weiterbildung.

Holger Löbe

10.1   Was sind die rechtlichen Grundlagen der Weiterbildung?

In Deutschland wird der Bereich der Weiterbildung durch eine Vielzahl und Vielfalt von Gesetzen und Verordnungen geregelt; ein einheitliches Weiterbildungsrecht existiert nicht. Die Ursachen hierfür liegen im Föderalismus, der Trägerpluralität sowie in der Tatsache begründet, dass Bildungsrecht häufig im Zusammenhang des Arbeits-, Wirtschafts- und Sozialrechts mitgeregelt wird. Im Unterschied zu den anderen Bildungsbereichen unterliegt die Weiterbildung keinem staatlichen Anerkennungszwang. Im Folgenden soll ein kurzer Überblick zu den gesetzlichen Grundlagen auf den Ebenen von Land und Bund gegeben werden, bevor abschließend kurz auf das internationale und europäische Recht eingegangen wird.

> ?
>
> Auf welcher gesetzlichen Grundlage fand Ihre letzte Weiterbildung statt?

Anders als die Weimarer Verfassung trifft das Grundgesetz der Bundesrepublik Deutschland keine Aussage zur Erwachsenenbildung/Weiterbildung. Die Weimarer Verfassung widmete der Volksbildung einen eigenen Paragrafen; in Artikel 148 hieß es: „Das Volksbildungswesen, einschließlich der Volkshochschulen, soll von Reich, Ländern und Gemeinden gefördert werden."

Die Regulierung der allgemeinen Erwachsenenbildung obliegt den Ländern. Die wichtigsten Gesetze zur Weiterbildung auf Länderebene sind die Weiterbildungs-/Erwachsenenbildungsgesetze. Von Mitte der 1960er bis Mitte der 1990er-Jahre wurden in fast allen Bundesländern Gesetze zu Erwachsenenbildung erlassen. Die Länder Berlin, Hamburg und Schleswig-Holstein bilden dabei eine Ausnahme. Die Weiterbildungsgesetze regeln primär das Verhältnis zu den Einrichtungen und Trägern der Weiterbildung und sichern die institutionelle Infrastruktur der Weiterbildung. Es existieren zwei Gesetzestypen:

1. *Subsidiärer Gesetzestyp:* Er ist dadurch gekennzeichnet, dass die staatliche Förderung nachrangig und unterstützend ist. Die Förderhöhe der jeweiligen Einrichtungen richtet sich nach dem geleisteten Veranstaltungsvolumen.
2. *Gewährleistender Gesetzestyp:* Das Vorhalten von Bildungseinrichtungen wird hierbei als Pflichtaufgabe angesehen, was ein Mindestangebot fördert und so eine flächendeckende Grundversorgung sicherstellt (Wittpoth 2009, S. 111 ff.).

Die Gesetze ermöglichen eine Stabilität für die Planung von Bildungsangeboten. Doch die Länder ziehen sich seit ca. Mitte der 1980er Jahre aus der öffentlichen Verantwortung und Gestaltung der Weiterbildung zurück. Projektförderung und Qualitätssicherung sind die zentralen Elemente der politischen Steuerung geworden. Faulstich und Vespermann (2002) beschreiben in diesem Zusammenhang Tendenzen der Entstaatlichung, Kommerzialisierung, Diversifizierung und Ökonomisierung der Weiterbildung.

Neben den Erwachsenenbildungsgesetzen haben zahlreiche Bundesländer mit Ausnahme von Bayern und Sachsen zusätzlich Bildungsurlaubsgesetze bzw. Bildungsfreistellungsgesetze verabschiedet, die Arbeitnehmern die bezahlte Freistellung zur Teilnahme an Bildungsangeboten unter bestimmten Bedingungen ermöglichen; in der Regel beträgt der Anspruch eine Woche pro Jahr. Allerdings ist die Quote der Inanspruchnahme des Bildungsurlaubs im niedrigen einstelligen Bereich.

Neben den Weiterbildungsgesetzen und den Bildungsurlaubsgesetzen gelten bundesweit gesetzesähnliche Regelungen, die für die Weiterbildung relevant sind. „In die Zuständigkeit des Bundes fallen die außerschulische berufliche Weiterbildung, die Entwicklung allgemeiner Grundsätze wissenschaftlicher Weiterbildung an Hochschulen sowie integrationsfördernde Maßnahmen für Migrant/inn/en" (Nuissl und Brandt 2009, S. 22).

> **?**
>
> Welche sind die wichtigsten Gesetze für die Weiterbildung auf Bundesebene?

Fernunterrichtsschutzgesetz (FernUSG)

Es regelt die Rechte und Pflichten der Teilnehmenden und Veranstalter des Fernunterrichts. Unter Fernunterricht im Sinne des Gesetzes wird die auf vertraglicher Grundlage erfolgende entgeltliche Vermittlung von Kenntnissen und Fähigkeiten, bei der (1) der Lehrende und der Lernende ausschließlich oder überwiegend räumlich getrennt sind und (2) der Lehrende oder sein Beauftragter den Lernerfolg überwachen, verstanden. Fernunterrichtslehrgänge bedürfen einer staatlichen Zulassung und erhalten ein entsprechendes Zertifikat von der Staatlichen Zentralstelle für Fernunterricht; sie ist die für die Länder zuständige Behörde im Sinne des Fernunterrichtschutzgesetzes.

Sozialgesetzbuch (SGB) II und III

Es regelt die Grundsicherung für Arbeitssuchende sowie Leistungen zur Arbeitsförderung. Arbeitnehmer können bei beruflicher Weiterbildung durch die Übernahme der Weiterbildungskosten gefördert werden, wenn die Weiterbildung notwendig ist, um sie bei Arbeitslosigkeit beruflich einzugliedern, eine ihnen drohende Arbeitslosigkeit abzuwenden oder weil bei ihnen wegen fehlenden Berufsabschlusses die Notwendigkeit der Weiterbildung anerkannt wird.

Berufsbildungsgesetz (BBiG)

Es regelt Fragen der Ordnung, Durchführung sowie die Zuständigkeiten der beruflichen Fortbildung und Umschulung. Die berufliche Fortbildung soll es ermöglichen, die berufliche Handlungsfähigkeit zu erhalten und anzupassen oder zu erweitern und beruflich aufzusteigen; die berufliche Umschulung soll zu einer anderen beruflichen Tätigkeit befähigen. Das Gesetz zur Ordnung des Handwerks (Handwerksordnung) regelt analog die berufliche Fortbildung und Umschulung im Handwerk.

Bundesausbildungsförderungsgesetz (BAföG)

Es begründet einen Rechtsanspruch auf individuelle Ausbildungsförderung, wenn dem Auszubildenden die für seinen Lebensunterhalt und seine Ausbildung erforderlichen Mittel anderweitig nicht zur Verfügung stehen. Anspruchsberechtigt sind auszubildende Jugendliche und junge Erwachsene an einer öffentlichen Einrichtung. Das BAföG steht auch Teilnehmern offen, die ihre Hochschulreife über den zweiten Bildungsweg nachholen wollen.

Aufstiegsfortbildungsförderungsgesetz (AFBG)

Mit diesem Gesetz werden Teilnehmer an Maßnahmen der beruflichen Aufstiegsfortbildung – etwa zum Meister, Techniker, Fachwirt oder Erzieher – altersunabhängig finanziell unterstützt. Sie erhalten einkommensunabhängig einen Beitrag zu den Kosten der Fortbildung und bei Vollzeitmaßnahmen zusätzlich einkommensabhängig einen Beitrag zum Lebensunterhalt. Die Förderung erfolgt teils als Zuschuss, teils als zinsgünstiges Darlehen der Kreditanstalt für Wiederaufbau (KfW). Mit Inkrafttreten der dritten Novelle des AFBG (3. AFBGÄndG1) wurde zum 1. August 2016 aus dem „Meister-BAföG" das neue „Aufstiegs-BAföG".

Hochschulrahmengesetzes (HRG)

Mit der Anerkennung der Weiterbildung als Kernaufgabe neben Lehre und Forschung in der Novellierung dieses Gesetzes von 1998 wird die wissenschaftliche Weiterbildung zur anerkannten dritten Aufgabe der Hochschulen. Der Zugang zur Weiterbildung der Hochschulen ist einerseits von der gesetzlichen Ausgestaltung der Hochschulgesetze der Länder abhängig und andererseits von Satzungen (z. B. Studien- und Prüfungsordnungen). Diese Regelungen sind in Deutschland keineswegs einheitlich und für potenzielle Teilnehmende kaum transparent.

Zuwanderungsgesetz und das Integrationsgesetz

Sie fördern die Eingliederungsbemühungen durch Integrationskurse und sehen unter bestimmten Bedingungen die Möglichkeit der Duldung geflüchteter junger Menschen vor, die sich in einer Ausbildung befinden.

Allgemeines Gleichbehandlungsgesetz (AGG)

Es erstreckt sich auch auf das Berufsbildungsrecht; dazu zählt der Zugang zu allen Formen und Ebenen der Berufsberatung, Berufsbildung einschließlich der Berufsausbildung, beruflichen Weiterbildung und Umschulung.

Gesetz zur Stärkung der beruflichen Weiterbildung und des Versicherungsschutzes in der Arbeitslosenversicherung (Arbeitslosenversicherungsschutz- und Weiterbildungsstärkungsgesetz AWStG)

Mit diesem Gesetz zur Stärkung der beruflichen Weiterbildung und des Versicherungsschutzes in der Arbeitslosenversicherung zielt die Bundesregierung auf Stärkung der Instrumente der beruflichen Weiterbildung im Recht der Arbeitsförderung (SGB III). Der Zugang von gering qualifizierten Arbeitnehmerinnen und Arbeitnehmern sowie von Langzeitarbeitslosen zu einer abschlussbezogenen Weiterbildung soll hierdurch verbessert werden. Vorgesehen sind u. a. die Einbeziehung notwendiger Grundkompetenzen in die Weiterbildungsförderung, die Einführung einer Weiterbildungsprämie zur Stärkung von Motivation und Durchhaltevermögen bei abschlussbezogenen Weiterbildungen, eine flexiblere Weiterbildungsförderung in kleinen und mittleren Unternehmen sowie die Möglichkeit der Qualifizierung während des Bezugs von Transferkurzarbeitergeld.

Gesetz zur Stärkung der Teilhabe und Selbstbestimmung von Menschen mit Behinderungen (Bundesteilhabegesetz – BTHG)

Es formuliert spezifische Leistungen zur Teilhabe an Bildung, die Hilfen zur schulischen und hochschulischen beruflichen Weiterbildung sowie Hilfen zur schulischen oder hochschulischen Ausbildung oder Weiterbildung für einen Beruf vorsehen.

?

Aus welchen weiteren Regelungen lassen sich Ansprüche auf Weiterbildung begründen?

Neben den gesetzlichen Regelungen auf Bundes- und Länderebene existieren für Personengruppen mit spezifischen Aufgaben oder Funktionen spezifische Weiterbildungsansprüche, z. B. für Landespersonalvertretungen. Außerdem können über tarifvertragliche bzw. betriebliche Vereinbarungen zusätzliche Ansprüche auf Weiterbildung bestehen. Es ist deshalb zu empfehlen, sich im Einzelfall nach derartigen Regelungen zu erkundigen.

Internationales und europäisches Recht sind für die deutsche Weiterbildung nicht in Gesetzen, sondern in Verträgen und Abkommen geregelt. In dem Vertrag von Maastricht aus dem Jahr 1992 ist der subsidiäre Bildungsauftrag der EU fixiert; hier setzen die diversen EU-Förderprogramme an. „Indirekten Einfluss auf die nationale Bildungspolitiken übt die EU über die Methode der ‚Offenen Koordinierung‘ aus: So werden in Politikfeldern, in denen keine formale Regelungsbefugnis vorliegt, Konvergenzen erzeugt, indem gemeinsame politische Ziele vereinbart und ein Monitoringsystem errichtet werden, das die Erreichung dieser Ziele überprüft" (Nuissl und Brandt 2009, S. 26). In diesem Zusammenhang sind die Europäische Dienstleistungsrichtlinie und das General Agreement on Trade in Services (GATS) zu erwähnen. Die mischfinanzierte Weiterbildung fällt in den Anwendungsbereich der Europäischen Dienstleistungsrichtlinie vom 27. Dezember 2006, die eine Gleichbehandlung aller EU-Länder fordert. Deshalb wird die „Landeskinderregelung", die eine staatliche Subventionierung von Weiterbildung für Einwohner des jeweiligen Landes vorsieht, als „diskriminierende Praxis" betrachtet. GATS, das 1994 vereinbart wurde, umfasst auch privat finanzierte Bildungsdienstleistungen. Damit gilt das Prinzip der Meistbegünstigung, d. h., jeder von den 70 Staaten der Welthandelsorganisation (World Trade Organization, WTO) muss auf dem „Markt" wie das meistbegünstigte Land behandelt werden (Grotlüschen et al. 2009, S. 351 f.).

10.2 Welche Arten von Weiterbildung werden unterschieden?

Da sich das System der Weiterbildung „in einem permanenten, flexiblen Prozess zwischen Verfestigung und Entschwinden" befindet, wurde hierfür der Begriff der „mittleren Systematisierung" (Faulstich 2001, S. 84) geprägt. Eine Klassifizierung der in der Weiterbildung tätigen Institutionen ist nicht so leicht möglich wie in anderen Bildungsbereichen. Es existieren hier unterschiedliche Zugänge:

Berufliche Weiterbildung und allgemeine Erwachsenenbildung
Eine häufig anzutreffende Unterscheidung ist die zwischen der beruflichen Weiterbildung und der allgemeinen Erwachsenenbildung (Weisser 2002, S. 37; Weinberg 1989, S. 21). Die berufliche Weiterbildung wird weiter in die Anpassungs- und Aufstiegsfortbildung sowie die Umschulung und die allgemeine Erwachsenenbildung in die Grundbildung sowie die politische Bildung differenziert. Diese Unterscheidung hat die Funktion der Weiterbildung für die Teilnehmer im Blick.

Geschlossene und offene Weiterbildung
Eine andere Klassifikation orientiert sich daran, für wen die Weiterbildung zugänglich ist. Weinberg (1989, S. 21) unterscheidet deshalb zwischen der geschlossenen und der offenen Weiterbildung. Bei der geschlossenen Weiterbildung handelt es sich um Angebote, die für einen vorab festgelegten Teilnehmerkreis angeboten wird und zu dem sonst keine Personen Zutritt haben. Beispiele hierfür sind Inhouse-Veranstaltungen der betrieblichen Weiterbildung in der freien Wirtschaft, des öffentlichen Dienstes oder von Gewerkschaften, Kirchen, Verbänden oder sonstiger Institutionen, aber auch von Volkshochschulen, die von einem Unternehmen den Auftrag erhalten, speziell nur für ihre Mitglieder ein Angebot durchzuführen.

Zur offenen Weiterbildung gehören alle offen ausgeschriebenen Angebote, zu denen sich prinzipiell jeder anmelden kann. Angebote der offenen Weiterbildung können von öffentlichen oder nichtöffentlichen Trägern unterbreitet werden. Zur ersten Gruppe zählen z. B. Länder, Kommunen, öffentliche Medienanstalten und Hochschulen; der zweiten Gruppe werden Kirchen, Gewerkschaften, freie Träger sowie kommerzielle Anbieter zugerechnet.

In der Statistik des Adult Education Survey (AES) (Kap. 2) wird auf eine Mischung der beiden Klassifikationen nach Funktion und Zugang zurückgegriffen, wenn zwischen (1) betrieblicher (geschlossener) beruflicher Weiterbildung, (2) individueller berufsbezogener (offener beruflicher Weiterbildung) und (3) nicht berufsbezogener (allgemeiner) Weiterbildung unterschieden wird.

Institutionstypen der Weiterbildung
Eine dritte Klassifikation gruppiert die Einrichtungen nach der Abhängigkeit von ihren Zuwendungs- und Auftraggebern. Faulstich und Zeuner (2008, S. 184) unterscheiden vier Institutionstypen der Weiterbildung:

1. *Öffentliche Erwachsenenbildungsträger:* Diesem werden die Volkshochschulen zugeordnet.
2. *Partikulare Erwachsenenbildungsträger:* Hierzu werden die freien Träger gerechnet, z. B. Gewerkschaften, Kirchen und Arbeitgeberverbände.

Ziel dieser beiden Trägertypen ist es, den Bildungsauftrag ihrer Großgruppe bzw. den öffentlichen Bildungsauftrag der Länder und Kommunen zu erfüllen.

3. *Weiterbildungsunternehmen:* Hierbei handelt es sich um kommerzielle Anbieter, die ihre Angebote auf dem Markt gewinnbringend verkaufen möchten.
4. *Betriebliche Bildungsabteilungen:* Diese Anbieter verkaufen ihre Angebote an die anderen Abteilungen des jeweiligen Unternehmens; sie sind deshalb auch in ökonomischen Kategorien mit externen Bildungsträgern zu vergleichen.

> **?**
>
> Wie ist die Weiterbildung, die Sie zuletzt besucht haben, anhand der genannten Kriterien einzuordnen?

Vergleicht man die unterschiedlichen Klassifikationen, so ergibt sich stark vereinfacht das Bild einer zweigeteilten Weiterbildungslandschaft. Auf der einen Seite stehen die öffentlichen und partikularen Weiterbildungsträger, die ein offenes Bildungsangebot unterbreiten, das sich auf die gesamte Breite möglicher Inhalte auffächert. Auf der anderen Seite haben wir es mit kommerziellen Anbietern und betrieblichen Bildungseinrichtungen zu tun, die sowohl offene wie geschlossene Angebote mit einem beruflich-betrieblichen Schwerpunkt offerieren.

10.3 Welche Einrichtungen und Träger bieten Weiterbildungen an?

Die Strukturen der Weiterbildungsanbieter sind äußerst differenziert, komplex und zum Teil auch zersplittert. Nach den Recherchen des Teams Weiterbildung der Stiftung Warentest (2012; Dietrich et al. 2008, S. 22) gibt es in Deutschland schätzungsweise 450.000 Weiterbildungsangebote von etwa 25.000 Instituten. Es existieren deutlich mehr kleine als große Anbieter; drei Viertel der Einrichtungen realisieren weniger als 1000 Unterrichtsstunden im Jahr (Dietrich und Schade 2008, S. 5).

Man kann die Weiterbildungsaktivitäten nach Fällen und Volumen unterscheiden. Die zweite Perspektive liefert ein realistisches Bild über die Dominanzen. Demzufolge haben die Weiterbildungseinrichtungen einen Marktanteil von 41 %, gefolgt von den Arbeitgebern mit 17 %, anderen Firmen mit 11 % und Einzelpersonen mit 9 %; weitere Anbieter sind Hochschulen (6 %) sowie

Kammern und Berufsverbände, Gewerkschaften und Genossenschaften, gemeinnützige Verbände, sonstige Verbände und Vereine, Schulen sowie andere öffentliche Einrichtungen. Während die Arbeitgeber und andere Firmen mit 51 % des Angebotsvolumens die stärksten Akteure im Bereich der betrieblichen Weiterbildung sind, vereinen die Weiterbildungseinrichtungen sowohl in der individuellen berufsbezogenen Weiterbildung (54 %) als auch in der nichtberufsbezogenen Weiterbildung (42 %) den größten Anteil auf sich; im zuletzt genannten Bereich sind lediglich noch die Einzelpersonen (23 %) als Anbieter mit einem relevanten Volumen zu nennen. Von allen anderen Anbietern werden in den genannten Weiterbildungssegmenten überwiegend Anteile im einstelligen Bereich erreicht (Gnahs und Bilger 2013, S. 116 ff.).

> **?**
>
> Welche Einrichtungsträger gibt es in der Weiterbildung?

Ein Blick auf die Trägerstrukturen zeigt, dass hier drei große Gruppen dominieren: die Wirtschaft und ihre Verbänden, die Kommunen mit den Volkshochschulen und private Anbieter. „Diese drei vereinigen 85 Prozent der Weiterbildungsaktivitäten auf sich. Bei der betrieblichen Weiterbildung dominiert die Trägergruppe ‚Wirtschaft' genauso wie bei der individuell berufsbezogenen Weiterbildung, während bei der nicht-berufsbezogenen Weiterbildung die Kommunen mit den Volkshochschulen mehr als die Hälfte des Marktes beherrschen" (Gnahs und Bilger 2013, S. 123).

Kennzeichnend für den Sektor der Weiterbildung ist eine starke Separierung von institutioneller Struktur, Systemumwelt und eigentlichem pädagogischen Prozess. Während die Einrichtungen der Weiterbildung durch ihre Organisation, Infrastruktur und Programmangebote den Rahmen für Bildungsprozesse vorhalten und in ihrer Personalauswahl und Lehrplangestaltung eine relative Autonomie besitzen, gehören die Akteure des Lehr-Lern-Prozesses, nämlich die Teilnehmer und die frei- und nebenberuflichen Dozenten, zur Systemumwelt der Weiterbildungseinrichtungen (Kap. 2). In der Regel sind es die Teilnehmer an den Weiterbildungsangeboten selbst, die dem Bildungsanbieter den Auftrag für eine Weiterbildung erteilen. Ist dies jedoch nicht der Fall, so sind zusätzliche Absprachen zwischen Auftraggeber, Teilnehmer und Weiterbildungseinrichtung erforderlich.

Aufgrund der starken lokalen und regionalen Disparitäten sowohl der Weiterbildungsangebote als auch der Weiterbildungsteilnahme (Abschn. 2.2) wird von Bürmann und Frick (2016) die Notwendigkeit gesehen, dass die Weiterbildungseinrichtungen und -träger zukünftig stärker miteinander kooperieren. Zwei weiter Handlungsfelder zur Angleichung der Weiterbildungschancen werden in einer unabhängigen Beratung und der Erreichbarkeit der Weiterbildungsangebote gesehen.

10.4 Über welche Weiterbildungsdatenbanken kann ich mich zu inhaltlichen Angeboten informieren?

Die Anlässe, sich nach einer Weiterbildung umzusehen, können sehr vielfältig sein: Sie haben in Ihrem Beruf neue Aufgaben übernommen, Sie haben den Wunsch, ihre Karriere in eine neue Richtung zu lenken, Sie möchten nach einer Familienphase wieder in den Beruf einsteigen, Sie wollen einen Bildungsabschluss nachholen, Sie streben eine Zusatzqualifikation an, Sie möchten ein weiterbildendes Studium aufnehmen oder eine zivilgesellschaftliche Funktion übernehmen, für die Sie spezifische Kompetenzen benötigen, Sie planen eine Reise und möchten deshalb Ihre Sprachkenntnisse auffrischen, oder Sie gehen einem Hobby nach, für das Sie sich zusätzliche Fähigkeiten und Fertigkeiten aneignen möchten.

> **?**
>
> Welche Weiterbildungsdatenbanken gibt es, um sich über Weiterbildungsangebote zu informieren?

Wer genau weiß, welches Weiterbildungsangebot das richtige ist, der kann in den entsprechenden rund 200 Weiterbildungsdatenbanken danach suchen; sie gehören zu den meistgenutzten Quellen, um sich Informationen über die Weiterbildungsangebote zu verschaffen. Doch welche Datenbanken gibt es, und wie findet man die richtige für seine Suchanfrage? Die Stiftung Warentest (https://www.test.de/Uebersicht-Weiterbildungs-Datenbanken-1242717-0/) hat die maßgeblichen Infos zu rund 100 Weiterbildungsdatenbanken zusammengetragen; differenziert wird nach bundesweitem bzw. regionalem Einzugsbereich, inhaltlichen und thematischen Schwerpunkten, spezifischen Angebotsformen (Fernunterricht/E-Learning), rechtlichen Hintergründen (Bildungsurlaub/Bildungsfreistellung), der Anzahl der Angebote und Anbieter sowie dem Träger der Weiterbildungsdatenbank.

Bei der Suche nach einer passenden Weiterbildungsofferte können zusätzlich auch die folgenden Datenbanken helfen:

- Die Hochschulrektorenkonferenz bietet mit Ihrem Hochschulkompass eine gute Möglichkeit, nicht nur nach konsekutiven, sondern auch nach weiterbildenden Studienangeboten zu suchen (http://www.hochschulkompass.de).
- Da in Deutschland Fernunterrichtsangebote eine stattliche Zulassung der Staatlichen Zentralstelle für Fernunterricht benötigen, bietet die entsprechende Datenbank einen vollständigen Überblick zu den entsprechenden Angeboten (http://www.zfu.de).
- Die Datenbank für Aus- und Weiterbildung der Bundesagentur für Arbeit bietet insbesondere für Arbeitslose und Arbeitssuchende die Möglichkeit nach

Angeboten zu suchen, die mit einem Bildungsgutschein gefördert werden (http://kursnet-finden.arbeitsagentur.de/kurs/).

- Die Volkshochschulen bieten eine Suchmaschine für Kurs- und Bildungsangebote sämtlicher deutschen Volkshochschulen an (http://www.meine-vhs.de/meine-vhs/).
- Weiterbildungen im Bereich Management und Trainings für Führungskräfte finden sich in der Datenbank der managerSeminare Verlags GmbH (https://www.seminarmarkt.de/), branchenspezifische Fortbildungen auf www.fobil.de sowie IHK- und Aufstiegsfortbildungen in der Datenbank Weiterbildungs-Informations-Systems (WIS) (http://wis.ihk.de/seminare/seminarsuche.html) der DIHK Service GmbH.

Die Stiftung Warentest unterzieht das wachsende Angebot an Weiterbildungsdatenbanken regelmäßig einer kritischen Überprüfung; dabei überzeugen besonders die landesweiten Portale. „Auch bei den Weiterbildungsdatenbanken geht der Trend hin zu mehr interaktiven Möglichkeiten. Bei den bundesweiten Portalen www.seminarbewertung.de und www.allekurse.de können Nutzer z. B. Kurse bewerten. Eine kostenlose App für die Kursauswahl und Trainersuche bietet das bundesweite Seminarportal.de an. Neue Entwicklungen gibt es auch bei den landesweiten Datenbanken: Über einen Suchagenten können sich Berliner und Brandenburger per Mail automatisch neue Kurse zu ihrem gewünschten Themenfeld senden lassen. Das Portal in Mecklenburg-Vorpommern bietet einen Onlineberatungs-Chat an" (https://www.test.de/Weiterbildungsdatenbanken-Schnell-auf-Kurs-4271798-4271804/).

Das Portal für Lehrende in der Weiterbildung (www.wb-web.de) des Deutschen Instituts für Weiterbildung (DIE), dem Leibniz-Zentrum für Lebenslanges Lernen, gehört zwar nicht zu den Weiterbildungsdatenbanken, soll hier aber dennoch erwähnt werden, da es sich an die mehr als 400.000 Lehrenden in der Weiterbildung in Deutschland richtet. Das frei zugängliche Portal unterstützt Lehrende dabei, gute Weiterbildungsangebote zu gestalten; dazu stellt es Informations- sowie Vernetzungsangebote bereit. Über das wb-web können sich auch Interessenten von Weiterbildung über die Hintergründe von Weiterbildung aus Sicht der Dozenten informieren. Das Angebot von wb-web bietet die Möglichkeit des gegenseitigen Austauschs und fördert das Lernen in der Weiterbildungscommunity.

10.5 Wie kann ich meine Weiterbildung finanzieren?

Wir erleben seit geraumer Zeit den Rückzug von Bund und Ländern aus der öffentlichen Verantwortung für die Erwachsenenbildung (Abschn. 1.11). Die Kosten für die Weiterbildung „tragen in zunehmendem Maße die Teilnehmenden selbst und kompensieren so gemeinsam mit den Betrieben zumindest teilweise den deutlichen Rückgang der öffentlichen Weiterbildungsfinanzierung" (Noak 2016, S. 46).

Einen Überblick der (Ko-)Finanzierungsmöglichkeiten individueller Weiterbildung in Deutschland zu gewinnen, ist nicht einfach; dieser Bereich hat in den letzten Jahren stark an Dynamik gewonnen. Zurückzuführen ist dies u. a. darauf, dass der Europäische Sozialfonds (ESF) die Mitgliedsstaaten bei ihren Aktivitäten zum lebenslangen Lernen tatkräftig unterstützt. Eine Studie des Bundesinstituts für Berufsbildung identifiziert für das Jahr 2011 allein 112 Instrumente zur Finanzierung bzw. Förderung von beruflichen Weiterbildungsmaßnahmen (Koscheck et al. 2011). Deutschland gehört mit Italien zu den Ländern mit den meisten Instrumenten insgesamt (Dohmen 2014, S. 147). Da die verschiedenen Förderinstrumente zeitlich befristet sind, ist es kaum möglich, einen vollständigen Überblick zu erhalten, der zudem sehr schnell veraltet. Für potenzielle Weiterbildungsinteressenten ist es deshalb angeraten, sich ständig auf dem Laufenden zu halten und dazu auch die bereits angeführten Beratungsstellen (Kap. 9) und Datenbanken zu nutzen. Im Folgenden werden zur Strukturierung des Feldes die angebotsorientierten, die nachfrageorientierten und andere Finanzierungsregelungen unterschieden.

Über die Erwachsenenbildungs- und Weiterbildungsgesetze der Länder werden die anerkannten Einrichtungen der Weiterbildung institutionell gefördert. Dies geschieht in der Regel auf der Grundlage von Sockelfinanzierungen als Zuschuss zu den Aufwendungen für das hauptberuflich tätige pädagogische Personal, zu den sächlichen Aufwendungen und zu den Aufwendungen für die Mitarbeiterfortbildung sowie leistungsbezogene Zuschüsse auf der Basis von abrechenbaren Unterrichtsstunden und Teilnehmertagen. Dies war über lange Jahre der Eckpfeiler der öffentlichen Weiterbildungsfinanzierung. In den letzten beiden Jahrzehnten wurden neben den inputorientierten Zuschüssen zunehmend leistungs- und projektbezogene Elemente eingeführt. Während sich in den Volkshochschulen von 1991 bis 2011 die Zuwendungen aus öffentlichen Haushalten inflationsbereinigt kaum verändert haben, verdoppelten sich nahezu die Teilnehmerentgelte. Bei anderen öffentlich geförderten Weiterbildungseinrichtungen sieht dies ganz ähnlich aus.

Ein Gutachten im Auftrag der Max-Traeger-Stiftung für die Gewerkschaft Erziehung und Wissenschaft (GEW) aus dem Jahr 2014, das sich mit der Finanzierung der gesetzlich geregelten Erwachsenenbildung durch die Bundesländer beschäftigt, kommt zu folgendem Ergebnis: „Bei einer Betrachtung der Anteile der Erwachsenenbildung an den Bildungsbudgets zeigt sich, dass alle von der Zielmarke ein Prozent des Bildungsbudgets entfernt sind. Über alle Bundesländer beträgt der Anteil der Erwachsenenbildung am Bildungsbudget 0,34 Prozent" (Jaich 2015, S. 8). Ein unmittelbarer Vergleich der Daten ist allerdings schwierig, da bei den Berechnungen unterschiedliche Finanzierungsquellen berücksichtigt werden. Hier zeigt sich das Problem einer zerklüfteten Statistik in der Weiterbildung, der leider noch immer eine einheitliche Grundlage fehlt.

Bei der angebotsorientierten Finanzierung entscheidet der Staat, nach welchen Konditionen und Kriterien er entweder Einrichtungen und Träger der Weiterbildung institutionell fördern will bzw. welche spezifischen Weiterbildungsangebote für genau definierte Zielgruppen zeitlich befristet realisiert werden sollen, weil hier ein gesellschaftlicher Bedarf festgestellt wird. Für die Teilnehmer bedeutet dies, dass ihre Weiterbildung über Zuschüsse oder Gutscheine im Extremfall auch bis zu 100 % finanziert wird, so dass eine Kofinanzierung durch die Individuen nicht erforderlich ist.

> **?**
>
> Welches sind die zentralen Instrumente der Weiterbildungsfinanzierung?

Die inzwischen bestehende Vielfalt der Fördermöglichkeiten, die komplexen Fördervoraussetzungen und Antragsverfahren führen nicht selten zu einen erheblichen Informations- und Beratungsbedarfs auf Seiten der (potenziellen) Weiterbildungsinteressenten. Lediglich knapp ein Viertel aller Weiterbildungsanbieter kann der Aussage zustimmen, dass Interessenten über die für sie passenden Fördermöglichkeiten bei Kontaktaufnahme informiert sind. Aufgrund dieses Informationsdefizits zu den Möglichkeiten der nachfrageorientierten Förderung berät mehr als die Hälfte aller Weiterbildungseinrichtungen zu diesem Thema (Ambos et al. 2015, S. 16, 239).

Im Folgenden werden die zentralen Instrumente der nachfrageorientierten Finanzierung in Verbindung bzw. auch jenseits der bereits erwähnten gesetzlichen Regelungen (Abschn. 10.1) kursorisch vorgestellt. Ziel ist es, einen ersten Überblick zu vermitteln, der das detaillierte Studium der komplexen Weiterbildungsförderungen und spezifische Beratungen keinesfalls ersetzen kann. Empfehlenswert ist auch die Förderdatenbank des Bundes im Internet; hier gibt die Bundesregierung einen umfassenden und aktuellen Überblick über die Förderprogramme des Bundes, der Länder und der Europäischen Union (http://www.foerderdatenbank.de/). Unter den Förderbereichen ist explizit die Aus- und Weiterbildung vertreten; unterschieden wird weiter nach Fördergebieten, -berechtigten und -arten.

> **?**
>
> Welche Fördermöglichkeiten des Bundes gibt es?

Aufstiegsstipendium
Es richtet sich an besonders engagierte Fachkräfte, die erstmals studieren wollen und bereits eine Berufsausbildung oder Aufstiegsfortbildung absolviert haben, mindestens zwei Jahre Berufserfahrung aufweisen können und Besonderes ge-

leistet, z. B. ihre Berufsausbildung mit der Note 1,9 oder besser absolviert haben (https://www.sbb-stipendien.de/aufstiegsstipendium.html).

Bildungsgutscheine für Arbeitslose und von Arbeitslosigkeit Bedrohte
Sie sind ein zentrales Instrument der Arbeitsmarktförderung. Wenn eine Weiterbildung als notwendig angesehen wird, um die Beschäftigungschancen zu erhöhen, können die Arbeitsagenturen bzw. Jobcenter diese ausgeben. Der Gutschein kann in einem bestimmten Zeitraum, in einer angegebenen Region bei einem zertifizierten Bildungsanbieter eingelöst werden. Des Weiteren gibt es Aktvierungs- und Vermittlungsgutscheine zur Teilnahme an Maßnahmen zur Heranführung an den Arbeitsmarkt (www.arbeitsagentur.de).

Bildungsprämie in Form des Prämiengutscheins
Hierbei handelt es sich um die Zusage, dass der Staat sich an Veranstaltungsgebühren einer Weiterbildung, die maximal 1000 € inkl. Mehrwertsteuer kosten darf, mit 50 % beteiligt, sofern man mindestens 25 Jahre alt ist, 15 h pro Woche arbeitet und das zu versteuernde Jahreseinkommen 20.000 € (oder 40.000 € bei gemeinsam Veranlagten) nicht übersteigt. Betriebliche Schulungen sind ausgenommen. Der Prämiengutschein darf alle zwei Jahre neu beantragt werden.

Spargutschein der Bildungsprämie
Dieser ermöglicht es allen, die über ein gefördertes Ansparguthaben nach dem Vermögensbildungsgesetzt verfügen, vor Ablauf der siebenjährigen Sperrfrist angespartes Guthaben zu entnehmen, ohne dass dadurch die Arbeitnehmersparzulage verloren geht. Das Weiterbildungssparen kann unabhängig vom Jahreseinkommen in Anspruch genommen werden. Der Spargutschein lässt sich mit dem Prämiengutschein kombinieren. Mit dem Prämiengutschein lassen sich so die Veranstaltungsgebühr reduzieren und mit dem Spargutschein die sonstigen Kosten über das Weiterbildungssparen begleichen(www.bildungspraemie.de).

Programm „Weiterbildung Geringqualifizierter und beschäftigter älterer Arbeitnehmer in Unternehmen" (WeGebAU)
Es richtet sich an gering qualifizierte Beschäftigte. Die Förderung soll eine Anschubfinanzierung für die Weiterbildung insbesondere in kleineren und mittleren Unternehmen darstellen und einen anerkannten Berufsabschluss oder eine berufsanschlussfähige Teilqualifikation ermöglichen. Gefördert werden können Personen, die von ihren Arbeitgebern für die Dauer einer Qualifizierung unter Fortzahlung des Arbeitsentgelts freigestellt werden (www.arbeitsagentur.de).

Weiterbildungsstipendium
Es unterstützt junge engagierte Fachkräfte unter 25 Jahren nach dem besonders erfolgreichen Abschluss einer Berufsausbildung bei der weiteren beruflichen Qualifizierung. Das Stipendium fördert fachliche Lehrgänge, z. B. zur Techni-

kerin, zum Handwerksmeister oder zur Fachwirtin, aber auch fachübergreifende Weiterbildungen, z. B. EDV-Kurse oder Intensivsprachkurse. Unter bestimmten Voraussetzungen ist auch ein berufsbegleitendes Studium förderfähig (https://www.sbb-stipendien.de/weiterbildungsstipendium.html).

> **?**
>
> Welche Fördermöglichkeiten der Länder gibt es?

Weiterbildungsschecks

Diese Schecks (auch Qualifizierungs-, Bildungsschecks, Weiterbildungsbonus, QualiSchecks und Weiterbildung Direkt genannt) dienen der Weiterbildung von Beschäftigten, vor allem in kleinen bis mittelständischen Betrieben. Für die Programme stehen Mittel des Europäischen Sozialfonds (ESF) zur Verfügung. Die Weiterbildungsschecks sind daran gekoppelt, dass die Anspruchsberechtigten entweder in dem jeweiligen Bundesland wohnen oder arbeiten. Die Prozentsätze, bis zu denen die Kosten für die Weiterbildung übernommen werden, die Einkommensgrenzen sowie die Zielgruppen und förderfähigen Weiterbildungsangebote variieren von Land zu Land. Weiterbildungsschecks gibt es derzeit in Brandenburg, Bremen, Hamburg, Hessen, Nordrhein-Westfalen, Rheinland-Pfalz, Sachsen, Sachsen-Anhalt, Schleswig-Holstein und Thüringen. Zum Teil ist die Vergabe an eine vorherige Beratung gekoppelt.

Eine Untersuchung, die nach der Wirkungsweise von Weiterbildungsschecks am Beispiel des Bildungsschecks Brandenburg gefragt hat, kommt zu dem Ergebnis, dass dieses Instrument nur begrenzt dazu geeignet ist, „die allgemeine Weiterbildungsbeteiligung zu erhöhen" und „vor allem Geringqualifizierte zu erreichen" (Haberzeth et al. 2016, S. 271). Eine zentrale Frage der Evaluation von öffentlichen finanziellen Anreizen lautet: Wäre die Weiterbildung auch ohne den Bildungsscheck besucht worden? Die entsprechenden Studien zeigen, dass die „Mitnahmeeffekte programmübergreifend zwischen 43 und 61 % liegen" (Käpplinger 2013, S. 65). Hieraus sollten aber keine voreiligen Schlüsse erzogen werden, da es neben den intendierten Wirkungen auch nichtintendierte gibt, die individuell wie gesellschaftlich positive Wirkungen zeigen können; so können beispielsweise über nachfrageorientierte öffentliche Anreizsysteme durchaus Anschubeffekte eintreten, die in ihren Auswirkungen erst über einen längeren Zeitraum präzise verfolgt werden können.

> **?**
>
> Wer kann einen Weiterbildungsscheck bzw. Bildungskredit in Anspruch nehmen? Kann man Weiterbildungskosten steuerlich geltend machen?

Nach den bereits erwähnten Bildungsurlaubs- bzw. Bildungsfreistellungsgesetzen (Abschn. 10.1) müssen Arbeitgeber ihre Beschäftigten freistellen, um diesen die Teilnahme an bestimmten Weiterbildungen zu ermöglichen. Der Anspruch auf Zahlung von Lohn und Gehalt besteht in dieser Zeit weiter; die Weiterbildungskosten tragen die Teilnehmer selbst.

Der Bildungskredit der Bundesregierung ist dafür gedacht, Schüler und Studierende in fortgeschrittenen Ausbildungsphasen, die nicht älter als 36 Jahre sind, durch einen einfachen und zinsgünstigen Kredit eine gezielte finanzielle Unterstützung einzuräumen. Der Bildungskredit ist für die Schlussphase einer Ausbildung oder eines Vollzeitstudiums gedacht. Es gibt ihn für die letzten 24 Monate einer Umschulung, einer Zweit- oder Folgeausbildung oder für ein Zusatz-, Ergänzungs-, Aufbau- oder Fernstudium. Teilzeit- und berufsbegleitende Studiengänge sind allerdings nicht förderfähig. Im Gegensatz zur Ausbildungsförderung nach dem BAföG wird der Bildungskredit unabhängig vom eigenen Einkommen und Vermögen sowie dem der Eltern, der Ehegattin bzw. des Ehegatten oder der Lebenspartnerin bzw. dem Lebenspartner gewährt.

Über die Steuererklärung können sowohl Arbeitnehmer als auch Selbstständige das Finanzamt an den Kosten einer Weiterbildung beteiligen; die Aufwendungen in Form von Gebühren, Reise- und Übernachtungskosten, Fachliteratur und Arbeitsmaterialien können prinzipiell als Werbungskosten bzw. Betriebsausgaben geltend gemacht werden.

Allen, die sich intensiver mit den Möglichkeiten der Finanzierung ihrer Weiterbildung informieren möchten, sei der „Leitfaden Weiterbildung finanzieren" der Stiftung Warentest empfohlen (https://www.test.de/Leitfaden-Weiterbildung-finanzieren-Weiterbildung-zahlt-sich-aus-4886405-0/).

Kennzeichnend für den Sektor der Weiterbildung ist seine Mischfinanzierungsstruktur. Die Aufwendungen für die Weiterbildung werden überwiegend über die Betriebe und Individuen realisiert; die Beiträge der öffentlichen Hand sind demgegenüber absolut wie relativ von geringerer Bedeutung. Die Weiterbildungsfinanzierung steht in einem Spannungsverhältnis von Effizienz und Gerechtigkeit. Einerseits werden rentable gesellschaftliche Investitionen angestrebt, und andererseits geht es darum, durch eine gerechte Weiterbildungspolitik die soziale Selektion in der Weiterbildung zu dämpfen (Hummelsheim 2010, S. 130 ff.). Es wäre ein Trugschluss, die öffentlichen Investitionen in die Weiterbildung nur unter einer Ausgabenperspektive zu sehen. Weiterbildung zahlt sich langfristig für Individuen und Gesellschaft aus; dies belegen entsprechende Berechnungen. Teuer wird es langfristig, wenn nicht in Bildung investiert wird (Allmendinger et al. 2011).

Fazit

Der quartäre Bildungssektor zeichnet sich im Unterschied zu anderen Bildungsbereichen durch eine Vielzahl an rechtlichen Regelungen auf unterschiedlichen Ebenen, komplexe institutionelle Strukturen sowie zahlreiche für den Weiterbildungsinteressenten nur schwer zu überschauende Finanzierungsmöglichkeiten aus. Die öffentlichen Investitionen in die Weiterbildung werden dem politischen Anspruch und der Bedeutung der Weiterbildung nicht gerecht. Der Anteil der Erwachsenenbildung an den Bildungsbudgets der Länder verfehlt die Zielmarke von 1 % deutlich. Es existiert derzeit kein einheitliches Klassifikationssystem der Weiterbildung. Auf der einen Seite gibt es die Angebote der öffentlichen und partikularen Weiterbildungsträger und auf der anderen die kommerziellen Anbieter und betrieblichen Bildungseinrichtungen. Die Frage, ob man in Bezug auf die Weiterbildung von einem Markt sprechen kann, wird unterschiedlich beantwortet. Das vielfältige Angebot an Weiterbildung lässt sich über eine Vielzahl an lokalen, regionalen und bundesweiten Weiterbildungsdaten erschließen.

Literatur

Allmendinger, J., Gieseke, J., & Oberschachtsiek, D. (2011). *Unzureichende Bildung: Folgekosten für die öffentlichen Haushalte.* Gütersloh: Bertelsmann Stiftung.

Ambos, I., Koscheck, S., & Martin, A. (2015). *Öffentliche Weiterbildungsförderung von Teilnehmenden. Ergebnisse der „wbmonitor Umfrage" 2015.* Bonn: Deutsches Institut für Erwachsenenbildung und Bundesinstitut für Berufsbildung.

Arnold, R., & Pätzold, H. (2008). *Bausteine zur Erwachsenenbildung.* Baltmannsweiler: Schneider Verlag Hohengehren.

Bürmann, M., & Frick, F. (2016). *Deutscher Weiterbildungsatlas – Kreise und kreisfreie Städte. Zusammenfassung der Ergebnisse.* Gütersloh: Bertelsmann Stiftung.

Dietrich, S., & Schade, H.-J. (2008). *Mehr Transparenz über die deutschen Weiterbildungsanbieter.* Bonn: Deutsches Institut für Erwachsenenbildung.

Dietrich, S., Schade, H.-J., & Behrensdorf, B. (2008). *Ergebnisbericht Projekt Weiterbildungskataster.* Bonn: Deutsches Institut für Erwachsenenbildung.

Dohmen, D. (2014). Deutschlands Weiterbildungsfinanzierung im internationalen Vergleich. In: Deutsches Institut für Erwachsenenbildung (Hrsg.), *Trends der Weiterbildung. DIE-Trendanalyse 2014* (S. 135–152). Bielefeld: W. Bertelsmann Verlag.

Faulstich, P. (2001). Bestand und Perspektiven der Weiterbildung – Das Beispiel Hessen. In: E. Nuissl von Rein & E. Schlutz (Hrsg.), *Systemevaluation und Politikberatung. Gutachten und Analysen zum Weiterbildungssystem* (S. 76–90). Bielefeld: W. Bertelsmann Verlag.

Faulstich, P., & Vespermann, P. (Hrsg.). (2002). *Weiterbildung in den Bundesländern.* München: Juventa Verlag.

Faulstich, P., & Zeuner, C. (2008). *Erwachsenenbildung – Eine handlungsorientierte Einführung in Theorie, Didaktik und Adressaten.* Weinheim: Juventa.

Gnahs, D., & Bilger, F. (2013). Anbieter auf dem Markt der Weiterbildung. In: F. Bilger, D. Gnahs, J. Hartmann & H. Kuper (Hrsg.), *Weiterbildungsverhalten in Deutschland. Resultate des Adult Education Survey 2012* (S. 110–124). Bielefeld: W. Bertelsmann Verlag.

Grotlüschen, A., Haberzeth, E., & Krug, P. (2009). Rechtliche Grundlagen der Weiterbildung. In: R. Tippelt & A. von Hippel (Hrsg.), *Handbuch Erwachsenenbildung/ Weiterbildung* (3. Aufl. S. 347–366). Wiesbaden: VS Verlag.

Haberzeth, E., Käpplinger, B., & Kulums, C. (2016). Wirkungsforschung in der Weiterbildung. Auf dem Weg zum richtigen Maß? In: S. Blömeke et al. (Hrsg.), *Traditionen und Zukünfte. Beiträge zum 24. Kongress der Deutschen Gesellschaft für Erziehungswissenschaft* (S. 257–273). Opladen, Berlin, Toronto: Budrich.

Hummelsheim, S. (2010). *Finanzierung der Weiterbildung in Deutschland*. Bielefeld: Bertelsmann.

Jaich, R. (2015). *Finanzierung der gesetzlich geregelten Erwachsenenbildung durch die Bundesländer*. Frankfurt am Main: Gewerkschaft Erziehung und Wissenschaft.

Käpplinger, B. (2013). Gutschein- und Scheckförderungen in der Weiterbildung. In: B. Käpplinger, R. Klein & E. Haberzeth (Hrsg.), *Weiterbildungsgutscheine. Wirkungen eines Finanzierungsmodells in vier europäischen Ländern* (S. 57–77). Bielefeld: Bertelsmann.

Koscheck, S., Müller, N., & Walter, M. (2011). *Bestandsaufnahme und Konsistenzprüfung beruflicher Weiterbildungsförderung auf Bundes und Länderebene*. Bonn: Bundesministerium für Bildung und Forschung.

Noak, M. (2016). Stiefkind Weiterbildung. *DIE Magazin, 23*(3), 46–49.

Nuissl, E., & Brandt, P. (2009). *Porträt Weiterbildung Deutschland*. Bielefeld: W. Bertelsmann Verlag.

Schäfer, E., Zinkahn, B., & Pietsch, K.-D. (Hrsg.). (2003). *Die Weiterbildung in der Bildungsgesellschaft unter dem ökonomischen Paradigma*. Jena: IKS Garamond.

Stiftung Warentest (2012). *10 Jahre Weiterbildungstests*. Berlin: Stiftung Warentest.

Weinberg, J. (1989). *Einführung in das Studium der Erwachsenenbildung*. Bad Heilbrunn/Obb: Klinkhardt.

Weisser, J. (2002). *Einführung in die Weiterbildung*. Weinheim: Beltz.

Wittpoth, J. (2009). *Einführung in die Erwachsenenbildung* (3. Aufl.). Stuttgart: Leske und Budrich.

Zeuner, C. (2008). Erwachsenenbildung. In: Faulstich-Wieland, Hannelore/Faulstich, Peter (Hrsg.): Grundkurs Erziehungswissenschaft. Reinbek bei Hamburg: rowohlt Taschenbuchverlag, S. 532–555. http://www.pedocs.de/volltexte/2014/9334/. Zugegriffen: 14. September 2016.

11

Was bedeutet Qualität in der Weiterbildung?

Inhaltsverzeichnis

Es steht außer Frage: Die Aktivitäten zum lebenslangen Lernen sollen qualitativ hochwertig sein, ihre Ziele erreichen und Lernerfolg sichern. Doch wie lässt sich Qualität bestimmen und anhand welcher Kriterien messen? Mit der Qualität ist es wie mit der Zeit: Wenn man nicht darüber nachdenkt, glaubt man zu wissen, was Qualität bzw. Zeit ist; fängt man jedoch an, sich damit auseinanderzusetzen, so schwinden die vermeintlichen Gewissheiten. In diesem Kapitel werden wir uns mit dem Thema Qualität von Weiterbildungsangeboten aus drei Blickwinkeln beschäftigen. Zunächst wenden wir uns der Einrichtungsqualität zu, dazu beschäftigen wir uns mit dem Qualitätsmanagement der Weiterbildungsinstitutionen. Anschließend geht es um die Durchführungs- bzw. Prozessqualität der organisierten Weiterbildungsangebote und abschließend um die Ergebnisqualität, also die erworbenen Lernergebnisse und Kompetenzen der Teilnehmer.

© Springer-Verlag GmbH Deutschland 2017
E. Schäfer, *Lebenslanges Lernen*, Kritisch hinterfragt DOI 10.1007/978-3-662-50422-2_11

Holger Löbe

11.1   Was sagt ein Qualitätstestat über die Einrichtungsqualität einer Weiterbildungseinrichtung aus?

Die Einrichtungsqualität beschreibt die strukturellen Rahmenbedingungen und ist die Voraussetzung und Bedingung für die Durchführungs- sowie Ergebnisqualität, die durch sie erst ermöglicht werden. Im Blick ist hier die Weiterbildungseinrichtung als Institution. Die Teilnehmer an Weiterbildungsangeboten erwarten von den Anbietern eine hohe Professionalität, vom Bildungsangebot bis hin zur Verwaltung, von der Qualität der Räume bis zur Fortbildung der Lehrkräfte und von der pädagogischen Konzeption bis hin zur Vertragsgestaltung. Die Anforderungen sind, wie auch in den anderen Bildungsbereichen, in den letzten Jahren gestiegen. Die Einrichtungen der Erwachsenenbildung haben deshalb konsequent in die Implementierung von Qualitätsmanagementverfahren investiert. Rund 80 % der Einrichtungen können inzwischen ein anerkanntes Testierungsverfahren nachweisen (Weiland 2011). Insbesondere die nach den Erwachsenen- und Weiterbildungsgesetzen der Länder anerkannten Einrichtungen sind verpflichtet, ein entsprechendes Zertifikat nachzuweisen; hieran ist in der Regel die Vergabe von öffentlichen Fördermitteln geknüpft. Qualitätsmanagement ist ein zentrales Element der politischen Steuerung geworden.

> **?**
>
> Was garantieren dem (potenziellem) Weiterbildungsteilnehmer Qualitätsmanagementverfahren?

Eine Weiterbildungseinrichtung, die sich für ein Qualitätsmanagementverfahren entschieden hat, dokumentiert damit, dass sie ihre Produkte und Leistungen einer kontinuierlichen Qualitätskontrolle unterzieht, ihre Strukturen und Prozesse regelmäßig überprüft und optimiert sowie ihre Angebote an den Interessen und Erwartungen ihrer (potenziellen) Kunden ausrichtet. Hinsichtlich der Verwendung des Kundenbegriffs ist allerdings Vorsicht geboten. Personen, die ein Weiterbildungsangebot besuchen, sind bezüglich der Gestaltung des äußeren Rahmens des Kurses, Workshops bzw. der Veranstaltung natürlich Kunden. Bildung ist aber kein triviales Gut; an seiner Entstehung sind Mitarbeiter, Dozenten und Teilnehmer beteiligt, weshalb es deutlich mehr als eine Ware oder Dienstleistung ist, die von einem Kunden gekauft wird. Im Qualitätsmanagement geht es um einen stetigen Verbesserungskreislauf der Arbeits- und Funktionsweisen der Weiterbildungseinrichtung.

Die standardisierten Verfahren des Qualitätsmanagements fordern in einem Qualitätshandbuch bzw. -report oder -bericht u. a. Aussagen zu folgenden Bereichen:

* Leitbild,
* Organisationsstruktur,
* Qualitäts- und Ressourcenmanagement,
* Personal,
* Schlüsselprozesse der Bildungsarbeit,
* Lehr-Lern-Prozess,
* Infrastruktur,
* Controlling,
* externe und interne Kommunikation,
* teilnehmerbezogene Rahmenbedingungen inkl. Teilnehmerschutz,
* Evaluation der Bildungsangebote und
* strategische Entwicklungsziele.

In Abhängigkeit von dem jeweiligen Qualitätsmanagementverfahren können die genannten Punkte variieren. Zusätzlich zu dem schriftlichen Bericht der Einrichtung findet in der Regel noch ein Audit vor Ort durch die Vertreter der jeweiligen Akkreditierungskommission statt. Wenn alle Anforderungen erfüllt sind, bekommt die Weiterbildungseinrichtung für zwei bis vier Jahre ein Qualitätstestat; nach diesem Zeitraum ist eine erneute Reakkreditierung erforderlich.

Die bisher auf dem Markt befindlichen Ansätze lassen sich in drei Generationen einteilen:

1. Die erste Generation der Qualitätsmanagementverfahren ist ausgerichtet an Qualitätssicherungsverfahren, die sich an den für wirtschaftlich arbeitende Unternehmen entwickelten Vorgaben orientieren; als Beispiel hierfür steht die DIN ISO 9001.
2. Die zweite Generation der Qualitätsmanagementverfahren ist darum bemüht, den spezifischen Bedürfnissen und Erfordernissen des Gegenstandsfeldes „Bildungsarbeit" gerecht zu werden; der Fokus liegt dabei immer noch auf Strukturen und Prozessen, wie sie in Mindestanforderungen zu den jeweiligen Qualitätsbereichen zum Ausdruck kommen; Beispiele hierfür sind LQW, QVB und QES plus.
3. Das von iwis entwickelte Qualitätsmanagementverfahren begründet eine dritte Generation von Verfahren. Es zeichnet sich dadurch aus, dass zwar auch auf die Strukturen und Prozesse geschaut wird und hierfür Mindestanforderungen definiert werden. Dies ist aber lediglich die Voraussetzung dafür, das Augenmerk auf die Haltungen zu legen, die den Strukturen und Prozessen zugrunde liegen. Dies geschieht während des Einrichtungsbesuchs durch die Gutachter.

> **?**
>
> Was sind die am häufigsten zum Einsatz kommenden Qualitätsmanagementsysteme?

Zu den häufigsten im Weiterbildungssektor zum Einsatz kommenden Qualitätsmanagementsystemen zählen die folgenden:

- lernerorientierte Qualitätstestierung in der Weiterbildung (LQW) der Firma ArtSet,
- QVB-Branchenmodell des Bundesarbeitskreis Arbeit und Leben,
- geprüfte und ausgezeichnete Fachqualität in der Weiterbildung des Dachverbands der Weiterbildungsorganisationen,
- DIN EN ISO 9001:2008 und DIN EN ISO 29990:2010 des Deutschen Instituts für Normung,
- EFQM-Excellence-Modell der European Foundation for Quality Management,
- Qualitätsmanagementsystem nach Gütesiegelverbund des Gütesiegelverbunds Weiterbildung,

- QES plus von Qualität in Bildung und Beratung,
- Mitglied der Qualitätsgemeinschaft Berufliche Bildung Region Köln,
- geprüfte Weiterbildungseinrichtung Weiterbildung Hamburg,
- geprüfte Weiterbildungseinrichtung Weiterbildung Hessen,
- Thüringer Modell der Qualitätstestierung von IWIS und
- Zertifikat des Volkshochschulverbandes Baden-Württemberg.

Wer sich näher über die einzelnen Verfahren informieren möchte, kann dies über die Stiftung Warentest unter https://www.test.de/Qualitaetsmanagement-in-der-Weiterbildung-Stehen-Siegel-fuer-Qualitaet-4911239-0/ tun.

> ?
>
> Sind qualitätstestierte Weiterbildungsanbieter besser?

Wie die Analysen von Stiftung Warentest (2015) zeigen, sind Angebote von testierten Weiterbildungsanbietern nicht unbedingt besser als Kurse von Institutionen ohne Qualitätsmanagementsysteme. Zertifiziert wird nämlich nicht der Inhalt bzw. die Durchführung eines Kurses, sondern die Arbeitsabläufe der Organisation.

Häufig werben Weiterbildungseinrichtungen mit den von ihnen erworbenen Qualitätssiegeln. Dieses gibt Auskunft darüber,

- „dass das Bildungsinstitut ein Qualitätsmanagementsystem etabliert hat,
- dass es seine Arbeitsabläufe, Produkte und Dienstleistungen systematisch plant, steuert und regelmäßig überprüft und damit theoretisch in der Lage ist, gute Kurse anzubieten,
- dass es vom Herausgeber des Systems oder von einer befugten unabhängigen Stelle überprüft wurde" (Stiftung Warentest 2015).

Ein Qualitätsmanagementsystem zu etablieren, ist ein erster Schritt auf dem Weg zur lernenden Organisation (vgl. Senge 2011). Jede Bildungseinrichtung sollte die Prinzipien des Lernens auch auf sich selbst anwenden und zu einer lernenden Organisation werden. Nur wenn sich Organisationen stets darum bemühen, sich weiterzuentwickeln, wird es ihnen gelingen, auf die sich immer rascher wandelnden Umweltbedingungen die richtigen Antworten zu finden, indem sie nicht bloß passiv reagieren, sondern durch das antizipatorische Erspüren der Zukunft zu Gestaltern dieser werden (Kap. 13). Der große Vorteil der Erwachsenenbildungseinrichtungen besteht darin, aufgrund ihrer strukturellen Verfasstheit viel schneller als die traditionellen Bildungsinstitutionen auf neue Trends und Entwicklungen reagieren zu können. Die Tatsache, dass z. B. die Volkshochschulen im Jahr 2019 schon 100 Jahre bestehen, spricht dafür, dass sie diese Fähigkeit durchaus besitzen.

11.2 Was bedeutet es die Durchführungsqualität verständnis-, handlungs- und kompetenzorientiert auszurichten?

Die Durchführungsqualität von Weiterbildungsveranstaltungen – im Folgenden wird vereinfacht von Kursen die Rede sein – umfasst die Qualität der Kundeninformation, der allgemeinen Geschäftsbedingungen, der Kursorganisation, der Seminarunterlagen und der pädagogischen Konzepte sowie die Qualifikationen, Kompetenzen, Haltungen und Verhaltensweisen der Dozenten bzw. Lernbegleiter in der Kursdurchführung im Sinne der Prozessqualität der Interaktionen in der Bildungsarbeit.

> ?
>
> Welche Kriterien und Indikatoren sind für die Durchführungsqualität einer Weiterbildung besonders wichtig?

Für Weiterbildungsteilnehmer ist es wichtig, möglichst frühzeitig vor Beginn einer Veranstaltung die Durchführungsqualität einschätzen zu können; deshalb empfiehlt es sich, den Kontakt zu Personen zu suchen, die an diesem oder einem vergleichbaren Angebot des Anbieters bereits teilgenommen haben und kompetent über ihre Erfahrungen berichten können; vielleicht bietet der Anbieter eine Kontaktvermittlung zu früheren Teilnehmern an. Auch der Besuch von kostenlosen Probestunden ist in Erwägung zu ziehen; seriöse Veranstalter werden dies in der Regel ermöglichen. Zudem bietet die Stiftung Warentest (2014) mit ihrer „Checkliste: Fragen, die Sie dem Kursanbieter vor der Buchung stellen sollten" wichtige Entscheidungshilfen bei der Kurswahl.

Qualität der Kundeninformation
Hierüber lassen sich bereits zu einem sehr frühen Zeitpunkt aussagekräftige Erkenntnisse gewinnen, indem man Antworten auf die folgenden Fragen sucht:

- Wie aussagekräftig sind die im Internet oder auf Flyern bzw. sonstigen Materialien veröffentlichten Informationen?
- Werden Ansprechpartner genannt, und wie sind diese erreichbar? Wie lange dauert es, bis Fragen beantwortet werden?
- Werden ggf. Self Assessments oder Einstufungstests angeboten, um das für die Teilnehmer richtige Niveau herauszufinden?
- Welche Aussagen finden sich zu Teilnahmevoraussetzungen, Inhalten, Curriculum, Lehrmethoden und Lernzielen?
- Welche Angaben werden zu Preisen, Anmeldefristen, Kursterminen, Höchst- und Mindestteilnehmerzahl sowie ggf. zu Prüfungsmodalitäten gemacht?

- Welche und wie viele Dozenten kommen zum Einsatz, und über welche fachlichen und pädagogischen Qualifikationen verfügen diese?
- Gibt es ein Beschwerdemanagement? Wenn ja, wie sieht es aus?

Qualität der Allgemeinen Geschäftsbedingungen (AGB)
Diese zu beurteilen, wird für einen juristischen Laien schwierig sein; hier bietet es sich an, die Geschäftsbedingungen von Anbietern zu vergleichen und ggf. fachkundigen Rat einzuholen. Davon unabhängig können die folgenden Fragen von Bedeutung sein:

- Gibt es Allgemeine Geschäftsbedingungen, oder gilt das Bürgerliche Gesetzbuch (BGB)?
- Welche anfallenden Kosten sind durch die Kursgebühr bzw. das Teilnehmerentgelt abgedeckt? Fallen zusätzliche Nebenkosten an? Ist der Preis inkl. Mehrwertsteuer ausgewiesen?
- Wird die Möglichkeit einer Ratenzahlung eingeräumt?
- Bietet der Anbieter selbst Förderungen an bzw. verweist er auf Fördermöglichkeiten und entsprechende Beratungen hierzu?
- Gibt es die Möglichkeit, aufgrund von Krankheit verpasste Stunden nachzuholen? Wenn ja, zu welchen Konditionen?
- Werden Angaben zu der voraussichtlichen zeitlichen Beanspruchung durch Vor- und Nachbereitungszeiten gemacht?
- Welche Vertragsbedingungen gelten bei Stornierung oder Abbruch der Weiterbildung?
- Welcher Abschluss, welches Zertifikat bzw. welche Qualifikation kann erworben werden?
- Ist der Kurs als Bildungsurlaub anerkannt?

Qualität der Kursorganisation
Sie wird bestimmt durch die Funktionalität der administrativen Abläufe sowie die infrastrukturellen Voraussetzungen für das Kursgeschehen; die folgenden Fragen sind stets vor dem Hintergrund der Anzahl der Kursteilnehmer und der Lernziele zu beurteilen:

- Wie sind die räumlichen Gegebenheiten (Größe, Lage, Zugänglichkeit, Lärm, Licht- und Luftverhältnisse)?
- Gibt es Pausenräume, eine Cafeteria oder sonstige Angebote?
- Wie ist die sächliche Ausstattung (Inventar, Lehr- und Lernmaterialien etc.)?
- Welche Lehrmedien stehen zur Verfügung (Beamer, Computer, Tafel, Flipchart, Overheadprojektor, Pinnwände, Moderationskoffer)?
- Steht für jeden Teilnehmer ein vollausgestatteter Arbeitsplatz zur Verfügung? (Dies spielt speziell bei technischen Themen eine Rolle.)

- Sind die Anforderungen an die technische Ausstattung transparent erläutert? (Dies ist insbesondere bei elektronischen Angeboten zum Selbstlernen und Konzepten des Blended Learning von Bedeutung.)
- Wie ist die Prüfungsorganisation bei abschlussbezogenen Kursen gestaltet?

Qualität der Seminarunterlagen

Da Seminarunterlagen meist erst während der Kurse verteilt werden, ist es schwierig, sich von deren Qualität bereits vorab einen Eindruck zu verschaffen. Auch wenn es Teilnehmern schwerfallen sollte, die Angemessenheit der aufbereiteten Inhalte beurteilen zu können, so lassen sich doch folgende Fragen stellen:

- Gibt es Seminarunterlagen und, wenn ja, in welcher Form werden diese zugänglich gemacht?
- Wie ist die sprachliche Verständlichkeit der Inhalte zu bewerten?
- Werden die Inhalte methodisch angemessen aufbereitet, d. h., welche Hilfen zur Steuerung des Lernprozesses und der Selbstkontrolle werden angeboten?
- Ist das Material ansprechend gestaltet? Welche Qualität haben die Abbildungen, Tabellen und Grafiken? Gibt es spezielle Verzeichnisse und Quellennachweise?
- Welchen Eindruck vermittelt die Gesamtqualität des Materials?

Prozessqualität

Zur Prozessqualität der Interaktion lassen sich in der Regel erst im Verlauf des Kurses Aussagen treffen; aber auch hier gibt es Indikatoren, die Voraussetzungen und Bedingungen für eine optimale Durchführungsqualität gewährleisten können. Von ganz entscheidender Bedeutung ist die Professionalität der Dozenten. Aus Sicht der Teilnehmer wird die Qualität einer Weiterbildung zentral durch die Wahrnehmung und Einschätzung des Handelns der Kursleiter bestimmt. Die Teilnehmer wünschen sich vor allem, wie Befragungen ergeben haben, fachlich, didaktisch und methodisch kompetente Kursleiter, die verständnisvoll sind und gut erklären können (Tippelt et al. 2008, S. 35 f.).

Die Ausbildung und Erfahrung der Kursleiter bestimmen die Dimensionen der Prozessqualität. Aufbauend auf einer Fachkompetenz sollten die in der Regel freiberuflichen Mitarbeiter über spezifische erwachsenenpädagogische Kompetenzen verfügen; diese können auf verschiedenen Wegen erworben werden: eine entsprechende Qualifikation im Rahmen des Erststudiums, über einschlägige Fort- und Weiterbildungsangebote, die Reflexion des beruflichen Handelns in spezifischen Settings oder auch Zusatz-, Aufbau- oder Weiterbildungsstudien. Es gibt Veranstalter, die eine erwachsenenpädagogische Grundqualifikation ihrer Kursleiter anbieten, so z. B. die Volkshochschulen. Erkundigen Sie sich als Kursteilnehmer, falls Ihnen das wichtig ist, deshalb im Vorfeld nach entsprechenden Qualifikationsnachweisen. Manchmal findet sich neben der Beschreibung der Kursinhalte ein Profil des Dozenten, in dem entsprechende Angaben zu finden sind. Insbesondere für Fernunterricht und E-Learning ist abzuklären, wie und zu welchen Zeiten die Dozenten kontaktiert werden können und ob es ein Beratungsangebot bei Motivationsproblemen gibt.

Zur Professionalität gehört auch eine inhaltliche und pädagogische Konzeption, auf deren Grundlage das Kursangebot, geplant, durchgeführt und evaluiert wird. In formalen Bildungsgängen finden sich entsprechende Angaben in den Studien- und Prüfungsordnungen sowie ggf. Modulhandbüchern. Bei nichtformalen Bildungsangeboten wird die Konzeption entweder von der Einrichtung vorgegeben oder vom Dozenten erarbeitet. Die Konzeption gibt Auskunft über das handlungsleitende Grundverständnis des Bildungsangebots, seine Inhalte und Methoden, die zugrunde liegende Lerntheorie, die Lernwege, die angestrebten Lernziele und die zu erreichenden Kompetenzen. Auf Inhalte und Methoden kann an dieser Stelle nicht eingegangen werden, da dies nur anhand eines spezifischen Kurses möglich wäre. Auf die Lerntheorie und Lernwege gehe ich exemplarisch am Beispiel des verständnisintensiven Lernens und der Handlungsorientierung ein. Beide Ansätze bieten sich an, um den Paradigmenwechsel von einer Orientierung an Qualifikationen zu einer an Kompetenzen zu realisieren, auf den im nächsten Abschnitt eingegangen wird.

> ?
>
> Was ist unter Verständnisintensivität zu verstehen?

Der Begriff des verständnisintensiven Lernens ist reformpädagogischen Ursprungs und bezeichnet eine pädagogische Lerntheorie. Diese lenkt den Blick darauf, dass Lernen nur aus der Sicht des Lernens durch Verstehen möglich ist. „Die Verständigung mit anderen, die pädagogische Interaktion, ist ein wichtiges Hilfsmittel des Lernens – als förderliche Unterstützung, Anleitung, Begleitung, Instruktion, Bewertung usw." (Fauser et al. 2015, S. 16). Unterschieden werden vier Strukturdimensionen des Verstehens:

1. *Lernen und Erfahrung* steht für das praktische Lernen durch Erfahrung.
2. *Lernen und Begreifen* verweist auf das logisch-begriffliche Denken und den Aufbau entsprechender Strukturen.
3. *Lernen und Vorstellung* vermittelt die Wahrnehmung und Erfahrung auf der einen und das begriffliche Denken auf der anderen Seite in Form eines imaginativen Lernens.
4. Die *Metakognition* ist reflexiv zu verstehen und meint die Erfahrung einer begleitenden Aufmerksamkeit beim Lernen.

Das verständnisintensive Lernen gibt in Verbindung mit der Selbstbestimmungstheorie der Motivation (Abschn. 3.3 und 6.3) eine Antwort auf die Frage nach den Gelingensbedingungen von Lernen: Es geht um die Erfüllung von drei Bedürfnissen:

1. die eigene Kompetenzerfahrung,
2. das Bestreben nach sozialer Eingebundenheit sowie
3. der Wunsch nach autonomer Handlungsregulation (Fauser et al. 2015, S. 22).

> **?**
>
> Woran lässt sich Handlungsorientierung festmachen?

Handlungsorientierung in der Weiterbildung bedeutet, den Lernprozess so zu gestalten, dass das Lernen nicht nur für das spätere Handeln bedeutsam ist, sondern dass auch der Lernprozess selbst in der unmittelbaren Auseinandersetzung mit dem Gegenstand erfolgt. In einem lebendigen „Hier-und-jetzt-Erleben der Lernenden" (Arnold 2013, S. 96) soll neues Denken, Handeln und Können entstehen. Stichworte in diesem Kontext sind Kommunikations-, Projekt-, Situations-, Bedürfnis-, Erfahrungs- und Entwicklungsorientierung. Die handlungsorientierte Bildung, in deren Mittelpunkt die Entwicklung der entsprechend angestrebten Kompetenzen steht, stellt besondere Anforderungen an die didaktisch-methodische Gestaltung des Lehr-Lern-Arrangements. Die Auseinandersetzung mit den Inhalten sollte in konkrete lebensweltliche Bezüge eingebunden sein. Eine handlungsorientierte pädagogische Arbeit – egal mit welchen Zielgruppen – benötigt Handlungsprodukte. Durch die Handlungsorientierung gewinnt der Lernprozess einen ganz eigenen Charakter von Verbindlichkeit, und die Beteiligten erhalten eine spezifische Motivation.

> **?**
>
> Was ist unter Kompetenzorientierung zu verstehen?

Im Fokus einer *kompetenz- und performanzorientierten Weiterbildung* steht die Orientierung an Wissen, Methoden sowie praktischen Fähigkeiten und Fertigkeiten.

Kompetenz und Performanz

Unter Kompetenzen versteht man „die bei Individuen verfügbaren oder durch sie erlernbaren kognitiven Fähigkeiten und Fertigkeiten, um bestimmte Probleme zu lösen, sowie die damit verbundenen motivationalen, volitionalen und sozialen Bereitschaften und Fähigkeiten, um die Problemlösungen in variablen Situationen erfolgreich und verantwortungsvoll nutzen zu können" (Weinert 2001, S. 27 f.). Während Kompetenz die latente Fähigkeit einer Person bezeichnet, eine bestimmte Aufgabe ausführen zu können, versteht man unter Performanz die tatsächliche Ausführung. Daraus folgt, dass eine Kompetenz immer nur indirekt über deren Performanz diagnostiziert und beurteilt werden kann.

Kompetenzen beschreiben das vorläufige Ergebnis einer Kompetenzentwicklung im Sinne eines Handlungspotenzials; sie umfassen eine Vielfalt unbegrenzter individueller Handlungsmöglichkeiten. Die Disposition zur Selbstorganisation charakterisiert eine Fähigkeit, „sich in offenen, unüberschaubaren, komplexen und dynamischen Situationen selbstorganisiert zurechtzufinden" (Heyse und Erpenbeck 2004, S. XIII). Ob das Ziel einer kompetenzorientierten Bildung erreicht wird, zeigt sich erst in den praktischen Handlungsvollzügen der Kursteilnehmer. Im nächsten Abschnitt werden wir auf die Konzeptualisierung der Kompetenzen weiter eingehen.

Seit dem Jahr 2002 testet das Team Weiterbildung der Stiftung Warentest regelmäßig die Durchführungsqualität von Weiterbildungsangeboten. In den ersten zehn Jahren ihres Bestehens wurden 139 Untersuchungen durchgeführt. Die Ergebnisse zeigen, dass die einzelnen Anbieter sich in ihrer Qualität nicht groß unterscheiden und die Chance, einen guten Kurs zu bekommen, bei allen Anbietergruppen etwa gleich groß ist. Allerdings gibt es erhebliche Preisunterschiede. Eine Unterrichtseinheit ist bei den Volkshochschulen mit etwa 5 € am günstigsten; bei gemeinnützigen Einrichtungen kostet sie ca. 22 € und bei Kammern rund 18 €. Die höchsten Preise fallen mit ca. 47 € bei kommerziellen Unternehmen an. Aus diesen Befunden wird der Schluss gezogen: „Wer mehr Geld ausgibt, kann nicht automatisch mit einem besseren Kurs rechnen. Volkshochschulen sind unschlagbar günstig und besser als ihr Ruf. Was die Qualität von Inhalt, Vermittlung und Kundeninformation betrifft, brauchen sie den Vergleich mit anderen Anbietergruppen am Weiterbildungsmarkt nicht zu scheuen" (Stiftung Warentest 2012, S. 8).

11.3 Soll die Ergebnisqualität output-, outcome- oder impactorientiert sein?

Die Ergebnisqualität nimmt primär die intendierten Lernergebnisse der Weiterbildung in Form der erworbenen Qualifikationen und des erreichten Kompetenzgrades sowie die Anschlussfähigkeit dieser an die (Arbeits-)Aufgaben in den Blick. Die Lernergebnisse können auf individueller, organisatorischer oder gesellschaftlicher Ebene angesiedelt sein. Die Ergebnisdimension erstreckt sich ebenso auf die Wahrnehmung und Einschätzung des Lernprozesses selbst. Es kann auch vorkommen, dass neben den beabsichtigten Ergebnissen auch nichtintendierte Wirkungen der Weiterbildungsteilnahme auftreten.

Bis in die 1980er-Jahre wurde der Komplex von Fertigkeiten, Fähigkeiten und Kenntnissen als Qualifikation bezeichnet und ihr jeweiliger Grad anhand der erworbenen formalen Abschlüsse und Zertifikate festgemacht. Etwa seit 1990 wird verstärkt von Kompetenz als Selbstorganisationsdisposition gesprochen und diese von der Qualifikation als einem verwendungsorientierten und rechtsförmig zertifizierten Nachweis von tätigkeitsbezogenen Anforderungen abgegrenzt. Qualifikationen sind abprüfbar, Kompetenzen gilt es zu erschließen.

Mit dem Europäischen Qualifikationsrahmen(EQR) sowie dem Deutschen Qualifikationsrahmen (DQR) wurde ein System geschaffen, das auf Kompetenzorientierung fokussiert und die erworbenen Qualifikationen und Kompetenzen europaweit vergleichbar machen soll. Die Ziele und Funktionen des EQR fasst Dehnbostel (2011, S. 5) wie folgt zusammen:

- „Schaffung eines Metarahmens zur Einordnung und zum Vergleich jeweils national erworbener Qualifikationen,
- Erhöhung länderübergreifender Mobilität und Anerkennung von im Ausland erworbener Qualifikationen und Kompetenzen im Wirtschafts- und Bildungsbereich,
- Erweiterung des formellen Lernens durch die gleichwertige Einbeziehung informellen und non-formellen lebenslangen Lernens,
- Herstellung der Gleichwertigkeit von beruflicher und allgemeiner Bildung,
- Herstellung der Qualitätssicherung und Qualitätsentwicklung."

> **?**
>
> Wie lassen sich Kompetenzen klassifizieren, und welche Niveaustufen gibt es?

Der EQR ist der Referenzrahmen für die nationalen Qualifikationssysteme in sämtlichen Bildungsbereichen; sein Kernstück sind acht Referenzniveaus, die Lernergebnisse beschreiben. Analog hierzu unterscheidet der DQR acht Niveaus zur allgemeinen Beschreibung der Kompetenzen, die im deutschen Bildungssystem erworben werden. Diese reichen vom Niveau 1, das Kompetenzen zur Erfüllung einfacher Anforderungen – unter Anleitung – in einem überschaubar und stabil strukturierten Lern- oder Arbeitsbereich beschreibt, bis zum Niveau 8, das Kompetenzen zur Gewinnung von Forschungserkenntnissen in einem wissenschaftlichen Fach oder zur Entwicklung innovativer Lösungen und Verfahren in einem beruflichen Tätigkeitsfeld beschreibt; die Anforderungsstruktur ist hier durch neuartige und unklare Problemlagen gekennzeichnet.

In der Datenbank von www.dqr.de können Sie sich darüber informieren, welche Qualifikationen dem DQR auf welchem Niveau zugeordnet sind. Allerdings sind die Allgemeinbildung, der nichtformale Bereich, also die nicht staatlich geregelte Weiterbildung, sowie Teile der staatlich geregelten Aufstiegsfortbildung dem DQR bislang noch nicht zugeordnet.

Der EQR unterscheidet in den acht Levels bzw. Referenzniveaustufen drei Säulen: Wissen, Fertigkeiten und Kompetenzen. Damit stehen 24 Deskriptoren für Lernergebnisse zur Verfügung; dabei spielt es keine Rolle, ob ihnen ein formales, nichtformales oder informelles Lernen zugrunde liegt.

Im Unterschied zum EQR weist der DQR vier Dimensionen auf: Wissen, Fertigkeiten, Sozialkompetenz und Selbstständigkeit. Die ersten beiden Säulen werden unter dem Begriff der Fachkompetenz und die beiden anderen dem der Sozialkompetenz zusammengefasst. Diese Differenzierung in vier Dimensionen wurde vorgenommen, um Handlungskompetenzen möglichst angemessen abbilden zu können.

Wie das Beispiel von EQR und DQR anhand der leicht unterschiedlichen Klassifikation von Kompetenzen deutlich macht, gibt es weder in der Praxis noch in der Wissenschaft eine verbindliche Verständigung auf eine Klassifikation von Kompetenzen. In der Literatur findet sich häufig die Trias von Fach-, Methoden- und Sozialkompetenz (Kolb 2002, S. 219). Aufgrund der Abgrenzungsprobleme zwischen methodischer und fachlicher Kompetenz haben Erpenbeck und Rosenstiel (2007) einen anderen Ansatz gewählt. Sie unterscheiden vier Kompetenzklassen:

1. *Personale Kompetenz:* Fähigkeit, sich selbst gegenüber klug und kritisch zu sein und produktive Einstellungen, Werthaltungen und Ideale zu entwickeln; dies kann als Handeln an sich selbst verstanden werden.
2. *Aktivitäts- und Handlungskompetenz:* Fähigkeit, alles Wissen und Können, alle Ergebnisse sozialer Kommunikation, alle persönlichen Werte und Ideale willensstark und aktiv umsetzen zu können; dies sind die Grundlagen des Handelns, die gleichzeitig die anderen Kompetenzen integrieren.
3. *Fachlich-methodische Kompetenz:* Fähigkeit, mit fachlichem und methodischem Wissen gut ausgerüstet, Probleme schöpferisch zu bewältigen; dies kennzeichnet das Handeln an der gegenständlichen Umwelt.
4. *Sozial-kommunikative Kompetenz:* Fähigkeit, sich aus eigenem Antrieb mit anderen zusammen- und auseinanderzusetzen, kreativ zu kooperieren und zu kommunizieren; dies macht das Handeln an der sozialen Umwelt aus.

Diese Einteilung erinnert an die Unterscheidung von Roth (1971), der den Kompetenzbegriff in die deutsche Erziehungswissenschaft eingeführt hat; er differenziert zwischen Selbst-, Sach- und Sozialkompetenz. Hier ergibt sich eine Verbindung zu unserer Unterscheidung des dreifachen In-Beziehung-gehens zu sich selbst, dem Gegenstand und dem sozialen Umfeld (Kap. 3).

> **?**
>
> Wie werden Kompetenzen gemessen?

Will man Kompetenzen messen, so gibt es die Wahl zwischen objektivierenden Messverfahren und subjektiven Einschätzungsverfahren; dabei bedient man sich sowohl quantitativer als auch qualitativer Methoden. Zunächst gilt es, die Frage zu beantworten, was überhaupt gemessen werden soll. Zu unterscheiden sind in der Sprache des Bildungscontrollings die folgenden drei Ebenen:

1. *Output* als messbare Lernergebnisse in Form des erreichten Leistungsniveaus (Note, Zeugnis, Abschlusszertifikat) im Vergleich mit den gesetzten Zielen bzw. eines Vergleichs mit anderen Personen,
2. *Outcome*, die unmittelbaren Wirkungen der Lernergebnisse, und
3. *Impact*, die mittelbaren, längerfristigen und zum Teil nichtintendierten Wirkungen.

Für die ersten beiden Ebenen liegen inzwischen komplexe Verfahren vor, die in der nichtformalen Weiterbildung allerdings nur selten zum Einsatz kommen und zudem den hier zur Verfügung stehenden Platz sprengen würden. Verwiesen sei lediglich auf kognitive wie affektive Lernzieltaxonomien, die auch für die Selbsteinschätzung zu erwerbender Kompetenzen hilfreich sein können. Die kognitiven Prozessdimensionen weisen nach Anderson und Krathwohl (2001) in Anlehnung an Bloom (1956) die folgenden sechs Kategorien mit aufsteigendem Komplexitätsgrad auf:

1. *Erinnern:* Es sichert den Zugang zum Wissen um Kenntnisse.
2. *Verstehen:* Informationen wird Sinn gegeben.
3. *Anwenden:* Dies geschieht durch Üben von Abläufen und das Lösen von Problemen.
4. *Analysieren:* Gemeint ist das Zerlegen von Inhalten in Einzelteile und die Bestimmung der Beziehung dieser Teile zueinander.
5. *Beurteilen:* Es bezeichnet Bewertungsprozesse anhand von klar definierten Kriterien und Standards.
6. *(Er-)Schaffen:* Dies geschieht durch das Zusammenfügen von vorhandenen Elementen zu einem kohärenten und funktionellen Neuen.

Während es auf der ersten Ebene (Wissen) um das Reproduzieren von gelernten Informationen auf bekannte Fragestellungen geht, beschreiben die Tätigkeiten auf den folgenden Stufen komplexe Verhaltensweisen bis hin zum kreativen (Er-) Finden.

Analog zur Taxonomie für den kognitiven Bereich haben Krathwohl et al. (1978) ein Ordnungsschema entworfen, das es ermöglichen soll, affektive Lernziele durch Zuordnung zu entsprechenden Verhaltenskategorien klarer zu beschreiben. Zum affektiven Bereich gehören Interessen, Haltungen, Einstellungen, Wertschätzungen sowie Stellungnahmen, die verschiedene Grade der Zustimmung oder Ablehnung ausdrücken. Die Skala der Verhaltensweisen reicht von der grundsätzlichen Bereitschaft, Informationen aufzunehmen, über das Werten und das Organisieren von Werten bis hin zur komplexen Verhaltensweisen, die Ausdruck einer Weltanschauung sind.

> **?**
>
> Welche Ebenen von Evaluationen gibt es?

In Evaluationen werden am Ende oder nach Weiterbildungsveranstaltungen nicht nur die Lernergebnisse und Kompetenzen im Sinne von Output und Outcome erforscht; in den Teilnehmer vorgelegten Fragebögen und Feedbackrunden geht es häufig um weichere Faktoren wie die Zufriedenheit mit den inhaltlichen, methodischen, räumlichen, personellen und sonstigen Rahmenbedingungen der Weiterbildung sowie die Einschätzung des eigenen Lernens hinsichtlich der neu erworbenen, vertieften oder erweiterten Kenntnisse, Fähigkeiten und Fertigkeiten. In dem Vier-Ebenen-Evaluationsmodell von Kirkpatrick und Kirkpatrick (2006) wird zwischen folgenden Ebenen unterschieden:

1. den Reaktionen auf Akzeptanz, Zufriedenheit, Nutzung und Nützlichkeit,
2. dem Lernen hinsichtlich der Einschätzung von Kenntnissen und Fähigkeiten,
3. dem Verhalten im Sinne eines Lerntransfers sowie
4. den Ergebnissen gemessen an (betrieblichen) Kennzahlen.

Die ersten beiden Ebenen thematisieren die weichen Faktoren, während die dritte und vierte Ebene Output und Outcome in den Fokus der Betrachtung rücken.

Evaluationen können sowohl in Form von Fremd- als auch von Selbstevaluationen realisiert werden. Ein in der Weiterbildung häufig zum Einsatz kommendes qualitatives Messinstrument zur Reflexion des eigenen Handelns, des Erkennens von Fähigkeiten und Kompetenzen, der Darstellung erbrachter Leistungen sowie der Dokumentation von erworbener Abschlüsse ist der ProfilPASS (vgl. Harp et al. 2010; Abschn. 3.2). Er dient der Messung und Zertifizierung formal, nichtformal und informell erworbener Kompetenzen über die gesamte Lebensspanne. Das ProfilPASS-System besteht zum einen aus dem ProfilPASS-Ordner und der ProfilPASS-Beratung. Der ProfilPASS-Ordner bietet eine Struktur für die Sammlung von Materialien zur Reflexion der bisherigen Berufs- und Lebenserfahrungen; er unterscheidet sechs verschiedene Lernorte und fünf Abschnitte, die der Reflexion und Ermittlung von Kompetenzen dienen. Durch die Erfassung, Ermittlung, Bewertung und Bilanzierung von Aktivitäten wird eine Definition von relevanten Kompetenzen vorgenommen; es entsteht ein persönliches Profil.

In der Zielfindung geht es um die Entwicklung von persönlichen Projekten und die Reflexion der Umsetzung von Möglichkeiten. Die professionelle ProfilPASS-Beratung erfolgt durch speziell geschulte Berater, die Unterstützung dabei geben, den eigenen Stärken auf die Spur zu kommen. „Kerngedanke ist eine durch qualifizierte Begleitung unterstützende Selbstexploration von Fähigkeiten und Kompetenzen, die sich in mehreren aufeinander aufbauenden Schritten vollzieht" (Bretschneider und Seidel 2007, S. 347). Durch das Zusammenspiel der beiden Säulen ProfilPASS-Ordner und ProfilPASS-Beratung kann das Instrument seine besondere Wirkung entfalten. Der ProfilPASS betont die Bedeutsamkeit der Ergebnisse der Weiterbildung in den lebensweltlichen Vollzügen, seien es Kontexte der Arbeit, des zivilgesellschaftlichen Engagements oder der privaten Lebensführung.

Da Bildung kein triviales Gut ist, sondern immer eine Koproduktion, sind Einrichtungen, Dozenten wie auch Teilnehmer für die Qualität ihrer Weiterbildung verantwortlich. Der Begriff des Kunden leitet deshalb in die Irre, aber auch der Begriff des Teilnehmers ist nicht zutreffend. Um die gemeinsame Verantwortung für die Weiterbildung zum Ausdruck zu bringen, sollte besser von Beteiligten bzw. Teilhabern gesprochen werden, wenn von dem Personenkreis die Rede ist, der ein Weiterbildungsangebot aufsuchen, um sich neue Fähigkeiten und Fertigkeiten anzueignen (Abschn. 3.3).

> **Fazit**
>
> Es lassen sich drei Qualitätsdimensionen von Weiterbildung unterscheiden: die Einrichtungsqualität, die Durchführungs- bzw. Prozessqualität sowie die Ergebnisqualität. Die Einrichtungsqualität soll durch Qualitätsmanagementsysteme, in Form einer Testierung, sichergestellt werden. Die Durchführungsqualität reicht von der Vertragsgestaltung über die Organisation der Rahmenbedingungen von Weiterbildung bis hin zur inhaltlichen, methodischen und didaktischen Realisation der Weiterbildung; dabei spielt die Prozessqualität einer verständnis-, handlungs- und kompetenzorientierten Interaktion eine zentrale Rolle. Zur Erfassung der Ergebnisqualität kommen sowohl objektivierende Messverfahren als auch subjektive Einschätzungsverfahren zum Einsatz. Dabei geht es um Output, Outcome und Impact. Neben Fremdevaluationen werden auch Instrumente der Selbstevaluation eingesetzt.

Literatur

Anderson, L. W., & Krathwohl, D. R. (Hrsg.). (2001). *A Taxonomy for Learning, Teaching and Assessing*. New York: Longman.

Arnold, R. (2013). *Wie man lehrt, ohne zu belehren* (2. Aufl.). Carl-Auer Verlag: Heidelberg.

Bloom, B. S. (Hrsg.). (1956). *Taxonomy of educational objectives: Handbook I: Cognitive domain*. New York: McKay.

Bretschneider, M., & Seidel, S. (2007). Bilanzierung und Anerkennung von Kompetenzen mit dem ProfilPASS-System. *Hessische Blätter für Volksbildung, 57*(4), 345–351.

Dehnbostel, P. (2011). Qualifikationsrahmen: Lernergebnis- und Outcomeorientierung zwischen Bildung und Ökonomie. *Magazin erwachsenenbildung.at, 14*, 05. Wien.

Erpenbeck, J., & von Rosenstiel, L. (Hrsg.). (2007). *Handbuch Kompetenzmessung: Erkennen, verstehen und bewerten von Kompetenzen in der betrieblichen, pädagogischen und psychologischen* (2. Aufl.). Stuttgart: Schäffer-Poeschel Verlag.

Fauser, P., Heller, F., & Waldenburger, U. (Hrsg.). (2015). *Verständnisintensives Lernen*. Seelze: Kallmeyer in Verbindung mit Klett.

Harp, S., Pielorz, M., Seidel, S., & Seusing, B. (Hrsg.). (2010). *Praxisbuch ProfilPASS* (2. Aufl.). Bielefeld: Bertelsmann Verlag.

Heyse, V., & Erpenbeck, J. (2004). *Kompetenztraining: 64 Informations- und Trainingsprogramme*. Stuttgart: Schäffer-Poeschel Verlag.

Kirkpatrick, D. L., & Kirkpatrick, J. D. (2006). *Evaluating Training Programs: The Four Levels*. San Francisco: Berrett-Koehler Publishers.

Kolb, M. (2002). *Personalmanagement* (3. Aufl.). Berlin: Berliner Wissenschafts-Verlag.

Krathwohl, D. R., Bloom, B. S., & Masia, B. B. (1978). *Taxonomie von Lernzielen im affektiven Bereich* (2. Aufl.). Weinheim und Basel: Beltz.

Roth, H. (1971). *Entwicklung und Erziehung*. Pädagogische Anthropologie, Bd. II. Hannover: Schroedel.

Senge, P. (2011). *Die Fünfte Disziplin. Kunst und Praxis der lernenden Organisation*. Stuttgart: Schäffer-Poeschel Verlag.

Stiftung Warentest (2012). *Booklet: 10 Jahre Weiterbildungstests*. Berlin: Stiftung Warentest.

Stiftung Warentest (2014). *Checkliste: Fragen, die Sie dem Kursanbieter vor der Buchung stellen sollten*. Berlin: Stiftung Warentest.

Stiftung Warentest (2015). Qualitätsmanagement in der Weiterbildung: Stehen Siegel für Qualität? https://www.test.de/Qualitaetsmanagement-in-der-Weiterbildung-Stehen-Siegel-fuer-Qualitaet-4911239-0/. Zugegriffen: 07. Januar 2017.

Tippelt, R., Reich, J., von Hippel, A., Barz, H., & Baum, D. (Hrsg.). (2008). *Milieumarketing implementieren*. Weiterbildung und soziale Milieus in Deutschland, Bd. 3. Bielefeld: W. Bertelsmann Verlag.

Weiland, M. (2011). Wie verbreitet sind Qualitätsmanagement und formale Anerkennungen bei Weiterbildungsanbietern? DIE aktuell. Bonn. http://www.die-bonn.de/id/9209. Zugegriffen: 07. Januar 2017.

Weinert, F. E. (2001). Vergleichende Leistungsmessung in Schulen – eine umstrittene Selbstverständlichkeit. In: F. E. Weinert (Hrsg.), *Leistungsmessungen in Schulen* (S. 17–31). Weinheim: Beltz.

12

Peri Petax und der archimedische Punkt: Was sind die Bedingungen der Möglichkeit lebenslangen Lernens?

Inhaltsverzeichnis

Durch die bisherigen Kapitel dieses Buches hat Sie bereits Peri Petax begleitet. Sicher haben Sie sich schon gefragt, was es mit diesem lustigen Vogel auf sich hat. Nun sollen Sie etwas mehr über ihn, seine Geschichte, seine Erfahrungen und Erkenntnisse zum lebenslangen Lernen erfahren. Eine der Stärken von Peri Petax besteht darin, in kleinen Szenen komplexe inhaltliche Aussagen pointiert darzustellen, die dann von Holger Löbe ins Bild gesetzt werden; hiervon haben Sie schon einige Kostproben erhalten. Nun sollen Sie noch eine andere Stärke von Peri Petax kennenlernen. Er liebt es nämlich, in kleinen Geschichten aus seinem eigenen Leben wichtige Einsichten zum Lernen auf den Punkt zu bringen. Hiervon finden Sie in diesem und den folgenden Kapiteln einige Kostproben, die in den Text eingestreut sind. Die Storys von Peri Petax und meine Ausführungen sollen das, worauf es beim lebenslangen Lernen ankommt, wie in einem Brennglas bündeln oder, um eine andere Metapher zu verwenden, es soll der Hebelpunkt in den Blick genommen werden, von dem aus die gesamte Lernwelt aus den Angeln gehoben bzw. bewegt und auch verankert werden kann; dies ist der archimedische Punkt.

Der Punkt ist nach dem griechischen Mathematiker, Physiker und Ingenieur Archimedes von Syrakus benannt; er gilt als einer der bedeutendsten Mathematiker der Antike. Einem größeren Publikum ist er der Legende nach da-

© Springer-Verlag GmbH Deutschland 2017
E. Schäfer, *Lebenslanges Lernen*, Kritisch hinterfragt DOI 10.1007/978-3-662-50422-2_12

durch bekannt geworden, dass er unbekleidet und laut „Heureka!" rufend um ca. 287 . Chr. durch die Stadt gelaufen sein soll, nachdem er beim Baden das nach ihm benannte archimedische Prinzip entdeckt hatte. Seitdem steht Heureka als Synonym für eine plötzliche Erkenntnis. Archimedes war ein sehr kreativer Geist, und auf ihn geht auch der sog. archimedische Punkt zurück. Es handelt sich dabei um einen theoretischen „absoluten Punkt", der als Angelpunkt dient. Archimedes hatte behauptet: „Gebt mir einen Hebel, der lang genug, und einen Angelpunkt, der stark genug ist, dann kann ich die Welt mit einer Hand bewegen." Seit dieser Zeit wird der archimedische Punkt als philosophischer Begriff verwendet, um eine vollkommen evidente Wahrheit oder Tatsache zu bezeichnen.

Von welch zentraler Bedeutung für einen selbstbestimmten und -verantworteten Veränderungsprozess, den wir als Lernen bezeichnen, das In-Beziehunggehen ist, haben wir an verschiedenen Stellen in diesem Buch hingewiesen. Der archimedische Punkt für das lebenslange Lernen ist deshalb das dreifache In-Beziehung-gehen zu sich selbst, anderen Menschen sowie zum Gegenstand des Lernens. Wie und wodurch dieser Prozess befördert werden kann, wird uns in diesem Kapitel beschäftigen. Bevor wir dies tun, will ich Ihnen nun endlich Peri Petax etwas genauer vorstellen.

Holger Löbe

12.1 Wer ist Peri Petax?

Der korrekte Name von Peri Petax ist Petáxei Peripou – so steht es zumindest in seinen Dokumenten. Da er aber selbst darauf besteht, mit Peri Petax angesprochen zu werden, will ich auch dabei bleiben. Peri Petax ist schon ziemlich alt; aufgewachsen ist er als kleiner Vogel bei den Peripatetikern, den Angehörigen der aristotelischen Schule, benannt nach Peripatos, dem Wandelgang, in dem Aristoteles auf und ab gehend lehrte. Peri Petax hat diese Tradition aufgegriffen und als Vogel seine eigene Methode, die des Lehrens und Philosophierens, im Umherfliegen (*petáxei peripou*) begründet, daher sein Name. Sein Wahlspruch lautet: *Per aspera ad astra* („Über raue Pfade gelangt man zu den Sternen"); diesen hat er sich aus seiner Zeit im alten Rom mitgebracht, wo er sich aufgehalten hat, nachdem es mit den alten Griechen bergab gegangen war.

Allerdings hat Peri Petax auch schwere Zeiten hinter sich. Als kleiner Vogel war er ja nur mit den Peripatetikern zu Fuß unterwegs und hatte ganz vergessen, dass es seine Bestimmung ist, zu fliegen. Es war ein langer und harter Weg, sich dessen zu erinnern, was er konnte. Aus dieser Schwäche hat er dann später eine Stärke gemacht. Heute wird ihm nachgesagt, dass seine größte Gabe als Coach und Lehrer darin bestehe, andere Lebewesen an das zu erinnern, was sie am besten können. Unser Peri Petax ist heute in allen Elementen unterwegs – in der Luft, zu Lande und auch gern im Wasser. Er liebt alle Elemente und kann sich nun sehr schnell auf ihre jeweiligen Spezifika einstellen. Ja, einige von seinen besten Freunden behaupten sogar, er habe die Gabe der Metamorphose – ihm würden z. B. im Wasser Schwimmhäute wachsen –, aber darüber redet er in der Öffentlichkeit nicht. Ich weiß es von seinen besten Freunden, die ihn liebevoll kurz Pepe nennen dürfen.

Was kann man von einem Vogel lernen?

Peri Petax wurde einmal gefragt, ob man als Mensch von einem Vogel überhaupt etwas lernen kann. Seine Antwort war folgende: „Ob man von einem Vogel, einem anderen Tier, einer Pflanze, einem Stein oder einem Menschen etwas lernen kann, hängt nicht vom Stein, der Pflanze, dem Tier oder dem Menschen ab, sondern von einem selbst."

Der Ruf nach Techniken, Tipps und Tools, die ein leichtes Lernen garantieren sollen, ist groß; die entsprechende Ratgeberliteratur greift dieses Bedürfnis gerne und durchaus gewinnbringend auf. Der Lerngewinn für den Einzelnen lässt dabei allerdings häufig etliche Wünsche offen. Weinert (1996, S. 41) kommt mit Blick auf derartige Publikationen zu der folgenden Einschätzung: „Es ist offensichtlich, dass die postulierten und in der einschlägigen Literatur vielfach propagierten Instruktionsprinzipien mehr Probleme aufwerfen, als dass sie spezifische Handlungsanweisungen liefern." Er kommt zu dem Ergebnis, dass sich die scheinbar „wissenschaftlichen" Ratschläge in den meisten Fällen als trivial, unbrauchbar oder beides erweisen. Aus diesem Grund will ich mich gar nicht in die Versuchung begeben, dieser Verlockung zu erliegen, sondern stattdessen an die drei Aspekte des In-Beziehung-gehens erinnern, um dies weiter zu akzentuieren.

12.2 Was meint inneres und äußeres Selbstmanagement?

Der erste Aspekt des In-Beziehung-gehens zu sich selbst soll im Folgenden als Selbstmanagement beschrieben werden. Dabei gilt es zwei Dimensionen zu unterscheiden: das äußere und das innere Selbstmanagement. Über das äußere Selbstmanagement ist schon fast alles gesagt und publiziert worden; exemplarisch hierfür sei der Simplify-Weg genannt, wie er von Küstenmacher und Seiwert (2002) ausführlich in zahlreichen Publikationen beschrieben wird.

Spezifisch auf das Lernen bezogen sind als hervorragende Publikationen zu dem Thema der Lernstrategien und Lerntechniken mit wissenschaftlicher Fundierung exemplarisch einige zu nennen: In der bereits in der 21. Auflage erschienenen Veröffentlichung von Regula Schräder-Naef (2003), der langjährigen Leiterin der Abteilung Erwachsenenbildung an der Bildungsdirektion Zürich, erfahren Sie ausführlich, was Sie an Arbeitstechniken für ein selbstständiges Lernen benötigen. Verena Steiner (2014, 2013a, 2013b), ebenfalls eine Schweizer Autorin, entwickelte an der ETH Zürich das Programm „Lernen mit Lust!" und für ein exploratives, auf Neugier basierendes Lernen. In ihrem Lernpowerkonzept empfiehlt sie einen klugen Umgang mit den eigenen Energien. Die ehemaligen Hochschullehrer an der Universität zu Köln, Werner Metzig und Martin Schuster (2016) beschäftigen sich vor dem Hintergrund der Gedächtnispsychologie mit Lernstrategien und Lernmethoden. Schließlich sei noch darauf verwiesen, dass die Stiftung Warentest im Rahmen ihres Weiterbildungsguides wichtige Tipps zum Thema lebenslanges Lernen bereithält: http://weiterbildungsguide. test.de/wege/lernen-organisieren/lerntipps-fuer-erwachseneLerntipps.

> ?
>
> Wie gut kennen Sie sich selbst? Was würden Sie einer anderen Person über Ihre eigene Art zu lernen sagen? Wenn Sie Ihr Dozent, Lerncoach, Lernberater etc. wären, was sollte er für die Arbeit mit Ihnen wissen? Wie sicher sind Sie, dass Ihre Selbstbeschreibung zutreffend ist? Woran machen Sie dies fest?

Viele Menschen schauen beim Lernen mehr auf ihre Defizite als auf das, was sie schon erreicht und gelernt haben und können ihre Potenziale deshalb nur unzureichend sehen und wertschätzen. Beginnen Sie deshalb mit einem Inventar dessen, was Sie an Fähigkeiten und Fertigkeiten bereits erworben haben. Hierzu eignet sich sehr gut der sog. Wissensbaum. Mit dieser Methode lassen sich implizites wie explizites Wissen visualisieren und Entwicklungspotenziale aufdecken. Sie können eine entsprechende Vorlage verwenden oder auch selbst einen großen Baum zeichnen. In die Wurzeln schreiben Sie die Stationen Ihrer beruflichen Aus-und Weiterbildung sowie Ihre bisherigen beruflichen, familiären wie auch ehrenamtlichen Tätigkeiten. Im Stamm dokumentieren Sie Ihre eigenen Kernkompetenzen, Ihre Fähigkeiten und Fertigkeiten, die Sie erworben haben und die Ihr Profil kennzeichnen. In der Krone, dem Blätterwerk des Baumes, stellen Sie die Früchte Ihrer Erfahrungen und Kompetenzen dar; es handelt sich hier um die persönliche Ausprägung der Kernkompetenzen des Stammes. Damit Sie auch Kompetenzen erfassen können, die Sie gerade entwickeln, können sie diese als Blüten einzeichnen.

Nachdem Sie Ihren Wissensbaum erstellt haben, bietet es sich an, dass Sie in einer wertschätzenden Befragung (*appreciative inquiry*) zusammen mit einem Lernpartner sich Ihr eigenes Potenzial vergegenwärtigen. Die *appreciative inquiry* wurde in den 1980er-Jahren von David Cooperrider von der Case Western Reserve University in den USA entwickelt. Bitten sie Ihren Lernpartner, die folgenden Fragen an Sie zu richten (falls Ihnen kein Lernpartner zur Verfügung steht, dann können Sie auch eine Selbstbefragung durchführen):

- Was ist deine positivste Erinnerung? Was war dein größter bisheriger Erfolg?
- Was inspiriert, was fasziniert dich an deiner Aufgabe?
- Was ist deine besondere Fähigkeit?
- Was schätzen andere an deiner Arbeit am meisten?
- Was stimmt dich optimistisch und fördert dein Engagement?
- Was möchtest du erreichen, und wie wird es sein, wenn du es erreicht hast?
- Woran kannst du erkennen, dass du deiner Vorstellung näher kommst?

Das (Un-)Mögliche

Um als Vogel mehr über das ihm manchmal doch sehr fremd erscheinende Seelenleben der Menschen zu erfahren, hat Peri Petax ein Praktikum bei dem berühmten Psychiater und Begründer der Positiven Psychotherapie (PPT) Nossrat Peeseschkian gemacht, der u. a. Instrumente zur Selbstbeobachtung entwickelt hat. Ein Satz, der öfter in den Therapiesitzungen gefallen ist und der ihm sehr eingeleuchtet hat, lautet: „Wenn du etwas haben willst, was du noch nie gehabt hast, dann musst du etwas tun, was du noch nie getan hast." Erinnert hat sich Peri dabei an eine Erkenntnis von Hermann Hesse, der gesagt hat: „Damit das Mögliche entsteht, muss immer wieder das Unmögliche versucht werden." Dass das Unmögliche zu tun, durchaus Spaß machen darf, darauf weist Peri Petax die Menschen immer wieder hin. Mit seinem ganz speziellen Humor schützt er sich selbst und hilft gleichzeitig anderen. Deshalb ist es für ihn am vernünftigsten, nicht ganz vernünftig sein zu.

Den folgenden Dialog sollen Sie wechselseitig mit einem Lernbegleiter in Form eines Dozenten, Facilitators, Lerncoachs oder einer anderen von Ihnen zu bestimmenden Funktion führen. Für den Fall, dass Ihnen kein Lernbegleiter zur Verfügung steht, so können Sie die Übung auch durchführen, indem Sie sich real oder in Gedanken abwechselnd auf einen der beiden Stühle setzen, die jeweils für Sie, den Lernenden und Ihren Lernbegleiter zur Verfügung stehen. Sie nehmen dann abwechselnd beide Rollen ein. Die Übung wurde in ihrer ursprünglichen Form von Bernd Schmid und Marc Minor im isb Wiesloch, dem Weiterbildungsinstitut für Fach- und Führungskräfte im Bereich Professions-, Organisations- und Kulturentwicklung für Beratungssituationen entwickelt (Ryba et al. 2014, S. 65 f.) und für unsere Zwecke adaptiert.

Hinweise des Lernenden an den Lernbegleiter

- Meine Eigenart(en) als Lernender würde ich wie folgt beschreiben ...
- Zur Hochform laufe ich auf, wenn ...
- Verantwortung übernehme ich für ...
- Keine Verantwortung übernehme ich für ...
- Ich glaube, folgende Denk- und Handlungsmustermuster in Bezug auf das Lernen bei mir erkannt zu haben ...
- Um meinen Lernprozess zu unterstützen, wünsche ich mir von dir als Lernbegleiter folgendes ...
- Um mit dir gut zusammenarbeiten zu können, brauche ich von dir ...
- Deine Rolle als Lernbegleiter sehe ich darin ...
- Wenn sich im Verlauf des Lernprozesses bei mir Fragen ergeben zu ..., werde ich in der folgenden Art und Weise für mich sorgen ...

Bitte ergänzen Sie die Hinweise und weitere für Sie wichtige Punkte.

Hinweise des Lernbegleiters an den Lernenden

- Meine Eigenart(en) als Lernbegleiter würde ich wie folgt beschreiben ...
- Zur Hochform laufe ich auf, wenn ...
- Verantwortung übernehme ich für ...
- Keine Verantwortung übernehme ich für ...
- Ich glaube folgende Denk- und Handlungsmustermuster in Bezug auf die Wahrnehmung der Rolle als Lernbegleiter bei mir erkannt zu haben ...
- Um deinen Lernprozess zu unterstützen zu können, wünsche ich mir von dir als Lerner Folgendes ...
- Um mit Dir gut zusammenarbeiten zu können, brauche ich von dir ...
- Deine Rolle als Lerner sehe ich darin ...
- Wenn sich im Verlauf des Lernprozesses bei mir Fragen ergeben zu ..., werde ich in der folgenden Art und Weise für mich/uns sorgen ...

Bitte ergänzen Sie diese Hinweise um weitere für Sie wichtige Punkte.

Wie sehr sich das vorurteilslose Fragen als Methode effektiver Kommunikation anbietet, hat Edgar H. Schein (2016) in seinem Buch *Humble Inquiry* beschrieben; diese Fragetechnik basiert auf Wertschätzung und echtem Interesse für den anderen sowie eigener Neugierde auf die Antworten des anderen.

Sie können diese Übung auch für eine wechselseitige Befragung von zwei Lernenden in einem gemeinsamen Lernprozess nutzen. Aus der komplementären Begegnung von Lerner und Lernbegleiter wird dann die symmetrische Begegnung von zwei Lernpartnern. Wie Sie gemerkt haben, sind wir von der ersten Ebene des In-Beziehung-gehens mit sich selbst bereits zu der zweiten des In-Beziehung-gehens mit anderen im gemeinsamen Lehr-Lern-Prozess übergegangen.

Um in der Lernsituation anzukommen, ist es erforderlich, sich selbst bewusst wahrzunehmen, Unerledigtes abzuschließen oder zur Seite zu legen, die eigenen Bedürfnisse abzuklären, um sich anschließend der Begegnung mit den anderen Menschen, dem sozialen Kontext, in dem man lernt, zuzuwenden. Auf dieser Basis kann sodann die dritte Ebene des In-Beziehung-gehens zum Thema angegangen werden.

Denkmuster

Als Peri Petax einmal in Indien war, um sich mit den alten vedischen Traditionen vertraut zu machen, hat er eine Geschichte erlebt, wie sie ganz ähnlich auch von Bucay (2010, S. 7 ff.) niedergeschrieben wurde. Er traf einen Arbeitselefanten, der jeden Tag im Wald beim Roden von Bäumen hart schuften musste. Damit der Elefant nicht wegläuft, hatte ihn sein Wärter an einem kleinen Holzpflock angekettet. Als Peri Petax dies sah, war er sehr erstaunt. Bei seinen Kräften wäre es für den Elefanten ein leichtes gewesen, den Pflock herauszureißen und sich auf und davon zu machen. Als Peri Petax mit dem Elefanten darüber sprach, erzählte ihm dieser, dass er schon als ganz kleiner Elefant hier festgebunden worden war. Anfänglich hatte er zwar versucht, sich loszureißen, aber dazu hatten damals seine Kräfte nicht ausgereicht, und er war gescheitert. In der Folgezeit war er zu der Überzeugung gelangt, dass er sich nicht aus seiner Gefangenschaft befreien kann, und fühlte sich ohnmächtig. Als ausgewachsener Elefant hätten seine Kräfte spielend dafür ausgereicht, sich zu befreien, doch die Erfahrung, dass er es nicht kann, hatte sich tief in sein Gedächtnis eingebrannt; er ist einfach seinem alten Denkmuster gefolgt und hat es nicht mehr infrage gestellt – so wie es die Menschen beim Lernen leider zu häufig tun.

?

Kennen Sie Ihre Selbststeuerungsmechanismen und -dynamiken? Führen Sie Selbstgespräche? Lauschen Sie Ihren inneren Dialogen zum Thema Lernen? Was haben Sie dabei bereits über sich selbst erfahren? Haben Sie daraus Schlussfolgerungen gezogen? Wenn ja, welche?

Neben dem äußeren Selbstmanagement gibt es noch das innere Selbstmanagement; hierunter wird der innere Dialog verstanden. Gallwey (2012) hat in seinem Buch *Das Innere Spiel* mit Bezug zum Tennis die These aufgestellt, dass es neben dem äußeren Spiel, das für einen Beobachter sichtbar ist, noch ein inneres Spiel gibt. „Dieses Spiel findet im Kopf des Spielers statt und wird gegen Hindernisse wie Konzentrationsschwäche, Nervosität, Selbstzweifel und Selbstkritik ausgetragen. Es wird, um es ganz kurz zu sagen, gegen alle Denkgewohnheiten gespielt, die herausragenden Leistungen im Weg stehen" (Gallwey 2012, S. 12). Wird den vernachlässigten Fertigkeiten des inneren Spieles keine Aufmerksamkeit geschenkt, so wird man auch im äußeren Spiel keine Meisterschaft erlangen können, so seine Überzeugung.

Was für das Tennisspiel gilt, lässt sich auf das Lernen übertragen, deshalb ist es so wichtig, auf den inneren Dialog zu achten. Gallwey unterscheidet zwischen dem „Ich" (Selbst 1)und dem „Selbst" (Selbst 2). Das Selbst 1 kann man sich als den Kommentator der Handlungen von Selbst 2 vorstellen. Beide kommunizieren miteinander. Die Qualität unserer Performance allgemein und speziell natürlich auch beim Lernen hängt von der Beziehung zwischen beiden ab. Um zu einer besseren Harmonie zwischen dem bewussten Ich (Selbst 1) und dem Körper (Selbst 2) zu kommen, empfiehlt Gallwey den Verzicht auf Selbstbeurteilung: „Erst wenn Selbst 1 damit aufhört, über Selbst 2 und seine Taten zu urteilen, kann es ein Bewusstsein dessen entwickeln, wer und was Selbst 2 ist, und die Abläufe würdigen, nach denen es funktioniert" (Gallwey 2012, S. 67). Während Selbst 1 über die Sprache kommuniziert, sind für Selbst 2 die Bilder wichtig. Über den „Verzicht auf Beurteilungen, die Kunst, Bilder aufzurufen, und das ‚Geschehenlassen'"(Gallwey 2012, S. 97) kann der innere Dialog positiv gestaltet werden. Als Erstes kommt es darauf an, dass man zunächst den Dialog wahrnimmt und dokumentiert, d. h., die Gedanken werden festgehalten, und es wird geschaut, welche Qualität sie haben, ob sie mich behindern oder hilfreich sind, ein bestimmtes Ziel zu erreichen. Anschließend kann Gedanken, die einem nicht guttun, mittels eines laut oder auch leise gesprochen „Stopp" Einhalt geboten werden. Sie lassen sich auch visualisieren und anschließend auflösen und durch positive Affirmationen ersetzten.

Zunächst ist es ganz wichtig anzuerkennen, dass der Gedanke da ist. Damit wir ihn loslassen können, ist es notwendig, ihn zuvor anzuschauen und nicht in einen Widerstand gegen ihn zu gehen, sonst bekommen wir es mit einem von vier Saboteuren zu tun: der Schuldzuweisung, der Selbstanklage, der Resignation oder der Gefahr, die Situation bekämpfen zu wollen. In einem weiteren Schritt geht es sodann darum, die Geschichte, die wir uns selbst erzählen, umzuschreiben, indem wir uns eine andere Geschichte erzählen, die für uns zieldienlicher ist.

Sie können es gleich ausprobieren, indem Sie die folgende Übung machen:

1. Nehmen Sie etwas, das Sie – bezogen auf Ihren Lernprozess – im inneren Dialog vernommen haben und das Sie wütend oder ärgerlich macht, das Ihnen Unbehagen bereit.
2. Achten Sie darauf, welche Geschichte Sie sich um diese Situation herum selbst erzählen und welche Saboteure Sie möglicherweise an Bord haben.

3. Erzählen Sie die Geschichte nun um, sodass es Ihnen gut damit geht und Sie ihre Ziele erreichen (Fromm und Fromm 2010). Achten Sie dabei stets auf den respektvollen und wertschätzenden Umgang von Selbst 1 und Selbst 2 miteinander.

Ganz neue Optionen

Von Peri Petax stammt auch der berühmte Satz: „Wenn du denkst, dass du nur eine Möglichkeit hast, dann hast du mindestens zwei übersehen." Dieser Satz nimmt Bezug auf die Situation von Menschen, die im psychologischen Nebel stehen, die nicht mehr klar denken können, da sie von ihren Emotionen überschwemmt werden. Diese Menschen sehen angesichts einer vor ihnen stehen Herausforderung in einen schwarzen Tunnel und können nichts mehr links und rechts von sich wahrnehmen. Deshalb denken sie, dass es keinen Ausweg gibt, und sie drohen zu verzweifeln; doch mit etwas Abstand und einem In-sich-Gehen tun sich ganz neue Optionen auf.

Übrigens hat Peri Petax dies auch an sich selbst erfahren, als er dachte, er könnte nur auf dem Boden gehen. Das war aber ein gewaltiger Irrtum, denn er konnte ja auch noch schwimmen und fliegen. Das wusste er jedoch erst, als er es „erlebt" hatte.

Viele unserer Gedanken, die wir tagtäglich denken, auch die über das Lernen, sind Gedanken, die wir schon Abertausende Male gedacht haben; so programmieren wir uns mit automatisch ablaufenden Gedanken. Dabei findet eine Synchronisierung von Gehirn und Körper statt: Wir fühlen uns so, wie wir denken, und denken so, wie wir fühlen (Dispenza 2012). Dies ist eine sich wechselseitig stabilisierende Feedbackschleife, die durchbrochen werden kann, indem wir neue Gedanken denken, neue Erfahrungen machen und so die Voraussetzung dafür schaffen, neue neuronale Muster aufzubauen. Auf diese Weise kann es zu Veränderungen kommen, und es kann Lernen stattfinden, da unser Gehirn plastisch ist.

Lernen beginnt damit, dass wir uns selbst beim Denken beobachten, indem wir auf den inneren Dialog achten; auf diese Weise lässt sich erkennen, mit welchen Denkweisen und Emotionen wir uns selbst im Wege stehen. Die Installation einer inneren Instanz des Beobachters macht es uns möglich, uns selbst in unserem Lern- und Veränderungsprozess zu betrachten. Neben dem Erwerb neuer Fähigkeiten und Fertigkeiten, dem Sichausrichten auf neue Denkweisen und Emotionen, ist die Selbstreflexion von entscheidender Bedeutung; sie hebt uns auf eine neue Stufe des Lernens: von Lernen I zu Lernen II und vielleicht auch darüber hinaus (Abschn. 3.1).

12.3 Wie installiert man eine Beobachterposition?

Die Beobachterposition kann auf verschiedene Arten eingerichtet werden. Zunächst ist dies – wie beschrieben – durch Metakognition möglich, die Auseinandersetzung mit den eigenen kognitiven Prozessen; der Beobachter kann zu einem Alter Ego werden, einem hilfreichen Lernbegleiter, der wie ein Schatten nicht von der Seite weicht. Hilfreiche Instrumente der Selbstreflexion sind Lerntagebücher, Lernjournale und Selbstbefragungen. Ein anderer Weg besteht darin, sich im Dialog mit anderen zu reflektieren, indem man sich coachen lässt, eine Einzelberatung oder eine kollegiale Fallberatung aufsucht, Supervisionsmöglichkeiten nutzt bzw. sich in Alltagsgesprächen mit anderen austauscht. Die Qualität der Reflexionsprozesse zeichnet sich dadurch aus, wie es gelingt, möglichst unterschiedliche Perspektiven einzunehmen.

Eine Realität und die Wahrgebung vieler Wirklichkeiten

Peri Petax hat auch eine künstlerische Ader. Auf seinen Bildungsreisen traf er in Deutschland einen Lebenskünstler, der u. a. ein großes Talent hatte, Bilder zu malen. Er schätzte es sehr, gemeinsam mit ihm Zeit im Atelier oder in der Natur zu verbringen. Eines Tages gaben sie sogar gemeinsam an der Volkshochschule einen Zeichenkurs. Zur Demonstration ihrer Vorgehensweise porträtierten sie in einer Seminareinheit unabhängig voneinander einen Menschen, der sich als Modell zur Verfügung gestellt hatte, während die anderen Teilnehmer sie dabei beobachteten. Diese sahen, dass ganz unterschiedliche Bilder entstanden, die zwar beide auf eine gewisse Weise eine Ähnlichkeit mit dem porträtierten Menschen aufwiesen, sich aber trotzdem durch große Unterschiede auszeichneten.

Darauf angesprochen, wie dies sein könnte, sagte Peri Petax: „Es gibt zwar eine Realität, die uns beiden in Form dieses zu porträtierenden Menschen gegenüber sitzt, in unseren Köpfen haben wir aber ganz unterschiedliche Bilder davon. Wir sprechen zwar von unserer Wahrnehmung dieser einen Realität, doch bei genauer Betrachtung ist es keine Wahrnehmung, sondern eine Wahrgebung; wir geben nämlich das wieder, was durch unsere verschiedenen Filter gegangen ist. Auf diese Weise haben wir innere Landkarten von der Realität entworfen, unsere Wirklichkeiten, die wir nun auf die Leinwand zu bringen versucht haben; das ist es, was ihr seht. Im normalen Leben und in Lernprozessen ist dies immer der Fall, nur dass wir unsere Wirklichkeiten meist nicht mit Farben malen, sondern in Worte fassen. Wir denken, dass wir über eine und dieselbe Sache reden, und dabei sind es nur unsere ganz persönlichen Wahrgebungen, die wir Abbilder nennen. Das vergessen wir zu gerne, und so kommt es dann vielleicht zu Missverständnissen. Deshalb ist es so wichtig, dass wir uns dies immer wieder klarmachen und reflektieren."

Lernprozesse sind substanziell auf Reflexion angewiesen. So wie beim Reflektieren das Feedback von anderen wichtige Impulse vermitteln kann, ist es auch beim Arrangieren von Lehr-Lern-Settings: Kollaborative Lernszenarien sind eine Antwort auf eine zunehmend vernetzte und komplexer gewordene Lernwelt und zudem ein Mittel, um die Beziehungsgestaltung innerhalb einer Gruppe von Lernenden zu fördern. Die Befähigung zur Zusammenarbeit ist eine Schlüsselkompetenz. Diese Einsicht ist nicht ganz neu, bereits Goethe (1833, S. 99) hatte erkannt: „Nach unserer Überzeugung gibt es kein größeres und wirksameres Mittel zu wechselseitiger Bildung als das Zusammenarbeiten überhaupt".

Einerseits ist es sicherlich die Aufgabe von organisierten Lernprozessen in der Weiterbildung, die Rahmenbedingungen für ein kooperatives Lernen zu schaffen, andererseits ist es aber auch die Verpflichtung jedes einzelnen Lerners, sich sein eigenes Lernnetzwerk zu erschaffen; dabei kommt den sozialen Netzwerken neben den eher traditionellen Formen der Kollaboration eine immer wichtigere Rolle zu. Werden Sie zu Ihrem eigenen Netzwerk; verbinden Sie sich real und virtuell mit anderen Menschen, die Sie fragen können, mit denen Sie den Austausch pflegen und die Sie um Unterstützung bitten können. Es gilt, Lernbündnisse aufzubauen, Wissen und Erfahrungen zu teilen, um mit und voneinander lernen zu können. Das Lernen in der Gemeinschaft kann nicht nur Spaß machen, dabei werden auch Dopamin und andere Neuromodulatoren ausgeschüttet (Damasio 2005, S. 178).

Wie Ritschel (2016, S. 34) an Beispielen aus verschiedenen Bildungsbereichen gezeigt hat, gehört die Zukunft Ansätzen, „die ein Lernen auf Basis von Selbststeuerung, verbunden mit hoher sozialer Interaktion, ergänzt durch die Chance zur selbst- und gruppenbezogenen Reflexion und mit großer Nähe zur Lebens- und Arbeitswirklichkeit der Beteiligten ermöglichen". Zu den neuen kollaborativen Arrangements gehören z. B. Barcamps, Teach Meet und Study Meet (Ebersbach und Schäfer 2014). Weitere „multiperspektivische, methodenoffene, eigenständige kollaborative Lernarrangements" (Ritschel 2016, S. 35) werden zu entwickeln und zu erproben sein. Über den intensiven Austausch mit anderen und eine vertrauensvolle Beziehungsgestaltung wird die Grundlage dafür gelegt, dass die Beziehung zum Gegenstand des Lernprozesses intensiviert werden kann. Hier schließt sich der Kreis des In-Beziehung-gehens.

> **Fazit**
>
> Der archimedische Punkt im Prozess des lebenslangen Lernens ist das In-Beziehung-gehen zu sich selbst, anderen Menschen sowie zum Gegenstand des Lernens. Neben dem äußeren Selbstmanagement, der Aneignung von Lernstrategien und -techniken, kommt dem inneren Selbstmanagement eine Schlüsselstellung zu. Es gilt, den Blick auf eigene Potenziale statt Defizite zu richten; dies kann durch die Vergegenwärtigung des bereits Erreichten in Form des Wissensbaumes bzw. spezielle Fragetechniken wie die *appreciative inquiry* oder die *humble inquiry* geschehen.
>
> Um die eigenen Selbststeuerungsmechanismen und -dynamiken zu erkennen, hilft es, auf den inneren Dialog zu lauschen und einen liebe- und verständnisvollen Umgang mit sich selbst zu pflegen. Dabei geht es zentral um die Verbesserung der Beziehung zwischen unserem Selbst 1, dem Kommentator und den performativen Fähigkeiten von Selbst 2. Auf diese Weise kann es gelingen, sich auf neue Denkweisen und Emotionen auszurichten, dadurch neue neuronale Muster zu erzeugen und auf diese Weise Feedbackschleifen der Synchronisierung von Gehirn und Körper zu etablieren. Dies ist der Hebel, um die eigene Welt zu bewegen.
>
> Die beschriebenen Prozesse bedürfen einer intensiven Selbstreflexion; deshalb empfiehlt es sich, im Lernprozess die Position eines Beobachters zu installieren. Sowohl die das Lernen begleitenden Reflexionsprozesse als auch die Lernsettings sind auf dialogisch angelegte kollaborative Lernarrangements angewiesen. Diese befördern das In-Beziehung-gehen zu sich selbst, der Lerngruppe und den Lerngegenständen.

Literatur

Bucay, J. (2010). *Komm, ich erzähl dir eine Geschichte* (10. Aufl.). Frankfurt am Main: Fischer.

Damasio, A. R. (2005). *Der Spinoza-Effekt. Wie Gefühle unser Leben bestimmen.* Berlin: Ullstein.

Dispenza, J.(2012). *Ein neues Ich. Wie Sie Ihre gewohnte Persönlichkeit in vier Wochen wandeln können.* Burgrain: KOHA-Verlag.

Ebersbach, A., & Schäfer, E. (2014). *Neue Lehr- und Lernkultur. Ein Projekt zur verantwortungsvollen Gestaltung von Lehr- und Lernarrangements am Fachbereich Sozialwesen der Ernst-Abbe-Fachhochschule Jena.* Die Neue Hochschule, Bd. 3 (S. 80–82).

Fromm, B., & Fromm, M. (2010). *Die Kunst des Selbstcoachings, MP3-CD, Workshop.* Auditorium: Müllheim/Baden.

Gallwey, W. T. (2012). *Tennis – Das Innere Spiel. Durch entspannte Konzentration zur Bestleistung* (5. Aufl.). München: Wilhelm Goldmann.

Goethe Johann von, W. (1833). *Über die Entstehung des Festspiels zu Ifflands Andenken.* Goethe's Werke, Bd. 45 (S. 97–102). Stuttgart und Tübingen: J.G. Cotta'sche Buchhandlung.

Küstenmacher, W. T., & Seiwert, L. (2002). *Simplify your life: Einfacher und glücklicher leben* (4. Aufl.). Frankfurt/New York: Campus.

Metzig, W., & Schuster, M. (2016). *Lernen zu lernen. Lernstrategien wirkungsvoll einsetzen* (9. Aufl.). Berlin, Heidelberg: Springer.

Ritschel, T. (2016). „Ich bin gut. Wir sind besser." Einstiege in die kreative interprofessionelle Kollaboration. *Sozialmanagement, 14*(1), 23–36.

Ryba, A., Pauw, D., Ginati, D., & Rietmann, S. (Hrsg.). (2014). *Professionell coachen.* Weinheim, Basel: Beltz.

Schein, E. H. (2016). *Humble Inquiry: Vorurteilsloses Fragen als Methode effektiver Kommunikation.* Bergisch Gladbach: EHP.

Schräder-Naef, R. (2003). *Rationeller Lernen lernen. Ratschläge und Übungen für alle Wissbegierigen.* Weinheim und Basel: Beltz.

Steiner, V. (2013a). *Exploratives Lernen. Der persönliche Weg zum Erfolg. Aktualisierte und erweiterte Neuausgabe.* München: Pendo.

Steiner, V. (2013b). *Lernpowert. Effizienter, kompetenter und lustvoller lernen* (3. Aufl.). München: Pendo.

Steiner, V. (2014). *Energiekompetenz. Produktiver denken, wirkungsvoller arbeiten, entspannter leben* (9. Aufl.). München: Pendo.

Weinert, F. E. (1996). Lerntheorien und Instruktionsmodelle. In: F. E. Weinert (Hrsg.), *Psychologie des Lernens und der Instruktion* Enzyklopädie der Psychologie, Serie I. Pädagogische Psychologie, (Bd. 2, S. 1–48). Göttingen: Hogrefe.

13

Was sind die Gelingensbedingungen des Lernens?

Inhaltsverzeichnis

Im vorhergehenden Kapitel haben wir uns mit dem In-Beziehung-gehen als dem archimedischen Punkt des Lernens beschäftigt und damit schon eine erste Antwort auf die Frage nach den Gelingensbedingungen des Lernens gegeben. Dieser Punkt ist die Voraussetzung dafür, dass Lernen gelingen kann. Doch welche weiteren Bedingungen lassen sich identifizieren? So wie wir im vorhergehenden Kapitel den Blick primär auf das innere Selbstmanagement gerichtet haben, wollen wir auch jetzt vornehmlich auf jene Gelingensbedingungen schauen, die durch das eigene Denken, Fühlen und Handeln zu beeinflussen sind.

Zu diesem Zweck werfen wir den Blick auf theoretische Konzepte, die wir bereits angesprochen haben: die Salutogenese und die Neurobiologie. Darüber hinaus soll uns die Theorie U, das körperbasierte Lernen, das agile Lernen sowie die WOOP-Intervention beschäftigen; dabei wird uns wieder Pcri Petax begleiten. Wenn hier ganz bewusst nicht von Erfolgsfaktoren des Lernens, sondern von Gelingensbedingungen die Rede ist, so beruht dies auf der Erkenntnis von Bateson (1981, S. 617), „dass es zwei Welten der Erklärung oder zwei Welten des Verstehens gibt, nämlich die *pleroma* und die *creatura* (Hervorhebung im Original). In der Pleroma gibt es nur Kräfte und Einwirkungen. In der Creatura herrscht der

© Springer-Verlag GmbH Deutschland 2017
E. Schäfer, *Lebenslanges Lernen*, Kritisch hinterfragt DOI 10.1007/978-3-662-50422-2_13

Unterschied. Mit anderen Worten, die Pleroma ist die Welt der Naturwissenschaften, während die Creatura die Welt der Kommunikation und Organisation ist."

In der Welt der Naturwissenschaften lassen sich die Einflussgrößen und Wirkfaktoren exakt bestimmen und der Erfolg daraus berechnen; in der Welt der Sozialwissenschaften ist dies aufgrund der Komplexität der lebenden Systeme, mit denen wir es zu tun haben, bedeutend schwieriger, wenn nicht gar unmöglich. Luhmann und Schorr (1982) sprechen in diesem Zusammenhang vom Technologiedefizit der Erziehung. Wir wollen deshalb nicht vom Erfolg, sondern lieber vom Gelingen sprechen, das sich zwar nicht „herstellen" lässt, für das man aber im Sinne des Arrangierens gute Voraussetzungen und Bedingungen schaffen kann. Wenn Lernen gelingt, kommt es zu dem, was Friedrich Copei einen „fruchtbaren Moment", Maria Montessori die „Polarisation der Aufmerksamkeit" und Mihaly Csíkszentmihályi als „Flow" bezeichnet.

© Holger Löbe

13.1 Was sind Feldstrukturen der Aufmerksamkeit?

Im Folgenden werden wir der Frage nachgehen, welche Bewegungen sich in Veränderungs- und Lernprozessen unterscheiden lassen? In Abschn. 3.1 wurde bereits erwähnt, dass es zwei Formen des Lernens gibt: das Lernen aus der Vergangenheit und das Lernen aus der im Entstehen begriffenen Zukunft; diese Unterscheidung hat Scharmer (2009) in seiner Theorie U eingeführt, der wir uns nun bei der Erkundung von Gelingensbedingungen näher zuwenden. Scharmer hat seine Theorie am Massachusetts Institute of Technology (MIT) auf der Basis der Erkenntnisse von Peter Senge zur lernenden Organisation entwickelt. Das die Theorie bezeichnende U beschreibt die Bewegung eines Veränderungsprozesses, der nun erläutert wird. Scharmer versteht seinen Ansatz als eine evolutionäre soziale Theorie in Vertiefung zur Systemtheorie. Sie bietet eine neue Perspektive, wie man auf soziale Situationen schauen kann; ihr Fokus ist auf die Veränderung von Systemen aus der Perspektive der Handelnden ausgerichtet. Ganz ähnlich wie wir nach dem archimedischen Punkt des Lernens gefragt haben, steht für Scharmer (2009, S. 32) die folgende Frage am Anfang seiner Überlegungen: „Wo liegt der strategische Hebelpunkt, der es ermöglicht, die Struktur eines sozialen Feldes umzuschmelzen, umzustülpen? Wo liegt der *archimedische Punkt* (Hervorhebung im Original) – die Bedingung der Möglichkeit –, durch den sich das globale soziale Feld verändern ließe?" Während Scharmer die Veränderung der Gesellschaft interessiert, geht es uns um die Veränderung der Individuen im Lernprozess. Die Gegenstände der Veränderung sind zwar unterschiedlich, aber der Blickwinkel unter dem zum einen auf die Makro- und zum anderen auf die Mikroebene geschaut wird, ist ähnlich. In beiden Fällen geht es um die Struktur der sozialen Grammatik der Veränderung.

Auf seine Ausgangsfrage nach dem strategischen Hebelpunkt hat Scharmer „vier unterschiedliche Orte gefunden, die jeweils eine andere Qualität oder Feldstruktur der Aufmerksamkeit hervorbringen". Im Einzelnen sind dies:

- *„Ich-in-mir:* was ich wahrnehme, ausgehend von meinen üblichen Seh- und Denkgewohnheiten.
- *Ich-im-Es:* was ich wahrnehme, wenn meine Sinne und mein Denken weit geöffnet sind und ich neu hinsehe.
- *Ich-im-Du:* was ich wahrnehme, wenn ich mit dem Herzen sehe, d. h., wenn ich beginne, von der Perspektive der anderen her zu sehen.
- *Ich-in-Gegenwärtigung:* was ich wahrnehme, wenn ich vom Grund des Seienden her sehe, wenn ich von der Quelle des Werdens her anwesend bin" (Scharmer 2009, S. 34 f.).

Es fällt auf, dass die ersten drei von Scharmer unterschiedenen Ebenen, aus denen das jeweilige Handeln einer Person hervorgebracht werden kann, mit dem von uns unterschiedenen dreifachen In-Beziehung-gehen zu sich selbst, anderen

Menschen sowie zum Gegenstand des Lernens korrespondiert. Die vierte Ebene verweist auf die Möglichkeit des Lernens aus „dem entstehenden Zukunftsfeld" (Scharmer 2009, S. 36). Wir können unser Modell deshalb ergänzen um das In-Beziehung-gehen zu dem, was als Potenzial bereits in uns angelegt ist und im Lern- und Veränderungsprozess noch entfaltet werden will.

Potenziale

Peri Petax wurde einmal gefragt: „Was ist deine wichtigste Erkenntnis?" Peri Petax überlegte kurz und sagte dann: „Kennst du Platons Höhlengleichnis – die Geschichte von den Menschen, die lediglich die Schatten von vorbeigetragenen Gegenständen sehen, die sie als Lebewesen betrachten und eine Wissenschaft von den Schatten entwickeln? So geht es uns allen auf die eine oder andere Art, und das gilt gleichermaßen für die äußere wie die innere Wirklichkeit. Deshalb sag zu dir selbst: ‚Dass es mir so scheint, heißt nicht, dass es so ist.' Das ist übrigens nicht nur ein theoretischer philosophischer Gedanke, den schon Wittgenstein geäußert hat, sondern er hat auch ganz alltagspraktische Bedeutung für die Kommunikation mit anderen Menschen. Jenseits seiner momentanen körperlichen Erscheinungsform verfügt jeder von uns über ein in seinem Inneren liegendes Potenzial, das sich in der gegenwärtigen Erscheinung, wie sie mir aktuell begegnet, (noch) nicht realisiert. Ich bin ja auch nicht nur der komische Vogel, den andere vielleicht in mir sehen. Wir alle besitzen somit etwas jenseits der materiellen Hülle, das uns in unserer Existenz fundamental ausmacht. Wir sind nicht nur Körper, sondern haben einen Körper. Echte Akzeptanz und Wertschätzung kann ich deshalb nur zeigen, wenn ich nicht nur mit der äußeren Hülle kommuniziere, sondern wenn ich bewusst auch die Kommunikation mit dem Wesenskern aufnehme. Wenn wir es so machen, dann können wir das Potenzial ahnen, das im anderen steckt und das jeder entfalten kann; wenn ich die anderen so betrachte, kann ich sie sogar dabei unterstützen, ihr Potenzial zu entfalten. Das ist es worauf es ankommt."

Um uns mit den Zukunftsmöglichkeiten zu verbinden, beschreibt Scharmer (2009, S. 381) fünf Bewegungen, die er als soziale Technik in Form eines U-förmigen Prozesses darstellt (Abb. 13.1). Auf der horizontalen Achse wird zwischen Wahrnehmung und Handlung unterschieden, und auf der vertikalen Dimension werden die Ebenen der Veränderung von einer Oberflächen- zu einer Tiefenstruktur angeordnet, von der Öffnung des Denkens über die Öffnung des Fühlens bis zur Öffnung des Willens.

Gemeinsame Intentionsbildung

Bei der gemeinsamen Intentionsbildung kommt es darauf an, aufmerksam und achtsam zu sein, für das, was einem aus dem Lebensumfeld entgegenkommt; deshalb ist es wichtig, sich selbst zuzuhören, den anderen zuzuhören und auf das zu hören, was an Gemeinsamem zwischen uns und anderen in der Beschäftigung mit etwas entsteht. Dazu ist es notwendig, dialogische Beziehungen aufzubauen. Die erste Bewegung ist das Gefäß, aus dem die folgenden Bewegungen entstehen und unterstützt werden können. Bezogen auf Lernprozesse geht es um den Aufbau des Lernsettings, dem Vertrautmachen mit diesem, den Beziehungsaufbau

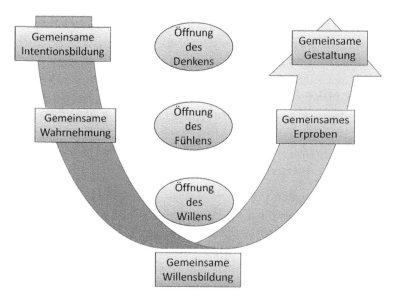

Abb. 13.1 Der U-Prozess: Fünf Bewegungen. (Modifiziert nach Scharmer 2009, S. 381)

innerhalb des Lernarrangements, die sensible Kontaktaufnahme mit den Inhalten des Lernens sowie die Vereinbarung von Lernzielen.

Gemeinsame Wahrnehmung

Die gemeinsame Wahrnehmung beginnt mit der Vernetzung und der Bildung eines engagierten Teams für Erkundungs- und Entdeckungsreisen und die Entwicklung von Prototypen des Neuen. Dabei kommt es besonders darauf an, sich zunächst ganz auf das Beobachten zu konzentrieren und die Stimme des Urteils zu suspendieren. Es gilt, das Zuhören und den Dialog sowie „kollektive Wahrnehmungsorgane" zu entwickeln, „die es dem System erlauben, sich selbst zu sehen" (Scharmer 2009, S. 401). Bezogen auf Lernprozesse bedeutet dies, das gruppendynamische Geschehen in Lerngruppen zu beachten, sich kollaborativ im dialogischen Austausch zu vernetzen, gemeinsam den Lernkosmos explorativ zu erkunden, gegenüber den Lernerkenntnissen die Haltung des offenen Geistes einzunehmen, der sich mit Beurteilungen zurückhält, sowie gemeinsame Instrumente für Reflexionsprozesse zu nutzen.

Gemeinsame Willensbildung

Die gemeinsame Willensbildung zielt darauf ab, „sich mit der im Entstehen begriffenen Zukunft zu verbinden" (Scharmer 2009, S. 402). Dazu ist es wichtig, das alte Selbst loszulassen, um durch den tiefsten Punkt des U hindurchzugehen, damit das Neue entstehen kann. Die Hindernisse, die es dabei zu überwinden gilt, sind die Stimmen des Urteils, des Zynismus und der Angst. Scharmer empfiehlt, einen Raum der intentionalen Stille aufzusuchen, sich mit der Quelle des inneren Wissens zu verbinden und hierzu seine eigene Übungspraxis zu entwickeln. Um sein kreatives Potenzial zu erschließen, kommt es darauf an, sich auf seinen eigenen Weg zu begeben, das zu tun, was man liebt, und das zu lieben, was man tut. Abschließend geht es in dieser Phase darum, einen gemeinsamen Ort zu schaffen, „der seinen Teilnehmern eine gegenseitige Unterstützung und einen gegenseitigen Halt bietet und ihnen erlaubt, den jeweiligen Lebens- und Arbeitsweg zu verstehen und weiterzugehen" (Scharmer 2009, S. 414). Eine gesonderte Übertragung auf den Lernprozess ist in diesem Fall gar nicht mehr erforderlich; es versteht sich von selbst, dass hier Lernprozesse der Anverwandlung und nicht solche der bloßen Aneignung (Abschn. 3.2) beschrieben werden.

Gemeinsames Erproben
Das gemeinsame Erproben hat die Entwicklung von Prototypen des Neuen zum Ziel. Dies geschieht in einem ersten Schritt dadurch, dass die Kraft der Intention und Vision in einem Bild kristallisiert wird. Eine kleine engagierte Gruppe von Menschen, die ihre Energien bündeln und auf die gemeinsame Vision ausrichten, ist in der Lage, erste Prototypen „als Landestreifen für eine entstehende Zukunft" zu erstellen (Scharmer 2009, S. 420). Diese gilt es sodann, im Dialog mit dem Umfeld zu testen und zu verbessern. Dabei geht es „um die praktische Integration der Intelligenz des Kopfes, des Herzens und der Hände" (Scharmer 2009, S. 425). Das gemeinsame Erproben trifft speziell auf all jene Lernprozesse zu, die durch eine kollaborative Arbeit eines Teams im unmittelbaren Arbeitsvollzug gekennzeichnet sind.

Gemeinsames Gestalten
Das gemeinsame Gestalten beschreibt den Prozess des In-die-Welt-Bringens des Neuen. Dafür ist es notwendig, Räume zu schaffen, „durch die es Akteuren ermöglicht wird, aus dem entstehenden Ganzen heraus zu sehen und zu handeln" (Scharmer 2009, S. 430). Dies ist nur möglich, indem geschützte Orte und Rhythmen für Reflexion und Coaching geschaffen werden. Der letzte Punkt verweist explizit auf die Infrastrukturen eines die soziale Praxis begleitenden Lernens im Sinne von institutionellen und gesellschaftlichen Veränderungsprozessen.

> **?**
>
> Worin liegt der Verdienst dieses Ansatzes von Scharmer?

Die fünf von Scharmer beschriebenen Bewegungen in einem Veränderungsprozess liefern wichtige Hinweise auf die auf jeder Stufe zu berücksichtigenden Gelingensbedingungen von Lernprozessen, auch wenn nicht alle Lernsettings notwendigerweise alle fünf Stadien durchlaufen müssen. Das Verdienst dieses Ansatzes liegt darin, im Detail zu beschreiben, was es heißt, die Intelligenz des Kopfes, des Herzens und der Hände zu integrieren, so wie es bereits Pestalozzi vor rund 200 Jahren gefordert hat. Außerdem verweisen die Feldstrukturen der

Aufmerksamkeit auf die zentrale Bedeutung des Faktors „Beziehung" als den entscheidenden Lernmotor. Die primäre Fokussierung auf die Meso- und Makroebene institutioneller und gesellschaftlicher Veränderungsprozesse in der Theorie U bringt es mit sich, dass die physiologischen und psychologischen Aspekte der Lernens auf einer individuellen Mikroebene von Gelingensbedingungen nicht in den Fokus genommen werden. Diesem Aspekt gilt nun unser Interesse.

Der peripatetische Triathlon

Wann immer Peri Petax Zeit hat, widmet er sich regelmäßig in seiner Freizeit dem peripatetischen Triathlon, der aus den Disziplinen Tauchen, Radfahren und Fliegen besteht und gemeinsam mit anderen ausgetragen wird; dies muss aber nicht zeitgleich geschehen. Dabei geht es u. a. um den Stressabbau, die Stärkung der volitiven Fähigkeiten, eine vermehrte Ausschüttung von Endorphinen und die Stimulation der neurotrophen Wachstumsfaktoren.

Beim Tauchen verlieren die Sinneseindrücke, die an Land oder in der Luft wichtig waren, an Bedeutung. Man kann sich hier besser auf sich selbst konzentrieren, neue Erfahrungen machen und Einsichten gewinnen, um anschließend mit einem umso klareren Kopf wieder aufzutauchen. Beim Radfahren kommt es darauf an, die Welt oder zumindest einen Abschnitt davon zu er-fahren, im Zusammenspiel von den eigenen Kräften, der Technik und den Gegebenheiten des Geländes die Balance zu halten und stets das Unerwartete hinter jeder Weggabelung zu erwarten. Das Fliegen macht einem das große Geschenk, Abstand gewinnen zu können und die Position des Beobachters einzunehmen. Das Paradoxe am Fliegen ist, dass gerade der Luftwiderstand die Bedingung der Möglichkeit des Fliegens ist. Die Herausforderung besteht darin, beim Gleiten zu navigieren. Dabei handelt Peri Petax nach dem Motto: „Wenn du glaubst, nicht weiterzukommen, so wechsele den Modus; wenn du getaucht bist, dann fliege oder fahre mit dem Rad; wenn du bisher alleine unterwegs warst, so begib dich in eine Gruppe oder umgekehrt. Achte dabei auf deinen Rhythmus."

Lernen kann nicht in getrennten Kategorien von Kognition, Emotion und Körpererfahrung beschrieben werden; dies sind analytische Kategorien, die einen Unterschied konstituieren, der real nicht vorhanden ist. Wir lernen immer als ganze, nicht trennbare Entitäten; dies zu akzeptieren, ist eine wesentliche Gelingensbedingung für Lernen (Kap. 4).

13.2 Welche Bedeutung haben somatische Marker für das Lernen?

Im Rahmen der Beschäftigung mit gesundheitsförderlichen Lehr-Lern-Arrangements sind wir bereits auf den von Eugene Gendlin geprägten Begriff des *felt sense*, dem gespürten Sinn, eingegangen (Abschn. 6.1). Indem wir uns der Körpergefühle bewusst werden, treibt der Körper das Denken voran, da es auf die Informationen aus dem Körper angewiesen ist. Unser Gefühls- und Gedankenkörper hat Auswirkungen auf Empfindungen, Gedanken und Handlungsweisen und damit auch die Sozialenergie. Wenn wir uns mit einem Lerngegenstand beschäftigen, begleiten uns dabei Gefühle in Form von Körperwahrnehmungen und Emotionen. Es entsteht ein synchrones Erregungsmuster aus Lernstoff und Gefühl. Die sich herausbildenden somatischen Marker gehen als Signale von den Muskeln, Gefäßen oder Organen an das Gehirn.

Nach Damasio (1994, 2001) beruhen Emotionen auf Kartierungen von Körperzuständen im Gehirn. Bei einem späteren Abruf des Lerninhalts wird das ursprünglich mitgelernte Gefühl wieder ausgelöst. Durch neue Erfahrungen kann das einmal erzeugte Erregungsmuster aufgelöst und neu konfiguriert werden. Unsere Lernprozesse werden durch das limbische System unseres Gehirns stets interpretiert; dies geschieht zumeist vor- oder unbewusst und findet noch vor der analytischen Verarbeitung im präfrontalen Cortex statt. „Tausende von Jahren haben die Menschen geglaubt, dass das Verhältnis zwischen ihrem Gehirn und ihrem Körper genau dem zwischen einem Reiter und seinem Pferd entspricht. Genauso wie ein Reiter bestimmt, wie sich sein Pferd verhält, entscheidet auch unser Geist, was unser Körper tut" (Wiseman 2015, S. 370). Sein Leben auf diese Weise verändern zu wollen, ist nicht nur schwierig, sondern häufig auch wirkungslos.

Der in Harvard lehrende Philosoph William James stellte die herkömmliche Sichtweise vor 100 Jahren auf den Kopf, indem er behauptete, „dass es möglich sein sollte, unsere Gedanken und Gefühle zu verändern, indem wir unser Verhalten ändern" (Wiseman 2015, S. 370). Die neuen Erkenntnisse über das Zusammenspiel von Körper und Geist geben ihm recht. James plädiert für das Als-ob-Prinzip indem er folgende Maxime aufstellt: „Wenn du eine bestimmte Eigenschaft haben willst, handle so, als ob du sie schon hättest."

Die Psychologin Ellen Langer (2009) hat mit ihren Experimenten nachgewiesen, dass dies funktioniert; so hat sie z. B. ältere Menschen durch ein entsprechendes Setting um zwei Jahrzehnte zurückversetzt und sie aufgefordert, ihr damaliges Leben noch einmal zu erleben. Bei diesen „Zeitreisenden" ergaben die psychologischen und physiologischen Messungen eine Verbesserung von Geschicklichkeit, Bewegungsgeschwindigkeit, Gedächtnisleitung und anderen Parametern. Die Wirkungen des Alterns konnten dadurch, dass sich die Menschen wie jüngere Personen verhielten, verlangsamt werden. Die Quintessenz unter dem Aspekt der Gelingensbedingungen von Lernen ist eine dreifache:

1. Wir sollten uns immer bewusst sein, dass wir den Kontext mitlernen. Für das Abrufen des Gelernten kann es deshalb förderlich sein, einen entsprechenden Kontext herzustellen, indem wir uns gedanklich oder real in die damalige Lernsituation versetzen. Dabei sollten wir bewusst unsere Affektivität und den dazugehörigen körpersprachlichen Ausdruck einsetzen.
2. Über Körperhaltungen und -bewegungen lässt sich Lernen positiv wie negativ beeinflussen.

3. Aufgrund der Neuroplastizität unseres Gehirns lassen sich neue Erfahrungen und damit auch neue Erregungsmuster erzeugen.

Das Als-ob-Prinzip gilt für uns alle, in den unterschiedlichsten Kontexten; nutzen Sie es deshalb für Ihr Lernen!

Der memetische Triathlon

Wenn Peri Petax genug Übung im peripatetischen Triathlon gesammelt hat, geht er zum nächsten Schwierigkeitsgrad über, zum memetischen Triathlon. Dieser besteht aus dem peripatetischen Triathlon ergänzt um die Beschäftigung mit den Memen einer im Entstehen begriffenen Zukunft. Ein Mem bezeichnet analog zum Gen als einer physischen Grundinformation zur Herstellung einer biologisch aktiven RNA einen einzelnen Bewusstseinsinhalt, z. B. einen Gedanken. Bei den einzelnen Stationen des Triathlons erkunden die Teilnehmer zunächst jeder für sich Meme, die sie anschließend in einer gemeinsamen Dialogrunde weitergeben und damit vervielfältigen. Die unterschiedlichen Fortbewegungsweisen bieten jede für sich spezifische Möglichkeiten, in Kontakt mit den flüchtigen Memen zu kommen.

Die hohe Kunst des memetischen Triathlons ist dann gelungen, wenn man es schafft, ganz in der jeweiligen Aktivität des Tauchens, Radfahrens oder Fliegens aufzugehen, und sich dabei von der in den Memen enthaltenen Zukunft umarmen lässt – getreu dem Spruch des surrealistische Malers Salvador Dali: „Am liebsten erinnere ich mich an die Zukunft."

13.3   Was ist mit agilem Lehren und Lernen gemeint?

Lernprozesse zeichnen sich dadurch aus, dass sie zwar in äußeren Aktivitäten wie z. B. Lesen oder Gruppenarbeit zum Teil beobachtet werden können, das Lernen selbst aber nicht beobachtet werden kann, da es sich im Kopf vollzieht und sich erst als Resultat von Denkhandlungen und praktischem Tun auf einer Performanzebene zeigt. Auf diesen Umstand hat auch Hattie (2009) mit seiner Forderung, das Lernen sichtbar zu machen, hingewiesen. Um als Lernbegleiter den Lernenden wirksam in seinem Lernprozess unterstützen zu können, ist es erforderlich, das sie „erstens dafür offen, ja daran interessiert sind, mitten im Lehren wahrzunehmen, was bei den Lernenden passiert. Diese Lehrenden sind zweitens fähig, aus dem Stand heraus auf das zu reagieren, was bei den Lernenden passiert" (Arn 2016, S. 9). Eine wichtige Gelingensbedingung für das Lernen ist es deshalb, dass sich eine Weiterbildung nicht an abstrakten Lernzielen orientiert, sondern sich einlässt auf die Herausforderungen im Alltag der Lernenden und an deren Entwicklungswünschen ansetzt (Buschmeyer und Weiß 2015, S. 34).

Genau dies macht agiles Lehren und Lernen, indem es sich mehr an Lernbedarfen als an vorgegebenen Lernzielen orientiert. Deshalb ist es so wichtig, dass der Lernbegleiter ganz im Sinne der Erkenntnisse der Neurobiologie in der Lage ist, die Lernenden einzuladen, zu inspirieren und zu ermutigen, wie dies Hüther (2015, S. 16) fordert (Abschn. 3.3), und durch entsprechende Lernsettings das Lernen zu ermöglichen und dem Lernenden die Chance zu geben, „etwas in sich selbst zu entdecken" (Hartkemeyer et al. 2015, S. 95). Dafür gilt die Erkenntnis von Augustinus auch noch heute: „In dir muss brennen, was du in anderen entzünden willst."

13.4   Welche Gelingensbedingungen lassen sich aus der Salutogenese ableiten?

Unser Geist ist nicht nur *embodied*, sondern auch *embedded*, d. h., er ist eingebettet in ein soziales, kulturelles und gesellschaftliches Umfeld. Von diesen Umweltfaktoren im Zusammenspiel mit den eigenen Wert- und Zielvorstellungen hängt es ab, was für uns im Sinne des Kohärenzgefühls der Salutogenese sinnhaft, verstehbar und handhabbar erscheint (Abschn. 6.2). Diese drei Kriterien sind die Fixpunkte des Gelingens von Lernprozessen. Was für Sie sinnhaft, verstehbar und handhabbar ist, können allein nur Sie selbst vor dem Hintergrund Ihrer ganz spezifischen Biografie, Ihren Herausforderungen und Kompetenzen entscheiden, niemand sonst. Hier gilt es, konsequent die Verantwortung für das eigene Lernen zu übernehmen.

Mit Bezug zu den Erkenntnissen der Hirnforschung spricht Siebert (2006, S. 86, 98) von einem Relevanz- und einem Neuigkeitsdetektor und knüpft damit an die Überlegungen der Salutogenese an, auch wenn die Begrifflichkeiten etwas anders gewählt sind. Die Kategorie „neu" verweist darauf, dass Lernprozesse immer dann stattfinden, wenn unser Gehirn und unser Geist mit bislang fremden, abweichenden Wirklichkeiten, also etwas Neuem, konfrontiert werden. Für ein dauerhaftes Lernen müssen die Differenzen zusätzlich auch als relevant eingeschätzt werden. Damit das vom individuellen Sinn- und Interpretationssystem als neu und relevant Bewertete mit den vorhandenen Deutungen, Vorstellungen und Erfahrungen verwoben werden kann, muss es außerdem anschlussfähig sein. Ritschel (2015, S. 26) unterscheidet vier Dimensionen der Anschlussfähigkeit:

1. Die *kognitive Dimension* thematisiert, an welche kognitiven Strukturen angekoppelt werden kann.
2. Die *psychische Dimension* fragt nach den Chancen bzw. Gefahren einer psychohygienischen Stabilisierung oder einer affektiven Verunsicherung durch die Inhalte.
3. Die *pragmatische Dimension* rückt die Kompatibilität des Lernstoffes mit der Lebenspraxis der Lernenden in den Vordergrund.
4. Die *soziale Dimension* nimmt die Verständigung mit der Lerngruppe in den Blick.

Der richtige Weg

In der Zeit, als Peri Petax als Berater in Sachen Gestaltung des Bildungswesens für unterschiedliche Regierungen in ganz Europa unterwegs war, hatte er manchmal so viele Angebote, dass er sich gar nicht entscheiden konnte, welchen Auftrag er zuerst annehmen sollte. Dies war für ihn eine ganz schlimme Zeit, da er sich so unendlich schwer entscheiden konnte: Ist es jetzt richtig, wenn ich mich für A entscheide, und welcher andere Auftrag geht mir dadurch verloren? Wäre der andere nicht viel wichtiger und interessanter gewesen? Im Endeffekt zermürbte sich Peri Petax so sehr, dass er gar keine Entscheidungen mehr treffen konnte, da er jede Entscheidung als einen Massenmord an den anderen unzähligen Optionen empfand. Das machte ihn depressiv und sehr unzufrieden und lähmte ihn gleichzeitig.

Damals half ihm ein kleiner Trick: Er brauchte jemanden, der ihm die Entscheidungen abnahm; da er aber niemanden damit beauftragen konnte und wollte, überließ er diesen Job Fortuna, der Glücksgöttin des Zufalls. Mit dem Losentscheid hatten ja bereits die alten Römer bei der Bestimmung der Statthalter für die senatorischen Provinzen Erfahrungen gemacht. Bei anstehenden Entscheidungen warf Peri Petax nun eine Münze, wenn er sich nicht klar entscheiden konnte. Er akzeptierte die Entscheidung und wartete darauf, ob sich seine innere Stimme über Nacht zu der Entscheidung meldete. Dies geschah in der Regel nicht, und so setzte er am nächsten Tag die Entscheidung um. In ganz wenigen Fällen rebellierte aber etwas in ihm gegen die getroffene Entscheidung, dann unterzog er sie nochmals einer kritischen Prüfung und entschied sich, jetzt ohne die Hilfe des Zufalls, um.

Mit dieser Methode machte er sehr gute Erfahrungen, sodass er sie für alle Entscheidungsprozesse anderen wärmstens empfehlen kann. Er hat während seines langen Lebens immer wieder die Erfahrung gemacht, dass es nicht den einen richtigen Weg im Leben wie beim Lernen gibt und wir, egal wie wir uns an Weggabelungen entscheiden, immer wieder auf den für uns richtigen Weg zurückkehren. Es ist zwar erstrebenswert, mit dem Blick nach vorn, gute Entscheidungen zu treffen, noch wichtiger ist es aber, mit dem Blick nach hinten, unserem Leben und dem was wir gelernt haben, Sinn und Bedeutung zu geben und es so zu verstehen.

13.5 Wie funktioniert die WOOP-Methode?

Nachdem wir uns bisher bei der Beschäftigung mit den Gelingensbedingungen des Lernens mit theoretischen Konzepten und deren Konsequenzen beschäftigt haben, soll nun die WOOP-Methode vorgestellt werden, die von der, an der New York University und der Universität Hamburg lehrenden, Professorin Gabriele Oettingen in 20-jähriger Forschungsarbeit entwickelt und unter dem Titel *Psychologie des Gelingens* im Jahr 2015 veröffentlicht wurde. Diese Methode ist in zahlreichen wissenschaftlichen Studien gut belegt und eignet sich für eine Anwendung in unterschiedlichsten Feldern.

Bevor wir auf die einzelnen Schritte eingehen, sollen die theoretischen Hintergründe geschildert werden. Martin E. P. Seligmann, der Begründer der Positiven

Psychologie und Mentor von Gabriele Oettingen „verstand Optimismus als die Summe von Annahmen und Erwartungen in Bezug auf die Zukunft auf der Basis früherer Erfolgserlebnisse" (Oettingen 2015, S. 22). Der Philosoph William James hatte in seinem Werk *The Principles of Psychology* bereits im späten 19. Jahrhundert auf den Unterschied zwischen der „bloßen Vorstellung von einer Sache und dem Glauben an ihre Existenz" (Oettingen 2015, S. 24) unterschieden. Aus dieser Diskrepanz entwickelte Oettingen ihre Fragestellung: „Konnten Wünsche oder Träume, unabhängig von tatsächlich gemachten Erfahrungen, Menschen mit der nötigen Energie versorgen, die sie brauchen, um zu handeln und ihre Träume wahr zu machen" (Oettingen 2015, S. 24)?

> **?**
>
> Kann allein positives Denken beim Erreichen von Lernzielen helfen?

Die Frage ist, wie zahlreiche experimentelle Untersuchungen belegen, zu verneinen. Positive Fantasien, Wünsche und Träume bewirken sogar das Gegenteil, wenn sie wenig Verbindung zu früheren eigenen Erfahrungen haben: Sie wirken betäubend, geben keine Energie und haben sogar einen demotivierenden Effekt. Positives Denken in Form von Träumereien ohne Bezug zur Realität hemmt die Motivation und das Handeln von Menschen eher und hindert sie daran voranzukommen. Wer etwas verändern will, sollte sich auch mit möglichen Hindernissen auseinandersetzen. Doch weder das alleinige Fantasieren über Wunschvorstellungen noch das bloße Nachdenken über Widerstände führt zum Ziel.

> **?**
>
> Was ist unter mentalem Kontrastieren zu verstehen?

Oettingen (2015, S. 24) ging deshalb von der Hypothese, die sich später bestätigte, aus, „dass mentales Kontrastieren, also die Kombination von positivem Träumen und dem Visualisieren von Hindernissen, in genau dieser Reihenfolge, sich als hilfreich erweisen würde" (Oettingen 2015, S. 86). Wenn Menschen sich beides anschauen, erst den Wunsch und dann die Realität und beides in Beziehung setzen, „passiert etwas ganz Wunderbares: Ganz allein, ohne die Hilfe von Therapeuten, Coaches oder Medikamenten, finden sie die Energie, um die Wünsche anzugehen, die für sie realisierbar sind" (Oettingen 2015, S. 121). Durch die abwechselnde Beschäftigung mit der Realität und der Wunscherfüllung im mentalen Kontrastieren wird es möglich, einen realistischen Blick auf Zukunftschancen zu erhalten und Strategien zur Beseitigung von Hindernissen zu entwickeln.

> **?**
>
> Was verbirgt sich hinter Implementation Intentions?

In dem Bemühen, das mentale Kontrastieren als Werkzeug noch effektiver zu machen, griff Oettingen auf das Konzept der Implementation Intentions, der sog. Durchführungsintentionen zurück. Dabei geht es um die „Herausbildung expliziter Absichten, mittels derer man den Weg zum Ziel plant" (Oettingen 2015, S. 165). Anstatt Schwierigkeiten auf sich zukommen zu lassen und diese situativ zu bewältigen, ist nach dem Wenn-dann-Prinzip zu verfahren, das sich als besonders wirksam erwiesen hat. Aus der Kombination des mentalen Kontrastierens und der Durchführungsintention ist dann die *WOOP-Methode* entstanden.

> **WOOP-Methode**
>
> WOOP steht für Wish, Outcome, Obstacle und Plan (Wunsch, Ergebnis, Hindernis, Plan) und beinhaltet alle vier für das Gelingen der Methode notwendigen Schritte, die schriftlich fixiert werden.

Die praktische Handhabung ist recht einfach und erfolgt in vier Schritten:

1. Sie beschäftigen sich mit Ihrem Lernwunsch, der z. B. darin bestehen könnte, Spanisch zu lernen. Wichtig ist dabei, dass es Ihr ureigener Wunsch ist und Ihnen wirklich am Herzen liegt.
2. Sie malen sich das beste Ergebnis in lebhaften inneren Bildern aus. Stellen Sie sich vor, wie es ist, wenn Sie das Ziel erreicht haben und Sie sich z. B. ohne fremde Hilfe mit Ihrem spanischen Geschäftspartner verständigen können.
3. Welche Hindernisse nehmen Sie wahr, Ihren Lernwunsch zu realisieren? Vielleicht fühlen Sie sich immer müde, wenn Sie nach Hause kommen, und es fällt Ihnen dann schwer, sich alleine zum Lernen aufzuraffen. Seien Sie an diesem Punkt bitte ehrlich zu sich selbst und fragen Sie nach dem tieferen, dem dahinterliegenden Grund. Nur so können Sie wirksame Strategien im nächsten Schritt finden.
4. Sie entwickeln Ihren Wenn-dann-Plan, indem Sie Ihr zielführendes Verhalten zur Überwindung Ihres Hindernisses möglichst konkret beschreiben. Dieser könnte z. B. so aussehen: „Wenn das nächste Volkshochschulprogramm herauskommt, melde ich mich sofort am ersten Tag an." Ist dieser Schritt getan, könnte ein nächster lauten: „Wenn es dienstags 17 h ist, hole ich meine Freundin, mit der ich gemeinsam den Kurs besuche, von zu Hause ab und wir fahren zum Sprachunterricht."

Inzwischen gibt es sogar eine App für WOOP, es geht aber auch ganz klassisch mit Papier und Stift. Oettingen versteht ihr Konzept als Ergänzung zu anderen Motivationstechniken auf der Ebene des Unterbewusstseins. Durch die Verknüpfung von Wunsch und Hindernis wird letzteres „zu einem ständigen nicht-bewussten Ansporn, in Richtung Wunscherfüllung zu handeln"; jedes Mal, wenn man an den Wunsch denkt, „aktiviert der Wunsch im Nicht-Bewusstsein die widerständige Realität und bringt sie dadurch ein Stückchen weiter in Richtung Wunscherfüllung" (Oettingen 2015, S. 127). Mit WOOP ist es möglich, körperlichen und mentalen Stress abzubauen und seinen Zielen näher zu kommen. Besonders wirkungsvoll ist es, wenn man sein eigenes tägliches WOOP-Ritual entwickelt. Probieren Sie es aus.

Geheimnisse des Gelingens

Manchmal wird Peri Petax von Menschen, die er auf seinen Bildungsreisen trifft, gefragt, warum er, obwohl er doch schon so alt ist, immer noch so wissbegierig sei und wie er dies mache. Er verrät ihnen dann seine Geheimnisse: „Erstens kann ich mich für die Dinge, die mir begegnen, begeistern, weil ich sie so betrachte wie ein ganz junger Vogel, der sie zum ersten Mal sieht. Übrigens bekomme ich dann auch kleine Veränderungen bei Dingen mit, von denen man vielleicht geneigt wäre zu denken, man würde sie schon kennen, was bei genauerer Betrachtung aber niemals stimmt. Zweitens habe ich mir die Erkenntnis des Philosophen William James zu eigen gemacht, der einmal gesagt hat: ‚Wenn du eine bestimmte Eigenschaft haben willst, handle so, als ob du sie schon hättest.' Drittens probiere ich gern Dinge aus, wenn ich wissen will, ob es funktioniert und es einem sonst keiner sagen kann; dann wage ich eine Probe und nehme ein Scheitern auch gern in Kauf, weil ich weiß, dass ich so schneller lerne. Viertens gebe ich gern meinem Unbewussten Aufträge, die es für mich erledigen kann, und handle dabei gemäß dem Motto des Psychiaters und Psychotherapeuten Milton H. Erickson, der gesagt hat: ‚Das Bewusste ist klug, das Unbewusste ist weise.' "

Abschließend hat Peri Petax noch hinzugefügt: „Kluge Menschen, die sich mit der Weiterbildung beschäftigen, sagen: ‚Wir lernen, solange wir leben.' Genau genommen müsste es jedoch heißen: ‚Wir leben, solange wir lernen.' Wenn wir aufhören zu lernen, gibt es keine Veränderung mehr, und es herrscht Stillstand – das ist metaphorisch und auch real das Ende."

In den Lehr-Lern-Prozessen der Weiterbildung geht es darum, die Ansprüche der Gesellschaft und die der Lernenden ins Verhältnis zueinander zu setzen. Arnold (2011, S. 34) spricht in diesem Zusammenhang davon, dass das Pädagogische aufgehoben ist „in dieser Schwebe des kontingenten Zusammenwirkens von Eigenem und Fremden (...), in der Möglichkeit, aber auch in der Ungesichertheit des Gelingens von Bildung". Ich habe versucht, die aus meiner Sicht zentralen Gelingensbedingungen zu thematisieren. Diese lassen sich in der IMAGO-Formel zusammenfassen. Lernen beginnt mit dem In-Beziehung-gehen und löst, wenn es gelingt, eine innere Bewegung im Menschen aus, die man als „individuelle Entpuppung" (Arnold 2011, S. 34) bezeichnen kann. Bei der Verwandlung von der Raupe zum Schmetterling spielen die Imago-Zellen eine besondere Rolle. Diese tragen bereits die Strukturen und Zellinformationen des künftigen Schmetterlings in sich. Gelingendes Lernen setzt Veränderungsprozesse in Gang, die die zukünftige Wirklichkeit bereits in sich tragen und sich durch Folgendes auszeichnen:

I Sie schaffen die **I**ch-in/im- … -Feldstrukturen der Aufmerksamkeit für die Bewegungen im Veränderungsprozess.

M Sie beziehen das **M**ehrdimensionale Medium Körper in den Lernprozess ein.

A Sie praktizieren ein **A**giles handlungs- und erfahrungsorientiertes Lernen.

G Sie entscheiden sich für salutogene Lernsettings, die sinnhaft, verstehbar und handhabbar sowie neu, relevant und anschlussfähig sind.

O Sie berücksichtigen die W**O**OP-Technik als Konzept des Gelingens.

> **Fazit**
> Aufgrund der Unverfügbarkeit der Lernbewegung lässt sich Lernerfolg nicht herstellen; Lernen kann jedoch gelingen. Unter Gelingensbedingungen des Lernens verstehen wir jene Voraussetzungen und Bedingungen, die Lernende durch ihr Denken, Fühlen und Handeln beeinflussen können, um ihren eigenen Potenzialentfaltungsprozess in der Auseinandersetzung mit gesellschaftlichen und individuellen Fähigkeiten und Fertigkeiten aktiv zu gestalten. Im Einzelnen kommt es darauf an, die Gelingensbedingungen entsprechend der IMAGO-Formel zu berücksichtigen.

Literatur

Arn, C. (2016). *Agile Hochschuldidaktik*. Weinheim, Basel: Beltz Juventa.

Arnold, R. (2011). Lernen als Weg aus der Selbstlähmung. *DIE Zeitschrift für Erwachsenenbildung, I*(18), 34–36.

Bateson, G. (1981). *Ökologie des Geistes. Anthropologische, psychologische, biologische und epistemologische Perspektiven*. Frankfurt a. M.: Suhrkamp.

Buschmeyer, & Weiß, R. (2015). Kompetenzorientiertes Lernen am Arbeitsplatz. *Weiterbildung, 5*, 32–35.

Damasio, A. (1994). *Descartes' Irrtum. Fühlen, Denken und das menschliche Gehirn*. München: List.

Damasio, A. (2001). *Ich fühle, also bin ich. Die Entschlüsselung des Bewusstseins*. München: List.

Hartkemeyer, M., Hartkemeyer, J. F., & Hartkemeyer, T. (2015). *Dialogische Intelligenz. Aus dem Käfig des Gedachten in den Kosmos gemeinsamen Denkens*. Frankfurt am Main: Info3-Verlagsgesellschaft.

Hattie, J. A. C. (2009). *Visible Learning. A synthesis of over 800 meta-analyses relating to achievement*. London & New York: Routledge.

Hüther, G. (2015). *Etwas mehr Hirn, bitte*. Göttingen: Vandenhoeck & Ruprecht.

Langer, E. J. (2009). *Counter Clockwise: Mindful Health and the Power of Possibility*. New York: Ballantine Books.

Luhmann, N., & Schorr, K. E. (1982). Das Technologiedefizit der Erziehung und die Pädagogik. In: N. Luhmann & K. E. Schorr (Hrsg.), *Zwischen Technologie und Selbstreferenz. Fragen an die Pädagogik* (S. 11–41). Berlin: Suhrkamp.

Oettingen, G. (2015). *Die Psychologie des Gelingens*. München: Pattloch Verlag.

Ritschel, T. (2015). *Das Methodenlabor – Methoden systematisch verstehen analysieren, entwickeln, modifizieren, adaptieren. Studienbrief*. Jena: Ernst-Abbe-Hochschule.

Scharmer, C. O. (2009). *Theorie U. Von der Zukunft her führen*. Heidelberg: Carl-Auer Verlag.

Siebert, H. (2006). *Lernmotivation und Bildungsbeteiligung*. Bielefeld: W. Bertelsmann.

Wiseman, R. (2015). *Machen, nicht denken!* (7. Aufl.). Frankfurt am Main: S. Fischer Verlag.

14

Welche pragmatischen Axiome lassen sich für lebenslanges, lebendiges und nachhaltiges Lernen formulieren?

Inhaltsverzeichnis

Lebenslanges Lernen ist eine conditio sine qua non menschlicher Existenz. Dass man nicht nicht lernen kann, haben wir bereits am Anfang dieses Buches festgestellt. Auch wenn der Mensch existenziell auf Lernen angewiesen ist, so ist die Etablierung des quartären Bildungssektors der Weiterbildung historisch ein relativ junges Phänomen. Solange Lernen in den Alltag integriert und nicht separiert in gesonderten institutionellen Kontexten verortet wurde, vollzog es sich quasi naturwüchsig. Bereits 1973 hatte Illich (2003, S. 65) festgestellt: „Das meiste Lernen ist nicht das Ergebnis von Unterweisung. Es ist vielmehr das Ergebnis unbehinderter Interaktion in sinnvoller Umgebung." Heute wissen wir, dass Erwachsene zwischen 70 und 80 % ihrer Kompetenzen informell, außerhalb und losgelöst von Bildungseinrichtungen erwerben (Cross 2007; Arnold und Pätzold 2003; Dohmen 2001). Lernen findet zum überwiegenden Teil auf der Basis eigener Erfahrungen statt, gefolgt von dem Lernen von anderen, und erst danach folgt das Lernen im Seminar. Es wird davon ausgegangen, dass von dem, was in formellen Kursen eingeübt wird, lediglich ca. 20 % im späteren Alltag angewendet werden.

Vor diesem Hintergrund gewinnt die Frage des Lerntransfers bzw. die Integration des Lernens in die unmittelbaren Tätigkeits- und Arbeitsbezüge der Lernenden besondere Bedeutung. Unter einem lebendigen Lernen verstehe ich ein Lernen, das sowohl dem Kohärenzgefühl der Salutogenese (sinnvoll, verstehbar und handhabbar) als auch den neurobiologischen Anforderungen (neu, relevant und anschlussfähig) folgt. Die Nachhaltigkeit des Lernens soll hier primär aus einer lerntheoretischen Perspektive den subjektiven Lernprozess in den Fokus nehmen. Ein nachhaltiges Lernen zeichnet sich durch die anhaltenden Wirkungen im Rahmen der Entwicklung der Potenziale des Individuums aus. Die gesellschaftspolitische Perspektive betont die European Association for the Education of Adults (2015) in ihrem Manifest für Erwachsenenbildung im 21. Jahrhundert, wenn sie die Erwachsenenbildung als „Bindemittel" der drei Dimensionen von wirtschaftlicher, sozialer und ökologischer Entwicklung versteht.

Nachdem wir uns in den vorangegangenen Kapiteln mit unterschiedlichen Aspekten eines lebenslangen, lebendigen und nachhaltigen Lernens beschäftigt haben, den archimedischen Punkt des Lernens identifiziert und seine Gelingensbedingungen analysiert haben, geht es nun abschließend darum, die bisherigen Erkenntnisse weiter zu verdichten und in „Gesetzmäßigkeiten" zu fixieren. Diese werden in Anlehnung an die pragmatischen Axiome menschlicher Kommunikation (vgl. Watzlawick et al. 2011) als pragmatische Axiome des lebenslangen, lebendigen und nachhaltigen Lernens bezeichnet. Die Axiome sollen Bedingungen der Möglichkeit des Lernens beschreiben und sind aufgrund des erwähnten „Technologiedefizits" der Pädagogik nicht in einem naturwissenschaftlichen Sinne zu verstehen. Sie erheben keinen Anspruch auf Vollständigkeit und Endgültigkeit, sondern sollen als der Versuch verstanden werden, auf dem derzeitigen Stand der Wissenschaft die Erkenntnisse über das lebenslange Lernen zu bündeln. Insofern sind es provisorische Formulierungen, die sich tentativ einem grundlegenden Verständnis des lebenslangen Lernens annähern.

Das geheime Versteck

Während seiner Studien der vedischen Schriften hatte Peri Petax bei seinem Indienaufenthalt das Glück, mit Mahatma Gandhi zusammenzutreffen. Als Hindu war er zutiefst davon überzeugt, dass das Göttliche in allem gegenwärtig ist. Deshalb sagte er zu Peri Petax, als dieser sich nach dem Geheimnis gelungenen Lernens erkundigte: „Du musst selbst die Veränderung sein, die du in der Welt sehen willst." Ein tieferes Verständnis für den Hinduismus hat Peri Petax durch die folgende Geschichte gewonnen, dessen Verbreitung in Europa Eric Butterworth zu verdanken ist. Der Hindu-Legende zufolge waren früher alle Menschen Götter. Sie missbrauchten jedoch ihre Göttlichkeit, und so beschloss Brahma, der Gott der Götter, den Menschen die göttliche Macht fortzunehmen und an einem für sie unauffindbaren Platz zu verstecken. Die Götter beratschlagten über ein geeignetes Versteck und kamen zu dem Ergebnis, dass es weder auf der Erde noch in den Meeren einen Platz gibt, den die Menschen nicht finden würden. Da sagte Brahma in seiner Weisheit: „Wir verstecken die Gottheit des Menschen im Tiefsten des Menschen selbst, das ist der einzige Platz, an dem er niemals danach suchen wird." Seitdem sucht der Mensch im Außen, was er nur in seinem Inneren finden kann.

Das ins Unbewusste abgesunkene Wissen um die göttliche Macht ist, wie Nelson Mandela es ausdrückt, zur Angst geworden: „Unsere tiefste Angst ist nicht, dass wir unzulänglich sind, unsere tiefste Angst ist, dass wir unermesslich machtvoll sind." Deshalb ist das, was hinter uns liegt und das was vor uns liegt, nichts im Vergleich zu dem, was in uns liegt.

Im Folgenden werden die bisherigen Erkenntnisse und Einsichten zu einem lebenslangen, lebendigen und nachhaltigen Lernen in zwölf pragmatischen Axiomen, die als Fragen formuliert sind, kondensiert.

14.1 Ist der Mensch als biologisches, psychisches, soziales und spirituelles Wesen auf permanente Veränderung und Lernen angelegt?

Auf der biologischen Ebene findet über elektrochemische Prozesse eine stetige Reproduktion von Zellen statt; der Mensch kopiert sich nach seinen internen, im genetischen Programm festgelegten Regeln. Auch auf der psychischen Ebene verändern wir uns im Austausch mit der uns umgebenden Umwelt. Dabei stellt die Epigenetik das Bindeglied zwischen Umwelteinflüssen und Genen dar. In Abhängigkeit von den biografischen Herausforderungen und Statuspassagen sowie der Gestaltung von Übergängen von einem Lebensabschnitt in einen anderen bewältigen Menschen neue Herausforderungen. Schließlich konstituieren Menschen durch Kommunikation und Interaktion ihre gemeinsam geteilte soziale Welt, bilden Netzwerke und schließen sich zu Gruppen zusammen. Die sozialen Kontakte sind trotz ihrer relativen Stabilität von einer beachtlichen Flexibilität gekennzeichnet. Ein grundlegendes Verständnis von Spiritualität als Achtsamkeit, Verbundenheit mit Natur, Kosmos, sozialem Umfeld, eigenem Selbst und göttlichem Wesen (Bucher 2007) erweitert das In-Beziehung-gehen um eine geistige Dimension. Auf allen Ebenen vollziehen sich Lernprozesse als Veränderungen, die wir durch einen mehr oder weniger aktiv gestalteten Prozess des Erwerbs von Fähigkeiten und Fertigkeiten begleiten und gestalten. Von diesen Prozessen kann man sich lediglich um den Preis des biologischen, psychischen, sozialen oder spirituellen Todes exkludieren. Leben bedeutet deshalb, permanent zu lernen. Leben und Lernen bedingen sich wechselseitig.

14.2 Ist Lernen ein Prozess des Eingravierens und/oder Wiedererinnerns?

Seit der Antike gibt es zwei Vorstellungen von Lernen. Die Tabula-rasa-Theorie besagt, dass die Seele bzw. das Bewusstsein, bevor der Mensch sinnliche Erfahrungen macht, völlig leer sei; es gelte, sie im Laufe des Lebens zu beschreiben. Demgegenüber steht die Auffassung der Anamnesis, die auf Platons Ideenlehre und Reinkarnationslehre zurückgeht. Demnach besteht alles Lernen und Erkennen darin, dass sich die Seele, die im Zustand der Präexistenz die Urbilder der Dinge geschaut hat, sich an diese Ideenschau erinnert. Lernen ist demzufolge nichts anderes als Wiedererinnern. Auch wenn die Frage, ob der Mensch ein inhärentes Wissen besitzt, gegenwärtig empirisch nicht eindeutig zu beantworten ist, lässt sich die Theorie von Platon über das Lernen auch so interpretieren, dass die eigentliche Bestimmung des Lernens darin besteht, dass der Mensch ein in ihm angelegtes Potenzial entfaltet.

14.3 Ist das Ziel des Lebens die Potenzialentfaltung im Kontinuum unterschiedlicher Existenzen?

Der Mensch ist biologisches, psychisches, soziales und spirituelles Wesen. Seine unterschiedlichen Ebenen bzw. Existenzen sind mit verschiedenen Lernaufgaben verbunden und unterliegen zudem je nach Lebensphasen spezifischen Herausforderungen. Konzeptualisiert werden die damit verbundenen Entwicklungsaufgaben in diversen Stufenlehren. Comenius beispielsweise hat eine Sieben-Stufen-Lehre entworfen. Sie teilt das Leben des Menschen in sieben Abschnitte ein und ordnet den Lebensaltern sieben Schulen stufenweiser Vollendung des Menschen zu: von der Schule des vorgeburtlichen Werdens bis hin zur Schule des Greisenalters. Unter der Annahme der Präexistenz der menschlichen Seele expandiert der Lernprozess über die von Comenius in den Blick genommene Lebenszeit hinaus.

14.4 Vollzieht sich Lernen im Modus der Beziehungsklärung?

Lernen beginnt mit einem Kontakt, der zur Begegnung wird, um sich schließlich im Modus der Beziehungsklärung zu vollziehen; diese richtet sich auf vier Feldstrukturen der Aufmerksamkeit: das „Ich-in-mir", das „Ich-im-Es", das „Ich-im-Du" sowie das „Ich-in-Gegenwärtigung". Beziehungsklärung findet in der Auseinandersetzung mit den genannten Dimensionen durch Kommunikation und Interaktion statt. Ich setze mich in Beziehung zu mir selbst, den anderen, den Kontext und dem Potenzial, das es individuell wie gesellschaftlich noch zu entfalten gilt. Dabei werden Handlungskompetenzen erworben, bisherige Muster infrage gestellt und modifiziert sowie neue Praktiken erprobt. Die Beziehungsklärung erfolgt im Dialog von Subjekt zu Subjekt, in der Verantwortung für den eigenen Lern- und Veränderungsprozess und mit Blick auf die Unterstützung aller Potenzialentfaltungsprozesse.

14.5 Realisiert sich Lernen spiralförmig?

Lernen vollendet sich in der selbstverantworteten Gestaltung durch Vernetzung; diese Bewegung geschieht in spiralförmiger Form auf je unterschiedlichen Ebenen. Am Anfang eines Lernprozesses steht eine Differenz- bzw. Diskrepanzerfahrung, die zu einem Wandel der bisherigen Wahrnehmungs-, Deutungs- und Handlungsstrukturen führt. Neue, veränderte Denk- und Handlungsprozesse unterliegen sodann einer Habitualisierung, bis sie wieder irritiert werden und eine neue Chance für Lernen entsteht. Lernen beschreibt insofern einen sich spiralförmig auf immer wieder neuen Ebenen vollziehenden Transformationsprozess.

14.6 Ist der ganze Mensch am Lernen beteiligt?

Die dichotomen Unterscheidungen von Körper und Geist, Rationalität und Emotionalität, Bewusstem und Unbewusstem, sind analytische Konstrukte menschlichen Denkens, die für uns zu wichtigen Kategorien geworden sind, weil wir ihnen eine Bedeutung geben; für ein ganzheitliches Verständnis der Lernprozesse und die Praxis des Lernens sind sie eher hinderlich. Wir wissen heute, dass

* sich körperliche und geistige Bewegung wechselseitig bedingen,
* dass unsere emotionalen Zentren im Gehirn neuroplastische Botenstoffe ausschütten, um damit unseren präfrontalen Cortex zu aktivieren,
* dass konvergentes und divergentes Denken, fokussierte und periphere Aufmerksamkeit, Anspannung und Entspannung sowie Phasen, in denen die Klugheit der bewussten Auseinandersetzung mit einem Thema zum Zuge kommt, und Inkubationsphasen, in denen das Unbewusste seine Weisheit entfalten kann, immer nur zusammen gedacht werden können.

Das Lernhandeln sollte dem gerecht werden.

14.7 Vollzieht sich Lernen als individuelles wie soziales Geschehen?

Der Lernprozess als Potenzialentwicklungsprozess wird zwar individuell vollzogen, ist aber gleichzeitig ein kollektives Bemühen in einem dialogischen Prozess. Die Arbeit an der eigenen Person, ihre Umgestaltung und Transformation ist auf die Begegnung mit dem Du angewiesen. Was als individuelle Fähigkeit und Fertigkeit erlebt wird, ist immer auch das Ergebnis des Austauschs von Wissen und Erfahrungen mit anderen Menschen. Unser Gehirn ist ein soziales Gebilde, das sich durch Beziehungserfahrungen strukturiert; dies geschieht durch gemeinsame Verstehensprozesse in einem Erkenntnis fördernden Dialog.

14.8 Verbindet Lernen persönliche Entwicklung, gesellschaftliche Teilhabe und Klärungshilfe?

Dem Menschen ist das Streben nach Kompetenz und Wirksamkeit, sozialer Eingebundenheit sowie Autonomie und Selbstbestimmung zu eigen. Er möchte wachsen, sich persönlich entwickeln und autonome Entscheidungen treffen. Gleichzeitig ist es aber auch sein Bestreben, sich sozial zu verorten und zu einer Gemeinschaft zu gehören. Sind diese Faktoren gegeben, so lässt sich soziale Teilhabe gestalten. Die Auseinandersetzung mit sich und der Welt vollzieht sich in der Kommunikation und Interaktion mit anderen Subjekten, mit denen er über soziale Beziehungen verbunden ist. Die Aufgabe der Klärungshilfe ist es, ggf. persönliche Verstrickungen, die durch unterschwellige Aggressionen oder offene Konflikte in Lern- und Arbeitsgruppen existieren, zu deeskalieren bzw. aufzulösen; durch die Klärungshilfe wird die Basis für ein Lernen auf der Sachebene geschaffen, gemäß dem Motto „Störungen haben Vorrang".

14.9 Wird Lernen durch eine liebevolle Haltung zu allem Lebendigen gefördert?

Lernen gedeiht durch die liebevolle Haltung zu allem Lebendigen. Sie beginnt bei der Selbstsorge, setzt sich fort über die Fürsorge in Bezug auf Pflanzen- und Tierwelt und reicht hin bis zu einer achtsamen, wertschätzenden und mitfühlenden Haltung allen anderen Subjekten und Gemeinschaften gegenüber, die einen Lernprozess begleiten, unterstützen oder fördern. Auf diese Weise kann ein Lernen entstehen, das allen fünf Bewegungsebenen in Veränderungsprozessen von der gemeinsamen Intentionsbildung, der gemeinsamen Wahrnehmung, der gemeinsamen Willensbildung über das gemeinsame Erproben bis hin zum gemeinsamen Gestalten gerecht wird.

14.10 Inwiefern ist Bildung ein selbstorganisierter bzw. selbstgesteuerter Prozess?

Lernen bedeutet, selbst die Verantwortung für seinen Lernprozess zu übernehmen. Das komplexe Wechselverhältnis von Lehrenden, Lernenden und Gruppe im Prozess des Organisierens und Steuerns von Lernen ist stets auf das Selbst zu beziehen, da das Subjekt des Lernens immer der einzelne Mensch ist. Mit „Organisieren" ist gemeint, einen Vorgang zu konstruieren, und „Steuern" meint, einen konstruierten Vorgang zu gestalten. Ein Lernen ist selbstorganisiert, wenn es sowohl die kontextuellen Rahmenbedingungen als auch die inhaltliche Ausgestaltung in eigener Zuständigkeit kreiert; es ist selbstgesteuert, wenn es ein durch andere geschaffenes Lernsetting ausgestaltet. Dabei ist zwischen der äußeren Ausgestaltung in Form von Inhalt, Raum und Zeit sowie der Zusammensetzung der Gruppe und der inneren Ausgestaltung durch die Öffnung des Denkens, Fühlens und Willens zu unterscheiden.

14.11 Warum sind formale Lernprozesse gleichermaßen Dienstleistungen als auch Koproduktionen?

Ein formaler Lehr-Lern-Prozess ist, was die äußeren Kontexte der Inszenierung von Weiterbildung betrifft, eine Dienstleistung, d. h., der Kunde sollte sich darauf verlassen können, dass geeignete räumliche und sächliche Voraussetzungen, Kontexte und Materialien vorgehalten bzw. bereitgestellt werden. Der pädagogische Prozess selbst ist aber wesentlich mehr; er ist eine Koproduktion von allen Beteiligten. Da der Mensch aufgrund der operationalen Geschlossenheit seines Gehirns zwar lernfähig, aber unbelehrbar ist, trägt er die Verantwortung für seinen Lernprozess, den er nicht konsumieren, sondern nur selbst aktiv gestalten kann. Deshalb ist der Lehr-Lern-Prozess immer eine gemeinsame Koproduktion von allen daran beteiligten, die in einen Kontakt gehen, eine Begegnung ermöglichen und eine Beziehung gestalten. Dies gilt insbesondere für reflexive Settings wie z. B. Lerncoachings, die an Bedeutung gewinnen.

14.12 Warum ist (Selbst-)Reflexion konstitutiv für Lernen?

Die leibliche Disposition des Menschen ist darauf angelegt, handelnd seine Welt zu gestalten. In diesem Prozess finden transformative Lern- und Veränderungsprozesse statt. Dabei werden Deutungs- und Handlungsschemata modifiziert, revidiert oder komplett neu entworfen. Spätestens dann, wenn nicht nur Fähigkeiten und Kompetenzen erweitert und erworben werden, sondern in transformativen Lernprozessen auch die gewohnheitsmäßigen Sicht- und Fühlweisen verändert werden, geht dies nicht ohne Reflexionsprozesse. Diese sind konstitutiv für Lernprozesse, da sie als Feedbackschleifen eine Abstimmung und Rejustierung etablierter Beziehungsmuster möglich machen. Lernen ist kein bloßer Aneignungsprozess, sondern ein Anverwandlungsprozess, der die Voraussetzungen und Bedingungen seiner Möglichkeit selbst zum Gegenstand der Betrachtung macht. Hierzu gilt es, geeignete Instrumente und Methoden der (Selbst-)Reflexion zu nutzen. Aufgrund der prinzipiellen Unabgeschlossenheit von Lernprozessen ist die Reflexion gleichzeitig eine Voraussetzung und Bedingung für lebenslanges, lebendiges und nachhaltiges Lernen.

Teilhabe

Peri Petax wurde einmal gefragt, woran man einen guten Lehrer erkennen kann. Er antwortete: „Das kann ich dir genau sagen: Der beste Lehrer ist der, dessen Existenz gar nicht bemerkt wird; der zweitbeste ist der, welcher geehrt und gepriesen wird; der nächstbeste der, den man fürchtet, und der schlechteste der, den man hasst. Wenn die Arbeit des besten Lehrers getan ist, sagen die Leute: ,Das haben wir selbst getan.'" Übrigens soll diese Erkenntnis von Lao-Tse stammen; der hatte seine Aussage ursprünglich auf Führer bezogen.

Und dann fügte er noch hinzu: „Ich will dir noch eine andere Geschichte erzählen, die ich von Nossrat Peseschkian habe und die aus dem Orient kommt: Zu einem großen Fest, das mehrere Tage dauern sollte, wurde auch ein Redner eingeladen, der für seine Weisheit berühmt war und der sehr geachtet wurde. Als der Moment gekommen war und der Prediger das Wort an sein Publikum richtete, begann er mit den Worten: ,Wisst ihr, worüber ich mit euch sprechen will?' Die Menschen schauten sich an und sagten ,Nein, leider nicht.' Daraufhin verließ der Prediger das Festzelt, und die Sitzung wurde auf den nächsten Tag verschoben. Die Menschen berieten miteinander, wie sie sich verhalten sollten. Am nächsten Tag war ihre Antwort auf die Frage ,Wisst ihr, worüber ich mit euch sprechen will?' diesmal ein Ja. Der Prediger sagte daraufhin: ,Wenn ihr schon alles wisst, warum soll ich in Gegenwart von solch wissenden Menschen, einen Vortrag halten?' und verließ wieder das Zelt. Die Menschen waren verärgert, aber sie hatten eine geniale Idee. Am dritten Abend wiederholte sich das Geschehen. Der Prediger begann diesmal mit den Worten: ,Wisst ihr nun, worüber ich heute zu euch sprechen werde?' Ein Teil der Menschen antwortete mit Ja, der andere Teil mit Nein. Nun war der Prediger dran; er atmete auf, sah die Menschen an und sagte: ,Wunderbar, die die wissen, sollen den anderen, die nicht wissen, alles erzählen.' Daraufhin verließ er das Fest."

Literatur

Arnold, R., & Pätzold, H. (2003). Lernen ohne Lehren. In: W. Wittwer & S. Kirchhof (Hrsg.), *Informelles Lernen und Weiterbildung. Neue Wege zur Kompetenzentwicklung* (S. 107–126). Neuwied: Luchterhand.

Bucher, A. (2007). *Wurzeln und Flügel: Wie spirituelle Erziehung für das Leben stärkt.* Düsseldorf: Patmos Verlag.

Cross, J. (2007). *Informal learning: rediscovering the natural pathways that inspire innovation and performance.* San Francisco: Pfeiffer.

Dohmen, G. (2001). *Das informelle Lernen. Die internationale Erschließung einer bisher vernachlässigten Grundform menschlichen Lernens für das lebenslange Lernen aller.* Bonn: BMBF.

European Association for the Education of Adults (2015). *Manifest für Erwachsenenbildung im 21. Jahrhundert.* Brüssel: Der Europäische Verband für Erwachsenenbildung – EAEA.

Illich, I. (2003). *Entschulung der Gesellschaft* (5. Aufl.). München: Verlag C.H. Beck.

Watzlawick, P., Beavin, J. H., & Jackson, D. D. (2011). *Menschliche Kommunikation* (12. Aufl.). Bern: Huber.

Sachverzeichnis

© Springer-Verlag GmbH Deutschland 2017
E. Schäfer, *Lebenslanges Lernen*, Kritisch hinterfragt DOI 10.1007/978-3-662-50422-2

Kritisch hinterfragt

Die ‚Kritisch hinterfragt' Reihe greift kontroverse und für die Gesellschaft relevante Themen aus psychologischer Sicht auf und entlarvt gängige Mythen und Vorurteile. Die Bandbreite der Themen kommt aus allen Teilgebieten der Psychologie. Jeder einzelne Band konzentriert sich auf ein spezielles psychologisches Themengebiet. Um den Leser abzuholen und das Interesse aufrecht zu erhalten, sind an entscheidenden Stellen Fragen eingearbeitet. Die Inhalte sind wissenschaftlich fundiert, jedoch nicht nur informativ, sondern unterhaltsam und humorvoll in leicht verständlicher Sprache verfasst.

1. Aufl. 2017, Etwa 190 S.
8 Abb., Softcover
14,99 € (D) | 15,41 € (A)
*CHF 19.00
ISBN 978-3-662-50386-7

M. Tomoff
Positive Psychologie – Erfolgsgarant oder Schönmalerei?

1. Aufl. 2017, VIII, 145 S.
7 Abb., Softcover
14,99 € (D) | 15,41 € (A)
*CHF 19.00
ISBN 978-3-662-50352-2

M. Reindl, B. Gniewosz
Prima Klima – Schule ist mehr als Unterricht

1. Aufl. 2015, XIII, 204 S.
12 Abb. in Farbe,
Softcover
14,99 € (D) | 15,41 € (A)
*CHF 19.00
ISBN 978-3-662-48456-2

C. Krause
Mit dem Glauben Berge versetzen?
Psychologische Erkenntnisse zur Spiritualität

1. Aufl. 2015, VII, 158 S.
6 Abb., Softcover
14,99 € (D) | 15,41 € (A)
*CHF 19.00
ISBN 978-3-642-55306-6

B. Sprenger, P. Joraschky
Mehr Schein als Sein?
Die vielen Spielarten des Narzissmus

Willkommen zu den Springer Alerts

- Unser Neuerscheinungs-Service für Sie:
  aktuell *** kostenlos *** passgenau *** flexibel

Springer veröffentlicht mehr als 5.500 wissenschaftliche Bücher jährlich in gedruckter Form. Mehr als 2.200 englischsprachige Zeitschriften und mehr als 120.000 eBooks und Referenzwerke sind auf unserer Online Plattform SpringerLink verfügbar. Seit seiner Gründung 1842 arbeitet Springer weltweit mit den hervorragendsten und anerkanntesten Wissenschaftlern zusammen, eine Partnerschaft, die auf Offenheit und gegenseitigem Vertrauen beruht.

Die SpringerAlerts sind der beste Weg, um über Neuentwicklungen im eigenen Fachgebiet auf dem Laufenden zu sein. Sie sind der/die Erste, der/die über neu erschienene Bücher informiert ist oder das Inhalts-verzeichnis des neuesten Zeitschriftenheftes erhält. Unser Service ist kostenlos, schnell und vor allem flexibel. Passen Sie die SpringerAlerts genau an Ihre Interessen und Ihren Bedarf an, um nur diejenigen Informa-tion zu erhalten, die Sie wirklich benötigen.

Mehr Infos unter: springer.com/alert